北大社 "十三五"职业教育规划教材

21世纪高职高专汽车系列技能型规划教材

汽车电控技术
（第2版）

主　编　祁翠琴　闫炳强
副主编　杨洪庆　包尔慨
参　编　刘照军　胡孟谦
　　　　高　云

内容简介

本书将汽车电控系统的结构、工作原理与维修有机融合,以应用为主线,以现代轿车为典型,系统地介绍了现代汽车电控系统的总体结构和工作原理、电控汽油喷射系统、汽油机电控点火系统、汽车自动变速器、汽车防抱死制动系统、汽车驱动防滑电子控制系统、汽车转向控制系统、汽车悬架控制系统、汽车CAN总线控制、汽车安全防盗装置及汽车巡航控制系统等内容。

本书既可作为高职高专汽车类专业教材,也可作为职大、成教汽车类课程的教材,还可作为汽车应用、维修培训及中专、技校的参考学习资料。

图书在版编目(CIP)数据

汽车电控技术/祁翠琴,闫炳强主编. —2版. —北京:北京大学出版社,2017.1
(21世纪高职高专汽车系列技能型规划教材)
ISBN 978-7-301-27896-3

Ⅰ.①汽… Ⅱ.①祁…②闫… Ⅲ.①汽车—电子系统—控制系统—高等职业教育—教材 Ⅳ.①U463.6

中国版本图书馆CIP数据核字(2016)第314594号

书　　　名	汽车电控技术(第2版) QICHE DIANKONG JISHU
著作责任者	祁翠琴　闫炳强　主编
责任编辑	刘晓东
标准书号	ISBN 978-7-301-27896-3
出版发行	北京大学出版社
地　　　址	北京市海淀区成府路205号　100871
网　　　址	http://www.pup.cn　　新浪微博:@北京大学出版社
电子信箱	编辑部邮箱:pup6@pup.cn　总编室邮箱:zpup@pup.cn
电　　　话	邮购部 010-62752015　发行部 010-62750672　编辑部 010-62750667
印刷者	北京虎彩文化传播有限公司
经销者	新华书店 787毫米×1092毫米　16开本　24.25印张　576千字 2009年8月第1版　2017年1月第2版 2023年8月修订　2023年8月第6次印刷
定　　　价	55.00元

未经许可,不得以任何方式复制或抄袭本书之部分或全部内容。
版权所有,侵权必究
举报电话:010-62752024　电子信箱:fd@pup.pku.edu.cn
图书如有印装质量问题,请与出版部联系,电话:010-62756370

前　言

随着汽车新技术的广泛应用，使汽车维修与检测、汽车技术服务与营销行业队伍人才的知识需求提高，为了尽快培养一批具有高素质技术技能人才，我们组织相关院校编写了这本教材。

本书根据高职高专职业针对性强、实践技能要求高的特点，以应用为主线，以现代典型轿车为案例，系统介绍了现代汽车电控系统的总体结构、工作原理和控制功能、电控汽油喷射系统、汽车电控点火系统、汽车自动变速器控制系统、汽车防抱死制动控制系统、汽车驱动防滑电子控制系统、汽车转向控制系统、汽车悬架控制系统、汽车CAN总线控制、汽车安全气囊控制、汽车安全防盗装置及汽车巡航控制系统等内容。

本书根据学生的认知规律、理论联系实际及模块化教学等原则，将汽车电控系统的构造、原理、运用、维修等有机融合，融"教、学、做"为一体，注意培养学生对基础理论的应用能力、理论联系实际的能力、实际操作能力、自学能力和创新能力等综合素质。本书编排图文并茂，简明实用，符合高职高专学生的心理特点。每章开始给学习目标、考核标准及教学建议，章末给出学习指导和学习思考，中间根据需要穿插相关知识链接。

本书由祁翠琴、闫炳强主编，杨洪庆、包尔慨副主编，刘照军、胡孟谦、高云参编，编写分工为：祁翠琴编写第1、2章；闫炳强编写第11、13章；杨洪庆编写第7、8、9章；包尔慨编写第3、4章；刘照军编写第5、6章；胡孟谦编写第12章；高云编写第10章。全书由祁翠琴统稿。

由于编者水平所限，书中疏漏之处在所难免，诚恳地希望得到同行专家和广大读者的批评指正。

《汽车电控技术》编写组
2016年10月

目　录

第1章　汽车电子化与发动机电控技术的发展 1
- 1.1　汽车电子化的发展 1
- 1.2　汽车发动机电子控制技术的发展 2
- 1.3　汽车发动机电控技术的发展趋势 5
- 学习指导 6
- 学习思考 7

第2章　汽油机电控系统概述 8
- 2.1　汽油机电控系统 8
- 2.2　汽油机燃油喷射系统的分类 10
- 2.3　电控汽油喷射的优点 19
- 学习指导 20
- 学习思考 21

第3章　电控汽油喷射系统 22
- 3.1　空气供给系统 22
- 3.2　燃油供给系统 25
- 3.3　汽油喷射系统的传感器和电控单元 37
- 3.4　汽油喷射控制 69
- 学习指导 80
- 学习思考 81

第4章　汽油机电控点火系统 82
- 4.1　电控点火系统概述 82
- 4.2　点火提前角和闭合角的控制 89
- 4.3　爆燃传感器与爆燃反馈控制 94
- 学习指导 100
- 学习思考 100

第5章　汽车辅助控制系统 101
- 5.1　排气净化与排放控制 101
- 5.2　电控怠速控制系统 107
- 5.3　进气控制系统 114
- 学习指导 119
- 学习思考 119

第6章　汽车柴油机电子控制系统 120
- 6.1　柴油机电子控制系统 120
- 6.2　共轨式柴油机电子控制系统 135
- 学习指导 150
- 学习思考 151

第7章　汽车自动变速器 152
- 7.1　自动变速器概述 152
- 7.2　自动变速器的工作原理 155
- 7.3　典型自动变速器的控制系统 204
- 学习指导 232
- 学习思考 232

第8章　汽车防抱死制动系统 234
- 8.1　概述 234
- 8.2　防抱死制动系统的工作原理 242
- 8.3　使用与维修 255
- 学习指导 259
- 学习思考 259

第9章　汽车驱动防滑电子控制系统 260
- 9.1　概述 260
- 9.2　ASR 系统的组成与工作原理 262
- 9.3　典型 ASR 系统 266
- 学习指导 270
- 学习思考 270

第 10 章　汽车转向控制系统 ——— 271

10.1　汽车转向助力控制系统 ——— 271
10.2　四轮转向控制系统 ——— 287
学习指导 ——— 294
学习思考 ——— 294

第 11 章　汽车悬架控制系统 ——— 296

11.1　概述 ——— 296
11.2　悬架控制系统的结构与工作原理 ——— 298
11.3　车身高度控制 ——— 309
11.4　减振器阻尼控制 ——— 313
11.5　弹簧刚度的调节 ——— 316
11.6　悬架综合控制系统 ——— 317
11.7　主动控制悬架 ——— 320
学习指导 ——— 323
学习思考 ——— 323

第 12 章　汽车 CAN 总线控制 ——— 324

12.1　汽车单片机局域网基础 ——— 324
12.2　汽车局域网中的现场总线 ——— 333
学习指导 ——— 345
学习思考 ——— 345

第 13 章　汽车其他控制装置 ——— 346

13.1　汽车安全气囊 ——— 346
13.2　汽车巡航控制系统 ——— 361
13.3　汽车安全防盗装置 ——— 372
学习指导 ——— 377
学习思考 ——— 377

参考文献 ——— 379

第1章　汽车电子化与发动机电控技术的发展

学习目标

1. 了解汽车电子化的发展。
2. 了解发动机电子控制技术的发展。
3. 了解柴油机电子控制技术的发展。

考核标准

知识要求：汽车电子化的发展，汽车发动机电子控制技术的发展及趋势。
技能要求：掌握汽车电子化发展的过程和主要动因，能够分析汽车电子化发展的趋势。

教学建议

教具：汽车电控元件的展览。
建议：使用多媒体教学。

1.1　汽车电子化的发展

在高速发展的电子工业技术支持下，随着社会对汽车综合性能要求的持续提高，汽车的电子化进程取得了巨大的成就。按电子产品和电子系统的技术特点，可将汽车电子化的历程大致分为以下四个阶段。

第一阶段：从20世纪50年代初期到1974年，这一阶段是汽车电子控制技术发展的初级阶段。在第一阶段的初期，主要解决电子产品在汽车上应用的技术问题和拓展电子产品在汽车上应用的范围。20世纪50年代初，汽车上出现了第一个电子装置，即电子管收音机，随着20世纪50年代中期半导体晶体管收音机的问世，安装晶体管收音机的汽车数量得到了迅速的增加。20世纪60年代初期，由于硅整流交流发电机开发成功，促成了汽车发电机从直流走向交流的变革，并迅速推广到了全世界。从20世纪60年代中期开始，一些能够部分替代机械控制部件作用的电子控制装置（如晶体管电压调节器和晶体管点火装置等）开始装备汽车，随着集成电路和大规模集成电路的出现，这些电子控制装置又逐步实现了由分立元件向集成化的过渡。在这一阶段，装备汽车的其他电子装置还有电子式闪光器、电子控制式喇叭、电子式间歇刮水控制器、数字时钟及20世纪70年代初期的IC点火装置和HEI高能点火系统等。

第二阶段：1974—1982年，这一阶段的主要特征是集成电路和16位以下的微处理器在汽车上得到了广泛的应用；以微处理器为控制核心，以实现特定控制内容或功能为基本目的的各种电子控制系统得到了迅速的发展。在短短的七八年中，电子控制汽油喷射系统、空燃比反馈控制系统、防抱死制动系统、安全气囊系统、电子控制自动变速器、巡航控制系统、电子控制门锁系统、前照灯灯光自动控制系统、自动除霜系统、车辆导航系统、座椅安全带收紧系统、车辆防盗系统和故障自诊断系统等相继在不同车辆上得到了应用。

第三阶段：1982—1995 年，这一阶段的主要特征是以微型计算机作为控制核心，能够实现多种控制功能的计算机集中管理系统逐步取代以前各自独立的电子控制系统，初步实现了汽车控制技术从普通电子控制向现代电子控制系统的过渡。电子控制技术在汽车上的应用不仅拓展了电子控制的功能和控制内容，提高了控制精度，而且还为汽车智能化控制奠定了基础。在第三阶段发动机集中管理系统、传动系电子控制系统、行驶转向与制动系电子控制系统、安全保障与警示电子控制系统、车辆舒适性电子控制系统和娱乐通信电子控制系统等在不同类型的汽车中得到了不同程度的应用。

第四阶段：1995 年以后，随着 CAN 总线技术和超大规模集成电路组成的高速车用微型计算机在汽车上的广泛应用，汽车电子控制系统对高复杂程度使用要求控制能力的提高，为汽车电子控制从现代电子控制系统向智能化电子控制系统发展创造了条件，近几年汽车运行过程的智能化电子控制系统已遍地开花，如动力系统最优化控制系统、通信与导航协调控制系统、安全驾驶监测与警告系统、自动防追尾碰撞系统、自动驾驶系统和电子地图等。

1.2　汽车发动机电子控制技术的发展

汽车电子化进程在 60 年前就已经开始，但汽车电子化是以汽油机电控技术的应用作为标志的，发动机是汽车中最早实现电子控制的唯一总成部件，是电子控制技术在发动机上的应用带动和促进了汽车电子控制技术的发展。发动机集中管理系统的成功开发，使汽车电子控制技术迈上集中控制技术的新高点。

1.2.1　汽油机电子控制技术的发展

汽油机电子控制技术的发展起因是人们对汽油机性能的要求。人们对发动机动力性的期望，促使汽车工程师把飞机发动机燃油喷射技术移植到车用汽油机上。人们对降低发动机燃油消耗和有害物排放量的要求，促成汽油机走上了电子控制的发展历程。从机械控制汽油喷射到现在的发动机集中管理系统，汽油机控制技术用 60 的年的时间，经历了 3 个技术发展阶段。

1952—1957 年为第一阶段。这一阶段的主要特征是以提高发动机动力性为主要目的，把飞机发动机燃油喷射技术成功地移植到汽车发动机上。1952 年，德国 Bosch 公司研制成功第一台机械控制缸内喷射汽油机，并成功地安装在戴姆勒—奔驰（Daimler-Benz）300 L 型赛车上。1958 年，Bosch 公司在机械控制缸内喷射汽油机的基础上，研制成功了机械控制进气管喷射汽油机，并成功地安装在梅赛德斯—奔驰（Mercedes-Benz）220S 型乘用车上。机械控制汽油喷射系统的研制成功，不仅提高了汽车的动力性，而且为以后电子控制汽油喷射技术的开发提供了宝贵的经验。

1957—1979 年为第二阶段。这一阶段的主要特征是以减少排污及降低能耗为主要目的，以空燃比精确控制为基本措施的各种电子控制汽油喷射系统相继研发成功，汽油机运行控制进入电子控制的新阶段。在这一阶段，汽油喷射电子控制技术经历了从模拟控制到

第1章 汽车电子化与发动机电控技术的发展

数字控制发展过程，为单一控制向集中控制过渡奠定了基础。

从 20 世纪 50 年代开始，世界汽车工业进入高速发展期，快速增长的汽车保有量对人类生存环境和不可再生能源消耗所产生的负面影响，引起了世界各国的广泛关注。20 世纪 50 年代初期，美国、欧洲和日本先后颁布了对汽车有害排放进行限制的各种法规，20 世纪 70 年代的能源危机引出了对汽车燃油消耗进行限制的法规。这些法规的颁布，推动了以环保和节能为主要目标的电子控制汽油喷射技术的发展，同时也加快了汽车电子控制技术发展的进程。电子控制汽油喷射系统的研究开始于 20 世纪 50 年代初。1953 年，美国 Bendix 公司在综合分析了机械控制汽油喷射装置优缺点的基础上，开始研制真空管电子控制系统控制的汽油喷射装置，并在 1957 年取得了成功。由于当时还是晶体管刚刚开始进入应用的初期，晶体管不仅价格昂贵，而且它的可靠性也较差，要在汽车上投入实际应用在技术上还有很大的难度。另外，采用电控汽油喷射所能得到的好处（即空燃比控制精度高）并不是当时汽车发动机技术关注的重点，因此无论是从电子部件制作技术，还是对发动机的要求这两方面来看，在那时发展电控汽油喷射技术还为时过早。但电控汽油喷射技术能对空燃比进行精确控制的突出优点，对汽油机控制技术的变革具有极其重要的意义。这一技术后来被德国的 Bosch 公司买断，Bosch 公司在此基础上进行改进，开发出了 D-Jetronic 电控汽油喷射系统，并于 1967 年开始批量生产安装 D-Jetronic 电控汽油喷射系统的 VW1600 型乘用车，并从 1968 年起进入美国市场。D-Jetronic 电控汽油喷射系统通过对空燃比进行精确控制，大大降低了汽油机有害物的排放量，能满足当时排放和油耗法规的要求，因此该系统很快在世界各大汽车公司中得到了广泛的采用。

在 D-Jetronic 电控汽油喷射系统问世 5 年后，1972 年，Bosch 公司又公布了两种新的汽油喷射控制系统，即采用机械控制方式的 K-Jetronic 系统和采用电控方式的 L-Jetronic 系统。L-Jetronic 系统采用体积流量式空气流量计对进入发动机的空气量进行直接检测，进一步提高了空燃比控制精度。

在电控汽油喷射系统开发和不断完善的过程中，汽油机电控点火系统研究开发也取得了重大的进展。1973—1974 年，美国通用（General）汽车公司生产的汽车装上了集成电路 IC 点火控制器；次年，高能点火装置 HIC 点火控制器投入实际应用。

1976 年，美国克莱斯勒（Chrysler）汽车公司首先开始了由模拟计算机对点火进行控制的电控点火系统的研制，并于同年安装在该公司生产的汽车上。该电控点火系统采用模拟式计算机，能根据大气温度、进气温度、发动机冷却液温度、发动机负荷与转速等信号计算出最佳点火时刻，对实际点火提前角进行最佳控制。

1977 年，美国通用汽车公司研制成功了数字式点火控制系统，该系统由中央处理器（CPU）、存储器（RAM、ROM）和模/数（A/D）转换器等组成，是一种真正的计算机控制系统。1978 年，美国通用汽车公司研制成功的同时具有控制点火时刻控制、空燃比反馈控制、废气再循环控制、怠速转速控制、故障自诊断和带故障运行控制功能的电子控制系统。电控汽油喷射系统的不断完善和提高、汽油机其他控制系统的相继开发成功、微电子技术和计算机技术的发展为汽油机各电子控制系统的整合奠定了物质和技术条件，1979 年，汽油机电子控制技术进入了发动机集中控制的更高阶段。

1979 年以后是汽油机电子控制技术发生重大变革的第三阶段。1979 年，德国 Bosch 公司在 L-Jetronic 系统的基础上，将电控点火系统和电控燃油喷射系统组合在一起，开发出了 M-Motronic 系统，即发动机集中管理系统。发动机集中管理系统将所有发动机运行控制和管理功能集中到一个微机上，消除了以前的单一控制系统按控制功能设置控制单元和传感器的弊病，对于不同控制功能共同需要的传感器，只要设置一个共用传感器就能满足控制要求，不仅简化了控制系统，降低了制造成本，而且提高了控制系统的工作可靠性。另外，发动机集中管理系统使增加控制功能变得非常容易，增加控制功能只需修改控制软件，并增设一个输出转换装置，以便控制所需的执行器工作，就能实现系统控制功能的拓展。发动机集中管理系统一个电控单元完成多项控制功能的设计思想不仅符合当时的使用要求，而且也与发动机电控系统以后发展的要求相吻合，因此，M-Motronic 系统公布后，世界各大汽车公司都纷纷仿效，开发出各自的发动机集中管理系统。1980 年，日本丰田（TOYOTA）公司开发出了具有汽油喷射控制、点火控制、怠速转速和故障自诊断功能的 TCCS 系统。1981 年，Bosch 公司在 L-Jetronic 系统的基础上开发出了 LH-Jetronic 系统。该系统采用新颖的热线式空气流量计，能直接测出进入发动机空气的质量流量。1987—1989 年，Bosch 公司又相继开发出了用于中小型乘用车的电控单点汽油喷射系统，即 Mono-Jetronic 系统和 Mono-Motronic 系统。

20 世纪 90 年代，为了满足更加严格的排放指标和根据"京都议定书"确定的分阶段降低汽车 CO 排放量的要求，世界各国的主要汽车公司除了逐步增加发动机集中管理系统的控制功能，以满足当时排放法规的要求外，还加大了能满足未来法规要求的开发力度。1995 年，日本三菱（MIT—SUBISHI）汽车公司公布了电控缸内直喷汽油机，即 GDI 系统。它采用汽油缸内直喷技术，可以实现汽油机的分层稀薄燃烧，有利于大幅度降低汽油机的燃油消耗和有害排放，是 21 世纪汽油机发展的主要方向。在此期间，Bosch 公司也开发成功了具有节气门控制功能的 ME-Motronic 系统和采用缸内直喷技术的 MED-Motronic 系统。

我国在乘用车汽油机电子控制技术应用方面起步较晚，从 1994 年上海大众推出采用 D-Jetronic 电控汽油喷射系统的桑塔纳 2000 型乘用车算起，总共才十几年的时间，但是其发展速度却是超常规的。到 2002 年年底，国产乘用车汽油机已全部采用了电子控制系统，北京和上海已分别在 2002 年和 2003 年开始执行欧洲 II 号标准。汽油机电子控制技术的普遍应用，排放标准的逐渐加严，不仅缩短了我国与发达国家在汽车电子化进程上的技术差距，而且也为明显改善我国特大型城市的大气环境质量做出了重要的贡献。

1.2.2 柴油机电子控制技术的发展

在 20 世纪 70 年代，世界上许多发达国家就已经开发出许多功能各异的柴油机电子控制系统。进入 20 世纪 80 年代后，在汽油机电子控制技术的促进和推动下，借鉴汽油机电子控制技术成功的经验和总体设计思想，结合柴油机自身特点和排放法规对柴油机的要求，柴油机电子控制技术开始了向电子控制系统全面转变的发展阶段。经过近 20 年的发展，虽然柴油机的电子控制技术还没有像汽油机那样普及，但是也取得了相当大的成果。回顾柴油机电子控制技术的发展过程和技术特点，可以分为以下两个阶段。

20 世纪 70 年代至 20 世纪 80 年代中期为第一阶段。这一阶段的基本特点是以原有的机械控制循环喷油量和喷油定时的控制原理和方法为基础，在对喷油泵基本结构不做重大改变的基础上，用电子控制的电液式或电磁式线位移或角位移驱动机构（也称位置控制方

第1章 汽车电子化与发动机电控技术的发展

式），取代原来的机械式调速机构和喷油提前调整装置，实现对循环喷油量和喷油定时的电子控制。这一阶段的典型产品有德国 Bosch 公司开发的采用电液式喷油定时和电子调速器的直列柱塞式电控喷油泵和电控 VE 分配泵，具有喷油量和喷油定时基本控制功能和怠速控制、喷油定时反馈控制及故障自诊断等扩展功能的电控系统；日本 Zexel 公司开发成功的可变预行程直列柱塞式电控喷油泵和相应的电控系统；英国 Lucas 公司开发成功的电控径向柱塞分配泵等。

20 世纪 80 年代中期以后为第二阶段。这一阶段的基本特点是类似于汽油机发动机集中管理系统的微机控制系统，开始全面应用于柴油机的运行控制和管理；经过改进和完善，第一阶段开发的各类电控喷油泵的可控性有了很大的提高。与第一阶段位置控制方式完全不同，基于时间控制方式的新型电控喷油泵和高压喷射系统的开发取得了巨大的成功。这一阶段的典型产品有采用经过重大改进的第二代电控 VE 分配泵的 ECD—Ⅱ；德国 Bosch 公司改进的 H 系列可变预行程直列柱塞式电控喷油泵；美国 DDC 公司开发的 DDRC 电控泵喷嘴喷油系统；日本电装公司开发的 ECD—U2 电控高压共轨式喷油系统；美国 Caterpillar 公司开发的 HEUI 液力增压式电控喷油系统等。

电控技术在柴油机中的应用，为柴油机实现低污染和低油耗，提高动力性，改善运转平稳性，成为名副其实的环保发动机创造了条件。柴油机电控技术在我国也进入了实际应用阶段，但是关于柴油机电子控制系统的预研工作，早在 20 世纪 90 年代就已经在许多高校、科研院所和柴油机生产企业相继展开，随着排放法规的进一步加强，在我国已兴起柴油机控制电子化的高潮。

1.3 汽车发动机电控技术的发展趋势

无论是发动机的控制技术，还是各种后处理系统，各种技术措施的应用都会导致生产成本和设计复杂性的提高，因此，任何汽车制造商都不会主动去引进这些先进的技术和措施。纵观 20 世纪后 30 年汽油机和柴油机电控技术的发展历程可以发现：汽车发动机电控技术之所以能在较短时间内得到广泛的应用，其最主要的直接动因是具有法规效力的强制性排放标准和实施时间表的颁布。因此，未来汽车发动机电子控制技术，仍将把按规定时间达到规定的排放标准作为主要的发展方向。因此，在可以预见的时间内，在汽车发动机中占据主导地位的汽油机和柴油机将在以下几个方面开展工作。

发动机集中管理系统仍是发动机电子控制技术首选的控制模式，但是随着 32 位微机，甚至 64 位微机在发动机管理系统的应用和数据通信方式的改变，发动机集中管理系统的控制功能将进一步拓展到整个动力总成系统的控制和管理，控制方式将从现在的被动控制向主动控制转变，控制功能和内容将得到增加，过去无法实现的控制功能（如发动机燃烧过程的控制等）将成为现实。

如何将汽油机和柴油机两者的优点结合起来，开发出兼有两者优点的汽油机和柴油机一直是发动机工程师努力追求的更高目标。由于电控技术在发动机中的应用，所以在 20 世纪 90 年代，汽油机"柴油机化"和柴油机"汽油机化"开发工作取得了实质性的进展。

为了满足更严格的排放法规及减少 CO 排放量的要求，对汽油机缸内直喷、分层稀薄燃烧控制技术的研究和开发将是汽油机技术重要发展方向之一。为了实现分层稀薄燃烧，除了需要对汽油机的本身结构进行重大改进外，还对电控系统的控制功能也提出了更高的要求。为了实现汽油机的缸内直喷分层稀薄燃烧，电控系统需要新增的主要控制功能有：喷油规律的控制，包括喷油定时、喷油量和喷射方式（即一次喷入还是分若干次喷入）；混合气浓度分布控制，即通过对配气正时、纵向进气涡流强度的控制，结合喷油的规律达到以往不可能实现的理想混合状态，以实现可控的分段燃烧；输出扭矩控制，与柴油机类似，通过控制喷油量改变发动机的输出扭矩，实现从发动机开始就能对变速器和整车行驶进行控制；可变 EGR 控制，即根据汽油机的运行工况和混合气分层情况，对 EGR 量实现可变控制等。对于柴油机而言，为了满足 NO_x 和 PM 排放标准的要求，开发采用单段预混燃烧（MK）或在使用率高的部分负荷区域采用"低温预混燃烧"（M-Fire 燃烧）的新型柴油机。四元催化净化装置的研究和开发，将是柴油机技术的重要发展方向之一。为了实现单段预混燃烧，除了需要对柴油机本身结构和喷油系统进行重大改进外，还需要对电控系统新增的控制功能（喷油规律的控制、燃烧过程反馈控制、进气涡流控制、配气正时控制等）进行相应改进。

学习指导

汽车电子化过程经历了 4 个发展阶段。

第一阶段为 20 世纪 50 年代初期到 1974 年，这一阶段的基本特点是电子产品和电子装置、模拟电路控制的发动机汽油喷射控制系统及其他控制系统开始在汽车上得到应用。

第二阶段为 1974—1982 年，这一阶段的基本特点是集成电路和 16 位以下的微处理器在汽车上得到了广泛的应用，仅具有某种单一控制功能的电控系统在汽车各系统和汽油机的电子控制中得到了应用。

第三阶段为 1982—1995 年，这一阶段的基本特点是以微型计算机作为控制核心，能够实现多种控制功能的计算机集中管理系统逐步取代以前各自独立的电子控制系统，汽车电控系统的功能得到进一步的拓展。

第四阶段为 1995 年以后，这一阶段的基本特点是 CAN 总线技术和高速车用微型计算机在汽车上广泛的应用，汽车电控系统对高复杂程度使用要求控制能力的提高，为汽车电子控制从电子控制向智能化电子控制系统发展创造了条件。

汽油机电子控制技术的发展可分为 3 个阶段。

第一阶段为 1952—1957 年，这一阶段的主要特征是飞机发动机的燃油喷射技术成功地移植到汽车发动机上，汽油机走上了汽油喷射的发展道路。

第二阶段为 1957—1979 年，这一阶段的主要特征是汽油喷射控制实现了从机械控制、模拟电路控制到数字电路控制的发展，为汽油机的电子控制奠定了基础。

第三阶段为 1979 年以后，这一阶段的主要特征是以微机为控制核心的发动机集中管理系统在汽油机中得到广泛应用，发动机集中管理的控制功能不断拓展，使汽油机的综合性能得到了全面的提高。

柴油机电子控制技术的发展可分为两个阶段。

第一阶段为 20 世纪 70 年代至 20 世纪 80 年代中期，这一阶段的主要特点是以位置控制方式为基本特征的电子控制技术在柴油机喷油泵中得到了应用。

第1章 汽车电子化与发动机电控技术的发展

第二阶段为20世纪80年代中期以后，类似于汽油机的微机集中管理系统开始在柴油机中得到应用，喷油泵和喷油系统的控制方式从位置控制方式向时间控制方式转变取得成功。

21世纪初期汽油机和柴油机电子控制技术的发展趋势是：发动机技术的发展仍将紧紧围绕环保和节能这一主题展开，直喷式分层稀薄燃烧汽油机的开发将是汽油机的主要发展方向，直喷式单段预混燃烧柴油机将是柴油机的主要发展方向。

学习思考

1. 汽车的高速发展带来了哪些负面影响？
2. 21世纪汽车电控技术将围绕哪几方面展开？
3. 汽车电子控制技术的发展过程可分为几个阶段？这几个阶段各有什么特点？
4. 汽油机电子控制技术经历了哪几个发展阶段？这几个阶段各有什么特点？
5. 柴油机电子控制技术的发展过程可分为几个阶段？这几个阶段各有什么特点？
6. 为什么汽油机和柴油机电控技术的发展仍将紧紧围绕环保和节能这两个主题展开？

第2章 汽油机电控系统概述

学习目标

1. 掌握汽油机微机控制系统的基本构成及3个基本组成的作用。
2. 掌握汽油机电控系统的主要控制功能、汽油喷射的分类。
3. 了解汽油喷射的主要优点。

考核标准

知识要求：汽油喷射系统的组成、分类及主要优点。
技能要求：能够分辨不同种类的汽油喷射系统，并能叙述其特点和功能。

教学建议

教具：汽车喷射系统实验台（不同类型）。
建议：将分类安排在实验室进行，使用多媒体教学。

2.1 汽油机电控系统

电控汽油喷射系统自面世以来，经过几十年的发展，汽油机电子控制技术经历了从模拟电路到数字电路、从普通电子控制到微型计算机控制、从单一功能控制到综合功能控制的过程。

2.1.1 汽油机电控系统的构成

现代汽油机电控系统尽管种类繁多，但作为一个控制系统，它们具有与其他控制系统相同的3个基本组成部分：传感器、电控单元（electronic control unit，ECU）和执行元件。然而，以汽油机作为特定控制对象，以实现某些控制功能为目标的汽油机电控系统，在具体构成上则有明显的特点，其系统构成如图2.1所示。

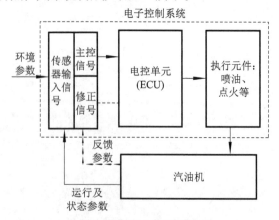

图2.1 汽油机电控系统构成

第2章 汽油机电控系统概述

传感器的作用是将反映发动机运行状况的机械动作、热状态等物理量信息，转换成相应的模拟或数字信号，并输送到电控单元。每一个传感器都是一个完整的测量装置，它们传输的信息是电控系统做出各种控制决策的依据。如果没有这些传感器，电控单元就无法实现对发动机有效可靠的控制。一台发动机的电控系统有多少个传感器，取决于控制功能的简繁和需要达到的控制精度。一般而言，控制功能越多，控制的精度要求越多，所需的传感器也就越多。

ECU 是电控系统的核心，它的主要任务是：向各种传感器提供它们所需的基准电压（如 2V、5V、9V、12V 等）；接收传感器或其他装置输入的信号，并将它们转换为微机能够处理的数字脉冲信号；存储输入的信息，运用内部已有的程序对输入信息进行运算分析，输出执行命令；根据发动机性能的变化，自动修正预置的标准值；将输入信息与设定的标准值进行比较，如果发现数据异常，就会确定故障位置，并把故障信息存储在存储器中。

执行元件是在电控单元的控制下完成特定功能的电气装置。在电控系统中，ECU 对执行元件的控制一般通过控制执行元件电磁线圈搭铁回路来实现。

2.1.2 汽油机电控系统的主要控制功能

汽油机微机控制系统的控制功能视发动机的生产年份、制造商和发动机类型等不同有很大的差异。一般而言，生产年份较早的发动机控制功能相对较少，而近年生产的发动机电控系统的控制功能已有很大的扩展，其主要控制功能如下。

1. 汽油喷射控制

汽油喷射控制是汽油机电控系统最主要的控制功能，汽油喷射控制的内容主要有喷油正时控制、喷油持续时间控制、停油控制和电动汽油泵控制等。喷油正时控制即喷油开始时刻控制，它包括根据曲轴转角位置进行控制的同步喷射控制和根据发动机运行工况进行控制的异步喷射控制两种方式。喷油持续时间控制即喷油量控制，它包括发动机起动时的喷油持续时间控制、发动机起动后的喷油持续时间控制两种控制程序。停油控制包括减速停油控制、超速停油控制及停油后的恢复供油控制。电动汽油泵控制包括发动机起动前电动汽油泵的预运转控制、发动机正常运转时和发动机停机时电动汽油泵的运转控制。

2. 点火控制

点火控制是汽油机电控系统的第二个主要控制功能。电控系统对点火的控制包括点火正时控制、闭合角控制和爆震反馈控制 3 个内容。点火正时控制即最佳点火提前角控制，它包括基本点火提前角的确定、基本点火提前角的修正及点火控制。闭合角控制即点火线圈初级通电时间控制，它包括初级线圈接通时间的确定和通过电流的控制。爆燃反馈控制是汽油机电控系统特有的控制功能，它包括爆燃的检测和反馈修正控制。

3. 怠速控制

当发动机处于怠速工况时，ECU 根据怠速转速的变化或附属装置接入与否，通过控制怠速控制装置，调整怠速工况的空气供给，使发动机保持最佳的怠速转速。

4. 排气净化控制

汽油机电控系统的排气净化控制功能包括氧传感器的反馈控制、废气再循环控制（EGR）、二次空气喷射控制、活性炭罐清洗控制等内容。

（1）氧传感器的反馈控制：当 ECU 根据发动机的运行工况确定对空燃比实行闭环控制时，ECU 根据氧传感器的反馈信号修正喷油持续时间。把空燃比精确控制在 14.7∶1 附近，使三元催化转化装置具有最高的净化效率。

（2）废气再循环控制：在采用废气再循环的发动机中，ECU 根据发动机的运行工况，通过真空电磁阀对废气再循环过程及再循环废气量进行控制，以降低 NO_x 的生成量。

（3）二次空气喷射控制：在采用二次空气喷射装置的发动机中，ECU 根据发动机运行工况及工作温度，向排气管或三元催化转化器喷入新鲜的空气，以减少某些特殊工况下 CO 和 HC 的排放量。

（4）活性炭罐清洗控制：在装有活性炭罐清洗控制装置的发动机中，ECU 定时打开碳罐清洗控制电磁阀，清洗活性炭层，恢复活性炭的吸附功能。

5. 进气控制

汽油机电控系统的进气控制功能包括进气谐振增压控制、进气涡流控制、配气定时控制及增压控制。

（1）进气谐振增压控制：在采用改变进气歧管长度的发动机中，ECU 根据发动机的转速控制谐振阀的开或关，以改善发动机高、低速工况时的功率和扭矩输出特性。

（2）进气涡流控制：在采用进气涡流控制的多气门发动机中，ECU 根据发动机转速控制涡流阀的开或关，改变进气涡流强度，改善燃烧过程，提高发动机的输出扭矩和动力性。

（3）配气定时控制：在采用可变配气定时的发动机中，ECU 根据发动机的负荷和转速，通过改变配气定时，提高发动机的充气效率，改善发动机的动力性和经济性。

（4）增压控制：在采用废气涡轮增压的电控汽油机中，ECU 根据进气歧管压力控制增压器放气阀的开或关，使进气增压压力保持稳定。

6. 故障自诊断控制和带故障运行控制

（1）故障自诊断控制：当电控系统的组成元件发生故障时，ECU 使故障警示装置及时发出警告信号，同时将故障信息存储到存储器中，供维修时调用和参考。

（2）带故障运行控制：在微机控制系统的组成元件发生故障后，ECU 根据故障类型做出最适当的应急处理，在大多数情况下，使汽车仍能以稍差的性能行驶到汽修厂进行检修。

2.2　汽油机燃油喷射系统的分类

2.2.1　按喷射位置分类

对采用压力喷射方式形成混合气的电控汽油机，按汽油的喷射位置分类，可分为缸内喷射方式和进气管喷射方式两种类型。

1. 缸内喷射方式

缸内喷射方式（也称直接喷射方式）的主要特点是：喷油器安装在汽缸盖上，喷油器把汽油直接喷入发动机汽缸内与空气混合形成可燃混合气，如图2.2所示。

采用缸内喷射方式，通过合理组织缸内的气体流动，可以实现分层稀薄燃烧，有利于进一步降低发动机有害物排放和燃油消耗量，但为了布置喷油器，汽缸盖需重新设计，同时也增加了汽缸盖结构的复杂性，使制造成本增加。另外，采用缸内喷射方式需要能耐高温、耐高压，动态响应速度快，可靠、寿命长的喷油器，目前在技术上还存在一定的困难。在缸内喷射方式的电控汽油机的开发研制中，取得较大成功的是日本三菱公司的GDI系统。

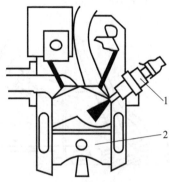

图2.2 缸内喷射（直接喷射）
1—喷油器；2—活塞

2. 进气管喷射方式

进气管喷射方式（也称缸外喷射方式）的特点是：喷油器安装在进气总管或者进气歧管上，喷油器把汽油喷入进气总管或者进气歧管，喷入的汽油在进气管中与空气混合形成可燃混合气，在进气行程被吸入汽缸。采用进气管喷射方式，喷油器不与高温高压的燃气接触，且发动机改动很小，因此，现代电控汽油机普遍采用进气管喷射方式。对于进气管喷射方式，按喷油器的安装部位不同，又分为单点喷射系统和多点喷射系统。

1）单点喷射系统

单点喷射系统也称节气门体喷射或集中喷射系统，喷油器安装在进气总管的节气门上方，采用1～2个喷油器，如图2.3所示。

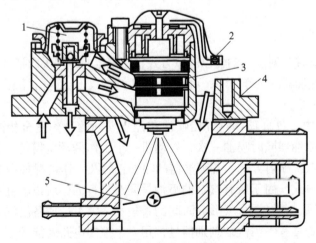

图2.3 单点喷射系统喷油器的布置

1—压力调节器；2—空气温度传感器
3—电磁喷油器；4—节气门体；5—节气门

单点喷射系统的主要特点是结构简单,化油器式汽油机几乎不经过改制就能改造成为微机控制的汽油喷射发动机。另外,由于单点喷射系统只使用1~2个喷油器,因此由喷油器产生的故障源少,工作可靠性好。但是,由于单点喷射系统的燃油是喷在进气总管内,因此各缸混合气的均匀性不如多点喷射系统。

2)多点喷射系统

多点喷射系统的喷油器安装在每一个汽缸的进气歧管上,喷油器把汽油喷在进气门附近与进气歧管内的空气混合形成混合气,如图2.4所示。

对于多点喷射系统,由于每一个汽缸都有一个喷油器,所以使各缸混合气的均匀性得到了很大的改善。另外,在进气管设计时,可充分利用进气的惯性增压效应,实现高功率化设计。现代微机控制汽油喷射发动机普遍采用多点喷射系统。

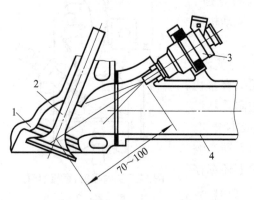

图2.4 多点喷射系统喷油器的布置

1—汽缸盖;2—进气门;
3—电磁喷油器;4—进气歧管

2.2.2 按喷射时序分类

按汽油喷射的时序分类,可以分为连续喷射方式和间歇喷射方式两种类型。

1. 连续喷射方式

连续喷射也称稳定喷射。在发动机运行期间,喷油器的喷油是连续进行的。连续喷射方式不需要考虑喷油定时和各缸的喷油顺序,因此控制非常简单,但混合气的均匀性、空燃比控制精度及过渡工况的响应特性都较差。连续喷射方式仅在Bosch公司的机械控制汽油喷射系统(K-Jetronic系统)和机电结合式汽油喷射系统(KE-Jetronic系统)中使用。

2. 间歇喷射方式

间歇喷射也称脉冲喷射。喷油器以间歇方式,在规定的时间段内把汽油喷入进气管。间歇喷射方式按各缸喷油器的工作时序,可以分为同时喷射、分组喷射和顺序喷射3种方式。

1)同时喷射方式

同时喷射方式中,各缸喷油器开始喷油和停止喷油的时刻完全相同。一般发动机曲轴每转一圈,各缸喷油器同时喷油一次,发动机一个工作循环所需的油量分两次喷入进气管,因此也称同时双次喷射方式,各喷油器的喷油正时及工作情况如图2.5所示。

对于同时喷射方式,由于所有汽缸的喷油是同时进行的,所以喷油正时与发动机各缸的工作过程没有关系,各缸混合气形成时间的长短不一致,造成各缸混合气质量不一致的缺点。但是喷射方式具有不需汽缸判别信号,用一个控制电路就能控制所有的喷油器,电路与控制软件简单等优点。早期生产的电控汽油喷射发动机都采用同时喷射方式。

2)分组喷射方式

分组喷射方式把发动机所有汽缸分成2组(四缸机)或3组(六缸机),ECU用2个或3个控制电路控制各组喷油器。在发动机工作期间，各组喷油器依次交替喷射，每个工作循环各组喷油器都喷射一次（或两次）。分组喷射方式各组喷油器的喷油正时和工作情况如图2.6所示。

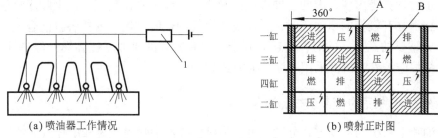

图2.5　同时喷射方式

A—喷油；B—点火；1—电控单元

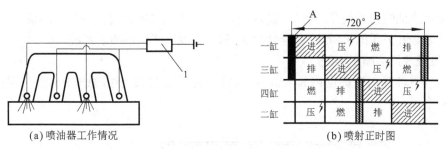

图2.6　分组喷射方式

A—喷油；B—点火；1—电控单元

分组喷射方式的控制电路虽然比同时喷射方式复杂，但其各缸混合气的质量及空燃比控制精度都有较大的提高。

3）顺序喷射方式

顺序喷射方式也称独立喷射方式。在发动机运行期间，喷油器按各缸的工作顺序，依次把汽油喷入各缸的进气歧管，发动机曲轴每转两圈，各缸喷油器轮流喷油一次。顺序喷射方式各缸喷油器的喷油正时和工作情况如图2.7所示。

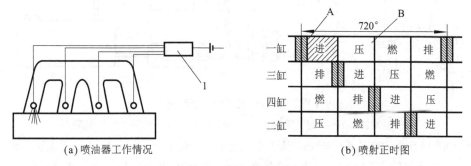

图2.7　顺序喷射方式

A—喷油；B—点火；1—电控单元

由于顺序喷射是按各缸的工作顺序进行喷油的，因此微机控制系统必须配置检测基准汽缸活塞位置和行程特征的传感器,以获得判缸信号。喷油开始时刻一般在排气行程上止点前60°～70°曲轴转角。

顺序喷射方式需要有与喷油器数目相同的控制电路,控制程序中需要增加基准汽缸判别和喷油正时计算等内容,因此,硬件设计和软件的编写都比较复杂。但顺序喷射可以使每一个汽缸都具有较佳的喷油正时,对提高混合气的最终质量,保持各缸混合气质量的一致具有十分重要的意义。同时,它还有利于减少有害物的排放,提高燃油经济性,因此,现在的大多数电控汽油机都采用顺序喷射方式。

2.2.3 按喷射系统的控制方式分类

按汽油喷射系统的控制方式分类,可分为机械式汽油喷射系统和电控汽油喷射系统。

1. **机械式汽油喷射系统**

机械式汽油喷射系统是一种以机械控制方式对汽油喷射过程进行控制的系统。具有代表性的是Bosch公司的机械式汽油喷射系统和机电混合式汽油喷射系统。

1) 机械式汽油喷射系统

机械式汽油喷射系统也称K-Jetronic系统,它是在1972年由德国Bosch公司推出的,如图2.8所示。

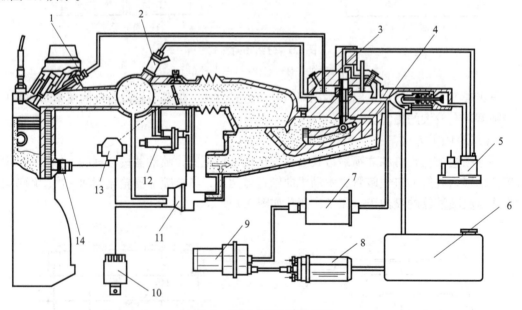

图2.8 机械式汽油喷射系统

1—喷油器;2—冷起动喷油器;3—燃油分配器;4—混合气控制器;
5—暖机调节器;6—油箱;7—燃油滤清器;8—电动燃油泵;9—蓄压器;10—速度继电器;
11—最高转速切断阀;12—辅助空气阀;13—节气门位置开关;14—热控正时开关

机械式汽油喷射系统的汽油喷射控制装置和空气计量装置以机械方式相互连接。发动机工作时,空气计量装置的计量板被进气气流向上托起,计量板向上位移的多少与进气量的多少有关。计量板在向上移动的同时,通过相连的杠杆机构推动燃油计量分配器的柱塞向上移动，使燃油计量槽孔的开启截面增大，供油量增加。若进气量减少，则计量板向下移动，燃油计量分配器柱塞在另一端油压的作用下向下移动，供油量减少。这种系统应用于早期的汽油喷射发动机中，现已被电控汽油喷射系统所代替。

2）机电混合式汽油喷射系统

机电混合式汽油喷射系统也称 KE-Jetronic 系统，它是 K-Jetronic 系统的改进型，是由德国 Bosch 公司于 1982 年推向市场的。KE-Jetronic 系统的基本构架与 K-Jetronic 系统相同，汽油喷射控制仍为机械控制方式，两者的差异在于后者增加了一个电控单元、若干个传感器及一个电液式压差调节器，如图 2.9 所示。

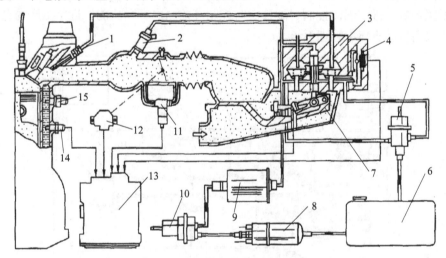

图2.9 机电混合式汽油喷射系统

1—喷油器；2—冷起动喷油器；3—燃油分配器；
4—电液式压差调节器；5—油压调节器；6—油箱；7—混合气控制器；
8—电动燃油泵；9—燃油滤清器；10—蓄压器；11—怠速空气调节器；
12—节气门位置开关；13—电控单元；14—温度传感器；15—热控正时开关

电控单元根据水温和节气门开度，通过电液式压差调节器调节燃油计量分配器内系统油压的高低，改变计量槽进出口的油压差，对喷油量进行修正，即对混合气的空燃比进行修正。KE-Jetronic 系统空燃比的控制精度、发动机过渡工况特性较 K-Jetronic 系统有较大的提高，但与电控汽油喷射系统相比仍有不小的差距。

2. 电控汽油喷射系统

现代电控汽油喷射系统已全部采用发动机集中管理系统，但电控汽油喷射系统发展的初期，都是仅具有单一电控汽油喷射控制功能。因此，按电控系统的控制功能分类，可分为电控汽油喷射系统和发动机集中管理系统。

1）电控汽油喷射系统

电控汽油喷射技术发展的初期，都采用仅有单一汽油喷射控制功能的电控系统。电控系统的电控单元早期采用模拟电路控制单元，后来采用单片机控制单元。20 世纪 70 年代初期到 20 世纪 80 年代末，电控汽油喷射系统在中、高级汽油机乘用车中有较广泛的应用，现已全部被发动机集中管理系统所代替。

2）发动机集中管理系统

发动机集中管理系统由德国 Bosch 公司于 1979 年首先推出，称为 Motronic 系统。该系统是一个集汽油喷射控制、点火控制和空燃比反馈控制等多项控制功能于一体的电控系统，如图 2.10 所示。

早期的发动机集中管理系统仅具有汽油喷射控制、点火控制和空燃比反馈控制 3 项功能。经过 20 多年的发展，现代汽油机发动机集中管理系统的基本控制除了以上 3 项外，还增加了怠速控制、活性炭罐清洗控制、故障自诊断和带故障运行等基本控制功能。此外，根据需要配置相关的装置和系统，还能增加废气再循环控制、二次空气喷射控制、进气谐振增压控制、进气涡流控制、配气定时控制等控制内容和功能。近年生产的电控汽油机已普遍采用发动机集中管理系统。

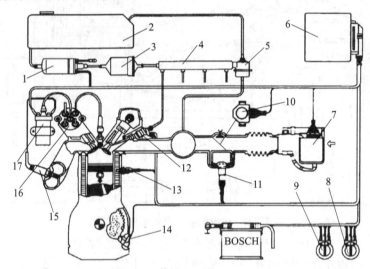

图2.10　发动机集中管理系统的基本形式

1—电动汽油泵；2—燃油箱；3—燃油滤清器；4—燃油分配管；5—压力调节器；6—电控单元；7—空气流量计；8—空调开关；9—起动、点火开关；10—节气门位置传感器；11—怠速空气调节器；12—喷油器；13—温度传感器；14—曲轴位置传感器；15—氧传感器；16—分电器；17—点火线圈

2.2.4　按进气量测量方式分类

为了精确控制汽油机混合气的空燃比，电控系统必须对发动机吸入的空气量进行测量才能确定相应的喷油量。按进气量测量方式分类，可分为间接测量方式电控系统和直接测量方式电控系统两类。

1. 间接测量方式电控系统

由于节气门的开度和发动机转速、进气歧管压力和发动机转速与吸入空气量有一定的对应关系，在间接测量方式电控系统中，ECU 通过测量发动机转速、节气门开度或进气歧管压力，计算出发动机吸入的空气量。按所需测量的参数分类，可分为节流－速度方式和速度－密度方式两种。

1) 节流 - 速度方式

节流 - 速度方式是指 ECU 通过测量节气门开度和发动机转速，根据节气门开度、发动机转速和发动机进气量的关系，算出每一循环的进气空气量，从而确定循环基本喷油量。

由于节流 - 速度方式直接检测节气门的开度，因此发动机具有较好的过渡工况响应特性，在一些赛车上采用这种方式。但是节气门开度、发动机转速与发动机进气量之间的函数关系相当复杂，因此要精确确定进气量有一定的困难。

2) 速度 - 密度方式

速度 - 密度方式是指 ECU 通过测量进气歧管压力和发动机转速，根据进气歧管压力、发动机转速和发动机进气量的关系，算出每一循环的进气空气量，从而确定循环基本喷油量。速度 - 密度方式测量方法简单，喷油量精度容易调整和控制，但由于进气歧管压力、发动机转速与进气量之间的函数关系比较复杂，在过渡工况和采用废气再循环时，由于进气歧管内压力波动较大，所以在这些工况下测得的进气量误差较大，影响空燃比控制精度，因此需要对进气量进行修正。采用速度 - 密度方式的典型电控系统是 BOSCH 公司的 D-Jetronic 系统，如图 2.11 所示。国产乘用车中，上海大众的 99 系列、SGM 的赛欧系列、广州的本田雅阁等都采用的这种进气量测量方式。

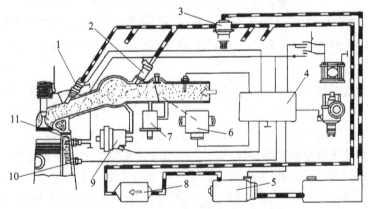

图 2.11 BOSCH 公司的 D-Jetronic 系统

1—喷油器；2—冷起动喷油器；3—压力调节器；4—电控单元；
5—电动汽油泵；6—节气门位置传感器；7—怠速空气调节器；
8—汽油滤清器；9—进气歧管压力传感器；10—温度传感器；11—热控正时开关

2. 直接测量方式电控系统

直接测量方式电控系统是采用空气流量计直接测量发动机单位时间吸入的空气量，ECU 根据流量计测出的空气流量和发动机的转速，计算出每一工作循环发动机吸入的空气量，从而确定循环基本喷油量。对于直接测量方式，按测出的是空气的体积流量还是质量流量，可分为体积流量方式和质量流量方式。

1) 体积流量方式

体积流量方式采用翼片式空气流量计或卡门旋涡式空气流量计，测量发动机单位时间吸入的空气体积。ECU 根据流量计测出的空气体积和发动机转速，计算出每一工作循环发动机吸入的空气体积，然后根据进气压力和温度转换为对应的空气质量，从而算出循环基本喷油量。这种进气量测量方式与间接测量方式相比，测量精度较高，有利于提高空燃比的控制精度，但通过体积流量方式测出的空气体积，还需要根据进气压力和温度转换成对应的空气质量。采用体积流量方式的典型电控系统是 BOSCH 公司的 L-Jetronic 系统，如图 2.12 所示。

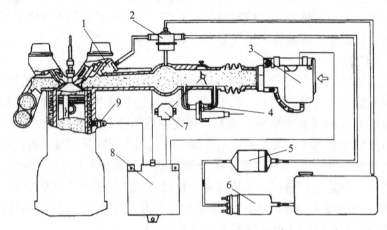

图2.12　BOSCH公司的L-Jetronic系统

1—喷油器；2—压力调节器；3—翼片式空气流量计；4—怠速辅助空气阀；
5—汽油滤清器；6—电动汽油泵；7—节气门位置传感器；8—电控单元；9—冷却液温度传感器

2）质量流量方式

质量流量方式采用热线式或热膜式空气流量计，测量发动机单位时间吸入的空气质量。ECU 根据空气流量计测出空气质量和发动机转速，计算出每一工作循环发动机吸入的空气质量，从而算出循环基本喷油量。质量流量方式具有测量精度高、响应速度快、结构紧凑、不需要进行质量换算的突出优点。采用质量流量方式的典型电控系统是 BOSCH 公司的 LH-Jetronic 系统，如图 2.13 所示。在国产乘用车中，上海大众的 2000 系列和帕萨特、SGM 的别克系列、一汽大众的捷达王和奥迪、二汽的神龙富康等采用的都是这种进气量测量方式。

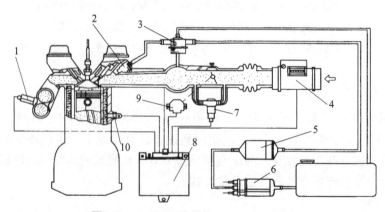

图2.13　BOSCH公司的LH-Jetronic系统

1—氧传感器；2—喷油器；3—压力调节器；4—热线式空气流量计；5—汽油滤清器；
6—电动汽油泵；7—怠速空气调节器；8—电控单元；9—节气门位置传感器；10—冷却液温度传感器

2.3 电控汽油喷射的优点

电子控制技术在汽油机上的应用全面提高了汽油机的综合性能,与化油器式汽油机相比,电控汽油喷射在以下几个方面有明显的改善和提高。

1. 改善了各缸混合气的均匀性

在化油器式汽油机中,当混合气在通过不同截面、不同长度和具有一定弯曲弧度的进气管时,由于空气和汽油微粒的密度不同,空气比较容易改变方向,而汽油微粒受惯性力的作用继续向进气管的末端运动,造成了各缸混合气浓度不均匀。对于微机控制的多点喷射系统,燃油喷在各缸的进气歧管内,从进气总管分流到各缸的仅仅是空气,这样就能使各缸混合气的浓度基本一致,有利于降低 CO 和 HC 的排放量,改善发动机的经济性。

2. 发动机的动力性和经济性有了一定程度的提高

由于电控汽油喷射采用压力喷射方式形成混合气,因此进气管中不需要设置喉管,这样可以降低进气系统的阻力,减少进气压力损失,使发动机具有较高的充气效率,从而有利于提高发动机的经济性和动力性。另外,电控汽油机一般不采用进气预热,这样可以提高进气的密度,有利于提高发动机的升功率。

3. 有害物排放量显著减少

现代电控汽油机都采用空燃比反馈控制,因而在闭环控制时,都能把空燃比精确控制在 14.7∶1 附近(即 $\lambda=1$)。此时,三元催化转化器具有最高的净化效率,使排入大气中的 CO、HC 和 NO_x 大大减少。另外,有些电控汽油机还采用废气再循环、二次空气喷射、进气涡流强度控制、废气涡轮增压等多种综合措施。这些综合措施不仅可以提高发动机的其他性能,而且可以进一步减少汽油机有害物的排放量。

4. 改善了汽油机过渡工况响应特性

发动机运行工况发生变化,电控系统能根据传感器的输入信号迅速调整喷油量或增加异步喷射,提供与发动机运行工况相适应的空燃比,不仅提高了汽油机变工况响应速度,而且也改善了工况过渡的平稳性。另外,电控汽油机采用压力喷射方式,汽油的雾化质量好、蒸发速度快,在各种工况下混合气都有良好的品质,也有利于提高汽油机非稳定工况的性能。

5. 改善了汽油机对地理及气候环境的适应性

由于电控系统是根据进气质量来确定喷油量的,因此当汽车在不同地理环境或不同气候条件的地区行驶时,由大气压力和温度变化引起的进气密度变化,对电控系统的空燃比控制没有影响,使汽车在各种地理环境及气候条件下都能保持良好的排放性能。

6. 提高了汽油机高、低温起动性能和暖机性能

发动机在高温或低温条件下起动时,电控系统根据起动时发动机冷却水的温度,提供

与起动条件相适应的喷油量，使汽油机在高温和低温条件下都能顺利起动。低温起动后，电控系统又能根据发动机冷却液温度，自动调整怠速空气供给量和喷油量，缩短了汽油机暖机时间，使发动机很快进入带负荷运行状态。

综上所述，电控系统使汽油机在低排放、低油耗和高功率等方面有了质的飞跃和提高。随着科学技术的进步与发展，电控系统的控制功能将会进一步拓展，制造和使用成本将进一步降低，可靠性和使用寿命将进一步提高。电子控制技术将会使汽车发动机的综合性能迈上新的台阶。

学习指导

本章介绍了电控系统的基本组成和主要控制功能，汽油机燃油喷射系统分类，汽油喷射的主要优点。电控系统由传感器、电控单元和执行元件3个基本组成部分构成。传感器的作用是将反映发动机运行状况的机械动作、热状态等物理量信息转换为电信号。电控单元是电控系统的核心，它的作用是处理输入各种信息及控制执行元件的工作。执行元件是在电控单元控制下，完成特定功能的电气装置。现代电控系统的主要控制功能有汽油喷射控制、点火控制、怠速控制、排气净化控制、进气控制及故障自诊断和带故障运行控制等，对于上述每一项控制功能，都包含若干具体的控制内容，这些控制内容有些属于基本内容（即所有现代电控系统都已具备的），有些属于拓展控制内容（即因发动机而异）。

汽油机燃油喷射系统按它们的主要结构特征或工作特征分类见表2-1。

表2-1 汽油机燃油喷射系统分类

按喷射位置分类	缸内喷射	—
	进气管喷射	多点喷射系统
		单点喷射系统
按喷射时序分类	连续喷射	—
	间歇喷射	同时喷射
		分组喷射
		顺序喷射
按喷射系统的控制方式分类	机械式汽油喷射系统	机械式汽油喷射系统
		机电混合式汽油喷射系统
	电控汽油喷射系统	电控汽油喷射系统
		发动机集中管理系统
按进气量测量方式分类	间接测量方式电控系统	节流-速度方式
		速度-密度方式
	直接测量方式电控系统	体积流量方式
		质量流量方式

与化油器式汽油机相比，汽油喷射系统的优点有以下6个方面。
（1）改善了各缸混合气的均匀性。
（2）使发动机的动力性和经济性有了一定程度的提高。
（3）有害物排放量显著减少。
（4）改善了汽油机过渡工况响应特性。
（5）改善了汽油机对地理及气候环境的适应性。
（6）提高了汽油机高、低温起动性能和暖机性能。

学习思考

1. 汽油机电控系统由哪几部分组成？它们各起什么作用？
2. 汽油机电控系统一般具备哪些控制功能？简述这些控制功能的内容。
3. 缸内喷射和缸外喷射各有什么特点？
4. 单点喷射和多点喷射各有什么特点？
5. 连续喷射和间歇喷射各有什么特点？
6. 同时喷射、分组喷射和顺序喷射各有什么特点？
7. 按控制方式分类，汽油喷射系统可以分成几类？它们各有什么特点？
8. 在电控汽油喷射系统中，电控汽油喷射系统和发动机集中管理系统有什么异同点？
9. 按空气量测量方式分类，电控汽油喷射系统可以分成几类？它们各有什么特点？
10. 汽油机采用电控汽油喷射有哪些优点？

第 3 章　电控汽油喷射系统

学习目标

1. 掌握电控汽油喷射系统的组成、各部分的工作原理。
2. 能对发动机电控系统的常用传感器和执行器进行检测。
3. 了解电控汽油机发展的历史和现状。

考核标准

知识要求：汽油机电控系统的组成，各种传感器、执行器的工作原理和发动机的控制过程。

技能要求：典型故障的诊断和排除方法，对传感器和执行器能进行检测。

教学建议

教具：各种传感器、执行器的实物，电控发动机的台架，检测用万用表、示波器等。

建议：各部分的工作原理使用多媒体教学。传感器、执行器的检测和发动机的故障诊断内容安排在实验室进行。

3.1　空气供给系统

3.1.1　空气供给系统的功用及组成

（1）功用：为发动机工作提供必要的清洁空气，并控制和检测发动机正常工作时的进气量。

（2）组成：空气滤清器、进气量检测传感器（分为 D 型和 L 型）、进气温度传感器、节气门体（一般包括节气门位置传感器、怠速控制装置）、进气总管、进气歧管等。

根据检测进气量传感器的不同，电控燃油喷射系统（简称 EFI 系统）分为 L 型和 D 型。

如图 3.1(a) 所示，在 L 型 EFI 系统中，采用装在空气滤清器后的空气流量计直接测量发动机吸入的进气量。"L"是德文"空气"的第一个字母。其测量的准确度高于 D 型 EFI 系统，可以精确地控制空燃比。

如图 3.1(b) 所示，D 型 EFI 系统由进气歧管压力传感器检测进气量。"D"是德文"压力"的第一个字母，因此又称压力型。由于进气管内的空气压力在波动，所以控制的测量精度稍微差些。

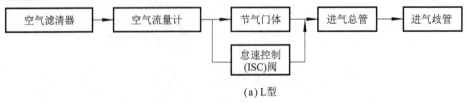

(a) L 型

图 3.1　电控燃油喷射系统

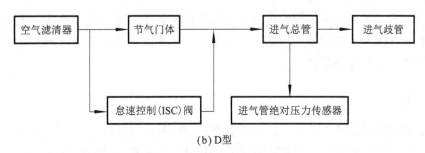

(b) D型

图3.1 电控燃油喷射系统（续）

3.1.2 空气供给系统基本元件的构造

1. 空气滤清器

空气滤清器的结构原理与普通发动机上的空气滤清器相同，电控燃油喷射发动机一般用干式纸质滤芯式空气滤清器。

2. 节气门体

节气门体安装在进气管中，用以控制发动机正常运行工况下的进气量。节气门体主要由节气门、节气门位置传感器和怠速空气道等组成。由于电控燃油喷射发动机怠速运转时，一般将节气门完全关闭，所以专门设有怠速空气道，以供给发动机怠速时所需的空气。怠速空气道流通面积大小的控制是由怠速空气阀直接控制的，也有由ECU通过怠速控制阀控制的。在单点燃油喷射系统中，喷油器一般安装在节气门体上，其结构比多点喷射系统的节气门体复杂。

D型多点喷射系统的节气门体如图3.2所示。节气门位置传感器安装在节气门轴上，用来检测节气门的开度。ECU通过怠速控制阀来控制怠速空气道，以根据需要调节发动机

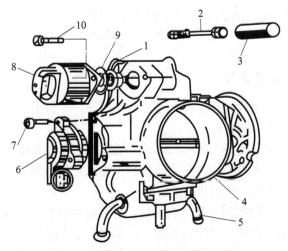

图3.2 D型多点喷射系统的节气门体

1—节气门体衬垫；2—节气门限位螺钉；3—螺钉孔护套；4—节气门体；5—加热水管；
6—节气门位置传感器；7—螺钉；8—怠速控制阀；9—O形圈；10—螺钉

急速时的进气量。节气门限位螺钉用来调节节气门的最小开度。在发动机工作时，冷却液通过加热水管 5 流经节气门体，以防止寒冷季节空气中的水分在节气门体上冻结，有些车型的节气门体上没有加热水管。

3．进气管

进气管的结构如图 3.3 所示。在多点电控燃油喷射式发动机上，为了消除进气波动和保证各缸进气均匀，对进气总管和进气歧管的形状、容积都有严格的要求，每个汽缸一般有一个单独的进气歧管。有些发动机的进气总管与进气歧管制成一体，有些则是分开制造再用螺栓连接。

在采用单点燃油喷射系统的发动机上，由于喷油器安装在节气门体上，进气管与化油器式发动机进气管的要求和结构基本相同。

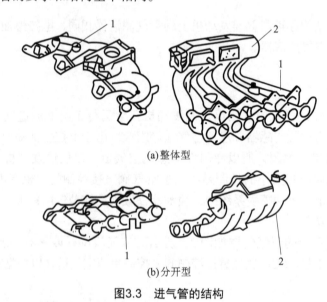

图3.3 进气管的结构

1—进气歧管；2—进气总管

3.1.3 空气供给系统的检修

空气供给系统的基本组成元件工作可靠性都比较高，一般很少发生故障，但在汽车维修时，应注意进行以下 3 项的检查。

（1）检查空气滤清器滤芯是否脏污，必要时用压缩空气吹净或更换。

（2）进气系统漏气对电控燃油喷射发动机的影响比对化油器式发动机的影响更大。检查各连接部位，连接应可靠，密封垫应完好。

（3）检查节气门体内腔的积垢和结胶情况，必要时用化油器清洗剂进行清洗。注意：绝对不允许用砂纸或刮刀等清理积垢和结胶，以免损伤节气门体内腔，导致节气门关闭不严或改变急速空气道大小，从而影响发动机的正常工作。

3.2 燃油供给系统

3.2.1 燃油供给系统的功用及组成

燃油供给系统的作用是向发动机提供工作所需的燃油。如图 3.4 所示，燃油供给系统由油箱、电动汽油泵、脉动阻尼器（油泵内装式一般没有）、汽油滤清器、压力调节器、喷油器和冷起动喷油器等组成。在电控汽油喷射系统中，汽油由电动汽油泵从油箱中泵出，经脉动阻尼器（有些没有）、汽油滤清器过滤并由压力调节器调压后，由输油管配送给各个电磁喷油器和冷起动喷油器。喷油器根据 ECU 发出的喷油指令信号，将适量的汽油喷入各进气歧管或进气总管中。

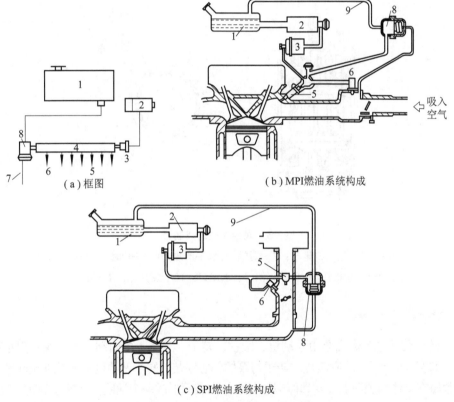

图3.4 燃油供给系统工作流程图

1—油箱；2—电动汽油泵；3—脉动阻尼器；4—油轨；5—喷油器；
6—冷起动喷油器；7—真空管；8—压力调节器；9—输油管

3.2.2 电动燃油泵

在燃油供给系统中，电动燃油泵从油箱中吸出汽油，加压后供给喷油器，按其安装位置可以分为外装泵和内装泵两种。外装泵安装在油箱之外的输油管路中；内装泵安装在燃油箱内，与外装泵相比，内装泵不易产生气阻和燃油泄漏，而且噪声小。目前，多数 EFI 系统采用内装泵。

1. 内装式电动燃油泵

这种泵常见的为涡轮式，由涡轮泵、永磁电动机、单向阀、卸压阀、滤网、端盖和外壳等组成。如图 3.5 所示，涡轮式电动燃油泵由叶轮、叶片和泵壳等组成。叶轮与电动机转子同轴，由电动机驱动高速旋转，在离心力作用下，叶片将燃油从吸入口压向排出口，经电动机和端盖而向外输出。电动机的接线头设在端盖上，端盖的出油道中装有一个单向阀。当发动机停机时，单向阀关闭，燃油管路中的燃油就不会向油泵回流，而保持一定的残余油压，这样有利于下次迅速起动。此外，还有一个卸压阀装在油泵组件的端盖上，当燃油管路阻塞使系统中油压超过允许值时即开启而溢流卸压，高压燃油回流至泵的进油室，此时燃油在泵和电动机内部循环，这样可避免损坏油管和油泵。

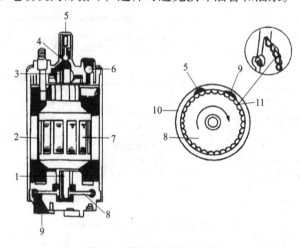

图3.5　涡轮式电动燃油泵

1—前轴承；2—电动机定子；3—后轴承；4—单向阀；5—出油口；6—卸压阀；
7—电动机转子；8—叶轮；9—进油口；10—泵壳体；11—叶片

2. 外装式电动燃油泵

常见的外装式电动燃油泵由电动机、滚柱、转子、泵体、单向阀、卸压阀和阻尼稳压器等组成，如图 3.6 所示。装有滚柱的转子与泵体偏心安装，转子凹槽内的滚柱在旋转惯性力的作用下紧压在泵体内表面上。相邻两滚柱与泵体内表面形成一个油腔。在转子的转动过程中，

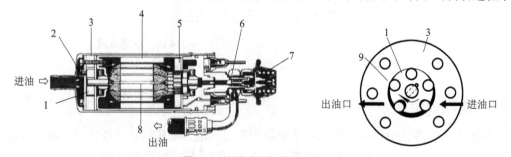

图3.6　外装式燃油泵的结构

1—转子；2—卸压阀；3—泵体；4—电动机磁铁；5—电动机电刷；6—单向阀；
7—阻尼稳压器；8—电枢；9—滚柱

油腔的容积不断发生变化,在转向进油腔时,容积增大,吸入汽油;在转向出油腔时,容积减小,压力升高并泵出汽油。单向阀和卸压阀的功用与内装泵相同。外装式泵现在很少使用。

由于滚柱泵工作过程的非连续性,在油路中的油压有波动,因此在汽油泵出油端还装有阻尼稳压器,其结构如图3.7所示。阻尼稳压器主要由膜片、膜片弹簧和壳体等组成,分成弹簧室和油室两部分。脉动阻尼器的弹簧室是密封的,全部输油量通过阻尼器流向油管。当燃油压力升高时,弹簧室容积变小,弹簧被压缩,而燃油容积扩大,使油压升高峰值减小;反之,油压降低时弹簧室容积变大,弹簧伸长,而燃油容积减小,又使油压降幅减小。阻尼稳压器吸收汽油的压力波,降低压力波动和噪声,使燃油系统压力保持稳定。

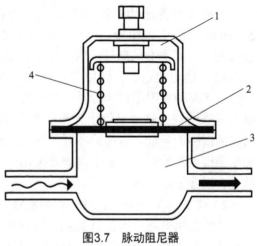

图3.7 脉动阻尼器

1—弹簧室;2—膜片;3—燃油室;4—弹簧

3. 燃油泵的控制电路

电控汽油喷射系统汽油泵控制的基本要求是:当点火开关打开后,ECU将控制汽油泵工作2~5s,以建立必需的油压。此时若不启动发动机,ECU将切断汽油泵的控制电路,汽油泵停止工作。在发动机起动过程和运转过程中,ECU控制汽油泵保持正常运转。

通常,汽油泵总是在一定的转速下运转,因而输出油量不变,但在发动机高速、大负荷工况下时,需油量大,有必要提高汽油泵转速以增加泵油量。当发动机工作在低速、中小负荷工况时,应使汽油泵低速运转以减少泵的磨损及不必要的电能消耗,因此在一些发动机中对汽油泵设置了转速控制机构,常见汽油泵控制电路叙述如下。

1)燃油泵开关控制的油泵电路

这种控制电路应用在L型叶片式空气流量计的汽油喷射系统中,开关装在叶片式空气流量计内,其控制电路如图3.8所示。

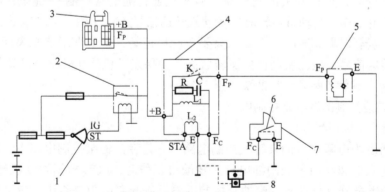

图3.8 汽油泵开关控制的油泵电路

1—点火开关;2—主继电器;3—检查插座;4—断路继电器;5—油泵;6—油泵开关;
7—叶片式空气流量计;8—油泵检查开关

点火开关接通起动端（ST），主继电器开关闭合，同时断路继电器中线圈 L_2 通电，断路继电器触点 K 闭合，电源向汽油泵电动机供电，汽油泵开始工作。发动机起动后，吸入的空气流使空气流量计内的叶片转动，空气流量计中的汽油泵开关接通，断路继电器线圈 L_1 通电。这时，即使起动开关（ST）断开，其继电器触点仍呈接通状态。当发动机由于某种原因停止转动时，空气流量计的汽油泵开关断开，继电器线圈 L_1 断电，继电器触点断开，汽油泵停止工作。当 L_1 断电时产生的反电势通过电阻器 R 和电容器 C 组成的回路而释放，以保护各开关触点。检查插座的 $+B$ 和 F_P 端子短接，用于检查油泵和断路继电器的好坏。油泵检查开关用于检查叶片式空气流量计中油泵开关和断路继电器是否正常工作。

2）油泵 ECU 控制的汽油泵控制电路

这种控制电路应用在 D 型电控汽油喷射系统、热线或热膜式空气流量计及卡门旋涡式空气流量计的电控汽油喷射系统中。其控制电路如图 3.9 所示。

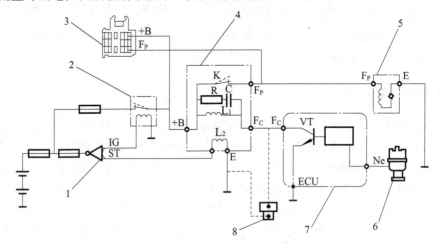

图 3.9 油泵 ECU 控制的汽油泵控制电路

1—点火开关；2—主继电器；3—检查插座；4—断路继电器；5—油泵；6—分电器；
7—油泵控制 ECU；8—油泵检查开关

发动机起动时，点火开关的起动端（ST）接通，继电器线圈 L_2 通电，其触点 K 闭合，汽油泵通电工作。发动机运转时，发动机转速信号（Ne）输入 ECU，ECU 内晶体管 VT 导通，继电器线圈 L_1 通电。因此，只要发动机运转，继电器触点总是闭合的。ECU 通过发动机转速信号来检测发动机的运转状态。如果发动机停止转动，晶体管 VT 截止，继电器 L_1 断电，其触点断开，汽油泵停止工作。

3）具有转速控制的汽油泵控制电路

（1）电阻式转速控制电路。

图 3.10 所示为电阻式汽油泵转速控制电路。它是在汽油泵控制电路中，增设了一个电阻（降压电阻）和汽油泵控制继电器。发动机工作时，ECU 根据发动机转速和负荷，对汽油泵控制继电器进行控制，汽油泵控制继电器则控制电阻是否串入汽油泵控制电路中，来控制汽油泵电动机上的不同电压，从而实现汽油泵转速的变化。

第3章 电控汽油喷射系统

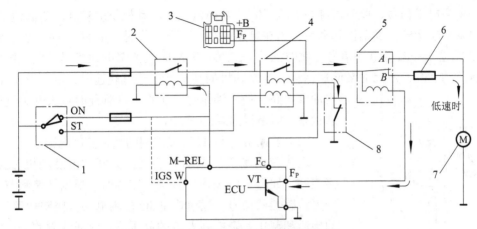

图3.10 电阻式汽油泵转速控制电路

1—点火开关；2—主继电器；3—检查插座；4—断路继电器；5—汽油泵控制继电器；
6—调速电阻；7—汽油泵电动机；8—空气流量计中的油泵开关

发动机在低速或中小负荷下工作时，汽油泵控制继电器触点 B 闭合，电阻串入汽油泵电路中，汽油泵处于低速运转。当发动机处于高速、大负荷下工作时，ECU输出信号，切断汽油泵控制继电器线圈电路，继电器触点 A 闭合，此时电阻被旁路，汽油泵电动机直接与电源接通，汽油泵处于高速运转。

（2）油泵ECU和主ECU联合控制的油泵电路。

这种方式是对汽油泵进行控制，特别是对汽油泵转速的控制，专设一个控制汽油泵工作的电子控制ECU，如图3.11所示。

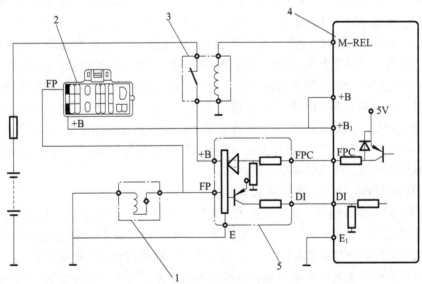

图3.11 油泵ECU和主ECU联合控制的油泵电路

1—油泵；2—检查插座；3—主继电器；4—主ECU；5—油泵控制ECU

汽油泵ECU对汽油泵转速的控制也是通过控制加到汽油泵电动机上的不同电压来实现的。当发动机在起动阶段或高转速、大负荷下工作时，主ECU向汽油泵ECU的FPC端输入一个高电平信号,此时汽油泵ECU的FP端向汽油泵电动机供应较高的蓄电池电压,使汽油泵高速运转。发动机起动后,当在怠速或小负荷下工作时,主ECU向汽油泵ECU的FPC端输入一较低电平信号,此时油泵ECU的FP端向汽油泵电动机提供低于蓄电池的电压(约9V),使汽油泵低速运转。当发动机的转速低于最低转速时,油泵ECU断开汽油泵电路,使汽油泵停止工作,尽管此时点火开关处于接通状态,但是汽油泵也不工作。

(3)发动机主ECU直接控制的油泵控制电路。

现代乘用车上的电动燃油泵已大部分由发动机ECU直接控制。如图3.12所示,发动机工作时,根据转速和节气门位置传感器的信号,通过内部IC控制电路,控制功率管VT的导通和截止,来控制B点的分压值,保证油泵的工作电压和发动机的负荷相适应,以控制油泵的转速。在晶体管截止时,油泵电动机的感应电流通过VD管而构成回路,以保护发动机ECU和节省电能。

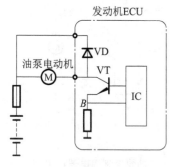

图3.12 发动机ECU直接控制的油泵控制电路

4. 燃油泵的检查

1)燃油泵开关控制式油泵的检查

以丰田车系为例,如图3.8所示,用一根导线将油泵检查插座上电源端子+B与燃油泵测试端子F_P跨接,打开点火开关,不启动发动机。也可以拆开电动燃油泵的线束连接器,直接用蓄电池供给燃油泵蓄电池电压。打开油箱盖,并倾听有无汽油泵运转的声音。若有运转声,说明油泵正常,则应进一步检查油泵开关、断路继电器和线路;若无运转声,说明油泵有故障或主继电器和电源线路有故障,此时可进一步对油泵进行检查。

大部分乘用车的电动燃油泵,可打开汽车后备厢盖或翻开后坐垫后,拔下电动汽油泵的导线连接器,从油箱上拆下电动汽油泵进行检查。拆卸燃油泵时应释放燃油系统的压力,并关闭用电设备。用万用表欧姆挡测量电动汽油泵上两个接线端子间的电阻,即为电动汽油泵直流电动机线圈的电阻,其阻值应为2~3Ω(20℃时)。如果电阻值不符,则须更换电动汽油泵;或将电动汽油泵与蓄电池相接(正负极不能接错),并使电动汽油泵尽量远离蓄电池,每次接通不超过10s,因为时间过长会烧坏电动汽油泵电动机的线圈。如电动汽油泵不转动,则应更换电动汽油泵。

2)ECU控制的电动汽油泵控制系统的检查

ECU控制的电动燃油泵,通常在点火开关打开时(不启动发动机),都会工作3~5s。因此,打开油箱盖,将点火开关置于ON位置,在油箱口处倾听有无电动汽油泵运转的声音。如果此时听到电动汽油泵运转3~5s后又停止,说明控制系统和油泵都工作正常。

如果打开点火开关后听不到电动汽油泵运转的声音,可用一根短导线将检查插座内两个检测电动汽油泵的插孔(如丰田汽车故障检测插座内的F_P和+B两插孔)短接,或者直接给油泵的两接线柱上加电池电压,此时,打开点火开关,如果能听到电动汽油泵运转的声音,说明ECU外部的电动汽油泵控制电路和油泵工作正常,故障在ECU内部,应更换ECU;如果仍听不到电动汽油泵运转的声音,则为ECU外部的控制电路和油泵有故障,应检查熔丝、继电器有无损坏,各电路有无断路或接触不良,并对油泵进行检查。

3.2.3 燃油滤清器

燃油滤清器安装在燃油泵之后的高压油路中,其功用是滤除燃油中的杂质和水分,防止燃油系统堵塞,减小机械磨损,保证发动机正常工作。

在电控燃油喷射发动机的燃油供给系统中,一般采用纸质滤心、一次性的燃油滤清器。燃油滤清器的结构如图3.13所示,燃油从入口进入滤清器,经过壳体内的滤芯过滤后,清洁的燃油从出口流出。一般汽车每行驶 20 000～40 000km 或 1～2 年,则应更换燃油滤清器。在更换燃油滤清器时,应首先释放燃油系统压力,安装时应注意燃油滤清器壳体上燃油流动方向的箭头标记,不能装反。

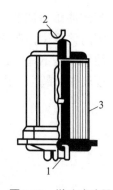

图3.13 燃油滤清器

1—入口;2—出口;3—滤芯

3.2.4 燃油压力调节器

1. 燃油压力调节器的作用

对一个现成的喷油器,喷油量取决于喷油器打开的时间和喷油器喷孔内外压力之差。喷油器是将燃油喷入进气歧管,而进气歧管的压力在发动机工作时是变化的,如果喷油器打开的时间和燃油管中的油压都一定,当歧管内的真空度降低时,喷油量将减少;当歧管内的真空度增加时,喷油量则增多。ECU控制喷油量只是控制了喷油器通电时间的长短,因此,必须保持在燃油的压力和喷射环境(进气歧管)的压力之差为定值时,喷油量只与喷油器的通电时间成正比,ECU才能精确地控制喷油量。装在燃油分配管一端的燃油压力调节器的作用是通过调节燃油回油量的多少使燃油分配管中的油压力随进气压力变化而相应地变化,从而保持两者的压力差不变。

2. 燃油压力调节器的结构

电控汽油喷射系统中的燃油压力调节器一般安装在燃油分配总管上,其结构如图3.14所示,采用膜片式结构。油压调节器是一个金属壳体,中间通过一个膜片将壳体内腔分成两个小室,一个是弹簧室,内装一个带预紧力的螺旋弹簧作用在膜片上,弹簧室由一个真空软管连接到进气歧管或节气门体上,因此,弹簧室侧的膜片承受的压力为进气歧管的气压与弹簧压力之和;另一个室为汽油室,直接通入燃油分配总管,汽油室的侧膜片承受油压。当分配总管中的油压增大时,在油压作用下膜片移向弹簧室一侧,使膜片控制的阀门打开,部分汽油通过回油管流回到汽油箱中,因而使分配总管中的油压保持不变。当进气歧管内真空度增大时,膜片进一步移向弹簧室,使阀门开度加大,回油量增加,使分配总管中的油压略降,保持燃油压力与进气歧管中的压力差恒定;当歧管中真空度减小时,膜片被推向汽油室一侧,使阀门开度减小,回油量减少,管路油压略升,同样维持了燃油压力与歧管中的压力之差不变。因此,当分配总管中的油压变化和进气歧管真空度波动时,膜片上下动作,使两者的压力差保持不变,压力差一般在 250～400kPa。

当发动机停止工作时,在弹簧的作用下,膜片移向汽油室一侧,使阀门关闭。在燃油分配总管中仍有一定的残余压力。

当燃油压力调节器有故障时，在发动机工作过程中，分配总管中的油压过高或过低。如果阀门关不住，常开会使油压过低，影响发动机功率的发挥；如果油压过高，拔掉真空管，油压还是不降低，这是调节器阀门打不开的原因，它会使混合气过浓，燃油消耗率过高，废气排放超标。出现以上故障时应更换压力调节器。

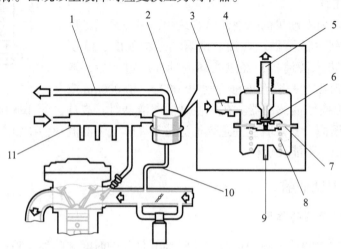

图3.14 燃油压力调节器结构

1—回油管；2—压力调节器；3—进油口；4—壳体；5—出油口；6—阀；7—膜片；
8—弹簧；9—接真空管；10—真空管；11—燃油分配总管

3.2.5 喷油器

喷油器的作用是根据 ECU 的控制信号，向进气管内喷射适量的雾化汽油。在 EFI 系统中使用的喷油器都是电磁式的，单点喷射系统中喷油器装在节气门体上，向进气总管喷油，也称为中央喷射。多点喷射系统中喷油器的喷孔端通过绝缘隔热垫圈，安装在进气歧管上或汽缸盖上各缸的进气道处，另一端一般装在燃油分配总管上。

1. 电磁喷油器的类型和结构

电磁喷油器按喷口形式可分为孔式和轴针式两种，这两种的结构如图 3.15 所示，它们一般都由接线端子、滤网、弹簧、电磁线圈、磁心和针阀等组成。轴针式可使汽油环状喷出，有利于雾化，针阀在喷口中往复运动，不宜引起喷口阻塞。孔式喷油器有单孔的和多孔的两种：多孔的一般与四气门和五气门发动机相配用；孔式的最大优点是雾化质量高。

按喷油器电磁线圈的阻值可分为高阻值和低阻值两种。高阻值喷油器的电磁线圈电阻为 $12\sim16\Omega$；低阻值喷油器的电磁线圈电阻为 $2\sim3\Omega$。高阻值电磁线圈的电感较大，对控制信号的响应较慢。

2. 电磁喷油器的工作原理

发动机工作时，ECU 根据传感器输入的信号，经运算判断后输出控制信号，控制大功率晶体管导通与截止，如图 3.16 所示。当晶体管导通时，即接通喷油器电磁线圈电路，产生电磁吸力，当电磁力超过弹簧力的时候，磁心被吸起，和磁心一体的针阀随之离开阀座，阀门打开，喷油器开始向进气歧管或总管喷射汽油。针阀开启的行程约为 0.1mm。当大功率晶体管截止时，则喷油器电磁线圈电路被切断，电磁力消失，弹簧力又使针阀返回到阀座上，阀门关闭，喷油器停止供油。

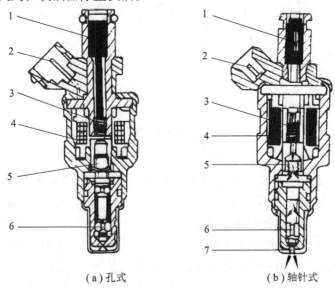

图3.15　孔式和轴针式电磁喷油器的结构

1—燃油滤网；2—接线端子；3—弹簧；4—电磁线圈；5—磁心；6—针阀；7—轴针

喷油器的喷油量取决于喷油器打开的时间、针阀的行程、喷孔面积、喷射环境压力与燃油压力等因素。对一个已制造成的喷油器，针阀的行程和喷孔面积都已确定，而燃油压力与喷射环境压力之差由压力调节器调为定值，因此，喷油量就由针阀的开启时间这一个因素来决定，即电磁线圈的通电时间来决定。喷油器每次喷油的时间为 2～10ms。

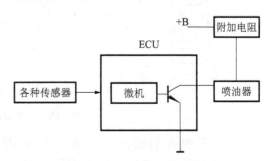

图3.16　喷油器的控制原理

3. 喷油器的驱动

各种车型喷油器的控制电路基本相同，一般都是通过点火开关和主继电器（或熔丝）给喷油器供电的，ECU控制喷油器搭铁。只是不同发动机喷油器数量、喷射方式、分组方式不同和ECU控制端子数量不同，其驱动方式有电流驱动和电压驱动。电压驱动是按照ECU输出电压信号驱动喷油器工作的，电压驱动既适用于高阻式的又适用于低阻式的喷油器；电流驱动是按照ECU输出较大的电流进行驱动的，电流驱动只适用于低阻式的喷油器，驱动方式如图 3.17 所示。

低电阻喷油器可与电压驱动方式或者与电流驱动方式配合使用。低电阻喷油器与电压驱动方式配合使用时，应在驱动回路中加入附加电阻，这是因为在低电阻喷油器中减少了电磁线圈的电阻和匝数，减少了电感，其优点是喷油器本身响应性好。但由于电磁线圈电阻的减少会使电流增大，线圈发热而损坏，因此在回路中串入附加电阻。

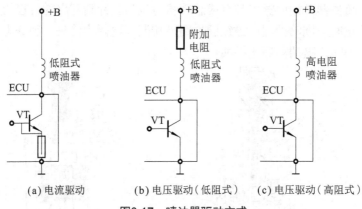

(a) 电流驱动　　　(b) 电压驱动（低阻式）　　　(c) 电压驱动（高阻式）

图3.17　喷油器驱动方式

附加电阻与喷油器的连接方式如图3.18所示。一种是每个喷油器各自串入一个附加电阻的独立式，如图3.18（a）所示，其优点是当一个电阻损坏时，只影响一个汽缸的工作；其缺点是由于串入电阻的阻值不可能完全一致，造成各缸供油量不同，从而影响各缸的功率平衡。另一种是几个喷油器共用一个电阻的连接方式，如图3.18（b）、图3.18（c）所示，其优点是各缸工作的一致性容易保证；其缺点是一个电阻损坏后，全组的汽缸都无法工作。

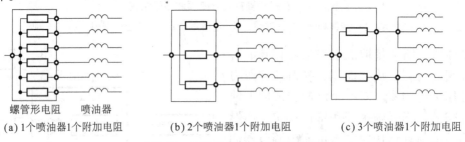

(a) 1个喷油器1个附加电阻　　　(b) 2个喷油器1个附加电阻　　　(c) 3个喷油器1个附加电阻

图3.18　附加电阻与喷油器的连接

在电流驱动的回路中没有使用附加电阻。低电阻喷油器直接与电源连接，因而回路阻抗小，触发脉冲接通后，电磁线圈电流上升很快，针阀能够快速打开，缩短了无效喷射时间（针阀开启与喷油信号导通有一段迟滞期称为无效喷射期，其对应的时间称为无效喷射时间）。

电流驱动方式的回路中，增加了电流的控制回路。当脉冲电流使电磁线圈电路接通后，它能控制回路中的工作电流。为了满足既要打开速度快，又要防止电流过大使线圈过热损坏的条件，ECU控制线圈电流在开始通电时，提供较大的电流；打开后，则提供较小的保持电流。

电压驱动的高阻喷油器的喷油滞后时间最长，电压驱动的低阻喷油器次之，电流驱动的喷油器最短。

4. 冷起动喷油器与热限时开关

冷起动喷油器安装在进气总管上，它的功用是发动机在低温起动时投入工作，并在发动机正常工作时与喷油器一起喷油，以加浓混合气，改善发动机的低温起动性能。为了保证低温下能良好地雾化，它多采用旋流式喷孔。冷起动喷油器主要由电磁线圈、弹簧、阀与阀座、旋流式喷孔和接线端子等组成，如图3.19所示。

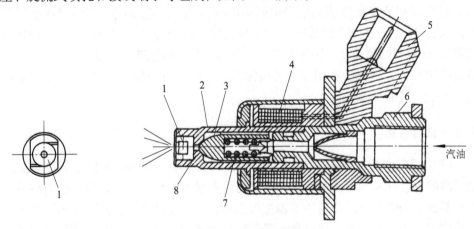

图3.19　冷起动喷油器

1—旋流式喷孔；2—喷射管道；3—阀；4—电磁线圈；5—接线端子；6—油管连接器；7—弹簧；8—阀座

冷起动喷油器的喷油量也取决于喷油器的通电时间。冷起动喷油器的控制方式如图3.20（b）所示。

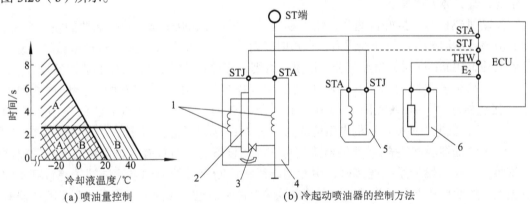

(a) 喷油量控制　　　　　(b) 冷起动喷油器的控制方法

图3.20　冷起动喷油器的控制电路

1—加热线圈；2—双金属片；3—触点；4—温度时间开关；5—冷起动喷油器；6—冷却液温度传感器

只有温度时间开关和冷起动喷油器连接时为温度时间开关控制。温度时间开关安装在发动机冷却液道上，它由电热线圈、双金属片和触点组成。

当发动机在冷机状态时，开关触点闭合。在冷起动时，电流由蓄电池经点火开关的ST端、冷起动喷油器、温度时间开关的双金属片、触点、接地形成回路，冷起动喷油器通电而喷油。同时也有电流通过两个加热线圈，使双金属片受热，当其弯曲打开触点时，冷起动喷油器停止喷油。起动后，点火开关的ST端断电，冷起动喷油器也断电而停止喷油。

当发动机处于正常的热状态时，温度时间开关的双金属片受发动机冷却液的加热，向左弯曲使触点一直处于断开状态，因此，热起动时冷起动喷油器并不喷射附加燃油。

冷却液的温度也影响冷起动喷油器喷油的时间。当冷却液温度升高时，双金属片受热弯曲的时间较短，触点断开得快，冷起动喷油器喷射时间短，喷射的燃油减少。

微机与温度时间开关协同控制,如图 3.20(b)所示,它是在温度时间开关控制的基础上接入冷却液温度传感器和 ECU。为了改善冷起动性能,使热机混合气过渡更平稳,微机可以根据冷却液温度传感器信号协同热限时开关对冷起动喷油器的特性进行部分修正,如图 3.20(a)所示。阴影部分 A 表示只用温度时间开关控制的喷油量,阴影部分 B 表示只用 ECU 控制的喷油量,阴影部分 AB 表示两者共同控制的喷油量。

现代乘用车上大部分已不用冷起动喷油器,冷起动时的加浓直接由 ECU 控制各缸喷油器延长通电时间来完成。

5.喷油器的检查

(1)喷油器工作情况检查。发动机热车后怠速运转,用螺钉旋具或听诊器接触喷油器,通过测听各缸喷油器工作的声音来判断喷油器是否工作。在发动机运转时应能听到喷油器有节奏的"嗒嗒"声,这是喷油器在电脉冲作用下喷油的工作声。若各缸喷油器工作声音清脆均匀,则各喷油器工作正常;若某缸喷油器的工作声音很小,则该缸喷油器工作不正常,可能是针阀卡滞,应做进一步的检查;若听不见某缸喷油器的工作声音,则该缸喷油器不工作,应检查喷油器及其控制电路。

另外,还可以通过检查喷油器的工作声音和发动机转速之间的关系来检查喷油器的工作情况,其具体方法如下。

发动机热机时,接好转速表,使发动机转速超过 2 500r/min,听喷油器的喷油声音,此时应该有喷油声音。放开油门后,在短时间内喷油声音应停止,发动机转速随即迅速下降到大约 1 400r/min 时,喷油声音又恢复;否则,应检查喷油器或 ECU 的喷油信号。

(2)喷油器电阻检查。拔下喷油器的导线连接器,用万用表欧姆挡测量喷油器上两个接线端子间(电磁线圈)的电阻值。在 20 ℃时,高电阻型喷油器的电阻值应为 12~16Ω,低电阻型喷油器的电阻值应为 2~3Ω。如果电阻值不符,应更换喷油器。

(3)喷油器滴漏检查。喷油器滴漏可在专用设备上进行检查,也可将喷油器和输油总管拆下,再与燃油系统连接好,用专用导线将诊断座上的燃油泵测试端子跨接到 12V 电源上,然后打开点火开关或直接用蓄电池给燃油泵通电。燃油泵工作后,观察喷油器有无滴漏现象。若在 1min 内喷油器油滴超过 1 滴,则应更换喷油器。

(4)喷油器的喷油量检查。喷油器的喷油量可在专用设备上进行检查,也可按滴漏检查。做好准备工作,燃油泵工作后,用蓄电池和导线直接给喷油器通电 15s,用量杯检查喷油器的喷油量,并观察燃油雾化情况,如图 3.21 所示。每个喷油器应重复检查 2~3 次,各缸喷油器的喷油量和均匀度应符合标准。各车型喷油器的喷油量和均匀度标准不同,一般喷油量为 50~80mL/15s,各缸喷油器的喷油量相差不超过 10%,否则应清洗或更换喷油器。注意:低阻喷油器不能直接与蓄电池连接,必须串联一个 8~10Ω 的附加电阻。

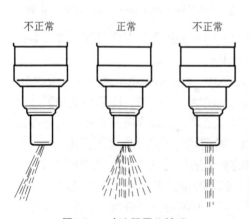

图3.21 喷油器雾化情况

第3章 电控汽油喷射系统

若使用中喷油器不工作，拆开喷油器线束连接器，将点火开关转至 ON 位置，但不启动发动机，用万用表测量其电源端子与搭铁间电压，应为 12V 蓄电池电压，否则应检查供电线路、点火开关、主继电器或熔丝是否有故障。若电压正常，则说明喷油器、喷油器搭线路（与 ECU 连接线路）或 ECU 有故障。

3.3 汽油喷射系统的传感器和电控单元

汽油喷射电子控制系统根据各种传感器的信号，由计算机进行综合分析和处理，通过执行装置控制喷油量，使发动机具有最佳性能。电控汽油喷射的电子控制系统由输入装置、ECU 和执行器 3 大部分组成。

输入装置包括传感器和某些控制开关。传感器是感知信息的部件，其功能是向 ECU 提供汽车的运行状况和发动机工况。ECU 接收来自传感器的信息，经处理后发出相应的控制指令给执行器，执行器动作从而完成控制的目的。

汽油喷射系统采用的信号输入装置主要有冷却液温度传感器、进气温度传感器、空气流量计（或歧管压力传感器）、曲轴转速和位置传感器、凸轮轴位置传感器、节气门位置传感器、氧传感器、大气压力传感器、车速传感器、起动开关、空调开关和动力转向开关等。

3.3.1 温度传感器

1. 冷却液温度传感器和进气温度传感器的结构原理

温度是反映发动机热状态的重要参数。为了计算进气量以及排气净化处理，必须随时检测发动机冷却液温度、进气温度和排气温度，以便修正控制参数。

冷却液温度传感器是检测发动机冷却液的温度，并将温度信号变换为电信号传送给 ECU，以便修正喷油时间和点火时间，使发动机处于最佳状态运行。它一般安装在发动机缸体、缸盖的水套或节温器壳内并伸入水套中。

进气温度传感器用来检测进气温度，并将温度信号转换为电信号传送给 ECU，以修正进气量，确定最佳的燃油喷射量。

温度传感器的种类很多，如热敏电阻式、半导体式和热电耦式等。所谓热敏电阻，是指电阻的温度变化时，其阻值随温度的变化而变化。其中，随温度上升阻值升高的电阻叫作正温度系数（PTC）型的热敏电阻；相反，随温度上升阻值减小的电阻叫作负温度系数（NTC）型的热敏电阻。汽车上常用的是负温度系数型的热敏电阻式温度传感器，其结构如图 3.22 所示。进气温度传感器的结构与图 3.22 所示的结构相似。NTC 热敏电阻温度传感器的热敏元件是以 NiO、CoO、MnO 等金属氧化物为主要成分，把两种以上氧化物混合成形，在高温下烧结而成的。

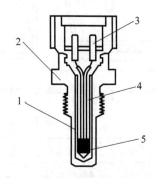

图 3.22　热敏电阻式冷却液温度传感器

1—绝缘管；2—壳体；3—接线端子；
4—引线；5—热敏元件

NTC 热敏电阻温度传感器的电阻随温度升高而降低，其输出特性如图 3.23 所示。冷却液温度传感器与 ECU 的连接如图 3.24 所示，冷却液温度和进气温度传感器的共同特点是：环境温度升高，电阻值减少，信号电压变小；环境温度降低，电阻值增大，信号电压变大。两种温度传感器的电路相似，ECU 通过内部电路提供 5V 电压，检测热敏电阻与 ECU 内部固定电阻串、并联后的分压输出即可测得冷却液温度。

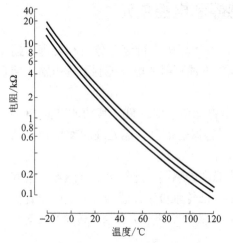

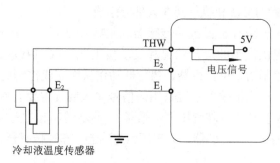

图3.23　NTC热敏电阻温度传感器的温度输出特性　　图3.24　冷却液温度传感器的电路

2. 热敏电阻温度传感器的检查

1）冷却液温度传感器的电阻检查

（1）就车检查：点火开关置于 OFF 位置，拆卸冷却液温度传感器导线连接器，用万用表欧姆挡测试传感器两端子的电阻值，其阻值与温度的变化成反比，在热机时该阻值应小于 1kΩ。

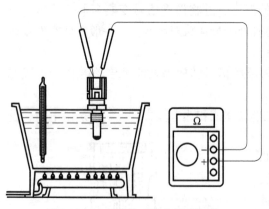

图3.25　冷却液传感器电阻的测量

（2）单件检查：拔下冷却液温度传感器导线连接器，然后从发动机上拆下传感器；将冷却液温度传感器置于烧杯内的冷却液中，加热杯中的冷却液，同时用万用表欧姆挡测量在不同冷却液温度条件下传感器两接线端子间的电阻值，如图 3.25 所示。将测得的值与标准值相比较，见表 3-1。如果不符合标准，则应更换传感器。

表 3-1　冷却液温度传感器电阻值与温度的关系

冷却液温度 /℃	阻值 /kΩ	冷却液温度 /℃	阻值 /kΩ	冷却液温度 /℃	阻值 /kΩ
0	4.0～6.50	50	0.74～0.90	80	0.25～0.34
20	2.2～3.00	60	0.54～0.60	90	0.21～0.27
40	0.9～1.40	70	0.39～0.48	100	0.16～0.20

2)冷却液温度传感器输出信号电压的检查

装好冷却液温度传感器,将传感器的导线连接器插好,当点火开关置于 ON 位置时,从传感器导线连接器 THW 端子(丰田车)或从 ECU 连接器 THW 端子与 E_2 间测试传感器输出电压信号(对北京切诺基是从传感器导线连接器 B 端子或从 ECU 导线连接器"2"端子上测量与接地端子间电压),如图 3.26 所示。丰田车 THW 与 E_2 端子间电压在 80℃时应为 $0.25 \sim 1.0V$,所测得的电压值应随冷却液温度成反比变化。当传感器线束断开时,如从 ECU 导线连接器"2"端子(北京切诺基)上测试电压值,点火开关打开时,应为 5V 左右。

冷却液传感器断路时(电阻高),会使 ECU 检测的温度过低,导致燃油经济性变差,发动机过热;传感器短路时(电阻低),会导致 ECU 检测的温度过高。

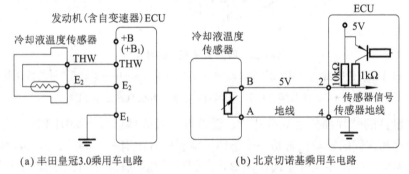

(a)丰田皇冠3.0乘用车电路　　(b)北京切诺基乘用车电路

图3.26　丰田和切诺基冷却液温度传感器电路

进气温度传感器的检查方法与冷却液温度传感器的检查方法一样。

3.3.2　空气流量计

空气流量计是测量发动机的进气量,并将进气量信号转换为电信号输入 ECU 作为燃油喷射和点火控制的主控制信号。如图 3.27 所示,根据检测进气量的方式不同,检测进气量的传感器分为 D 型(压力型)和 L 型(空气流量型)两类。常见的 L 型空气流量计有叶片式、卡门旋涡式、热线式和热膜式等,L 型又可分为体积流量型和质量流量型。D 型主要是利用压力传感器检测进气管内的绝对压力来间接检测进气量。

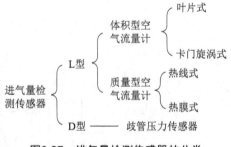

图3.27　进气量检测传感器的分类

1. 叶片式空气流量计

叶片式空气流量计又称为翼片式、量板式、动片式、风门式空气流量计。它安装在空气滤清器和节气门体之间,其作用是检测吸入空气量的多少,并把检测结果转换成电信号。

1)结构

叶片式空气流量计的结构如图 3.28 所示。它主要由两大部分组成:叶片部分和电位计部分。

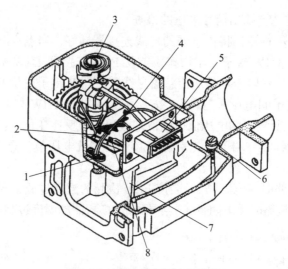

图3.28 叶片式空气计的结构

1—进气温度传感器；2—电动汽油泵动触点；3—卷簧；4—电位计；5—导线连接器；
6—CO调节螺钉；7—测量叶片；8—电动汽油泵静触点

空气流量计的叶片部分由测量叶片、缓冲叶片及壳体组成。如图3.29所示，测量叶片、缓冲叶片和它们的转轴三者是一个整体，测量叶片上有一个阀门，起卸压作用。测量叶片随空气流量的变化在空气主通道内偏转，转轴一端装有螺旋回位弹簧，当其弹力与吸入空气气流对测量叶片产生的推力平衡时，叶片就会处于某一稳定偏转位置。在测量叶片偏转时，缓冲叶片在阻尼室内也偏转，阻尼室对测量叶片起缓冲作用，发动机工作，当进气管中气压波动时，以保证测量叶片能平稳转动。壳体上有旁通气道和调整旁通气道流通面积大小的CO调整螺钉，以改变怠速时的进气量，调整混合气浓度，减少排气中CO的含量。在壳体主通道的入口处装有进气温度传感器，直接用导线接在插头上。

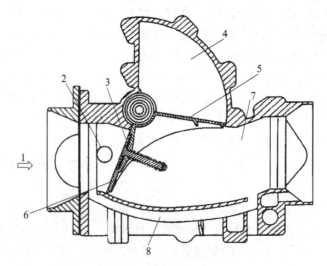

图3.29 叶片部分的结构

1—空气进口；2—进气温度传感器；3—阀门；4—阻尼室；
5—缓冲片；6—测量叶片；7—主气道；8—旁通气道

第3章 电控汽油喷射系统

电位计部分主要由电位计、油泵开关、回位弹簧、调整齿圈、平衡块等组成，如图 3.30 所示。电位计滑臂和平衡块固定在叶片轴上，电位计滑臂与电路板上的镀膜电阻接触，随叶片的转动可在镀膜电阻上滑动。回位弹簧的一端固定在叶片轴上，另一端固定在调整齿圈上，调整齿圈用一卡簧定位，调整齿圈上有刻度，用于改变调整齿圈的固定位置，可调整弹簧的预紧力，来调节空气流量计的输出特性。油泵开关的触点用固定在叶片轴上的拨杆控制，当发动机停转时，测量叶片转到关闭主通道的位置，同时叶片轴上的拨杆也把油泵开关的触点顶开，油泵断电不工作，当发动机运转时，测量叶片偏转，油泵触点闭合，燃油泵工作，同时电位计滑臂在镀膜电阻上滑动，输出进气量的电压信号。

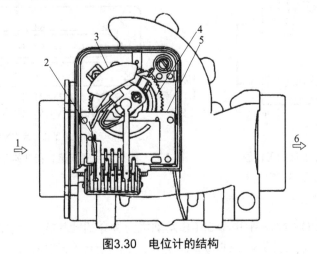

图3.30　电位计的结构

1—空气进口；2—电动汽油泵触点；3—平衡块；4—卷簧；5—电位计；6—空气出口

2）工作原理

当发动机运转时，进气流推动测量叶片偏转，叶片轴转动，同时带动电位计滑臂也转动。当回位弹簧对转轴的回位力与吸入空气气流对测量叶片产生的推力平衡时，叶片就会处于某一稳定偏转位置，而电位计滑臂也处于镀膜电阻的某一对应位置。由图 3.31 可以看出，电位计滑臂的电位 V_S 即表征此时的空气流量信号。把此电压输送给 ECU，ECU 依据空气量的多少，经过运算、处理，确定相应喷射的汽油量，并经执行机构控制喷油，从而得到最佳的空燃比。这种空气流量计的结构简单、可靠性高，但进气阻力大、响应较慢且体积较大。

3）叶片式空气流量计的检查

丰田 CAMRY（佳美）乘用车、丰田 PREVIA（大霸王）小客车和马自达 MPV 多用途汽车等采用的是叶片式空气流量计。

叶片式空气流量计导线连接器一般有 7 个端子，如图 3.32 所示，但也有将电位计内部的电动汽油泵控制触点开关取消后，变为 5 个端子的。日产和丰田车用叶片式空气流量计接线端子的"标记"一般标注在连接器的护套上。

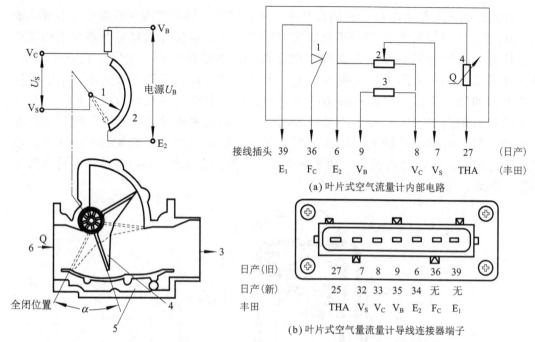

图3.31 叶片式空气流量计的工作原理
1—滑动臂；2—镀膜电阻；3—空气出口；
4—测量叶片；5—旁通气道；6—空气进口

图3.32 叶片式空气流量计接线端子

下面以丰田 CROWN2.8 乘用车 5M-E 发动机为例介绍叶片式空气流量计的检查。

（1）就车检测：点火开关置 OFF 位置，拔下空气流量计的导线连接器，用万用表欧姆挡测量连接器内各端子间的电阻，其电阻值应符合表3-2所列，如果不符合，则应更换空气流量计。

（2）单件检测：点火开关置 OFF 位置，拔下空气流量计的导线连接器，拆下与空气流量计进气口连接的空气滤清器，拆开空气流量计出口处空气软管卡箍，拆除固定螺栓，取下空气流量计。

首先检查电动汽油泵开关，用万用表欧姆挡测量 E_1—F_C 端子，在测量片全关闭时，E_1—F_C 端子间不应导通，电阻为∞；在测量片开启后的任一开度上，E_1—F_C 端子间均应导通，电阻为0。

然后用手推动测量片，同时用万用表欧姆挡测量电位计滑动触点 V_S 端子与 E_2 端子间的电阻，在测量片由全闭至全开的过程中，电阻值应逐渐变大，且符合表3-2所列；如果不符合，则应更换空气流量计。

表3-2 叶片式空气流量计各端子间的电阻（丰田 CROWN2.8 乘用车 5M-E 发动机）

端子	温度/℃	测量片位置	标准电阻/kΩ
E_2—V_S	—	完全关闭	0.02
	—	从关闭到全开	0.02～1.00
E_1—F_C		完全关闭	∞
		任何开度	0

(续)

端子	温度/℃	测量片位置	标准电阻/kΩ
E_2—THA	0	—	4.00～7.00
	20	—	2.00～3.00
	40	—	0.90～1.30
	60	—	0.40～0.70
E_2—V_C	—	—	0.10～0.30
E_2—V_B	—	—	0.20～0.40
E_2—F_C	—	—	∞

2. 卡门旋涡式空气流量计

卡门旋涡式空气流量计通常与空气滤清器外壳安装成一体。它是利用超声波或光电信号，通过检测旋涡频率来测量空气流量的一种传感器。

众所周知，当野外架空的电线被风吹时，就会发出"嗡嗡"的声音，且风速越高，声音频率越高，这是气体流过电线后形成旋涡（即涡流）所致。液体、气体等流体均会产生这种现象，如图3.33所示。

同样，如果在进气道中放置一个涡流发生器，如一个柱状物，那么在空气流过时，在涡流发生器后部将会不断产生如图3.33所示的两列旋转方向相反，并交替出现的旋涡，这个旋涡就称为卡门旋涡。

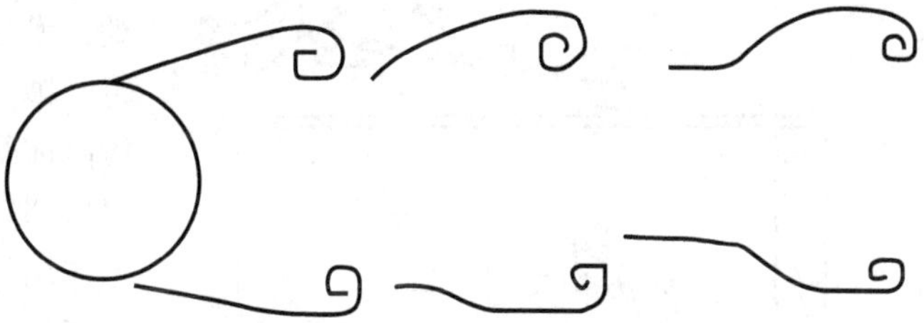

图3.33 卡门旋涡产生的原理

当通过流量计的空气流速变化时，将影响卡门旋涡的频率，空气流速 V 与卡门旋涡的频率 f 之间有以下关系：

$$V = d \frac{f}{S_t}$$

式中　d——涡流发生器外径尺寸；
　　　S_t——斯特罗巴尔系数。

不同形状的发生器有不同的数值，对于一具体的卡门旋涡式空气流量计，S_t 和 d 均为定值。因此，对于一定的流量计，空气流速 V 与卡门旋涡的频率 f 成正比。将空气通道的有效面积与空气流速 V 相乘就可计算出流过空气的体积。其测量精度由空气通道面积与涡旋发生器的尺寸决定。利用这个原理，只要检测卡门旋涡的频率 f，就可以求出空气的流量。

根据旋涡频率的检测方式的不同，汽车用涡流式空气流量计分为超声波检测式和光电检测式两种。

1）光电式卡门旋涡空气流量计的结构和工作原理

（1）其结构如图3.34所示。这种空气流量计主要由整流栅、旋涡发生器、导压孔、金属箔板弹簧、发光二极管（LED）、光敏晶体管及电路等部分组成。

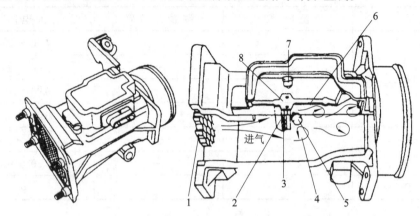

图3.34 光电式卡门旋涡空气流量计的结构
1—整流栅；2—旋涡发生器；3—导压孔；4—涡流；5—光敏晶体管；
6—金属箔板弹簧；7—发光二极管；8—反光镜

（2）工作原理。如图 3.35 所示，当进入的空气流过发生器产生卡门旋涡的过程中，旋涡发生器两侧的空气压力会发生变化，通过导压孔作用在金属箔板弹簧上，从而使其振动，发光二极管的光束照在振动的金属箔上时，被一反光镜反射到光敏晶体管上，使光敏晶体管导通，反光镜安装在一个很薄的金属板弹簧片上。板弹簧在进气气流旋涡的压力作用下产生振动，其振动频率与单位时间内产生的旋涡数量相同。由于反光镜随簧片一同振动，因此被反射的光束也以相同的频率变化，致使光敏晶体管也随光束以同样的频率导通、截止。ECU 根据光敏晶体管导通、截止的频率即可计算出进气量。

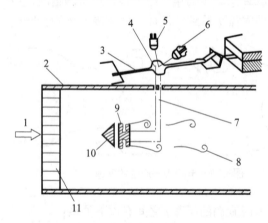

图3.35 光电式卡门旋涡流量计的工作原理
1—空气入口；2—进气歧管；3—金属箔板弹簧；
4—反光镜；5—发光二极管；6—光敏晶体管；
7—导压孔；8—涡流；9—压力基准孔；
10—旋涡发生器；11—整流栅

2）超声波式卡门旋涡空气流量计的结构和工作原理

（1）其结构如图 3.36 所示。它主要由整流栅、旋涡发生器、涡流稳定板、超声波发射器、超声波发生器、超声波接收器及电路等部分组成。

（2）工作原理。超声波式卡门旋涡式空气流量计的工作原理与光电式卡门旋涡空气流量计的工作原理大致相同，只是光电元件换成了声学元件。在日常生活中，当顺着风向别人喊话时，对方很容易听到；而逆着风喊时，对方就不容易听到。这是因为前者的空气流动方向与声波的前进方向相同，声波被加速，而后者是空气流动方向与声波前进的方向相反受阻而减速的结果。在超声波式流量传感器中，也是同样的现象。

在流量计的后半部两侧有一个超声波发射器和一个超声波接收器。在发动机运转时，超声波发射器不断地向超声波接收器发出一定频率的超声波。当超声波通过进气气流到达

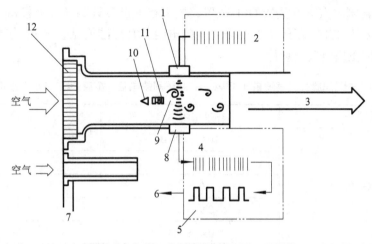

图3.36 超声波式卡门旋涡流量计的原理

1—超声波发射器；2—超声波发生器；3—送往进气管空气；4—与涡流数对应的疏密声波；
5—整形后的矩形波；6—接ECU；7—空气旁通管路；8—超声波接收器；9—卡门旋涡；
10—旋涡发生器；11—涡流稳定板；12—整流栅

接收器时，由于受气流中旋涡的影响，有些被加速，有些被减速，使超声波的相位发生变化。ECU根据接收器测出的相应变化的频率，计算出单位时间内产生的旋涡的数量，从而求得空气的流速和流量。

卡门涡旋式空气流量计的输出信号是与涡旋频率对应的脉冲数字信号，其响应速度是几种空气流量计中最快的一种，几乎能同步反映空气流速的变化，因此特别适用于数字式计算机处理。除此之外，它还具有测量精度高、进气阻力小、无磨损等优点，在长期使用时，性能也不会发生变化；其缺点是制造成本较高，因此目前只有少数中高档乘用车采用，因为是检测空气体积的流量，所以需要对空气温度和大气压进行修正。

部分雷克萨斯LS400型乘用车和皇冠3.0型乘用车采用了光电检测涡流式空气流量计；日本三菱吉普车、我国长风猎豹吉普车和韩国现代乘用车采用了超声波检测涡流式空气流量计。

3）卡门涡旋式空气流量计的检查

下面以雷克萨斯LS400乘用车1UZ-FE发动机用光电式空气流量计为例对其进行介绍。该流量计与ECU的连接电路如图3.37所示。

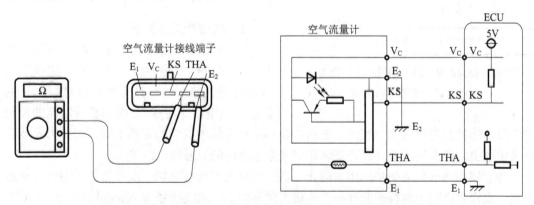

图3.37 雷克萨斯LS400乘用车光电卡门旋涡式空气流量计电路图

（1）电阻检测。点火开关置 OFF 位置，拔下空气流量计的导线连接器，用万用表欧姆挡测量传感器上 THA 端子与 E_1 端子之间的电阻，其标准值见表 3-3。如果电阻值不符合标准值，则应更换空气流量计。

表 3-3 卡门涡旋式空气流量计 THA—E_1 端子间的电阻（雷克萨斯 LS400 乘用车）

端子	标准电阻 /kΩ	温度 /℃
THA—E_1	10.0～20.0	-20
	4.0～7.0	0
	2.0～3.0	20
	0.9～1.3	40
	0.4～0.7	60

（2）电压检测。插好空气流量计的导线连接器，用万用表电压挡检测发动机 ECU 端子 THA—E_1、V_C—E_1、KS—E_1 端子间的电压，其标准电压值见表 3-4。若电压不符合要求，则应按图 3.38 所示进行故障诊断。

表 3-4 雷克萨斯 LS400 乘用车 1UZ-FE 发动机 ECU THA—E_2、V_C—E_1、KS—E_1 端子间的电压

端子	电压 /V	条件
THA—E_2	0.5～3.4	急速、进气温度 20℃
	4.5～5.5	点火开关 ON
KS—E_1	2.0～4.0（脉冲发生）	急速
	4.5～5.5	点火开关 ON
V_C—E_1	4.5～5.5	点火开关 ON

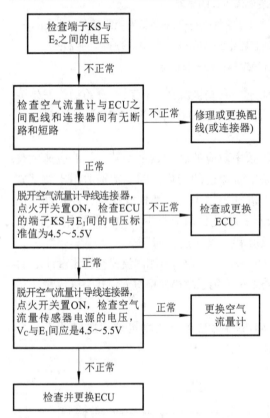

图3.38 雷克萨斯LS400乘用车卡门旋涡式空气流量计故障诊断流程

3. 热线式和热膜式空气流量计

1）结构和工作原理

热线式空气流量计的基本结构如图 3.39 所示，它主要由防护网、取样管、感知空气流量的铂金热线、根据进气温度进行修正的温度补偿电阻（冷线）、控制热线电流的控制电路及传感器的壳体等元件组成。根据铂金热线在壳体内安装的部位不同，可分为安装在空气主通道内的主流测量方式和安装在空气旁通道内的旁通测量方式。

传感器两端的金属防护网用来防止在进气时空气形成柱流状。取样管置于主空气通道中央，取样管由两个塑料护套和一个热线支撑环构成。热线线径为 70mm 的铂金丝（R_H），

布置在支撑环内,其阻值随温度变化,是惠斯顿电桥电路的一个臂。热线支撑环前端的塑料护套内安装一个白金薄膜电阻器,其阻值随进气温度变化,称为温度补偿电阻 R_K,是惠斯顿电桥电路的另一个臂。精密电阻 R_A 也是惠斯顿电桥的一个臂,该电阻上的电压降即为热线式空气流量计的输出信号电压。惠斯顿电桥还有一个臂的电阻 R_B 安装在控制线路板上。

热线式空气流量计的工作基本原理如图 3.40 所示,当空气流过流量计时,由冷线检测进气温度,同时空气流经热线时,带走部分热量,使热线温度下降。当空气质量流量增大时,由空气带走的热量增多,热线本身变冷,为了将热线温度与吸入空气温度差保持恒定,热线温度由混合集成电路控制,为了保持热线温度,混合集成电路使热线 R_H 通过的电流增大;反之,则减小。这样就使得通过热线 R_H 的电流是空气质量流量的单一函数,电流与进气质量成正比。电桥中变化了的电流在 R_A 上得到代表空气流量的电压输出。

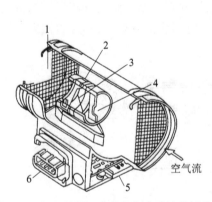

图3.39　主流测量热线式空气流量计的结构

1—防护网;2—取样管;3—铂金热线;4—冷线;
5—控制电路;6—插接器

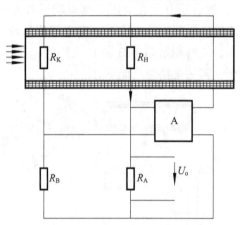

图3.40　热线式空气流量计的工作原理

A—集成电路;R_H—热线电阻;R_K—温度补偿电阻;R_A—精密电阻;R_B—电桥电阻

长期使用热线式空气流量计会使灰尘烧结在热线上,因此,热线式空气流量计都有自洁功能,即关闭点火开关使发动机熄火后,控制系统自动将热线加热到 1 000 ℃ 以上并保持约 1s,使附在热线上的粉尘烧掉。

这种空气流量计由于没有运动部件,因此工作可靠,而且响应特性较好;其缺点是在空气流速分布不均匀时误差较大。

2)热膜式空气流量计的结构和工作原理

热膜式空气流量计的结构和工作原理与热线式空气流量计基本相同,都是用惠斯顿电桥工作的,只是将发热体由热线改为热膜式,热膜是由发热金属铂固定在薄的树脂上构成的,这种结构可使发热体不直接承受空气流动所产生的作用力,增加了发热体的强度,提高了空气流量计的可靠性。桑塔纳 2000GSi 发动机用的就是这种形式的空气流量计。

3)热线式空气流量计的检测

以日产 MAXIMA 乘用车 VG3OE 发动机热线式空气流量计的检测为例,其电路如图 3.41 所示。

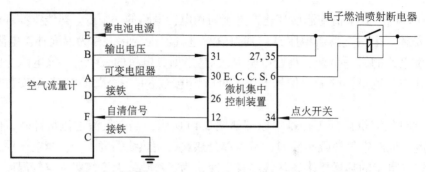

图3.41　日产VG30E发动机热线式空气流量计的电路

（1）检查空气流量计的输出信号。拔下空气流量计的导线连接器，拆下空气流量计；按图3.42所示，将蓄电池的电压施加于空气流量计的端子D和E之间（电源极性应正确），然后用万用表电压挡测量端子B和D之间的电压，其标准电压值为（1.6±0.5）V。如果其电压值不符，则须更换空气流量计。在进行上述检查之后，给空气流量计的进气口吹风，同时测量端子B和D之间的电压。在吹风时，电压应上升至2～4V。如果电压值不符，则须更换空气流量计。

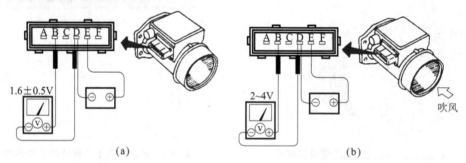

图3.42　日产VG30E发动机热线式空气流量计信号电压的检测

（2）检查自清洁功能。装好热线式空气流量计及其导线连接器，拆下空气流量计的防尘网，起动发动机并加速到2 500r/min以上。当发动机停转后5s，从空气流量计的进气口处，可以看到热线自动加热烧红（约1 000℃）约1s。如果无此现象发生，则须检查自清信号或更换空气流量计。

3.3.3　进气歧管压力传感器

进气歧管压力传感器用于D型汽油喷射系统，它在汽油喷射系统中所起的作用和空气流量计相似。进气歧管压力传感器根据发动机的负荷状态测出进气歧管内绝对压力（真空度）的变化，并转换成电压信号，与转速信号一起输送到电控单元（ECU），作为确定喷油器基本喷油量的依据。在当今发动机电子控制系统中，进气歧管压力传感器应用得较为广泛的有半导体压敏电阻式、真空膜盒传动式两种。

1.半导体压敏电阻式进气歧管压力传感器的结构和工作原理

半导体压敏电阻式进气歧管压力传感器的结构如图3.43所示，它主要由压力转换元件、真空室、混合集成电路、塑料外壳等组成。压力转换元件是利用半导体的压阻效应制成的硅膜片。硅膜片上用半导体工艺制作4个等值电阻，并且接成电阻电桥，如图3.44所示。该膜片置于一个真空室内，一侧是真空室，另一侧导入进气支管压力。因此，当进气歧管内绝对压力越高时，硅膜片的变形越大，其变形量与压力成正比。附着在膜片上的应变电阻的阻值则产生与其变形量成正比的变化。当进气压力变化时，电阻应变片产生相应的变形，电阻值发生变化，电桥失去平衡，从而将进气压力的变化转换成电桥电阻输出电压的变化。

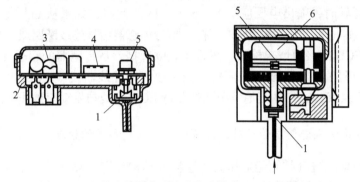

图3.43 半导体压敏电阻式进气歧管压力传感器的结构
1—滤清器；2—塑料外壳；3—过滤器；4—混合集成电路；
5—压力转换元件；6—真空室

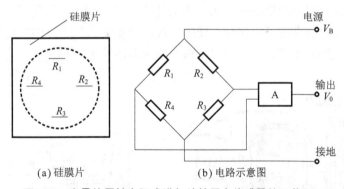

图3.44 半导体压敏电阻式进气歧管压力传感器的工作原理

2. 半导体压敏电阻式进气歧管压力传感器的检查

下面以北京切诺基乘用车用半导体压敏电阻式进气歧管压力传感器为例说明，传感器与ECU的连接如图3.45所示。传感器与ECU有3根导线相连：ECU向传感器供电的电源线（输入传感器的电压为4.8～5.1V）、传感器的信号输出线和传感器的接地线。在发动机怠速运转时，进气歧管的真空度高（绝对压力低），传感器的电阻值大，传感器输出1.5～2.1V的低电压信号；当节气门全开时，歧管的真空度低（绝对压力高），传感器电阻小，传感器输出3.9～4.8V的高电压信号。

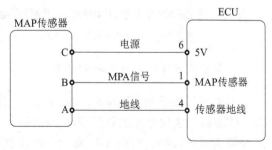

图3.45 北京切诺基乘用车用进气歧管压力传感器与ECU的连接电路

传感器电源电压的检测。用万用表电压挡测试 ECU 线束端子 6 的电压值。当点火开关接通（ON）时，该电压应为（5±0.5）V；再用万用表测试传感器端子 C 的电压值，其电压值也应为（5±0.5）V。如果不符，则为传感器电源线断路或连接器接触不良。

传感器输出电压信号的检测。用万用表的电压挡测试传感器端子 B 的输出电压。当点火开关接通（ON）而发动机未起动时，传感器的输出电压值应为 4～5V；当发动机在热机空挡怠速运转时，输出电压应降到 1.5～2.1V。此时，如果从 ECU 线束侧 1 端子处测试，其电压值也应是上述数值；如果不符，则为传感器信号连线断路或连接器接触不良。

传感器和 ECU 的接地情况检查。用万用表欧姆挡，从传感器的端子 A 处，测试其接地电阻。如果电阻值不为零或电阻值较大，多数因为导线断线或 ECU 插接件连接不良，应予修理或更换线束。ECU 的接地情况通过测量 ECU 地线与发动机地线间的电阻来判断。

3. 真空膜盒传动式进气歧管绝对压力传感器的结构和工作原理

真空膜盒传动式进气歧管绝对压力传感器的结构如图 3.46 所示。它主要由膜盒、铁心、感应线圈和电子电路等组成。膜盒由薄金属片焊接而成，其内部被抽成真空，外部与进气歧管相通。外部压力变化将使膜盒产生膨胀和收缩的变化。置于感应线圈内部的铁心和膜盒联动。感应线圈由两个绕组构成，如图 3.47 所示，其中一个与振荡电路相连，产生交流电压，在线圈周围产生磁场；另一个为感应绕组，产生信号电压。当进气歧管压力变化时，膜盒带动铁心在磁场中移动，使感应线圈产生的信号电压随之变化，该信号电压由电子电路检波、整形和放大后，作为传感器的输出信号送至 ECU。

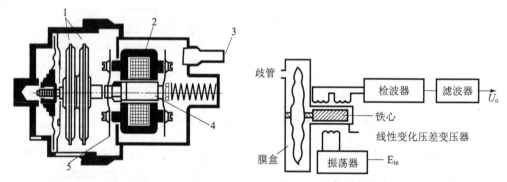

图3.46 真空膜盒传动式进气歧管绝对压力传感器的结构
1—膜盒；2—感应线圈；3—进气歧管；4—铁心；5—回位弹簧

图3.47 真空膜盒传动式进气歧管绝对压力传感器的工作原理

4. 真空膜盒传动式传感器的检查

由于这种传感器（Bosch D-Jetronic 系统用）是利用 12V 电源完成变压作用的，所以拔下插座就无法检查传感器的好坏。检测时，将万用表（电压挡）的表笔分别插入导线连接器与两端子接触，如图 3.48 所示，测量其输出电压。测量方法为：在不动插座的情况下闭合点火开关（ON），将万用表表笔与 V_S、E 端子接触。在开放真空管道、加上大气压的情况下，电压值约为 1.5V，而在有真空度的情况下，电压值应从 1.5V 向降低方向变化；发动机怠速运转时，电压值约为 0.4V，而当发动机转速升高时电压值也升高。

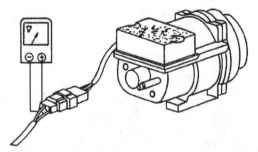

图3.48 真空膜盒传动式进气歧管绝对压力传感器信号电压的检测

大气压力传感器的工作原理与上述两种进气歧管压力传感器相似。

3.3.4 曲轴和凸轮轴位置传感器

曲轴位置传感器又称为发动机转速与曲轴转角传感器,它是发动机电子控制系统中最主要的传感器之一,其功用是检测曲轴转角及发动机转速信号(Ne),输入 ECU 用来确定点火时刻和喷油时刻。

凸轮轴位置传感器又称判缸传感器,其功用是采集配气凸轮轴位置的信号(G 信号),并输入 ECU,以识别 1 缸压缩上止点,进行顺序喷油控制、点火时刻控制和爆震控制。

曲轴位置传感器和凸轮轴位置传感器所采用的结构随车型不同而不同,它可分为磁脉冲式、光电式和霍尔式 3 大类。大多数汽车将两种传感器制成一体,且两种传感器相同类型时工作原理完全相同,它通常安装在曲轴前端、凸轮轴前端、飞轮上或分电器内。

1. 磁脉冲式曲轴和凸轮轴位置传感器

1)结构和工作原理

磁脉冲式曲轴位置传感器由正时转子、永久磁铁和耦合线圈等组成,其工作原理如图 3.49(a)所示。根据电磁感应定律,N 匝线圈在磁场中运动,切割磁力线(或线圈所在磁场的磁通变化)时,线圈中所产生的感应电动势的大小取决于穿过线圈的磁通变化率,即

$$e = -N \frac{d\varPhi}{dt}$$

式中:e——感应电动势;

N——线圈的工作匝数;

$d\varPhi/dt$——磁通变化率。

当发动机旋转时,正时转子也随着旋转,磁头与正时转子凸起之间的相对位置是变化的,因此,通过耦合线圈的磁通产生变化,耦合线圈中便产生感应电压,如图 3.49(b)所示,并以交流形式输出。

图 3.50 所示为丰田公司磁脉冲式曲轴和凸轮轴位置传感器的结构,丰田计算机控制系统(TCCS)采用的磁脉冲式曲轴位置传感器和凸轮轴位置传感器安装在分电器内。该传感器分成上、下两部分。上部分由固定在分电器轴上的 No.1 正时转子和固定在分电器壳体内的 G_1、G_2 耦合线圈组成,G_1、G_2 耦合线圈相隔 180° 安装,产生 G 信号;下部分由固定在分电器轴上的 No.2 正时转子和固定在分电器壳体内的 Ne 耦合线圈组成,产生 Ne 信号。

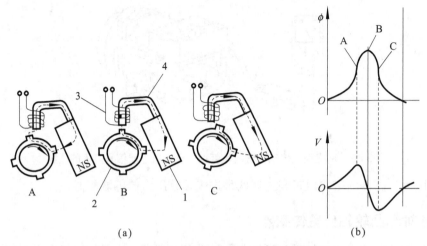

图3.49 磁脉冲式曲轴位置传感器的工作原理

1—永久磁铁；2—正时转子；3—耦合线圈；4—衔铁

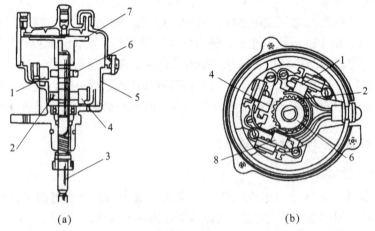

图3.50 丰田公司磁脉冲式曲轴和凸轮轴位置传感器的结构

1—G_1耦合线圈；2—No.2正时转子；3—分电器轴；4—Ne耦合线圈；
5—分电器壳体；6—No.1正时转子；7—分火头；8—G_2耦合线圈

曲轴和凸轮轴位置传感器都是利用带有轮齿的转子旋转时，使信号发生器耦合线圈内的磁通变化，从而在耦合线圈里产生交变的感应电动势作为信号电压送入ECU。

Ne信号由24个等间隔轮齿的转子（No.2正时转子）和Ne耦合线圈产生，如图3.51所示。

当转子旋转时，轮齿与耦合线圈凸缘部（磁头）的空气间隙发生变化，导致通过感应线圈的磁场发生变化而产生感应电动势。轮齿靠近及远离磁头时，将产生一次增减磁通的变化，因此，每一个轮齿通过磁头时，都将在感应线圈中产生一个完整的交流电压信号。No.2正时转子上有24个齿，故转子旋转1圈，即曲轴旋转720°时，感应线圈产生24个交流电压信号。Ne信号如图3.51（b）所示，其一个周期的脉冲相当于30°曲轴转角（720°/24=30°）。更精确的转角检测是利用30°转角的时间由ECU再均分30等份，即产生1°曲轴转角的信号。

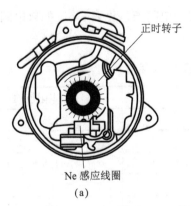 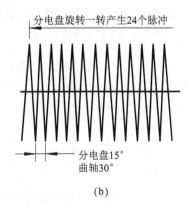

图3.51 Ne信号发生器的结构与波形

G信号传感器的结构如图3.52（a）所示，其产生信号的原理与Ne信号相同。G_1耦合线圈产生的信号对应于发动机第六缸的压缩上止点前10°（BTDC10°），G_2耦合线圈产生的信号对应于发动机第一缸的压缩上止点前10°（BTDC10°）。

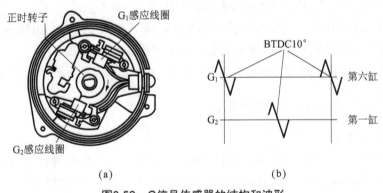

图3.52 G信号传感器的结构和波形

G_1、G_2和Ne信号与曲轴转角的关系如图3.53所示。

2）磁脉冲式曲轴位置传感器的检测

下面以皇冠3.0乘用车2JZ-GE型发动机电子控制系统中使用的磁脉冲式曲轴位置传感器为例说明其检测方法，曲轴位置传感器电路如图3.54所示。

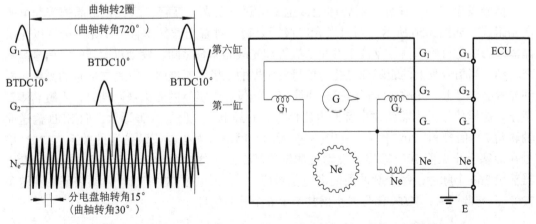

图3.53 G_1、G_2和Ne信号与曲轴转角的关系　　图3.54 曲轴位置传感器电路

（1）传感器电阻的检查。点火开关置于OFF，拔开曲轴位置传感器的导线连接器，用

万用表的欧姆挡测量曲轴位置传感器上各端子间的电阻值,见表3-5。如果电阻值不在规定的范围内,必须更换曲轴位置传感器。

表3-5 曲轴位置传感器的电阻值

端子	条件	电阻值/Ω
G_1—G-	冷态	125～200
	热态	160～235
G_2—G-	冷态	125～200
	热态	160～235
N_e—G-	冷态	155～250
	热态	190～290

（2）传感器输出信号的检查。拔下曲轴位置传感器的导线连接器,当发动机转动时,用示波器检测曲轴位置传感器上 G_1—G-、G_2—G-、N_e—G- 端子间是否有脉冲电压信号输出。如果没有脉冲电压信号输出,则须更换曲轴位置传感器。

（3）磁路气隙的检查。用塑料厚薄规测量正时转子与耦合线圈凸出部分的空气间隙,其间隙应为 0.2～0.4mm。若间隙不符合要求,则须更换传感器总成。

磁脉冲式凸轮轴位置传感器的检查方法与磁脉冲式曲轴位置传感器的检查方法相似。

2. 光电式曲轴和凸轮轴位置传感器

1) 结构和工作原理

光电式曲轴和凸轮轴位置传感器是利用光电原理将发动机的曲轴转角和汽缸压缩上止点位置信号转变为电信号。日产公司六缸发动机光电式曲轴和凸轮轴位置传感器的结构如图3.55（a）所示,它设置在分电器内,由光电信号发生器、信号缝隙和光孔的信号盘组成。

圆形的信号盘安装在分电器轴上,其结构如图3.55（b）所示,外圈上均匀地刻有360条缝隙,每转过一条缝隙对应1°的凸轮轴转角信号,曲轴2°的信号;在内圈上均匀分布着6个光孔（间隔60°）,每转过一个光孔对应60°的凸轮轴转角信号或曲轴120°的转角信号,其中,有一个较宽的光孔用来产生对应第一缸上止点位置的信号。

信号发生器固装在分电器壳体上,主要由两只发光二极管、两只光敏晶体管和电子电路组成,如图3.56所示。两只发光二极管分别正对着光敏晶体管,发光二极管以光敏晶体管为照射目标。信号盘位于发光二极管和光敏晶体管之间。发动机运转时,信号盘随之转动,当信号盘上的缝隙和光孔与信号发生器的二极管对准时,发光二极管的光束照射到光敏晶体管上,光敏晶体管因感光而导通；当发光二极管的光束被遮挡时,光敏晶体管截止。这样信号发生器就输出脉冲电压信号,并经电子电路放大整形后,向ECU输送曲轴转角2°信号和120°信号,如图3.57所示。因信号发生器安装位置的关系,120°信号在活塞上止点前70°输出。发动机曲轴每转2圈,分电器轴转1圈,则1°信号发生器输出360个脉冲,每个脉冲周期高电位对应1°,低电位亦对应1°,共表征曲轴转角720°。与此同时,120°信号发生器共产生6个脉冲信号。

第3章 电控汽油喷射系统

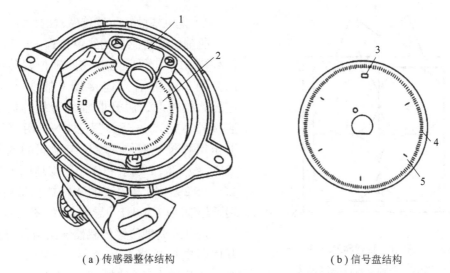

（a）传感器整体结构　　　　　　　　（b）信号盘结构

图3.55　光电式曲轴和凸轮轴位置传感器的结构

1—光电信号发生器；2—信号盘；3—120°信号孔（第一缸）；4—1°信号缝隙；5—120°信号孔

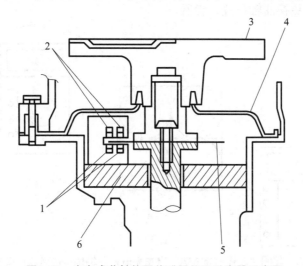

图3.56　光电式曲轴位置传感器信号发生器示意图

1—光敏晶体管；2—发光二极管；3—分火头；4—密封盖；5—信号盘；6—电子电路

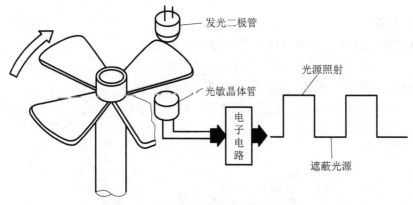

图3.57　光电式信号发生器的作用原理

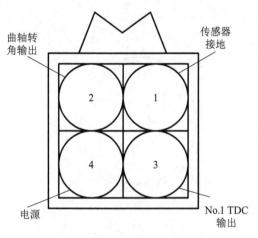

图3.58 韩国"现代SONATA"汽车光电式曲轴位置传感器接头

2）光电式曲轴位置传感器的检测

曲轴位置传感器的线束检查。以韩国"现代SONATA"汽车光电式曲轴位置传感器为例，图3.58所示为连接器（插头）的端子位置。检查时，脱开曲轴位置传感器的导线连接器，把点火开关置于ON，用万用表的电压挡测量线束侧4端子与地间的电压应为12V，线束侧2端子和3端子与地间电压应为4.8～5.2V，用万用表的欧姆挡测量线束侧1端子与地间应为0Ω（导通），如图3.59所示。

光电式曲轴位置传感器输出信号检测。用万用表电压挡接在传感器侧3端子和1端子上，在起动发动机时，电压应为0.2～1.2V。在起动发动机后的急速运转期间，用万用表电压挡检测2端子和1端子间的电压应为1.8～2.5V，否则应更换曲轴位置传感器。

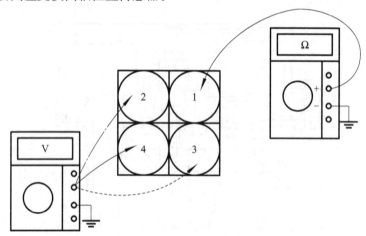

图3.59 韩国"现代SONATA"汽车光电式曲轴位置传感器信号测量

3. 霍尔式曲轴和凸轮轴位置传感器的结构、工作原理

1）霍尔效应

当电流 I 通过放在磁场 B 中的半导体基片（称霍尔元件），且电流方向与磁场方向垂直时，电荷在洛仑兹力作用下向一侧偏移，在垂直于电流与磁场的半导体基片横向侧面上，产生一个与电流和磁场强度成正比的电压，称为霍尔电压 U_H，如图3.60所示。

可用下式表示：

$$U_H = \frac{R_H}{d}IB$$

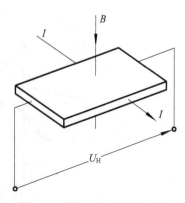

图3.60 霍尔效应原理示意图

第3章 电控汽油喷射系统

式中：R_H——霍尔系数；
　　　d——基片厚度。

2）霍尔式曲轴和凸轮轴位置传感器的结构和工作原理

霍尔式曲轴位置传感器利用霍尔效应的原理，产生与曲轴转角相对应的电压脉冲信号。它利用触发叶片或轮齿改变通过霍尔元件的磁场强度，从而使霍尔元件产生脉冲的霍尔电压信号，经放大整形后即为曲轴位置传感器的输出信号。北京切诺基的霍尔式曲轴位置传感器采用触发轮齿，安装在飞轮壳上；美国 GM 公司的霍尔式曲轴位置传感器采用触发叶片式，安装在曲轴前端；桑塔纳 2000GLi 霍尔式曲轴位置传感器采用触发叶片式，安装在分电器内。下面以美国 GM 公司的霍尔式曲轴和凸轮轴位置传感器为例来介绍。

美国 GM 公司的霍尔式曲轴和凸轮轴位置传感器由触发叶片和信号发生器组成。触发叶片的结构如图 3.61 所示。在发动机的曲轴皮带轮前端固装着内外两个带触发叶片的信号轮，与曲轴一起旋转。外信号轮用于触发曲轴转速和转角信号，内信号轮用于触发凸轮轴判缸信号。外信号轮的外缘上均匀分布着 18 个触发叶片和 18 个窗口，每个触发叶片和窗口的宽度为 10° 弧长；内信号轮的外缘上设有 3 个触发叶片和 3 个窗口，3 个触发叶片的宽度不同，分别为 100°、90° 和 110° 弧长，3 个窗口的宽度亦不相同，分别为 20°、30° 和 10° 弧长。由于内信号轮的安装位置关系，宽度为 100° 弧长的触发叶片前沿位于第一缸和第四缸上止点（BTDC）前 75°，90° 弧长的触发叶片前沿在第六缸和第三缸上止点前 75°，110° 弧长的触发叶片前沿在第五缸和第二缸上止点前 75°。

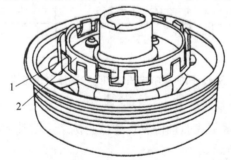

图3.61　美国GM公司的霍尔式曲轴和凸轮轴位置传感器触发叶片的结构
1—外信号轮；2—内信号轮

霍尔信号发生器由永久磁铁、导磁板和霍尔集成电路等组成，如图 3.62 所示，内外信号轮侧面各设置一个霍尔信号发生器。信号轮转动时，每当叶片进入永久磁铁与霍尔元件之间的空气隙时，霍尔集成电路中的磁场即被触发叶片所旁路，如图 3.62（a）所示，这时霍尔元件不产生霍尔电压；当触发叶片离开空气隙时，永久磁铁的磁场经导磁板、空气隙和霍尔元件形成磁路，如图 3.62（b）所示，这时霍尔元件产生霍尔电压。将霍尔元件产生的间歇霍尔电压信号经霍尔集成电路放大整形后，向 ECU 输送电压脉冲信号，如图 3.63 所示。外信号轮每旋转 1 周产生 18 个脉冲信号，1 个脉冲周期相当于曲轴旋转 20° 转角的时间，ECU 再将 1 个脉冲周期分为 20 等份，即可求得曲轴旋转 1° 所对应的时间，并根据这一信号，控制点火时刻。内信号轮每旋转 1 周产生 3 个不同宽度的电压脉冲信号，脉冲周期均为 120° 曲轴转角的时间，脉冲上升沿分别产生于第一、四缸、第三、六缸和第二、五缸上止点前 75° 作为 ECU 判别汽缸和计算点火时刻的基准信号。

57

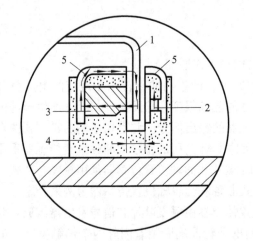
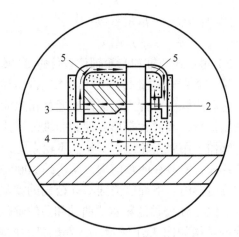

(a) 触发叶片进入空气隙，霍尔元件中的磁场被旁路　　(b) 触发叶片离开空气隙，磁通穿过霍尔元件

图3.62　GM公司的霍尔式曲轴位置传感器信号发生器的结构和工作原理

1—信号轮触发叶片；2—霍尔元件；3—永久磁铁；4—底板；5—导磁板

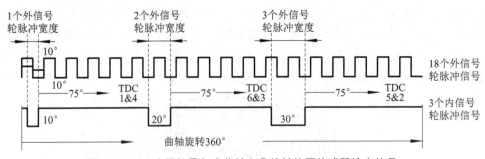

图3.63　GM公司的霍尔式曲轴和凸轮轴位置传感器输出信号

3）霍尔式曲轴位置传感器的检测

下面以北京切诺基的霍尔式曲轴位置传感器为例来说明其检测方法。曲轴位置传感器与ECU的接线如图3.64所示。

电阻检测。点火开关置于OFF位置，拔下曲轴位置传感器导线连接器，用万用表欧姆挡跨接在传感器侧的端子A—B或A—C之间，此时万用表显示读数为∞（开路），如果指示有电阻，则应更换曲轴位置传感器。

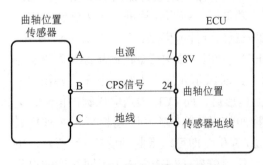

图3.64　北京切诺基的霍尔式曲轴位置传感器电路连接图

电源检查。点火开关置于ON位置，用万用表电压挡测量ECU侧7号端子的电压应为8V，在传感器导线连接器A端子处测量电压也应为8V，否则为电源、线断路或接头接触不良。

信号电压的检测。发动机转动时，B—C端子间的电压值在0.3～5V之间变化，且数值显示呈脉冲性变化，最高电压为5V，最低电压为0.3V。如果不符合以上结果，应更换曲轴位置传感器。

霍尔式曲轴和凸轮轴位置传感器具有工作可靠、正时精度高、工作频带宽、耐高温、耐潮湿及耐油污等优点，在汽车上被广泛采用。

车速传感器的类型和工作原理与上述3种曲轴位置传感器相似。

3.3.5 节气门位置传感器

节气门位置传感器（TPS）安装在节气门体上节气门轴的一端，由驾驶人通过加速踏板来操纵。其作用是将节气门开度的大小转变为电信号输入ECU，以便ECU判断发动机的急速工况、部分负荷工况和大负荷工况等，并根据不同的工况来控制喷油和点火。节气门位置传感器有开关量输出型和线性可变电阻输出型两种。

1. 开关量输出型节气门位置传感器

1）结构和工作原理

开关量输出型节气门位置传感器又称为节气门开关。丰田1G-EU发动机的传感器的结构和输出特性如图3.65所示，它有两副触点，分别为急速触点（IDL）和功率触点（PSW），由一个和节气门同轴的凸轮控制两开关触点的开启和闭合。传感器与ECU的连接线路如图3.66所示。

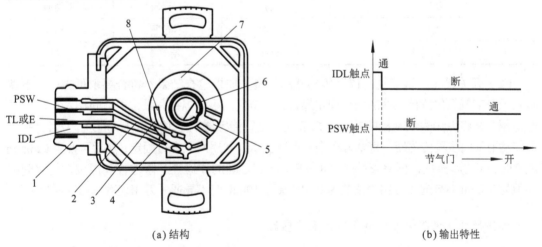

(a) 结构　　　　　　　　　　　　　(b) 输出特性

图3.65　开关量输出型节气门位置传感器的结构与输出特性

1—连接器；2—动触点；3—全负荷触点；4—急速触点；5—控制臂；6—节门轴；7—凸轮；8—槽

当节气门处于全关闭的位置时，急速触点IDL闭合、功率触点PSW断开，IDL输出端子输出高电平"1"，功率触点PSW输出端子输出低电平"0"。如果此时车速传感器输入ECU的信号表示车速为零，ECU判定发动机处于急速工况，按急速控制程序控制发动机；如果此时车速传感器输入的信号表示车速不为零，ECU判定发动机处于减速状态。

当节气门打开时，急速触点断开，功率触点PSW也断开时，两个触点都输出低电平"0"，ECU接收到这两个低电平信号时，判定发动机处于部分负荷状态。

当节气门接近全开（80%以上开度）时，凸轮转动使功率触点PSW闭合，输出高电平"1"，急速触点IDL仍保持断开，输出低电平"0"。ECU接收到这两个高低电平信号时，判定发动机处于大负荷状态。

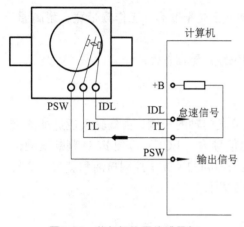

图3.66 节气门位置传感器与ECU的连接(丰田1G-EU)

2)开关量输出型节气门位置传感器的检查

以丰田1S—E和2S—E的节气门位置传感器为例进行说明。

(1)端子间的导通性检查。点火开关置于OFF位置，拔下节气门位置传感器连接器，在节气门限位螺钉和限位杆之间插入适当厚度的厚薄规；用万用表欧姆挡在节气门位置传感器连接器上测量怠速触点和全负荷触点的导通情况。当节气门全闭时，怠速触点IDL应导通；当节气门全开或接近全开时，全负荷触点PSW应导通；在其他开度下，两触点均应不导通，具体情况见表3-6，否则应调整或更换节气门位置传感器。

表3-6 端子间导通性检查要求（丰田1S-E和2S-E）

限位螺钉和限位杆之间的间隙/mm（或节气的开度）	端子		
	IDL—E（TL）	PSW—E（TL）	IDL—PSW
0.5	导通	不导通	不导通
0.9	不导通	不导通	不导通
节气门全开	不导通	导通	不导通

（2）开关量输出型节气门位置传感器的调整。如果检查结果不符合要求可进行如下调整：松开节气门位置传感器的两个固定螺钉，在节气门限位螺钉和限位杆之间插入0.7mm的厚薄规，并将万用表欧姆挡的接头连接节气门位置传感器端子IDL和E（TL），逆时针平稳地转动节气门位置传感器，直到万用表有读数显示，并用两只螺钉固定；然后再换用0.50mm或0.90mm的厚薄规，再检查端子IDL—E（TL）之间的导通性，限位杆和限位螺钉之间的间隙为0.5mm时导通（万用表读数为0）;间隙为0.9mm时不导通（万用表欧姆挡读数为∞）。

2.线性可变电阻输出型节气门位置传感器

1)结构和工作原理

线性可变电阻输出型节气门位置传感器是一种滑动线性电位计，它由两个电刷、电阻器和输出端子等组成。其结构和电压信号输出特性如图3.67所示。其中的两个电刷是与节气门联动的，一个是节气门开度电刷，另一个是怠速电刷。

当节气门全关闭时，怠速电刷与怠速触点IDL接触，由传感器插接器上的IDL端子输入ECU怠速信号。在节气门打开的不同开度下，怠速电刷和怠速触点IDL断开，此时节气门的开度靠节气门开度电刷在电阻器上的滑动而产生不同的电位计电阻，从而引起V_{TA}和E_2两端子的电压不同来检测节气门开度，如图3.68所示，将此电压信号输送给ECU。ECU通过节气门位置传感器可以获得表示节气门由全闭到全开的所有开启角度的、连续变化的电压信号，以及节气门开度的变化速率，从而更精确地判定发动机的运行工况。

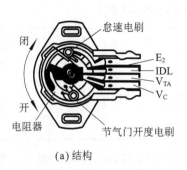 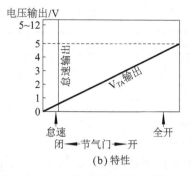

(a) 结构　　　　　　　　　　(b) 特性

图 3.67　线性可变电阻输出型节气门位置传感器的结构与电压信号输出特性（皇冠 3.0 乘用车）

2）线性可变电阻输出型节气门位置传感器的检查（以皇冠 3.0 乘用车为例）

怠速触点导通性检查。点火开关置于 OFF 位置，拔下节气门位置传感器的导线连接器，用万用表欧姆挡在节气门位置传感器连接器上测量怠速触点 IDL 的导通情况。当节气门全闭时，IDL—E_2 端子间应导通（电阻为 0）；当节气门打开时，IDL—E_2 端子间应不导通（电阻为 ∞）。否则应更换节气门位置传感器。

电位计电阻的检查。点火开关置于 OFF 位置，拔下节气门位置传感器的导线连接器，用万用表的欧姆挡测量线性电位计 E_2 和

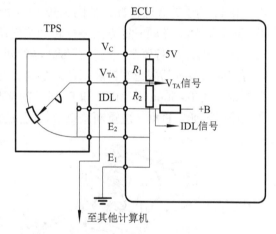

图 3.68　线性可变电阻输出型节气门位置传感器与 ECU 的连接线路（皇冠 3.0 乘用车）

V_{TA} 端子之间的电阻，该电阻应能随节气门开度增大而呈线性增大。

在节气门限位螺钉和限位杆之间插入适当厚度的厚薄规，用万用表的欧姆挡测量此传感器导线连接器上各端子间的电阻，其电阻值应符合表 3-7 所列。

表 3-7　线性可变电阻型节气门位置传感器各端子间的电阻（皇冠 3.0 乘用车）

限位螺钉与限位杆间隙 /mm（或节气门开度）	端子名称	电阻值 /kΩ
0	V_{TA}—E_2	0.34～6.30
0.45	IDL—E_2	0.50 或更小
0.55	IDL—E_2	∞
节气门全开	V_{TA}—E_2	2.40～11.20
	V_C—E_2	3.10～7.20

电压检查。插好节气门位置传感器的导线连接器，当点火开关置 ON 位置时，发动机 ECU 连接器上 IDL、V_C 和 V_{TA} 这 3 个端子处与传感器地线 E_2 之间应有电压；用万用表电压挡检测 IDL—E_2、V_C—E_2、V_{TA}—E_2 端子间的电压值应符合表 3-8 所列。

表 3-8 节气门位置传感器各端子电压

端子	条件	标准电压 /V
IDL—E_2	节气门打开	9 ～ 14
V_C—E_2	—	4.5 ～ 5.5
V_{TA}—E_2	节气门全闭	0.3 ～ 0.8
	节气门全开	3.2 ～ 4.9

节气门位置传感器的调整。拧松节气门位置传感器的两个固定螺钉，如图 3.69（a）所示，在节气门限位螺钉和限位杆之间插入 0.50mm 厚薄规，同时用万用表欧姆挡测量 IDL 和 E_2 端子的导通情况，如图 3.69（b）所示。逆时针转动节气门位置传感器，使怠速触点断开，然后按顺时针方向慢慢转动节气门位置传感器，直至怠速触点闭合为止（万用表有读数显示），拧紧节气门位置传感器的两个固定螺钉，再先后用 0.45mm 和 0.55mm 的厚薄规插入节气门限位螺钉和限位杆之间，测量怠速触点 IDL 和 E_2 端子之间的导通情况。当厚薄规为 0.45mm 时，IDL 和 E_2 端子间应导通；当厚薄规为 0.55mm 时，IDL 和 E_2 端子间应不导通。否则，应重新调整节气门位置传感器。

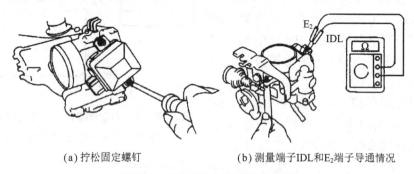

(a) 拧松固定螺钉　　　　(b) 测量端子IDL和E_2端子导通情况

图3.69 节气门位置传感器的调整

3.3.6 氧传感器

氧传感器用于检测发动机排气中氧离子的浓度来获得燃烧前混合气空燃比信号，并将其转换成电信号输入 ECU，以便 ECU 把空燃比控制在理论空燃比附近，降低排放污染。有氧传感器对空燃比的反馈称为空燃比的闭环控制。氧传感器可分为发生电压变化的氧化锆型和发生电阻变化的氧化钛型两种。

1. 氧化锆型氧传感器的结构和工作原理

氧化锆型氧传感器也称二氧化锆（ZrO_2）型氧传感器，其结构如图 3.70 所示，它由钢质保护套管、锆管、加热器、电极、线束插头和防水护套等组成。其基本元件是氧化锆陶瓷管，也称锆管，做成 U 型。钢质保护套管也是 U 型的，有很多小孔，以便排气进入传感器内 U 型锆管的外表面。锆管固定在带有安装螺纹的固定套中，内、外表面均覆盖着一层金属铂，铂既做电极，又具有催化作用，其内表面与大气接触，外表面与排气管中的废气接触。氧化锆型氧传感器的接线端有一个金属护套，其上开有一个用于锆管内腔与大气相通的孔；导线将锆管内、外两表面铂极经绝缘套引出。

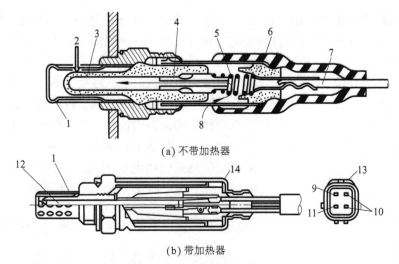

(a) 不带加热器

(b) 带加热器

图3.70 氧化锆型氧传感器

1—钢质保护套管；2—废气；3—锆管；4—电极；5—弹簧；6—绝缘体；7—信号输出导线；8—空气；9—接地端；10—加热器接线端；11—信号输出端；12—加热器；13—线束插头；14—防水护套

氧化锆在温度超过300℃后才能进行正常工作。早期使用的氧传感器靠排气加热，这种传感器必须在发动机起动运转数分钟后才能开始工作，它只有一根接线与ECU相连，如图3.70（a）所示。现在，大部分汽车使用带加热器的氧传感器，如图3.70（b）所示，这种传感器内有一个电加热元件，可在发动机起动后的20～30s内迅速将氧传感器加热至工作温度。它共有4根接线，其中两根线是信号正负极接ECU，另外两根接线为加热电源的正负极。

锆管的陶瓷体是多孔的，渗入其中的氧气在温度较高时发生电离。锆管内、外侧氧含量不一致，内侧与大气接触，氧离子浓度高；外侧与排气接触，氧离子浓度低。U型锆管的内、外侧存在氧离子浓度差，因而氧离子从浓度高的内侧向浓度低外侧扩散，从而使锆管成为一个微电池，在两铂极间产生电压，如图3.71所示。

当混合气的实际空燃比小于理论空燃比，即发动机以较浓的混合气工作时，排气中氧含量低，且废气在锆管外表面铂的催化作用下与氧发生反应，将消耗排气中残余的氧，使锆管外表面氧气浓度更低，这就使得锆管内、外两侧氧浓差加大，氧离子从浓度高的内侧向浓度低外侧扩散作用加强，两铂电极间电压升高，约为0.9V。

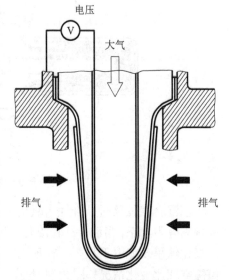

图3.71 氧化锆型氧传感器的工作原理

当混合气稀时，排气中氧含量较高，锆管内、外两侧氧浓差较小，两电极间产生的电压较低，约为0.1V。

在理论空燃比附近时，排气中的氧离子和CO含量都低，在催化剂铂的作用下，氧离子和CO发生化学反应，从缺氧状态急剧变为富氧状态，氧离子浓度急剧变化。而锆管内侧大气中的氧离子可认为不变，因此，锆管内、外侧氧离子浓度差急剧变化，传感器产生的电压发生突变：从 0.9V 左右急剧变化为 0.1V 左右，其产生的电压与空燃比的变化关系如图 3.72 所示。

要准确地保持混合气浓度为理论空燃比是不可能的。实际上的反馈控制只能使混合气在理论空燃比附近一个狭小的范围内波动，故氧传感器的输出电压在 0.1～0.9V 不断变化，通常每 10s 内变化 8 次以上。如果氧传感器输出电压变化过缓，每 10s 少于 8 次或电压保持不变，则表明氧传感器有故障。

2. 氧化钛型氧传感器的结构和工作原理

氧化钛型氧传感器是利用二氧化钛（TiO_2）材料的电阻值随排气中氧含量的变化而变化的特性制成的，故又称发生电阻变化的氧传感器。二氧化钛式氧传感器的外形和氧化锆式氧传感器相似，在传感器前端的护罩内是一个二氧化钛厚膜元件，如图 3.73 所示。

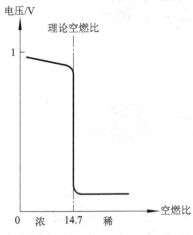

图 3.72　氧化锆型氧传感器的输出特性

示。纯二氧化钛在常温下是一种高电阻的半导体，表面一旦缺氧，其晶格便出现缺陷，电阻随之减小。由于二氧化钛的电阻也随温度不同而变化，所以在二氧化钛式氧传感器内部也有一个电加热器，以保持氧化钛式氧传感器在发动机工作过程中的温度恒定不变，一般为 600℃。因此，现在的氧化钛型氧传感器大都带加热器，有 4 根导线。

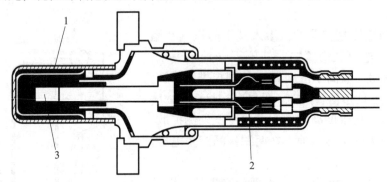

图 3.73　氧化钛型氧传感器

1—保护套管；2—连接线；3—二氧化钛厚膜元件

当混合气较稀时，排气中氧离子浓度高，传感器周围的氧离子浓度也较高，二氧化钛呈现高电阻状态；当混合气较浓时，排气中氧离子浓度低，传感器周围的氧离子浓度更低，二氧化钛呈现低电阻状态。在理论空燃比附近，氧化钛式氧传感器的电阻产生突变，其阻值随空燃比变化情况如图 3.74 所示。

二氧化钛型氧传感器阻值随空燃比的变化，最终通过 ECU 提供的电压和 ECU 内部的电路，转变为电压的变化而作为输入信号。如图 3.75 所示，ECU 的 2 号端子为传感器提供恒定的 1V 电源电压，传感器的另一端与 ECU 的 3 号端子相接，为信号的输出端。当排出的废气中氧浓度随发动机混合气浓度变化而变化时，氧传感器的电阻随之改变，ECU

的 3 号端子上的电压降也随着变化。当 3 号端子上的电压高于参考电压时，ECU 判定混合气过浓；当 3 号端子上的电压低于参考电压时，ECU 判定混合气过稀。ECU 通过闭环控制可保持混合气的浓度在理论空燃比附近。在实际的控制工作过程中，二氧化钛型氧传感器与 ECU 连接的 3 号端子上的信号电压也在 0.1～0.9V 之间不断变化。

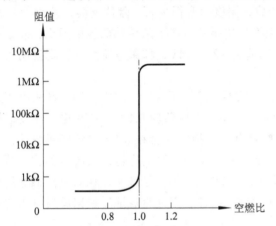

图3.74 氧化钛型氧传感器的输出特性

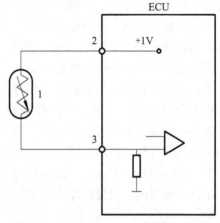

图3.75 二氧化钛型氧传感器的工作原理

1—TiO_2 型氧传感器；2—1V 电源电压端子；
3—氧传感器信号输出端子

3. 氧传感器的检测

下面以北京切诺基采用的带加热元件的二氧化锆型的氧传感器为例说明，传感器与 ECU 的连接如图 3.76 所示，氧传感器上有 4 根导线，其中两根是氧传感器的信号输出线和地线，另外两根是加热元件的电源输出正极和接地线。该传感器可用 DRB Ⅱ 或 DRB Ⅲ 测试仪进行测试，在没有 DRB Ⅱ 或 DRB Ⅲ 测试仪的情况下，可采用下述检查方法。

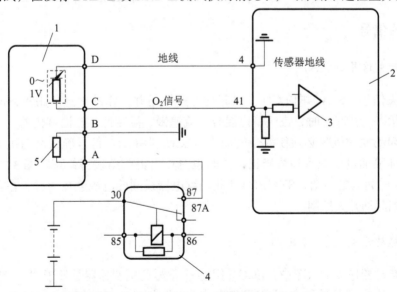

图3.76 北京切诺基二氧化锆型氧传感器的连接电路

1—氧传感器；2—ECU；3—比较器；4—燃油泵继电器；5—加热元件

线束的检查。按照电路图检查氧传感器和ECU连接导线是否正常，分别拔下传感器端和ECU端的插接器，用万用表欧姆挡测量每根导线的电阻，应为0Ω或小于0.5Ω，否则说明接触不良或线路断路。

氧传感器加热器电阻和电源的检查。拔下氧传感器线束插头，测试传感器A、B端子间的电阻值，在常温下，其电阻值为5～7Ω，温度上升很少时，阻值就会显著增大；电阻值若为无穷大，则是加热电阻烧断，应更换氧传感器。拔下氧传感器线束插头，起动发动机，检查线束插头上端子A和B间的电压应为12～14V，如果电压为零，则说明熔断器断路或燃油泵继电器触点接触不良。

氧传感器的信号电压的检查。良好的氧传感器在接线正常的情况下，当发动机处于正常工作温度且运转稳定时，氧传感器端子C、D间的电压值应0.1～1V变化。让发动机以2 500r/min左右的转速保持运转，同时检查电压表指针能否在0.1～1V来回摆动，记下10s内电压表指针摆动次数。在正常情况下，随着反馈控制的进行，氧传感器的反馈电压将在0.4V左右不断变化，10s内信号电压的变化次数应不少于8次。在对氧传感器的信号电压进行检查时，最好使用指针型的电压表或示波器，以便直观地反映出反馈电压的变化情况。

如果测得的电压值在0V且保持不变，用突然踩下或松开油门踏板的方法来改变混合气浓度。在突然踩下油门踏板时，混合气变浓，反馈电压应上升，电压表读数应上升到0.8～1.0V；突然松开油门踏板时，混合气变稀，反馈电压应下降，此时电压表读数一般为0.1～0.3V。如果在混合气浓度变化时，氧传感器输出电压不能相应地改变，则说明氧传感器有故障。此时可拆去一根真空软管，使发动机高速运转，以清除氧传感器上的铅或积炭，然后再测试。如果氧传感器反馈电压能按上述规律变化，则说明氧传感器良好，否则，须更换氧传感器。

如果测得的电压值在1V且保持不变，则需拆去进气歧管上的一根真空软管，让混合气变稀。此时，若电压值开始变化，则说明氧传感器有效，否则，说明氧传感器已损坏，应更换。

3.3.7 开关信号

1. 起动开关信号（STA）

起动开关信号（STA）向ECU提供起动电路接通并工作的信息。用来判断发动机是否处于起动状态。在起动时，进气管内混合气流速慢、温度低、燃油雾化差。为了改善起动性能，在起动发动机时必须使混合气加浓。ECU利用STA信号确认发动机处于起动状态，自动增加喷油量，进行加浓修正，同时也对点火提前角进行修正。图3.77所示为皇冠3.0乘用车的起动电路图，STA信号和起动继电器线圈的电源连在一起，在自动变速器的车上由空挡起动开关控制。

2. 空挡起动开关信号（NSW）

在装有自动变速器的汽车中，ECU利用这个信号区别变速器是处于"P"或"N"（停车或空挡）状态，还是处于"L""2""D"或"R"状态（行驶状态）。NSW主要用于怠速系统的控制和起动机的控制。

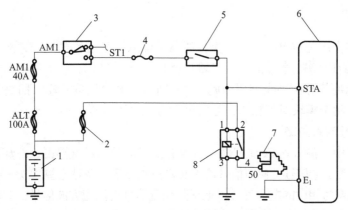

图3.77 皇冠3.0乘用车的起动电路图

1—蓄电池；2—主保险熔丝；3—点火开关；4—起动机继电器熔丝；5—空挡起动开关；
6—发动机（含自动变速器）ECU；7—起动机；8—起动继电器

若自动变速器处于"L""2""D"或"R"等挡位行驶挡时，空挡起动开关断开；若自动变速器处于"P"或"N"位时，空挡起动开关闭合，发动机才能起动。

3. 空调开关信号（A/C）

空调开关信号是用来检测空调压缩机是否工作的，它一般与空调压缩机电磁离合器的电源接在一起。当空调开关打开，压缩机工作时，发动机负荷增大，A/C 开关向 ECU 输入高电平信号，以控制发动机怠速时的喷油量、点火提前角和怠速转速等。

4. 动力转向开关信号（PSW）

采用动力转向的装置的汽车，当转向盘由中间位置向左、右转动时，由于动力转向油泵工作而使发动机负荷增大，并在此时动力转向开关接通，向 ECU 输入信号，以修正喷油量、点火提前角及怠速转速控制等。动力转向开关是一个压力开关，安装在动力转向系统的高压油路中。

5. 制动开关信号

此开关在制动时接通，向 ECU 提供高电平信号，ECU 根据这个信号对喷油量、点火正时、自动变速器等进行相应的控制。

3.3.8 电控单元

电控单元（ECU）是发动机电控系统的核心，电控单元主要由输入回路、A/D 转换器、微型计算机和输出回路四大部分组成，如图 3.78 所示。

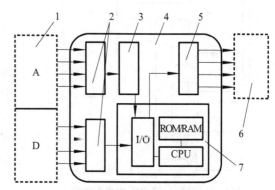

图3.78 电控单元的组成

A—模拟信号输入；D—数字信号输入；
1—传感器；2—输入回路；3—A/D 转换器；4—电控单元；
5—输出回路；6—执行器组件；7—微型计算机

1. 输入回路

输入回路的作用是对电控系统各类传感器的输入信号进行预处理，然后把这些信号输送到 A/D 转换器或微型计算机的输入/输出接口（I/O 接口）。由于传感器的输入信号有模拟信号和数字脉冲信号两种类型，因此，输入回路分为模拟信号输入回路和数字信号输入回路两个模块，两个模块对于输入信号的处理方法也不一样。

1）模拟信号输入回路

在电控系统中，输入到 ECU 的模拟信号有空气流量、进气温度、冷却液温度、发动机负荷、电源电压等多个信号。模拟信号输入回路的主要任务是对这些模拟信号进行去除杂波，把非电压信号转换为相应的电压信号，把正弦交流信号转换为方波信号，对电压超过 A/D 转换器设计量程的电压信号进行电平转化等预处理工作，然后把它们输送到 A/D 转换器中。

2）数字信号输入回路

在电控系统中，输入到 ECU 的数字信号主要来自曲轴位置传感器、车速传感器等脉冲信号，这些脉冲信号理论上可通过输入/输出接口直接送入微型计算机。但实际上，这些传感器输出信号的幅值随发动机转速而变化，当转速高时，信号的幅值增大，反之，信号的幅值就变弱，因此，数字信号输入回路的首要任务是通过整形电路将这些脉冲信号整形成有规则的脉冲，然后送入微型计算机。另外，曲轴位置传感器信号盘上的触发轮齿一般只有几十个，用这些轮齿产生的几十个脉冲来代表曲轴每一转的步数会引起较大的误差，影响控制精度。数字信号输入回路的第二个任务是通过转角脉冲发生器，把信号盘产生的几十个脉冲，转换为曲轴转 1 圈产生 720 个脉冲，即曲轴每转 0.5°，曲轴转角发出 1 个脉冲。

2. A/D 转换器

A/D 转换器的作用是将模拟电压信号转换成数字脉冲信号，然后输送到微型计算机的 A/D 输出接口。

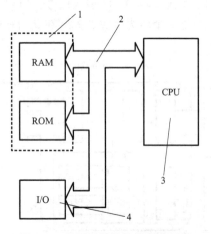

图3.79 微型计算机的构成原理图

1—存储器；2—总线；3—CPU；4—输入/输出接口

3. 微型计算机

微型计算机的作用是根据汽油机运行工况及各种传感器的输入信号，经过运算分析处理后，确定正确的控制程序和控制参数，并向输出回路发出控制脉冲（如汽油喷射信号、点火信号等）。微型计算机由中央处理器（CPU）、存储器（ROM、RAM）、输入/输出接口（I/O 接口）及总线等构成，如图 3.79 所示。

1）中央处理器（CPU）

中央处理器是微机系统的核心，中央处理器的作用是读出命令、完成数据处理任务。中央处理器通过接口向系统各个部分发出指令，同时又对系统所需要的各个参数进行检测、数据处理、控制运算与逻辑判断。中央处理器主要由进行算术运算和逻辑运算的运算器、存储数据的寄存器、执行各装置之间信号传送和控制的控制器等构成。

2）存储器（ROM、RAM）

存储器是微机的主要组成部分，它既可用于存储，又可用于存放微机的运算程序。存储器包括只读存储器（ROM）和随机存储器（RAM）。

只读存储器（也称常量存储器）用来存放固定信息，即使切断电源，存储的内容也不会消失。写入存储器的内容，一次写入后可以调出使用，但不能改写，电控系统的控制程序软件、点火脉谱图和喷油脉谱图的电子表格数据等预设控制参数都存储在只读存储器内。

随机存储器（也称读/写存储器），用来存储临时性的数据及过程参数，如果切断电源，存储的数据就会消失。随机存储器允许随时从存储器读出已存入的数据或向存储器写入新的数据，电控系统的各种传感器输入的数据，有关车辆维护周期、故障自诊断系统检测出的故障信息等，都存储在随机存储器中。

3）输入/输出接口（I/O）

输入/输出接口是微型计算机与外界进行数据交换的桥梁，输入/输出接口根据CPU的指令，完成传感器、执行器与微型计算机之间的数据传递任务。

4）总线

总线是计算机内部各单元之间连线的总称，根据传输的信号类型，总线分为数据总线、地址总线和控制总线，如图3.80所示。

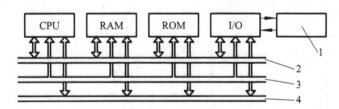

图3.80　计算机系统的总线

1—输入/输出回路；2—数据总线；3—地址总线；4—控制总线

数据总线主要用于数据与指令的传输，承担中央处理器与其他组件之间数据传输的任务。地址总线用于传送地址码，中央处理器通过它把地址码存入寄存器，使总线传输的信号能够认出所需信息在寄存器中的确切位置。控制总线传输信号以控制计算机的工作，它能选择所需的工作单元，确定数据的传输方向。数据传输方向用"读"或"写"表示，"读"表示数据传输给中央处理器，"写"表示数据由中央处理器输出。

4. 输出回路

微型计算机输出控制信号是数字脉冲信号，且输出信号的电压较低，一般不能驱动执行器。输出回路的作用是将微机输出的控制信号转换成可以驱动执行器的输出信号。电控系统中由输出回路输出的控制信号有喷油器驱动信号、点火控制信号、电动汽油泵驱动信号。

3.4　汽油喷射控制

在发动机工作时，汽油喷射的控制是根据各种传感器和某些开关的输入信号，采用相应的控制程序对喷油正时、喷油量、燃油停供及燃油泵进行控制。

3.4.1 喷油正时控制

喷油正时又称为喷油时刻,也就是喷油器什么时刻开始喷油的问题。对于间歇喷射的发动机,按照喷油时刻可分为同步喷射和异步喷射两种类型。

同步喷射是指燃油的喷射与发动机的旋转同步,根据发动机各缸工作循环,在既定的曲轴位置进行喷油,同步喷油具有规律性。

异步喷射是指喷油与发动机的曲轴旋转角度无关,无规律性,它是在同步喷油的基础上,为改善发动机的性能额外增加的喷油。它主要有起动异步修正喷油和加速异步修正喷油两种。

在多点同步喷射的控制系统中,根据喷射时序的不同,可分为顺序喷射、同时喷射和分组喷射3种方式。对单点喷射系统而言,为了使各缸的混合气浓度基本一致,一般采用顺序喷射方式,即发动机汽缸每个进气行程中完成一次喷油,并具有一定的提前角。对单点喷射的四缸发动机,曲轴每转一周,喷油器就喷油两次。下面介绍多点喷射的同步控制。

1. 顺序喷射正时控制

发动机一个工作循环期间,各缸喷油器都轮流喷油一次,和发动机的点火顺序相对应,喷油是在排气上止点前一定的曲轴转角位置开始,一般在进气门打开之前完成喷油。其喷油器的控制电路如图3.81所示,喷油器驱动回路数与汽缸数目相等。顺序喷射控制各缸混合气浓度分配均匀,控制精度高。

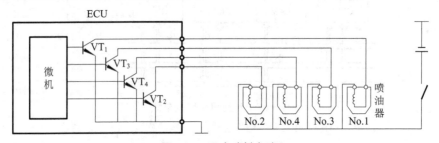

图3.81 顺序喷射电路

在顺序喷射正时控制中,ECU首先要判断出哪一个汽缸的活塞运行至排气上止点前某一角度,这就需要根据凸轮轴位置传感器(G信号)、曲轴位置传感器(Ne)信号和发动机的做功顺序来确定各缸工作位置。当确定某缸活塞运行至排气行程上止点前某一位置时,ECU输出喷油控制信号,接通喷油器电磁线圈电路,该缸开始喷油。如图3.82所示,北京切诺基四缸发动机的喷油控制是在各缸排气上止点前64°曲轴转角开始喷油的,喷油顺序和做功顺序一致,为一缸—三缸—四缸—二缸。

2. 分组喷射正时控制

把喷油器分成几组,每组2个或每组3个喷油器,同组的2～3个喷油器共用一个ECU中的驱动器,如图3.83所示,以各组最先进入做功的缸为基准,在该缸排气行程上止点前某一位置,ECU输出指令信号,接通该组喷油器电磁线圈电路,该组喷油器开始喷油。四缸发动机是把喷油器分为两组,发动机工作时,两组喷油器轮流交替喷油,一般曲轴每转一转,只有一组喷油器喷油,如图3.84所示。

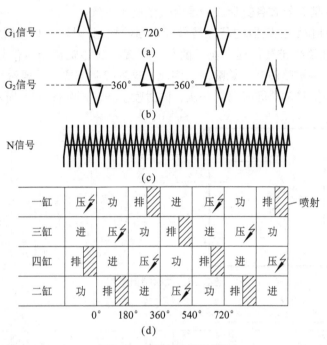

图3.82 顺序喷射正时图

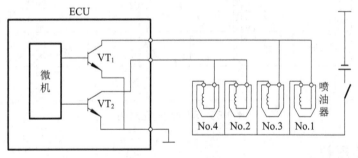

图3.83 分组喷射电路

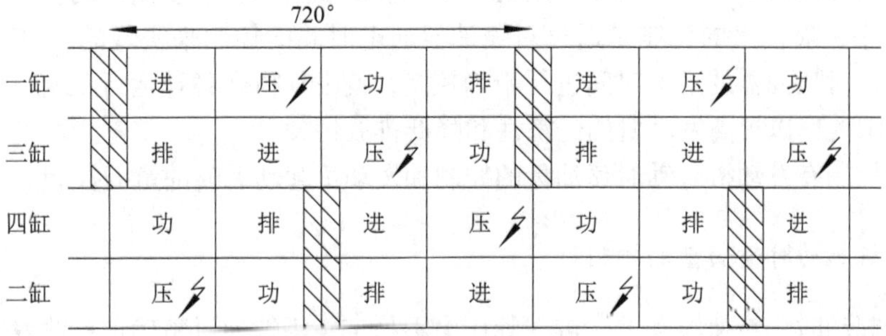

图3.84 分组喷射正时图

3. 同时喷射正时控制

所有喷油器共用一个驱动器,如图3.85所示,由ECU控制同时喷油和停油,则各缸由喷油至进气的时间间隔都不相同,各进气歧管存油及蒸发的时间长短不一样,各缸喷油时间不是最佳,可能会导致各缸形成的混合气浓度不一致。

ECU 根据曲轴位置传感器的基准信号确定喷油控制信号,以发动机最先进入做功行程的缸为基准,在该缸排气行程上止点前某一位置,ECU 输出指令信号,接通所有喷油器电磁线圈电路,各缸喷油器开始喷油。因此,这种控制方式不需要汽缸判别信号。通常曲轴每转一转,各缸喷油器同时喷射一次,同时喷射正时图如图 3.86 所示。

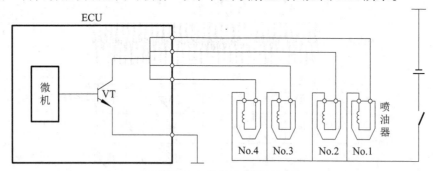

图3.85　同时喷射电路

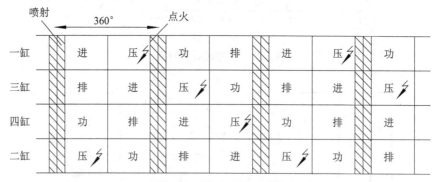

图3.86　同时喷射正时图

3.4.2　喷油量控制

当喷油器的结构和喷油压力差一定时,喷油量的多少取决于喷油时间。在汽油电控燃油喷射系统中,喷油量的控制是通过对喷油器通电时间的控制来实现的。ECU 根据输入装置的信号,对喷油器的通电时间进行精确控制,使发动机在各种运行工况下都能获得最佳的混合气浓度,以提高发动机的经济性和降低排放污染。

喷油量控制有发动机起动时喷油量的控制和发动机起动后喷油量的控制。

1. 发动机起动时喷油量的控制

发动机起动时,转速波动大,进气管压力不稳定,不能通过精确地检测发动机每个工作循环的进气量来计算喷油器的通电时间。因此,在起动状态时,ECU 根据当时的发动机冷却液温度,由存储器中的冷却液温度——喷油时间图找出相应的基本喷油时间,如图 3.87 所示,然后用进气温度和蓄电池电压等参数进行修正,得到起动时的实际喷油时间。

在发动机转速低于规定值或点火开关接通 STA 挡时,喷油时间的确定如图 3.88 所示。根据冷却液温度传感器信号,ECU 确定基本喷油时间;根据进气温度信号对喷油脉宽做修正(延长或减短),空气温度升高、密度减小,进气量减少,喷油时间应缩短,相反则应延长喷油时间。根据蓄电池电压相应延长喷油时间,以实现喷油量的进一步修正,即电压修正。电磁式喷油器针阀的实际打开时刻晚于ECU控制其打开的信号时刻,即存在一段滞后,如图3.89所示,故喷油器打开的实际时间较ECU计算出的需要打开的时间短,此时间差称为无效喷射时间(0.3～0.8ms)。蓄电池电压越低,滞后时间越长,如图3.90所示。因此,ECU根据蓄电池电压延长喷油时间,修正喷油量,使实际喷油时间更接近于ECU计算值。

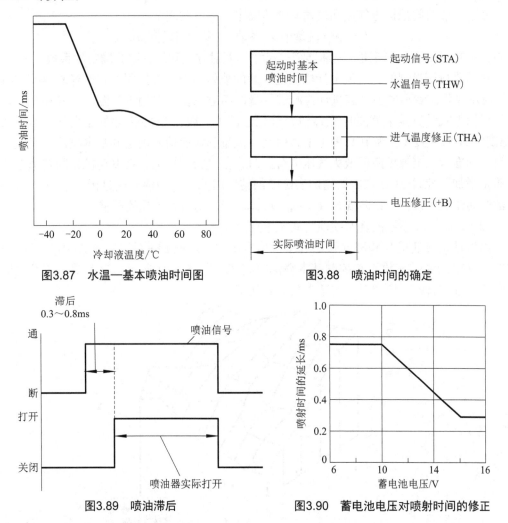

图3.87 水温—基本喷油时间图

图3.88 喷油时间的确定

图3.89 喷油滞后

图3.90 蓄电池电压对喷射时间的修正

安装冷起动喷油器的发动机由温度-时间开关控制,或由温度-时间开关和ECU同时控制冷起动喷油器向进气总管喷入部分附加燃油来加浓混合气,以利于冷起动。

2. 发动机起动后喷油量的控制

当发动机起动后转速超过预定值时,ECU确定的喷油量是由基本喷油量和修正喷油量组成的。喷油量取决于喷油器喷油持续时间;基本喷油量(或基本喷油时间T_P)是在标准大气状态(温度为20℃,大气压为101kPa)下,根据发动机每个工作循环的进气量、

发动机转速 Ne 和设定的空燃比（目标空燃比）确定的；修正喷油量是 ECU 根据发动机各种实际运转情况，对基本喷油量进行适当修正，使发动机在不同运转条件下都能获得最佳浓度的混合气。

1) 基本喷油量的控制

基本喷油量是 ECU 通过控制基本喷油时间来控制的，L 型 EFI 系统和 D 型 EFI 系统的控制方法不同。

（1）L 型 EFI 系统的基本喷油时间 T_P 的确定。

基本喷油时间根据进气量和发动机转速确定，用下式表示：

$$T_P = 空气流量 Q \times 系数 K / 发动机转速 n$$

式中：系数 K——由空燃比、喷油器结构尺寸、喷射方式和汽缸数等确定的系数。

对用质量流量型的空气流量计检测进气量的喷射系统，直接用上式计算基本喷油时间 T_P。对用体积流量型的空气流量计检测进气量的喷射系统，要用进气温度信号和大气压力信号对用上式计算基本喷油时间 T_P 进行修正。因为一般在 ECU 内存的是大气在标准状态（温度为 20℃，大气压为 101kPa）下，由空气流量和转速信号确定的基本喷油时间表。而相对于标准状态当温度降低或大气压力升高时，空气密度增大，在发动机相同转速下，进气质量增加，此时 ECU 控制要增加实际喷油持续时间，以防混合气过稀；反之，对基本喷油时间作减少修正，以防混合气过浓，从而保证发动机各工况的要求。

（2）D 型 EFI 系统的基本喷油时间 T_P 的确定。

由发动机转速信号和进气管绝对压力信号确定。D 型 EFI 系统的 ECU 内存了一个三维图，ECU 直接按三维图来控制基本喷油时间 T_P。如图 3.91 所示，它表明了与发动机各种转速和进气管绝对压力对应的基本喷油时间 T_P。

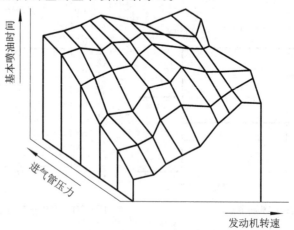

图3.91　D型EFI系统的基本喷油脉宽三维图

2) 修正喷油量的控制

（1）起动后加浓修正。

发动机完成起动后，点火开关由 STA 位置转到 ON 位置，或发动机转速已达到或超过预定值，ECU 额外增加喷油量，使发动机保持稳定运行。喷油量的初始修正值根据冷却液温度所确定，然后随温度升高按某一固定速度下降，逐步达到正常。相关的控制信号有发动机转速信号（Ne）、点火开关信号和冷却液温度信号（THW）。

（2）暖机加浓修正。

当冷却液温度低时，ECU 根据其信号相应地增加喷油量。暖机加浓还出现在怠速触点信号 IDL 接通或断开时，根据发动机转速，ECU 控制喷油量有少量的变化。暖机加浓的修正时间较长，在冷却液温度达到规定值以前一直持续进行，随冷却液温度的上升而逐渐衰减，如图 3.92 所示。

相关的控制信号有冷却液温度信号（THW）、转速信号（Ne）和怠速触点信号（IDL）。

（3）进气温度与大气压力的修正。

进气密度随发动机的进气温度和大气压力而变化，为此，ECU 根据进气温度和大气压力等信号，修正喷油时间，使空燃比满足需求。基本喷

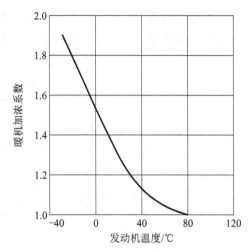

图3.92　暖机加浓修正曲线

油量是以标准大气状态为基准进行计算的。因为当进气温度低时，空气密度增大，故相同体积的空气，当温度低时质量大，所以当进气温度低于 20℃时，ECU 增加喷油量，使混合气不致过稀；反之，当进气温度高于 20℃时，ECU 使喷油量减少，以防混合气偏浓。

当汽车在高原地区行驶时，大气压力降低，空气密度减小，在发动机进气量体积相同的情况下，空气质量减少。因此，ECU 根据大气压力传感器的信号，对喷油量进行修正。当大气压低于 101kPa 时，将减小喷油量，以免混合气过浓；反之，将适当增加喷油量。

叶片式空气流量计的基本喷油时间 T_P 可用下式计算：

$$T_P = \frac{Q_A/n}{K_0 \times (A/F)} \times \sqrt{\frac{273+20}{T}} \times \sqrt{\frac{P}{101}} = K \times K_{PT} \frac{1}{(U_S/U_B) \times n}$$

式中：K_0——由喷油器尺寸、喷射方式以及汽缸数决定的常数；

Q_A/n——发动机每转一转进入汽缸的空气量，m^3；

A/F——目标空燃比；

n——发动机转速，1/s；

T——空气流量计处的进气温度，℃；

P——大气压力，kPa；

K——常数，$K=C/K_0(A/F)$，其中，$C=Q_A \times (U_S/U_B)$，为常数；

U_S/U_B——空气流量计信号电压与电源电压之比；

K_{PT}——进气温度与大气压力修正系数，$K_{PT}=\sqrt{\frac{273+20}{T}} \times \sqrt{\frac{P}{101}} = \sqrt{\frac{293}{273+t}} \times \sqrt{\frac{P}{101}}$；

进气温度与大气压力之间的修正曲线如图 3.93 所示。

（4）大负荷加浓。

相对于部分负荷，当发动机在节气门全开情况下大负荷运转时要求使用浓混合气以输出更大的扭矩，ECU 根据发动机负荷增加喷油量。

发动机负荷状况可以根据节气门开度或进气量的大小来确定，因此，ECU 可根据进

气压力传感器或空气流量计、节气门位置传感器输送的信号判断发动机负荷状况,决定相应增加的喷油量,应将空燃比设定在与扭矩最大值相对应的 12.5 附近,如图 3.94 所示。

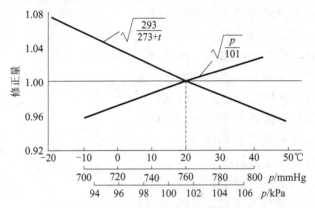

图3.93 进气温度与大气压力之间的修正曲线

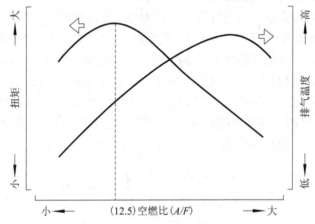

图3.94 扭矩、排气温度与空燃比的关系

从图 3.94 还可以看出,如果空燃比变小,则燃烧温度下降,排气温度也下降,为此,当空燃比为 12.5,排气系统部件(排气管、氧传感器、催化转换器)的温度超过许用温度时,也有将空燃比设定在较小的情况。

(5)加速时空燃比控制。

当汽车加速时,为了保证发动机能够输出较大的扭矩,改善加速性能,必须增大喷油量。加速时,节气门突然开大,节气门位置传感器信号的变化速率增大,与此同时,空气流量突然增大,进气歧管压力突然增大,进气量传感器的信号突然升高,ECU 接到这些信号后,立即发出增大喷油量的控制指令,加浓混合气。喷油增加的程度和加浓的时间与加速时冷却液温度有关,冷却液温度越低,喷油增加的程度越大,加浓时间越长,如图 3.95 所示。

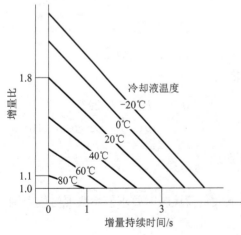

图3.95 加速喷油增量的修正

（6）空燃比反馈修正。

汽油喷射系统进行空燃比反馈控制的传感器是氧传感器，氧传感器的采用使空燃比的控制将成为闭环控制。ECU 根据氧传感器的信号，使空燃比保持在理论空燃比为 14.7 附近。因此，闭环控制可达到较高的空燃比控制精度，为了使三元催化转化装置对排气净化处理达到最佳效果，闭环控制的汽油喷射系统只能运行在理论空燃比为 14.7 附近很窄的范围内。

混合气的空燃比、氧传感器输出电压和空燃比反馈修正系数间的关系如图 3.96 所示。氧传感器输出电压的平均值称为比较电压。当 ECU 接收到氧传感器的电压信号高于比较电压（0.5V）时，表明混合气偏浓，ECU 首先发出指令使空燃比修正系数骤降一个值，使喷油量减少，然后逐渐减小修正系数，使混合气逐渐变稀，空燃比逐渐增大；反之，ECU 首先发出指令使空燃比修正系数骤升一个值，使喷油量增大，然后逐渐增大修正系数，使混合气逐渐变浓，空燃比逐渐减小。闭环控制时氧传感器的信号电压在低电平（0.1～0.3V）和高电平（0.7～0.9V）之间不断变化。

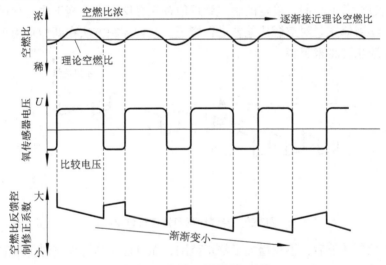

图3.96 空燃比反馈控制过程

为了保证发动机具有良好的工作性能，混合气的空燃比并不是在发动机所有工况下都进行反馈控制的。因此，在下述工况时，仍需采用开环控制。

①发动机起动工况；

②起动后的暖机加浓工况；

③发动机大负荷工况；

④加速工况；

⑤减速工况；

⑥氧传感器温度低于正常工作温度，当氧化锆型氧传感器的温度低于 300℃、氧化钛型氧传感器温度低于 600℃时，氧传感器不能输出信号电压；

⑦氧传感器有故障时。

（7）蓄电池电压修正。

电磁式喷油器是电感元件，当喷油脉冲到来时，喷油器针阀的开启和关闭都滞后一定时间，其修正控制与起动时喷油的控制一样。

（8）空燃比学习修正。

所谓学习修正，是微机学习了一定时间反馈修正量后，及时在发动机工作过程中进行转换，以这个修正量对基本喷油时间进行修正，其目的是为发进一步提高空燃比的控制精度。

发动机各工况下的基本喷油时间存于ECU的内存中，这些数据对于某一型号的发动机来说，基本喷射时间都是标准数据。在实际运行过程中，由于发动机性能的变化，（如进气系统、供油系统的性能变化），可能会造成实际空燃比相对于理论空燃比的偏离量不断增大。空燃比反馈控制虽然可以修正空燃比的偏差，但是修正的范围是有限的。如果发动机的反馈控制空燃比修正范围固定在±20%以内，其修正系数也只能为0.8~1.2。如果空燃比过稀时，反馈修正系数会增大，反馈修正中心会偏向浓的一边，如图3.97中A→B→C所示。当反馈修正值超出修正范围时，如图3.97中C所示，ECU就无法进行反馈修正。为了使修正值回到可以控制的修正范围，并使反馈值的中心回到理论空燃比的位置上，如图3.97中A所示，ECU应根据反馈修正值的偏离情况，设定一个学习修正值，以对喷油时间进行总的控制。设定的学习修正值存入存储器内，当下次这种运转工况出现时，就根据此学习修正量对空燃比偏差进行修正。这种控制方法在新型乘用车的发动机电子控制系统中应用得越来越多。

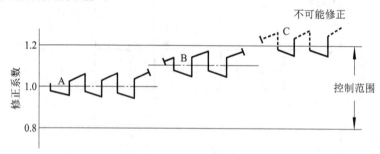

图3.97 空燃比学习修正示意图

有了学习控制功能后，不仅增大了修正范围，而且由于学习控制修正量能随运转条件的变化立即反映到喷射时间上，所以提高了过渡工况时的空燃比控制精度。学习控制修正量一般存储在存储器RAM中，由一根专用导线通过保险丝直接与蓄电池相连接，以保持点火开关关闭时RAM内存储的空燃比学习修正量不会丢失。但蓄电池电源线脱开时，存储在RAM中的空燃比学习控制修正量数据也会被清除。重新起动再遇到相应工况时，学习修正量不会立即反映到喷射时间上，就会有一段时间空燃比不正常，等到ECU自行建立和恢复了空燃比学习修正值后，发动机的工作不正常现象会自行消除。

3. 断油控制

断油控制是指ECU停止向喷油器发出燃油喷射信号，喷油器停止喷油，它可分为以下几种情况。

1）超速断油控制

超速断油是在发动机转速超过允许的最高转速时，由ECU自动中断喷油，以防止发动机超速运转，造成机件损坏，也有利于减小燃油消耗量，减少有害排放物。超速断油控制过程是由ECU将转速传感器检测的发动机实际转速与控制程序中设定的发动机最高极限转速（一般为 6 000～7 000r/min）相比较，当实际转速超过此极限转速时，ECU 就切断送给喷油器的喷油脉冲，使喷油器停止喷油，从而限制发动机转速进一步升高；当断油后发动机转速下降至低于极限转速约 80r/min 时，断油控制结束，恢复喷油，如图 3.98 所示。

2）减速断油控制

汽车在高速行驶中突然松开油门踏板减速时，发动机仍在汽车惯性的带动下高速旋转。由于节气门已关闭，所以进入汽缸的混合气数量很少，在高速运转下燃烧不完全，使废气中的有害排放物增多。减速断油控制就是当发动机在高转速运转中突然减速时，由 ECU 自动中

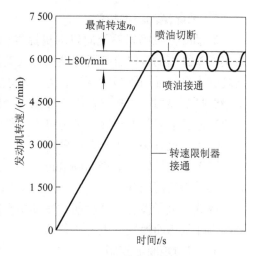

图3.98　超速断油控制过程

断燃油喷射，直至发动机转速下降到设定的低转速时再恢复喷油，其目的是控制急减速时有害物的排放，减少燃油消耗量，促使发动机转速尽快下降，有利于汽车减速。

减速断油控制过程是由 ECU 根据节气门位置、发动机转速、冷却液温度等运转参数做出综合判断，在满足一定条件时，执行减速断油控制，这些条件如下。

（1）节气门位置传感器中的怠速开关接通。

（2）发动机冷却液温度已达正常温度。

（3）发动机转速高于某一数值。

该转速称为减速断油转速，其数值由 ECU 根据发动机冷却液温度、负荷等参数确定，如图 3.99 所示。如果发动机转速和冷却液温度对应的工况是 A 区，ECU 就控制断油；当转速下降到 C 区边界时就恢复供油；如果在 B 区，也停止供油；如果在 C 区，则不停止供油。在 C 区内喷油器保持供油，是为了保证发动机不熄火而能正常地稳定运行。

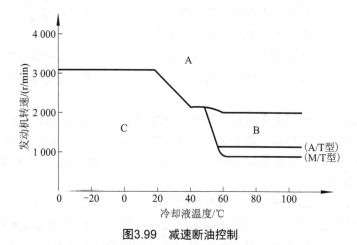

图3.99　减速断油控制

通常，冷却液温度越低，发动机负荷越大（如使用空调时），该转速越高。当上述 3 个条件都满足时，计算机就执行减速断油控制，切断喷油脉冲。上述条件只要有一个不满足（如发动机转速已下降至低于减速断油转速），计算机就立即停止执行减速断油，恢复喷油。

3）消除溢油断油控制

起动时汽油喷射系统向发动机提供很浓的混合气，若多次起动发动机仍未起动成功，淤集在汽缸内的浓混合气可能会浸湿火花塞，而不能跳火，这种情况称为溢油或淹缸。此时驾驶人可将油门踏板踩到底，并转动点火开关，起动发动机。计算机在这种情况下会自动中断燃油喷射，以排除汽缸中多余的燃油，使火花塞干燥。计算机只有在点火开关、发动机转速及节气门位置同时满足以下条件时，才能进入消除溢油状态。

（1）点火开关处于起动位置。

（2）发动机转速低于 500r/min。

（3）节气门全开。

因此，电子控制汽油喷射式发动机在起动时，不必踩下油门踏板，否则有可能因进入溢油消除状态而使发动机无法起动。

4）减扭矩断油控制

装有电子控制自动变速器的汽车在行驶中自动升挡时，控制变速器的计算机会向汽油喷射系统的计算机发出减扭矩信号。汽油喷射系统的计算机在收到这一减扭矩信号时，会暂时中断个别汽缸（如二缸、三缸）的喷油，以降低发动机转速，从而减轻换挡冲击。

5）汽车超速行驶断油控制

在一些电喷汽车上，设有超速行驶断油功能。当汽车行驶超过设定的最高车速时，停止供油。ECU 根据节气门位置传感器、发动机转速传感器、冷却液温度传感器、空调开关及车速传感器的信号来完成这种断油控制功能。

学习指导

（1）电控汽油喷射系统主要由空气供给系统、燃油供给系统和电子控制系统 3 部分组成。

（2）根据检测进气量传感器的不同，电控燃油喷射系统（简称 EFI 系统）分为 D 型和 L 型。D（压力）型 EFI 系统是由进气歧管压力传感器检测进气量；L 型采用装在空气滤清器后的空气流量计直接测量发动机吸入的进气量。

（3）电动汽油泵有外装式和内装式两种形式，目前大多数采用内装式电动汽油泵。

（4）燃油压力调节器的主要作用是使燃油压力与进气歧管压力差保持不变，一般为 0.25～0.30MPa。

（5）脉动阻尼器的作用就是降低在喷油时油路中油压产生微小的波动。

（6）喷油器按针阀的结构特点分类，可分为轴针式和孔式；按电磁线圈阻值分，可分为低阻（电阻 2～3Ω）喷油器和高阻（电阻 12～16Ω）喷油器；喷油器的驱动方式有电流驱动和电压驱动。

（7）空气流量计主要有叶片式、卡门旋涡式、热线式和热膜式 4 种。

（8）节气门位置传感器一般有开关量输出型和线性可变电阻输出型两种，线性可变电阻输出型的信号电压一般怠速时为 0.5V，节气门全开时为 4.5～5V。

（9）进气歧管绝对压力传感器是一种间接检测空气流量的传感器，其作用与空气流量计相当。

（10）冷却液温度传感器与进气温度传感器都是负温度系数热敏电阻，随温度升高阻值降低，信号电压下降，开路电压为 5V。

（11）目前，电控汽油机中使用的凸轮轴和曲轴位置传感器主要有 3 种类型：电磁式、霍尔效应式和光电式。

（12）电控燃油喷射系统的功能是对喷射正时、喷油量、燃油停供及燃油泵进行控制。

（13）电子控制单元由输入回路、模/数转换器、微型计算机和输出回路组成。

（14）汽油喷射控制包括喷油正时控制、喷油持续时间（即喷油量）控制和断油控制 3 个方面。

学习思考

1. 电控汽油喷射系统由哪几部分组成？
2. 节气门体和化油器有什么不同？
3. 简述燃油供给系统的组成。
4. 内装式汽油泵的结构有何特点？单向阀和安全阀的作用各是什么？
5. 试说明图 3.9 所示油泵控制电路的原理。
6. 压力调节器的作用是什么？为什么要使燃油分配管内油压与进气歧管内气压的差值保持为常数？
7. 简述电磁式喷油器的结构和工作原理。
8. 何为喷油器电流驱动和电压驱动？它们各有什么特点？
9. 如何就车检查电动燃油泵和喷油器？
10. 汽车传感器的作用是什么？
11. 节气门位置传感器有哪几种类型？各有什么特点？
12. 试说明叶片式空气流量计的结构和工作原理。如何检查叶片式空气流量计？
13. 卡门旋涡式空气流量计靠什么感知空气流量的大小？超声波式和光电式两种传感器是利用什么特点构成的？
14. 试说明热线式空气流量计的结构和工作原理。应如何对它进行检查？
15. 曲轴和凸轮轴位置传感器各有什么作用？常见的有几种形式？
16. 试说明霍尔式曲轴位置传感器的结构和工作原理。如何检查此传感器？
17. 氧传感器的作用是什么？简述氧化钛型氧传感器的工作原理？
18. 如何检查氧化锆型氧传感器？
19. 什么叫无效喷油时间？ECU 是如何对无效喷油时间进行修正的？
20. 发动机起动时喷油量是如何控制的？
21. 发动机起动后燃油喷射的基本喷油时间是如何确定的？
22. 发动机起动后喷油量一般是根据哪些因素修正的？
23. 断油控制包括哪几种？每种的控制原理如何？

第4章 汽油机电控点火系统

学习目标

1. 掌握汽油机电控点火系统的组成、控制的项目和控制原理。
2. 掌握电控点火系统所需信号传感器的工作原理和检测方法。
3. 了解汽油机电控点火系统的发展。

考核标准

知识要求：电控点火系统所需信号传感器的工作原理、ECU对点火系统的控制原理。
技能要求：能对传感器信号进行检查，能对电子点火器和ECU进行故障诊断检查。

教学建议

教具：与点火系统相关的传感器和执行器的实物，电控发动机的台架，检测用的万用表、示波器等。
建议：各部分的工作原理使用多媒体辅助教学。传感器的检测、电子点火器和ECU故障诊断检查安排在电控发动机的台架或在车上进行。

4.1 电控点火系统概述

普通的电子点火系统虽然增加了闭合角控制、恒流控制等，大大提高了点火系统的性能，但是其点火时刻的调整是依靠机械离心式调节装置和真空式调节装置完成的，其主要缺点如下。

（1）由于机械的滞后、磨损等，响应速度慢。
（2）点火提前角的控制不精确，考虑影响点火提前角的因素不全面。
（3）为了避免大负荷时的爆燃，必然采用妥协方式减小点火提前角。

传统的点火系统由于装置本身的局限性，故不能保证点火时刻在最佳值。而电控点火系统取消了传统的离心式和真空式提前调节装置，使用了电子点火提前（ESA）控制系统，考虑了更多的点火提前角的影响因素，将点火提前到发动机刚好不至于产生爆燃的范围，使发动机在各种工况下均能达到最佳点火时刻，从而提高了发动机的动力性、经济性，改善了排放指标。ESA系统对点火提前角的控制效果如图4.1和图4.2所示。

在微机控制的点火系统中，控制内容包括点火提前角控制、闭合角控制和爆燃控制。无分电器的电控点火是目前最先进的控制方式。

第4章 汽油机电控点火系统

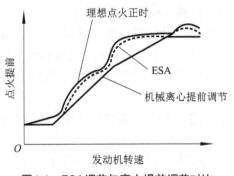

图4.1 ESA调节与离心提前调节对比

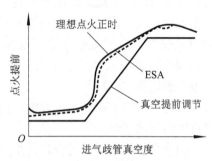

图4.2 ESA调节与真空提前调节对比

4.1.1 电控点火系统的组成

电控点火系统主要由传感器、ECU和点火执行器3大部分组成,如图4.3所示。绝大部分传感器与EFI系统是共用的,并且一般与EFI系统共用同一个ECU,点火执行器是电子点火器和点火线圈,各部分的功能如下。

传感器主要有空气流量计、曲轴和凸轮轴位置传感器、节气门位置传感器、冷却液温度传感器及爆燃传感器等,其作用在于向ECU提供发动机的各种运行参数,以便ECU确定最佳的点火时刻。

ECU接受各种传感器送来的信号经过数据处理后,计算出最佳点火提前角,并向电子点火器输出点火控制信号IGt。

电子点火器(也称电子点火模块)内部有闭合角控制、恒流控制和点火确认等电路,其主要功能是接受ECU输出的点火控制信号,控制点火线圈初级电路的通断,产生次级高压,使火花塞点火;同时,把点火确认信号IGf反馈给ECU,其各部分电路的作用如下。

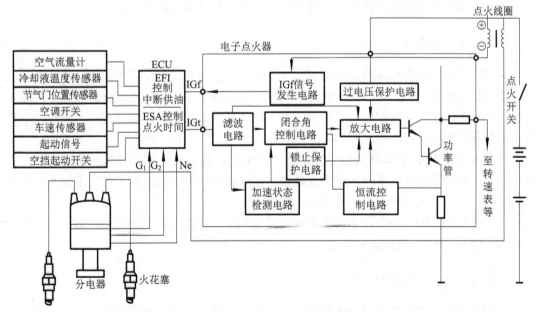

图4.3 电控点火系统的组成简图

(1)IGf信号发生电路。当点火线圈初级电流切断时,产生反电动势触发IGf信号发生电路，使其输出一个点火确认信号给ECU。IGf信号又称为点火安全信号。

如果点火系统出现故障使火花塞不点火，而曲轴、凸轮轴位置传感器工作正常时，喷油器会继续喷油。为了避免这种现象的发生，当IGf信号连续3～6次没有反馈给ECU时，ECU就判断此时发动机已熄火，并向EFI系统的喷油控制电路发出中断供油的指令，以防止浪费燃油和"淹缸"。

（2）过电压保护电路。当电源电压过高时，该电路使点火器中的功率晶体管截止，以保护点火线圈与功率管。

（3）闭合角控制电路。闭合角是指点火线圈初级电路通电期间曲轴转过的角度。闭合角控制电路可控制点火器中功率管的导通时间，即控制点火线圈初级电路的通电时间，以保证点火高压。

（4）锁止保护电路。它也称为发动机停转断电保护电路。如果发动机熄火而点火开关仍接通，一般在点火线圈和功率管的导通时间超过预定值时，该电路控制功率管截止，切断初级电路的电流，以保护点火线圈和功率管不被发热烧坏。

（5）恒流控制电路。它保证在任何转速下，在极短的时间内，使点火线圈初级电流都能达到规定值（一般为6～7A），以减小转速对次级电压的影响，改善点火性能。同时，它还可以防止因初级电流过大而烧坏点火线圈，这是因为ESA系统采用了高能点火线圈，其初级电路取消了附加电阻，且初级线圈电阻很小，初级电路从通电开始到断路时其电流可达到很大值。

（6）加速状态检测电路。当发动机转速急剧上升时，该电路对这种加速状况进行检测，并将检测到的信号输送给闭合角控制电路，使其中的功率管提前导通，以增大闭合角。

4.1.2 电控点火系统的分类

电控点火系统按配电方式可分为有分电器式和无分电器式两种类型。

1. 有分电器式点火控制系统

有分电器式点火控制系统的电路如图4.3所示。这种方式保留了传统的分电器对各缸火花塞进行的机械配电，由分火头将点火高压分配给分电器盖上的侧电极，然后通过高压线送至各缸火花塞。这种配电方式存在许多不足之处，如产生点火能量损失、无线电干扰以及容易导致汽缸缺火、断火等。

ECU根据各传感器和开关信号确定点火时刻，并将点火正时信号IGt送至电子点火器，当IGt信号变为低电平时，功率管截止，点火线圈初级电路断开，在次级线圈中感应出高压电，再由分电器送至相应缸的火花塞点火。

为了产生稳定的次级电压和保证系统的可靠工作，在点火器中设有闭合角控制回路和点火确认信号（IGf）安全保护电路。

2. 无分电器式点火控制系统

这种方式取消了传统的有分电器式的机械配电装置，而采用电子配电方式，即由各缸点火线圈（每缸一个或两缸共用一个点火线圈）直接向各缸火花塞输出点火高压。无分电器式电子点火系统的英文简称为 DIS 或 DLI,这种结构为目前最先进的电子点火系统,其常见的电子配电方式如图 4.4 所示。

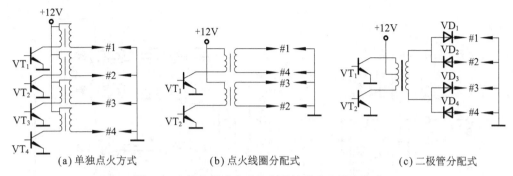

图4.4 无分电器式点火控制系统的电子配电方式

无分电器式点火控制系统有同时点火方式和单独点火方式两种类型。

1)同时点火方式

这种方式是两个缸的火花塞共用一个点火线圈,点火线圈有两个输出端,其中一个缸在排气末期,另一个缸在压缩末期同时串联点火。在排气末期点火的为无效点火,无效点火的汽缸压力小,因此击穿火花塞间隙需要的电压小,消耗的电能少;在压缩末期点火的为有效点火,大部分电能消耗在有效点火上,点火过程如图 4.5 所示。同时,点火方式可分为二极管分配式和点火线圈分配式两种。

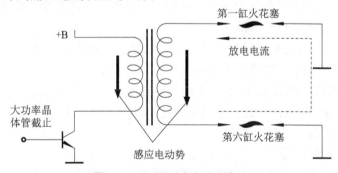

图4.5 双缸同时点火放电电路

(1)二极管分配式。

二极管分配式无分电器同时点火方式的工作原理如图 4.6 所示。点火顺序为 1—3—4—2 的四缸发动机,一、四缸分成一组点火,二、三缸分成另一组点火。当 ECU 接收到曲轴和凸轮轴位置传感器相应信号时,计算出最佳点火时刻,向电子点火器发出点火信号,电子点火器的控制回路使晶体管 VT_1 截止,初级电路 B 中的电流被切断,在次级线圈中感应出下"+"上"-"的电动势 e_1,方向如图 4.6 中的实线箭头所示,二极管 VD_1、VD_4 正向导通,电流经四缸和一缸火花塞构成回路,两个火花塞均跳火。而二极管 VD_2、VD_3 反向截止,二、三缸火花塞不跳火。此时若一缸接近压缩上止点,混合气被点燃,则四缸正在排气,无效点火。曲轴转过 180°后,ECU 接收到传感器信号后再次向电子点火器发出触发信号,使 VT_2 截止,初级电路 A 中电流被切断,次级线圈感应出上"+"下"-"的电动势 e_2,方向如图 4.6 中的虚线箭头所示,二极管 VD_2、VD_3 导通,VD_1、VD_4

截止，二缸和三缸火花塞构成回路，同时跳火，此时三缸点火做功，二缸为无效点火。依次类推，发动机曲轴转两圈，各缸做功一次。

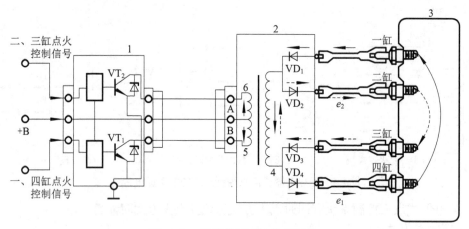

图4.6　二极管分配式工作原理图

1—电子点火器；2—点火线圈；3—汽缸盖；4—次级电路；5—初级电路 A；6—初级电路 B

4 个高压二极管有安装在点火线圈内部的和外部的两种结构型式，这里为内装的结构。而电子点火器中的两个稳压管，用于吸收初级线圈断路时产生的自感电动势，保护功率晶体管。

（2）点火线圈分配式。

点火线圈分配式无分电器同时点火方式的特点是用一个点火线圈给两个火花塞提供电压，点火线圈的数量等于汽缸数的一半。

ECU 根据曲轴和凸轮轴位置传感器信号，选择相应点火的汽缸，并将点火信号送给电子点火器，使相应的晶体管截止或导通，点火线圈直接向火花塞输出高压电。点火过程与二极管分配式相同。如图 4.7 所示为丰田车六缸发动机的点火电路原理图。各缸的做功顺序为 1—5—3—6—2—4，汽缸点火的组合为第一缸与第六缸、第五缸与第二缸、第三缸与第四缸，即每两缸一个点火线圈。

高压二极管的作用如下。

迅速切断初级电流，次级线圈产生互感电动势，火花塞跳火。实际上并非只有初级电流中断时才有磁场变化，当大功率晶体管导通时，也有磁场的变化，并产生感应电动势。

在大功率晶体管导通的瞬间，次级线圈产生 1 500V 左右的电压。在有分电器式的点火系统中，分火头与侧电极之间的间隙（约 0.8mm）阻隔了这个电压直接加在火花塞电极两端，故无论汽缸在什么行程，火花塞都不会跳火；而无分电器点火系统由于没有配电器，当大功率晶体管导通时（大功率晶体管导通时期随发动机转速而异），次级线圈产生的 1 500V 左右的电压全部作用于火花塞上。此电压若产生在压缩行程末期的实际点火时期，由于汽缸压力高，并不能使火花塞跳火；若产生在进气行程接近终了或压缩行程刚开始的状态，缸内压力低，又有可燃混合气体，火花塞就有可能跳火而将可燃混合气点燃。这种不正常的点火会影响发动机的正常工作（如产生回火现象等）。为了防止这种现象的产生，在点火线圈的次级回路中串联一个高压二极管，当大功率晶体管导通时，由于二极管的反向截止，1 500V 的高压电就无法使火花塞跳火。而当大功率晶体管截止时，次级线圈产生高压电，二极管正向导通，可使火花塞顺利地跳火。

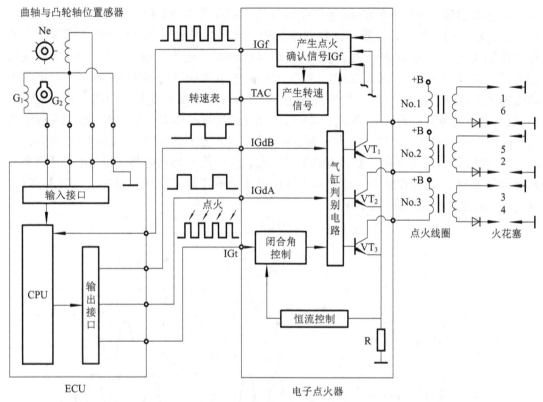

图4.7 点火线圈分配式原理图

在有些点火线圈分配式点火系统中，并没有这样的高压二极管，而是在次级电路输出端与火花塞之间的连接电路中留有 3～4mm 的间隙，其作用与次级串接高压二极管相同。

点火线圈分配式点火系统的控制原理如下。

点火提前角控制信号 IGt 的产生。发动机运转时，ECU 接收到 G_1（或 G_2）信号后，就判断第六缸（或第一缸）处于压缩行程上止点前，根据紧随 G_1（或 G_2）信号之后产生的第一个 Ne 信号，确定点火基准位置。在发动机运行的每个工作循环中，ECU 以 G（如 G_2）信号后的点火基准位置为基准，根据其后接收到的 Ne 信号，确定后面的 3 次点火，这 3 次点火对应 3 个点火线圈，也就是对应 3 组缸（五、二缸，三、四缸，六、一缸）的点火。这时是按每 4 个 Ne 脉冲信号（相当于按点火间隔 120℃A）就要产生一个点火正时信号，对应一组缸的点火。在产生了 3 个点火正时信号后（即曲轴转过 360° 后），ECU 又收到下一个 G（如 G_1）信号，确定其后另外 3 个点火正时信号，仍是控制这 3 组缸的点火。随着发动机的运转，这一控制过程反复进行。

ECU 存储有各工况下最佳点火提前角数据及有关计算程序，可根据各传感器及开关输入的信号，确定适合于当前工况的最佳点火提前角和闭合角，ECU 就以 G_1、G_2 信号后的点火基准位置为基准，以 30℃A 为计数单元的 Ne 信号输入 ECU，在 ECU 的输入回路中，处理电路将间隔 30℃A 的 Ne 信号再均分成 30 等份，以形成间隔 1℃A 的 Ne 信号。ECU 以 1℃A 为计数单元，对 3 个点火线圈每次点火时的闭合角和点火提前角进行计数确定，并通过控制程序转化成点火提前角控制信号 IGt，向电子点火器输出，控制 3 组缸的点火。

汽缸判别信号 IGdA 和 IGdB 的产生。汽缸判别信号 IGdA 和 IGdB 是由电子点火系统设计时确定的，与曲轴位置传感器的结构和点火器的汽缸判别电路的设计等有关，并存储在 ECU 中。ECU 在向点火器输出 IGt 信号的同时，还要根据 G_1、G_2、Ne 信号输出相应的汽缸判别信号 IGdA 与 IGdB，以确定各缸的点火顺序，如图 4.8 所示。点火器中的汽缸判别电路根据 ECU 输出的汽缸判别信号 IGdA、IGdB 的逻辑值（高电平用逻辑值 1、低电平用逻辑值 0 表示），将 IGt 信号送给相应的功率晶体管，由晶体管控制对应的点火线圈工作，完成某一组缸的点火。其逻辑值与点火汽缸的对应关系见表 4-1。例如，当 IGdA、IGdB 信号的逻辑值分别为 0 和 1 时，点火器的汽缸判别电路就将 IGt 信号用来控制晶体管 VT1 的通电和断电，即控制 1 号点火线圈的工作，从而控制一、六缸的点火。其他汽缸的点火控制原理完全一样。

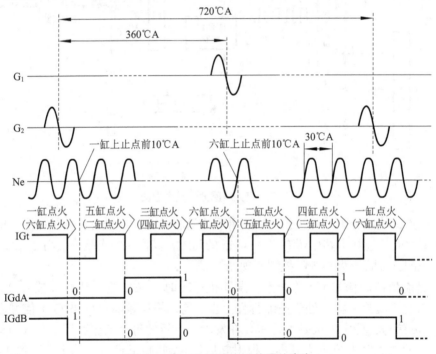

图4.8　IGt、IGdA和IGdB信号的产生

表 4-1　IGdA、IGdB 的逻辑值与点火汽缸的对应关系

IGdA 信号逻辑值	IGdB 信号逻辑值	工作的点火线圈	点火的汽缸
0	1	NO.1	一、六
0	0	NO.2	五、二
1	0	NO.3	NO.3

2）单独点火方式

单独点火方式也称为独立点火方式，它是指每缸一个点火线圈，点火线圈的数量与汽缸数相等，无须分电器就能将高压电适时地分配给各个火花塞。该点火方式的优点是由于每缸都有各自独立的点火线圈，故即使发动机转速很高，点火线圈也有较长的通电时间（大的闭合角），可提供足够高的点火能量；在发动机转速相同时，与其他配电方式相比，

单位时间内通过点火线圈初级电路的电流要小得多,点火线圈不易发热,且点火线圈的体积可以非常小,点火线圈可直接装在火花塞上面,可不需要高压线,避免了对计算机信号的电磁干扰,消除了干扰源;发动机 ECU 可一缸接一缸地改变点火正时,对爆燃传感器发出的信号能及时做出响应,其电路原理如图 4.9 所示。

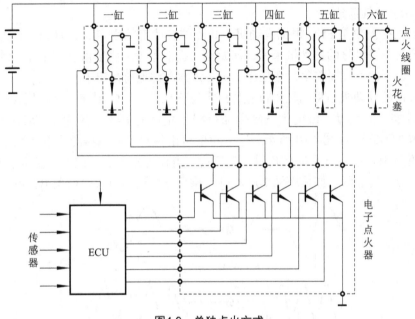

图4.9 单独点火方式

无分电器单独点火方式有一种是发动机各缸的点火线圈共用一个点火器,如丰田 1MZ—FE 发动机独立点火系统,6 个点火线圈共用一个点火器;另一种是发动机各缸的点火线圈分组共用若干个点火器,如奥迪四气门五缸发动机,5 个点火线圈分别接到两个点火器上,其中一个点火器控制 3 个缸的点火,另一个点火器则控制两个缸的点火。

4.2 点火提前角和闭合角的控制

4.2.1 点火提前角的控制

最佳点火提前角除了主要根据发动机的转速、负荷和燃料性质确定之外,还应考虑发动机空燃比、大气压力和冷却液温等因素。在传统点火系统中,当上述因素变化时,系统无法对点火提前角进行调整。但当采用 ESA 系统时,发动机在各种工况运行条件下,ECU 都可保证理想的点火提前角,因此,发动机的动力性、经济性和排放性都可以达到最佳。

实际点火提前角的控制,不同的厂家采取的控制方法各不相同。如日本丰田车系电控点火系统(TCCS)中,实际的点火提前角等于初始点火提前角、基本点火提前角和修正点火提前角之和,即

实际点火提前角=初始点火提前角+基本点火提前角+修正点火提前角

而日产车系电控点火系统(ECCS)中,实际点火提前角等于基本点火提前角与点火提前角修正系数之积,即

实际点火提前角＝基本点火提前角 × 点火提前角修正系数

下面以丰田车型上的发动机所采用的 ESA 系统为例，介绍点火提前角的控制。

1. 点火提前角的确定

1）初始点火提前角

初始点火提前角是 ECU 根据发动机上止点位置确定的固定点火时刻，其大小随发动机而异，但对同一型号的发动机来说，初始点火提前角为一固定值。它是在发动机生产出来之后便固定了的点火提前角，在任何工况下该角度都保持恒定不变。

丰田公司的发动机是将凸轮轴位置传感器感应出的 G（G_1 或 G_2）信号后的第一个 Ne 转速信号过零点的位置，设定为汽缸压缩行程上止点前 10℃A（用 BTDC10℃A 表示，CA 表示曲轴角度），如图 4.10 所示。这一角度可由传感器的结构与安装的相对位置来保证。ECU 在计算、控制点火提前角时，就把这一点作为参考点（或称为基准点），这个角度称为初始点火提前角。如桑塔纳 2000GLi 型乘用车的初始点火提前角 BTDC8°。

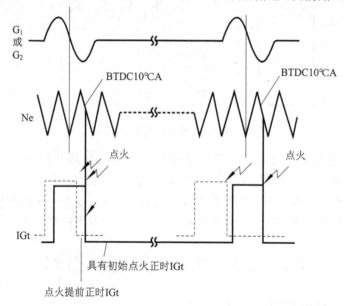

图4.10 初始点火提前角

一般在下列情况时实际点火提前角等于初始提前角。

（1）在发动机起动期间，转速变化大，进气量不稳定，点火提前角不能准确控制，采用固定的初始点火提前角。

（2）发动机转速低于 400r/min 时。

（3）检查初始点火提前角时，有 3 个条件：一是诊断插座测试端子短路；二是怠速触点 IDL 闭合；三是车速低于 2km/h。

2）基本点火提前角

基本点火提前角是发动机最主要的点火提前角，它是在设计微机控制点火系统时确定的。国内外普遍采用台架试验的方法，利用发动机最佳运行状态下的实验数据来确定基本点火提前角。试验所得的以转速和负荷（进气管真空度）为变量的三维点火特性脉谱图以数据形式存储在 ECU 的只读存储器 ROM 中，如图 4.11 所示。汽车运行时，ECU 根据发动机转速信号和负荷信号（由空气流量计和节气门位置传感器确定），在存储器中查到这一工况下运转时相应的基本点火提前角来控制点火。

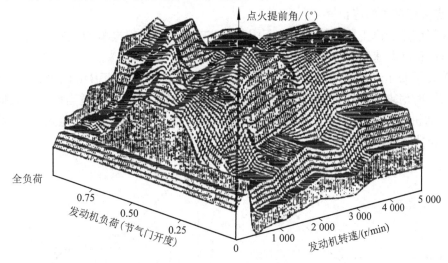

图4.11　三维点火特性脉谱图

3）修正点火提前角

为了使实际点火提前角适应发动机的运转状态，以便得到良好的动力性、经济性和排放性能，必须根据相关因素（如冷却液温度、进气温度、爆燃信号、开关信号等）适当地增大或减小点火提前角，即对点火提前角进行必要的修正。

ECU 根据初始点火提前角、基本点火提前角和修正点火提前角计算出实际点火提前角而进行控制点火，把点火时间控制在最佳状态。点火提前角的控制包括两种基本情况：起动时点火提前角的控制和起动后点火提前角的控制。

2. 起动时点火提前角的控制

在发动机起动过程中，发动机转速变化大，并且由于转速较低（一般低于 500r/min），进气歧管绝对压力传感器或空气流量计的信号不稳定，ECU 无法正确计算点火提前角，一般将点火时刻固定在设定的初始点火提前角。此时的控制信号主要是发动机转速信号（Ne）和起动开关信号（STA）。

3. 起动后点火提前角的控制

1）基本点火提前角

在非怠速工况时，节气门位置传感器的怠速触点（IDL）断开，ECU 根据发动机的转速和负荷信号，按存储器的数据确定基本点火提前角，数据表格存储形式如图 4.12 所示。

非怠速工况时，控制信号主要有进气歧管压力信号（或进气量信号）、发动机转速信号、节气门位

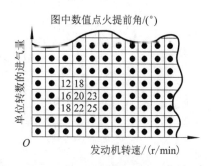

图4.12　点火提前角的数据表格存储形式

置信号、汽油品种选择开关和爆燃信号等。

在怠速工况下运行时，节气门位置传感器怠速触点闭合，此时，ECU 根据发动机转速和空调开关是否接通等确定基本点火提前角，如图 4.13 所示。

2）点火提前角的修正

点火提前角的修正项目随车型的不同而有多有少，在丰田汽车 TCCS 系统的控制中主要有暖机修正和怠速修正。

（1）暖机修正。暖机修正是指节气门位置传感器的怠速触点 IDL 闭合，发动机冷却液温度较低时对点火提前角进行的修正。当冷却液温度较低时，应适当增大点火提前角，以促使发动机尽快暖机。随着冷却液温度的升高，点火提前角应相应地减小，如图 4.14 所示。修正曲线的形状与提前角的大小随车型的不同而有所差异。

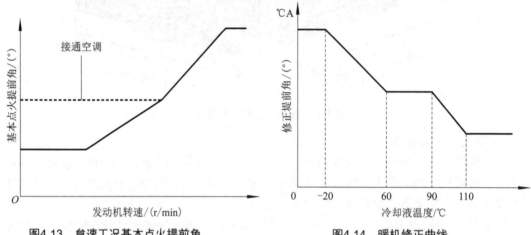

图4.13　怠速工况基本点火提前角　　　　图4.14　暖机修正曲线

（2）怠速修正。怠速修正是为了保证怠速运转稳定而对点火提前角进行的修正，其修正特性如图 4.15 所示。当怠速触点 IDL 闭合，而空调或动力转向开关接通时，发动机负荷增大使发动机转速下降，ECU 根据实际转速与目标转速的差值，相应地减小提前角，使发动机在规定的怠速转速下稳定运转，以防熄火。

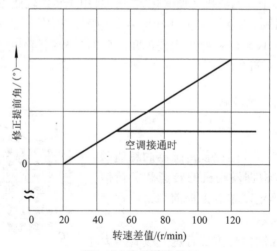

图4.15　怠速稳定修正

发动机实际点火提前角为初始点火提前角、基本点火提前角和修正点火提前角之和，发动机每转一周，ECU 就计算处理后输出一个点火正时信号，控制电子点火器，再通过点火器控制点火线圈使火花塞点火。当 ECU 确定的实际点火提前角超过允许的最大或最小点火提前角时，发动机难以正常运转，此时，ECU 将以最大或最小点火提前角的允许值进行控制。

除暖机修正和急速修正外，有些车型的点火提前角修正还包括空燃比修正和爆燃修正（在爆燃控制中介绍）等。装有氧传感器的车型，ECU 根据氧传感器的反馈信号对空燃比进行修正。随着喷油量修正的增加或减少，发动机转速在一定范围内波动，为了提高转速的稳定性，在反馈修正的喷油量减少时，点火提前角相应增大，如图 4.16 所示。

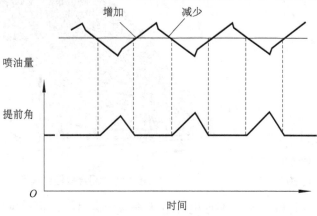

图4.16 空燃比反馈修正

4.2.2 闭合角的控制

闭合角是指点火线圈初级电路通电期间曲轴转过的角度。对于电感储能式电控点火系统，当点火线圈的初级电路被接通后，初级电流是按指数规律增长的。初级电路被断开的瞬间，初级电流所能达到的值（即断开电流）与初级电路接通的时间长短有关，只有通电时间达到一定值时，初级电流才可能达到饱和。由于断开电流影响次级电压的高低，而次级电压的高低又直接影响点火系统工作的可靠性，所以在发动机工作时，必须保证点火线圈的初级电路有足够的通电时间。但如果通电时间过长，点火线圈又会发热并增大电能消耗。要兼顾上述两方面的要求，就必须对点火线圈初级电路的通电时间进行控制。

此外，当蓄电池的电压变化时，也将影响初级电流。若蓄电池电压下降，在相同的通电时间里初级电流所达到的值将会减小。因此，还必须根据蓄电池电压对通电时间进行修正。蓄电池电压修正曲线如图 4.17 所示。

在传统的汽油机点火系统中，点火线圈初级电路的接通时间取决于断电器触点的闭合角和发动机的转速。对一定的发动机而言，断电器触点的闭合角是一定的，点火线圈初级电路的通电时间随发动机转速的提高而缩短，这必将导致发动机高速时点火能量降低，点火系

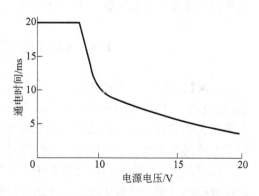

图4.17 通电时间与电源电压的关系

工作可靠性下降。因此，在现代汽车的电控点火控制中，要随着发动机转速的变化对闭合角进行控制，当转速升高时，闭合角应增大，如图4.18所示。

ECU根据发动机转速信号（Ne信号）和电源电压信号确定最佳的闭合角，其控制模型如图4.19所示。闭合角控制模型存储在ECU内，发动机工作时，ECU根据Ne和电源电压信号计算确定最佳的闭合角，并向点火器输出指令信号（IGt信号），以控制点火器中晶体管的导通时间。随发动机转速提高和电源电压下降，闭合角增长。

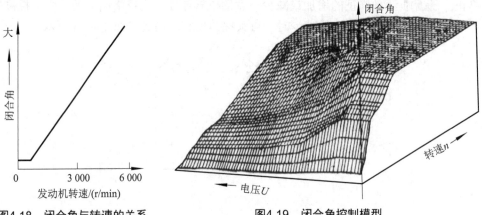

图4.18 闭合角与转速的关系　　　　图4.19 闭合角控制模型

ECU对闭合角的控制通常是根据电源电压查得导通时间，再根据发动机转速换算成曲轴的转角，以确定闭合角的大小。

例如，某六缸发动机，电源电压为12V，若大功率晶体管导通时间为5ms、发动机转速为2 000r/min，则导通5ms相当于曲轴转角为。

$$\frac{360° \times 2\,000}{60} \times \frac{5}{1\,000} = 60°$$

此时，大功率晶体管从导通到截止，要保持60°的曲轴转角，即闭合角为60°。又因六缸发动机的做功间隔为120°，即大功率晶体管截止到下一次截止曲轴转过120°。大功率晶体管截止时，曲轴的转角为120°-60°＝60°，那么ECU从大功率晶体管截止开始时计数60个1°曲轴转角信号，第61个1°信号起大功率晶体管开始导通，即初级电路开始导通，从而完成了闭合角为60°的控制。

4.3 爆燃传感器与爆燃反馈控制

发动机工作时，混合气在汽缸中正常的燃烧是分层燃烧。在火焰传播过程中，处在最后燃烧位置上的那部分未燃混合气，进一步受到压缩和热辐射的作用，加速了先期反应，如果在火焰前锋尚未到达之前，未燃混合气已经自燃，这部分混合气燃烧速度极快，使燃烧室内的局部压力、温度很高，并伴随有冲击波，这种不正常燃烧现象称为爆燃。

爆燃产生的压力冲击波反复撞击汽缸壁，发出尖锐的敲缸声，严重时会破坏附着在汽缸壁表面的油膜，使传热增加，冷却液过热，发动机功率下降，耗油率增加，甚至会造成活塞、气门烧坏，轴瓦破裂，火花塞绝缘体破坏，润滑油氧化成胶质，活塞环卡死在环槽内等故障。因此，汽油机工作时，应对爆燃加以控制。

要消除爆燃，通常可以采用抗爆性能好的燃料、改进燃烧室结构、加强冷却水循环、推迟点火时间等方面的措施。尤其是推迟点火时间对消除爆燃有明显的作用。

爆燃传感器是电控点火控制系统检测爆燃的反馈元件，一旦爆燃传感器检测的信号表示爆燃程度超过规定的限度，ECU立即发出指令推迟点火；当爆燃程度低于规定的限度时，ECU又会将点火时刻提前，循环调节点火时刻，使发动机始终处于临界爆燃的工作状态，从而使发动机的动力性、燃油经济性得到一定程度的改善。

4.3.1 爆燃传感器的结构和工作原理

检测爆燃信号的方法一般有3种：第一种是利用装于每个汽缸内的压力传感器检测爆燃引起的压力波动；第二种是把传感器装在发动机缸体上，检测爆燃引起的振动；第三种是对燃烧噪声进行频谱分析。一般采用第二种方法进行检测，把爆燃传感器安装在汽缸体上。常见的爆燃传感器有磁致伸缩式和压电式两种。

1. 磁致伸缩式爆燃传感器

磁致伸缩式爆燃传感器的外形与结构如图4.20所示，它由外壳、永久磁铁、铁心以及铁心周围的线圈等组成，其工作原理是当发动机的汽缸体振动时，磁性材料的铁心受振移动致使穿过线圈的磁通变化，从而在线圈中产生感应电动势，作为传感器的输出信号，并将这一电信号输入ECU。当振动频率达到一定程度时，传感器与发动机产生共振，此时传感器输出最大电压信号，如图4.21所示，ECU判定为爆燃。

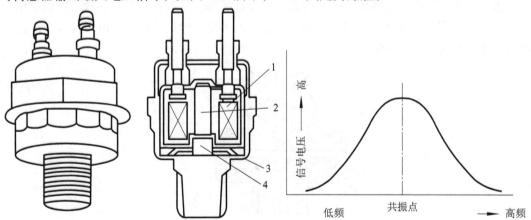

图4.20 磁致伸缩式爆燃传感器的外形与结构
1—线圈；2—铁心；3—外壳；4—永久磁铁

图4.21 磁致伸缩式爆燃传感器的输出特性

2. 压电式爆燃传感器

压电式爆燃传感器利用压电效应来检测爆燃，有非共振型、共振型和火花塞坐垫型3种。

1）非共振型

非共振型爆燃传感器的结构如图4.22所示。这种传感器利用结晶或陶瓷多晶体的压电效应而工作，也有利用掺杂硅的压电电阻效应的。该传感器由外壳、压电元件、配重块及导线等组成，其工作原理是当发动机的汽缸体出现振动且振动传递到传感器外壳上时，外壳与配重块之间产生相对运动，夹在外壳和配重块之间的压电元件所受的压力发生变化，从而产生电压，当发生爆燃时输出电压最高。ECU检测出该电压，并根据其值的大小判断爆燃强度。

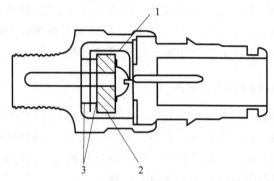

图4.22 压电式非共振型爆燃传感器的结构

1—导线；2—配重块；3—压电元件

2）共振型

共振型爆燃传感器主要由压电元件、振子、基座及外壳等组成，如图4.23所示。压电元件紧贴在振子上，振子固定在基座上。压电元件检测振子的振动压力，并转换成电信号输入ECU，当发动机爆燃的频率和振子频率一致时，传感器输出最高电压。输出信号与磁致伸缩式爆燃传感器相似。

由于共振型爆燃传感器振子的固有频率与发动机爆燃时的振动频率一致，所以必须与发动机配套使用，通用性差。但当爆燃发生时，振子与发动机共振，压电元件输出的信号电压会明显增大，易于测量。

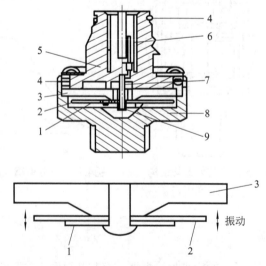

图4.23 压电式共振型爆燃传感器

1—压电元件；2—振子；3—基座；4—O形密封圈；
5—插接器；6—接头；7—密封剂；8—外壳；9—导线

3）火花塞坐垫型

火花塞坐垫型传感器安装在火花塞垫圈部位，根据燃烧压力直接检测爆燃，并将爆燃时的压力转换成电压信号输入 ECU。一般每个火花塞部位安装一个。

3. 爆燃传感器检测

丰田皇冠 3.0 乘用车 2JZ—GE 型发动机爆燃传感器与 ECU 的连接电路如图 4.24 所示。

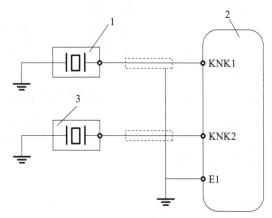

图4.24　爆燃传感器与ECU的连接电路

1—1 号爆燃传感器；2—发动机 ECU；3—2 号爆燃传感器

1）爆燃传感器电阻的检测

点火开关置于 OFF 位置，拔下爆燃传感器的导线接头，用万用表欧姆挡检测爆燃传感器的接线端子与外壳间的电阻，压电式爆燃传感器应为 ∞（不导通）；若为 0Ω（导通），则须更换爆燃传感器。

对于磁致伸缩式爆燃传感器，还可应用万用表欧姆挡检测线圈的电阻，其阻值应符合规定值（具体数据见具体车型维修手册），否则应更换爆燃传感器。

2）爆燃传感器输出信号的检查

拔下爆燃传感器的连接插头，在发动机怠速时用示波器检查爆燃传感器的接线端子与搭铁间的电压，应有脉冲电压输出；如果没有，应更换爆燃传感器。

4.3.2　爆燃反馈控制

点火提前角是影响爆燃的主要因素之一，减小点火提前角是消除爆燃的最有效措施。如图 4.25 所示，在无爆燃控制的传统点火系统中，为了防止爆燃的产生，其点火时刻的设定必须远离爆燃边缘，否则必然会导致发动机的动力性、经济性不能发挥到最佳。在电控点火系统中，ECU 根据爆燃传感器信号，判定有无发生爆燃及爆燃的强度，并根据其判定结果对点火提前角进行反馈控制，使发动机处于爆燃的边缘工作，既能防止爆燃发生，又能有效地提高发动机的动力性和经济性。

爆燃反馈控制的结构简图如图 4.26 所示，其工作过程是发动机工作时，爆燃传感器的信号输入 ECU，由 ECU 判断爆燃是否发生，然后根据传感器（主要是曲轴和凸轮轴位置传感器）的信号，进行计算、处理后，输出指令控制点火器中功率管的截止时刻，从而控制点火线圈初级电路的断开时刻，完成对火花塞点火时刻的控制。

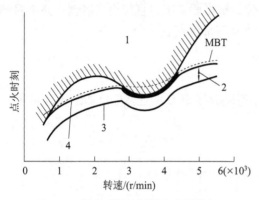

图4.25　爆燃反馈控制的点火提前角

1—爆燃范围；2—爆燃控制余量；
3—无爆燃控制时点火时刻；4—有爆燃控
制时点火时刻；MBT—最大扭矩时的点火时刻

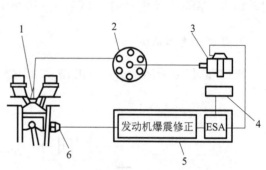

图4.26　爆燃反馈控制的结构简图

1—火花塞；2—分电器；3—点火器和点火线圈；
4—传感器；5—ECU；6—爆燃传感器

1. 爆燃强度的判别

安装在发动机缸体上的爆燃传感器，随发动机工作时各种不同振动频率而振动，并产生不同的电压信号，当发动机发生爆燃时，爆燃传感器产生最大的电压信号，如图4.27所示。

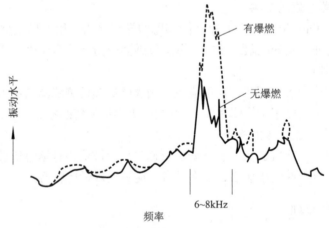

图4.27　爆燃信号的产生

爆燃信号的判断原理如图4.28所示，来自爆燃传感器的信号含有各种频率的非爆燃电压信号，首先必须经滤波电路，将爆燃信号与其他振动信号分离，只允许特定范围频率的爆燃信号通过滤波电路，再将此信号的最大值与爆燃强度基准值进行比较，基准值是利用发动机即将爆燃时传感器输出的信号电压而确定，如果大于基准值，则由比较器将爆燃信号电压输入微机，表示发生爆燃，由微机进行处理。

发动机的振动频繁且剧烈，为了只检测爆燃信号，防止发生错误的判断，因此判断爆燃信号并非随时都可进行，它有一个判断范围，如图4.29所示，只限于辨别发动机点火后燃烧期间的振动，在这个范围内，爆燃传感器的信号才被输入比较器。爆燃强度以超过基准值的次数计量，其次数越多，则爆燃强度越大；次数越小，则爆燃强度越小。

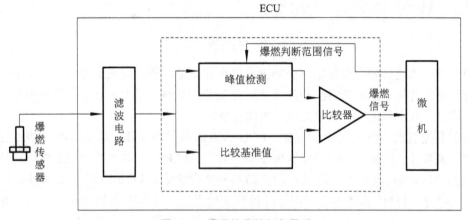

图4.28　爆燃信号的判断原理

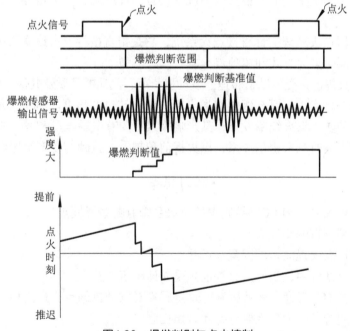

图4.29　爆燃判别与点火控制

2. 爆燃的控制

如图 4.28 所示，当发动机产生爆燃时，微机通过爆燃传感器的输入信号和比较电路判别出发动机爆燃的产生，由微机控制减小点火提前角。爆燃强度越大，点火提前角减小的值越大；爆燃强度越小，点火提前角减小的值越小。每次以固定的角度使点火提前角减小，若仍有爆燃存在，再以固定的角度减小点火提前角，直到爆燃消失为止。爆燃消失后的一段时间内，系统使发动机维持在当前的点火提前角下工作，此时间内若无爆燃发生，则以一个固定的角度逐渐增大点火提前角，直到爆燃再次发生，然后又重复上述过程。爆燃控制过程就是对点火提前角进行反复调整的过程，最终把点火时刻控制在如图 4.25 所示的接近发动机最大扭矩时的点火时刻。

当爆燃反馈控制系统发生故障时，启用控制系统的安全电路，将点火时刻推迟，以保护发动机，同时通过仪表警告灯发出警告。

学习指导

（1）点火系统必须向火花塞电极提供足够高的击穿电压，火花塞电极间产生的火花必须具有足够的能量，点火正时应与汽油机运行工况相匹配，以上3点在传统点火系统中很难完全满足，只有采用电控点火系统才可以实现。

（2）电控点火系统主要由传感器、ECU和点火执行器3部分组成。相关的传感器主要有空气流量计、曲轴和凸轮轴位置传感器、节气门位置传感器、冷却液温度传感器及爆燃传感器等。传感器向ECU提供发动机的各种运行参数，以便ECU确定最佳的点火时刻；ECU接受各种传感器送来的信号经过数据处理后，计算出最佳点火提前角，并向电子点火器输出点火控制信号；执行器是指电子点火器（也称电子点火模块）。

（3）现代乘用车上采用的电控点火系统主要有两种形式：有分电器点火系统和无分电器点火系统。

（4）无分电器点火系统又称直接点火系统，它是指直接将点火线圈次级绕组与火花塞相连接，可分为同时点火方式和单独点火方式两种类型。

（5）最佳点火提前角受发动机转速、发动机负荷、汽油的品质及其他一些因素的影响。

（6）闭合角是指点火线圈初级电路通电期间曲轴转过的角度。对闭合角进行控制以保证次级点火电压和防止点火线圈发热，其影响因素主要有电源电压和发动机转速。

（7）爆燃和点火时刻有密切关系，点火提前角越大，就越容易产生爆燃。

学习思考

1. 普通电子点火系统和ECU控制电控点火系统有哪些异同点？
2. 电控点火系统有哪些优点？
3. 影响发动机点火提前角的因素有哪些？
4. 在电控点火系统中，最佳点火提前角是如何确定的？
5. 修正点火提前角考虑了哪些因素？这些因素对发动机的点火提前角有何影响？
6. 什么叫作闭合角？为什么要进行闭合角控制？
7. 何谓爆燃？汽油机的爆燃对发动机有何影响？
8. 丰田电控点火系统是如何设定初始点火提前角的？
9. 常用的爆燃传感器有哪几种？它们各有什么特点？
10. ECU是如何对爆燃进行反馈控制的？
11. 在一些无分电器的电控点火系统中，在点火线圈次级电路中串接一只高压二极管或在次级电路的输出端留有3～4mm的间隙，其作用是什么？

第 5 章　汽车辅助控制系统

学习目标

1. 掌握电控汽油机排气净化与排放控制的主要内容，控制系统的基本组成部件，所用传感器的作用、工作原理，系统的控制过程。
2. 掌握怠速控制的基本方式，主要控制装置的一般工作原理及基本控制内容。
3. 了解进气控制的基本控制内容和方法。
4. 熟悉汽车电控系统诊断设备、故障诊断原理与操作方法。

考核标准

知识要求：辅助控制系统的基本概念和基本理论；辅助电控系统的基本组成与原理；辅助电控系统传感器、执行器性能指标的分析评价；辅助电控系统的调试、运行及维护。

技能要求：具备完成辅助电控系统实验、实训的基本要求，将实验、实训中观察到的现象进行系统分析并得出正确结果的基本能力；具备查阅各种汽车计算机、传感器与执行器功能表，并正确使用元器件及装置的基本能力；具备独立撰写实验、试验报告等科技文件的基本能力；初步具备读通并分析典型辅助电控系统的电路原理图的能力；初步具备根据典型辅助电控系统原理图画出系统方框图的能力；初步具备处理典型汽车辅助控制系统一般故障的能力。

教学建议

教具：数字万用表、汽车解码器、示波器、三元催化转化器、氧传感器、EGR 系统、电控怠速系统、进气控制系统、故障自诊断系统及常用拆装工具等。

建议：EGR 系统、电控怠速系统、进气控制系统、故障自诊断系统的教学内容安排在实验室进行。排气净化使用多媒体教学。

5.1　排气净化与排放控制

汽车排放的有害物是构成大气污染的主要来源。为了减少汽车使用过程中对大气环境的污染，现代汽车对发动机的污染源采取了多项控制有害物排放及净化的措施，这些方法大致包括发动机本身的改进和增加排放净化装置。目前，在发动机本身方面的改进如采用缸内直喷式汽油机，由于改变了油气混合机理，采用稀薄分层燃烧技术，可有效降低 HC、CO 及 NO_x 的排放，同时新的混合方式使混合气体体积和温度降低，爆燃的倾向大为改观，发动机的压缩比可比进气管喷射时提高，由于兼有柴油机的低油耗和汽油机的高输出，所以是未来汽油发动机的发展方向。增加排放净化装置的措施主要有采用三元催化转化器及空燃比反馈控制、废气再循环（EGR）控制、二次空气喷射控制、活性炭吸附及碳罐的清洗控制等。

5.1.1 三元催化转化器与空燃比反馈控制

1. 三元催化转化器

三元催化转化器是用铂（Pt）、钯（Pd）、铑（Rh）、铈（Ce）及稀土金属等中的某几种做催化剂，在排气经过反应器的很短时间内，将其中的CO、HC和NO_x同时进行催化反应，使它们转化成为无害的CO_2、N_2、NH_3及H_2O等排入大气中，使发动机的排放得到净化。

三元催化转化器安装在排气消声器前，由三元催化转化芯子和外壳等构成，如图5.1所示。大多数三元催化转化器的芯子以蜂窝状氧化铝陶瓷芯作为催化剂的载体，在陶瓷载体上浸镀铂（或钯）和铑的混合物作为催化剂。为了提高芯子的抗颠簸性能，芯子的外面通常用钢丝包裹。

铂（或钯）能促使CO、HC的氧化，铑能加速NO_x的还原。在三元催化转化器的芯子内所进行的化学反应，前者是氧化反应，后者为还原反应。三元催化转化器对CO、HC和NO_x这3种有害物的转换效率与发动机的空燃比有关，只有当发动机的实际空燃比在理论空燃比A/F=14.7 : 1（过量空气系数$α$=1）附近时，三元催化转化器对这3种有害物质才同时具有最高的转换效率，如图5.2所示。

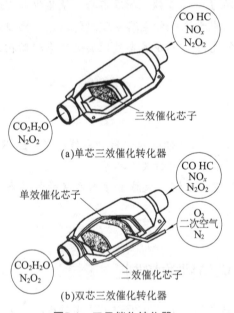

图5.1 三元催化转化器

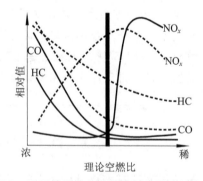

图5.2 三元催化转化器效率随空燃比的变化

催化剂的表面活性作用是利用排气本身的热量激发的，其使用温度范围以活化开始温度为下限，以过热引起催化转化器故障的极限温度为上限。汽油机起动时排气温度很低，急速时排气温度为300～400℃，典型的运转工况的排气温度为500～600℃。一般排气中有害成分的开始转化温度需要超过250℃，发动机起动预热5min后才能达到此下限温度。一旦活化开始，催化剂便因反应放热而保持高温。排气温度达到300℃以上时，铂对CO的转化效率可达90%以上，新的催化剂最高转化效率可达98%，对HC的最高转化效率可达95%。保持催化转化器高净化率、高使用寿命的理想运行条件的使用温度为400～800℃。

早期的电控汽油喷射发动机中，ECU 根据发动机转速、进气量、进气压力及温度等信号确定喷油量，对空燃比实行开环控制，虽然这种控制方法相对于化油器式汽油机对空燃比的控制方法有了很大的提高，但是要将空燃比精确控制在 14.7 ∶ 1 附近很小的范围内是非常困难的。为了使三元催化转化器始终具有最高的转换效率，现代电控汽油机普遍采用氧传感器检测废气中氧的含量，对空燃比实行反馈控制（即闭环控制），以提高空燃比的控制精度。

在理想的工作条件下，催化剂能保持较高的转化效率的使用寿命大约为 10 万千米。当排气温度高于 800℃时，催化剂过热，会加速老化，使转化效率下降，因此，为了防止催化剂过热，必须保证点火系统可靠工作，有的反应器为此安装排气温度报警装置，以提醒驾驶人注意，及时停车检查原因。燃油中含硫及铅，排气中的硫化物及铅化物会造成催化剂"中毒"，因此装用三元催化转化器的汽油机必须使用含硫量较低的无铅汽油。发动机工作不正常如后燃严重、回火或间断着火，都会使排气温度升高，如果高达 1 000℃以上就会使催化转化器损坏。

2. 空燃比反馈控制

在发动机开环控制过程中，ECU 只根据转速、进气量、进气压力和冷却液温度等信号确定喷油量。为了满足越来越严格的排放法规的要求，最有效的办法是利用三元催化转化器对排气的催化净化效能，现代电控汽油机在绝大部分运行工况对空燃比都实行闭环控制。空燃比反馈控制系统的工作原理如图 5.3 所示。在空燃比反馈控制过程中，空燃比、氧传感器输出的电压信号和空燃比反馈控制信号三者之间的变化关系如图 5.4 所示。假定开始时混合气的实际空燃比略小于 14.7，此时氧传感器输出高电平信号，ECU 根据氧传感器的高电平信号，对基本喷油持续时间进行减量修正，实际喷油持续时间缩短，喷油量减少，修正过程按先快后缓的方式进行，如图 5.4 所示。由于喷油量持续减少，混合气逐渐变稀，当混合气的实际空燃比略大于 14.7 时，氧传感器的输出信号从高电平阶跃到低电平，ECU 根据氧传感器的低电平信号对基本喷油持续时间进行增量修正，修正过程仍按先快后缓的方式进行。由于喷油量持续增加，混合气又逐渐由稀变浓，一旦空燃比大于14.7，氧传感器的输出信号将从低电平阶跃到高电平，然后 ECU 将根据氧传感器输入的高电平信号，重复前面的由浓到稀的修正过程。如此反复循环，最终使混合气的实际空燃比始终稳定在理论空燃比附近。从整个修正过程看，当实际混合气偏浓时，由于空燃比偏浓的时间比空燃比偏稀的时间长，故氧传感器输出高电位时间也相对较长，从而使实际空燃比向变稀的方向变化，反之则向相反的方向变化。

当电控系统对混合气空燃比实行反馈控制时，实际混合气的浓度基本上在理论空燃比附近变动，但理论空燃比对发动机有些工况并不适宜，如发动机的起动工况、暖机工况等。

为了使发动机正常起动或暖机，需要较浓的混合气，此时电控系统对空燃比实行开环控制，向发动机提供偏浓的混合气。又如发动机在大负荷或高转速工况时，需要较浓的功率混

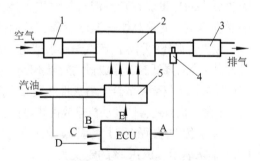

图5.3 空燃比反馈控制系统的工作原理图

A—氧传感器反馈；B—转速；C—空气流量计；
D—冷却液温度传感器；E—喷油量控制；
1—空气流量计；2—发动机；
3—三元催化转化器；4—氧传感器；5—喷油器

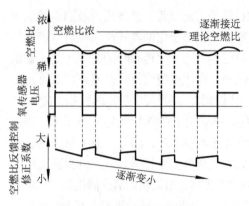

图5.4 空燃比反馈控制过程

合气浓度，此时电控系统也将实行开环控制，向发动机提供具有功率混合气浓度的混合气，以满足汽车对发动机动力的要求。根据发动机各运行工况对混合气浓度的要求，电控系统将对空燃比实行开环控制的工况有发动机起动工况，冷起动后及暖机工况的前期，大负荷、高转速工况，加速工况，燃油控制工况等。另外，如果由于发动机原因或氧传感器的原因造成氧传感器的输出电压持续处于低电平（如持续时间超过10s以上），或者氧传感器的输出电压持续处于高电平（如持续时间超过4s以上），则ECU将自动停止空燃比反馈控制，发动机将在空燃比开环控制状态运行。当氧传感器的温度小于300℃时，氧传感器将不能正常工作，电控系统也将实行开环控制。

5.1.2 废气再循环控制

废气再循环（Exhaust Gas Recirculation）系统简称为EGR系统，它是指在发动机工作时将一部分废气引入进气管，并与新鲜空气混合后吸入汽缸内以降低燃烧温度，从而达到降低NO_x排放的目的，它是目前用于降低NO_x排放的一种有效措施。

由NO_x的生成机理可知，发动机燃烧过程生成NO_x的生成量与混合气中氧的浓度、燃烧温度及高温持续的时间有关，其中氧的浓度和燃烧温度是两个最重要的因素。图5.5给出了$A/F=15$时，NO_x排放浓度随燃烧温度变化的规律，从图5.5可以看出燃烧温度对NO_x的生成浓度有非常重要的影响。虽然图5.5的曲线是在$A/F=15$时得到的，但实验表明，在空燃比略小于14.7时，NO_x的生成浓度随燃烧温度变化的规律与图5.5基本相同。

采用废气再循环方法能有效抑制NO_x的生成量。这是因为废气的主要成分是CO_2、H_2O和N_2等，这3种气体的热容量较高，即在温升ΔT相同的情况下，这3种气体需要吸收更多的热量。在新鲜混合气中掺入适当比例的废气后，CO_2、H_2O和N_2能够吸收较多的燃烧热量，使最高燃烧温度下降，从而使NO_x的生成量减少。

废气再循环中引入的废气量必须适当。若引入废气量太少，会对降低NO_x生成量的效果不明显；若引入废气量过多，不仅会使混合气着火性能变差，发动机输出功率下降，而且还会使发动机排放性能恶化。

对于废气再循环过程引入的废气量，一般用EGR率来表示，EGR率的定义为

$$EGR\ 率 = \frac{EGR\ 气体流量}{吸入空气量 + EGR\ 气体流量} \times 100\%$$

对于大多数发动机而言，废气再循环的EGR率控制在6%～15%范围内较适宜。另外，虽然适量

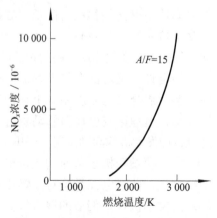

图5.5 燃烧温度与NO_x排放量的关系

废气再循环可以有效地降低 NO_x 的排放量，但是也存在影响混合气着火性能和发动机输出功率的缺点。因此，一般在发动机 NO_x 排放量较多的运行工况才进行废气再循环，而在发动机的起动、暖机、怠速、低转速、小负荷、大负荷或高转速及加速等工况，由于废气再循环将明显影响发动机性能，因此，在这些运行工况不进行废气再循环。

1. 普通电子式废气再循环

图 5.6 所示为日产 NISSAN 车 VG30 型发动机所用的普通电子式废气再循环控制系统，它由废气再循环电磁阀、节气门位置传感器、废气再循环控制阀、曲轴位置传感器、发动机的 ECU、冷却液温度传感器及起动信号等组成。

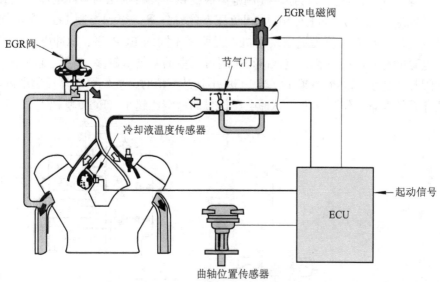

图5.6 普通电子式EGR控制系统

其工作原理是在发动机工作时，ECU 根据各传感器（如曲轴位置传感器、冷却液温度传感器、节气门位置传感器、点火开关等）送来的信号，确定发动机目前在哪一种工况下工作，以输出指令，控制废气再循环电磁阀的打开或关闭，从而控制废气再循环控制阀的打开或关闭，使废气再循环进行或停止。

其具体的工作过程见表 5-1。表 5-1 中所列各种工况下，发动机的 ECU 向废气再循环电磁阀供给"接通"信号时，电磁阀接通，阀门关闭，切断了控制废气再循环控制阀的真空通道，使废气再循环系统不再进行废气再循环工作。

表 5-1 废气再循环的控制过程

工况	废气再循环电磁阀	废气再循环系统
发动机起动时 节气门位置传感器怠速触点接通时 发动机温度低时 发动机转速低于 900r/min 或高于 3 200r/min 时	ON（电磁阀"接通"阀门关闭）	不起作用
除以上工况	OFF（断开）	起作用

2. 可变 EGR 率废气再循环的控制

可变 EGR 率废气再循环控制的工作原理是根据发动机台架试验确定的 EGR 率与发动机转速、进气量的对应关系，将有关数据存入发动机 ECU 内的 ROM 中。发动机工作时，ECU 根据各种传感器送来的信号，确定发动机在哪一种工况工作，经过查表和计算修正，输出适当的指令，控制电磁阀的开度，以调节废气再循环的 EGR 率。

图 5.7 所示为开环控制废气再循环系统的一种实例。图 5.7 中 VCM 阀是一个真空调节阀，内有两个电磁阀（一个是废气再循环控制电磁阀，另一个是怠速调节电磁阀）。当发动机工作时，ECU 根据曲轴位置传感器、节气门位置传感器、冷却液温度传感器、点火开关、电源电压等，给废气再循环控制电磁阀提供不同占空比的脉冲电压，使其具有不同打开、关闭频率，以调节进入 VCM 阀负压室的空气量，得到控制 EGR 阀不同开度所需的各种真空度，从而获得为适应发动机工况所需不同的 EGR 率。脉冲电压信号的占空比越大，电磁阀打开时间越长，进入 VCM 阀负压室的空气量越多，真空度越小，废气再循环控制阀开度越小，EGR 率越小，当 EGR 小到某一值时，废气再循环控制电磁阀关闭，废气再循环系统停止工作；反之，脉冲电压信号的占空比越小，EGR 率越大。

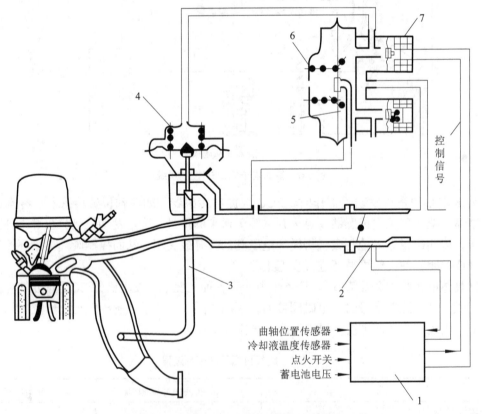

图5.7 可变EGR率废气再循环控制系统

1—ECU；2—节气门开关；3—废气再循环管路；4—废气再循环控制电磁阀；
5—定压阀；6—真空控制电磁阀；7—怠速调节电磁阀

3. 闭环控制 EGR 系统

日本三菱公司新近开发了一种闭环控制式废气再循环系统。由前述可知，在开环控制式废气再循环系统中，EGR 率只受 ECU 预先设置好的程序控制，不检测发动机各种工况下的 EGR 率，因此无反馈信号，而在闭环控制式废气再循环系统中，ECU 是以 EGR 率作为反馈信号实现闭环控制的，其控制原理如图 5.8 所示，新鲜空气经节气门进入稳压箱，发动机排气中的一部分（回流废气）经控制阀进入稳压箱，稳压箱中设置有 EGR 率传感器，它对稳压箱中新鲜空气与废气所形成的混合气中的氧气浓度不断地进行检测，并将检测结果输入 ECU。ECU 经过分析计算后向控制阀输出控制信息，不断地调整 EGR 率，使废气再循环的 EGR 率在 ECU 的控制下保持在最佳值，从而有效地减少 NO_x 的排放量。

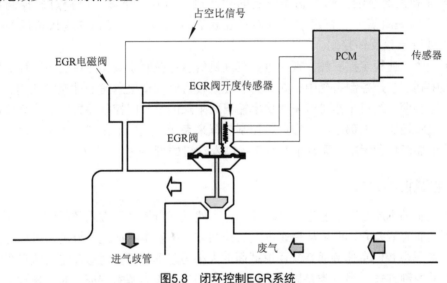

图5.8 闭环控制EGR系统

闭环控制 EGR 系统检测实际的 EGR 率或 EGR 阀开度作为反馈控制信号，其控制精度更高。与开环相比，只是在 EGR 阀上增设一个 EGR 阀开度传感器。

5.2 电控怠速控制系统

怠速通常是指发动机在无负荷（对外无功率输出）情况下的稳定运转状态。

怠速转速过高会增加无谓的燃油消耗。汽车在交通密度大的道路上行驶时，约有 30% 的燃油消耗在怠速阶段，因此应尽可能降低怠速，但从减少有害物排放的角度考虑，怠速又不能过低。另外怠速控制还应考虑所有怠速使用条件，如冷车运转与电器负荷、空调装置、自动变速器、动力转向伺服机构的接入等情况会使怠速下降，若不采取有效措施会引起发动机运转不稳定，甚至熄火。

通常，发动机输出动力时，其转速是由驾驶人通过加速踏板改变节气门的位置调节充气量来实现的。但在怠速时，驾驶人的脚已经离开加速踏板，驾驶人要想对进气量进行适时调节已无能为力，因此，在大多数电控发动机上都设有不同类型的怠速控制装置。

在微机控制怠速控制系统中，ECU根据相关传感器的输入信号控制怠速控制装置调整怠速时的进气量，使发动机在怠速负荷发生变化的使用条件下，能以适当的怠速稳定运转。怠速控制的内容随车型的不同有较大的差异，一般ECU对怠速进行控制的内容包括起动后的控制、暖机过程的控制、负荷变化时的控制及减速时的控制等。

5.2.1 电控怠速控制系统的工作原理

在电控怠速控制系统中，ECU首先根据各传感器的输入信号确定目标转速；然后把目标转速与发动机的实际转速进行比较，得到目标转速与实际转速的差值；最后根据此差值确定达到目标转速所需的控制量，驱动怠速控制装置增加或减少空气量。微机控制怠速控制系统一般采用转速反馈控制方式，车辆正常行驶时，为了避免怠速反馈控制与驾驶人通过油门踏板动作引起的空气量调节发生干涉，电控怠速控制系统需要用节气门全关闭信号、车速信号等对怠速状态进行确认，只有怠速状态得到确认的情况下才进行怠速反馈控制。

除了上述怠速稳定控制外，现代电控汽油机的怠速控制系统还把过去由其他装置实现的功能集中到了怠速控制系统中，如，为了提高暖机时发动机怠速的补充空气阀、为了解决怠速工况空调压缩机工作时所需的功率输出而附加的节气门控制装置等。在现代电控汽油机中，这些控制功能都已由电控怠速控制装置来完成，这样不仅减少了零部件，使发动机的结构更加简化和紧凑，而且也有利于提高发动机的可靠性。

5.2.2 怠速控制方式

怠速控制的本质是对怠速进气量的控制，虽然进气量控制的方式及所采用控制装置随车型的不同而有所差异，但是从怠速进气量控制方式的基本特征进行分类，可以分为两种类型：一类是以控制怠速旁通空气通道截面的大小为基本特征，对怠速空气流量进行调节的旁通气道控制方式；另一类是以直接控制节气门的开度为基本特征，对怠速空气流量进行调节的节气门直动控制方式，如图5.9所示。目前，在电控汽油机中，旁通气道控制方式应用较为广泛。

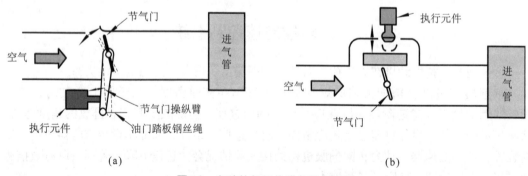

图5.9 怠速执行机构进气控制方式

5.2.3 怠速控制装置

对于两类怠速控制方式，由于控制方式不同，因此控制装置在结构上有较大的差异。

1. 旁通气道控制方式怠速控制装置

旁通气道控制方式怠速控制装置如图5.9（b）所示，在节气门旁的旁通空气道内设立一个阀门。在旁通气道控制方式中，应用比较广泛的控制装置主要有步进电动机式怠速控制装置和旋转滑阀式怠速控制装置，其他还有旋转电磁阀式怠速控制装置、直线电磁阀式怠速控制装置等。

1）步进电动机式怠速控制装置

目前，大部分汽车采用步进电动机控制怠速转速，使发动机在不同怠速工况下都处于最佳怠速转速运转。如图5.10所示，步进电动机式怠速控制装置由步进电动机和怠速控制机构两大部件组成，其中步进电动机由永久磁铁的转子4、定子线圈1及轴承2等组成，怠速控制机构由进给丝杆3、阀轴8、阀门6、阀座7及旁通空气通道5等组成。怠速控制机构进给丝杆的一端通过阀轴与阀门连在一起，进给丝杆的螺纹端旋入步进电动机转子内。步进电动机的转子既可以顺时针旋转，也可以逆时针旋转。转子旋转时，进给丝杆受到挡板的约束不能随转子一起旋转，只能沿轴向上下运动。进给丝杆上下运动时，带动阀门一起做轴向运动，使阀门与阀座之间的相对距离发生变化，也使旁通空气通道的通过截面积发生变化，起到调节流过旁通气道空气量的作用。

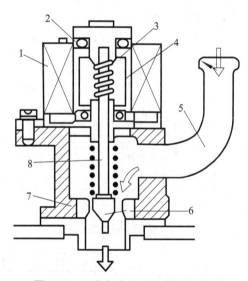

图5.10 步进电动机式怠速控制装置

1—定子线圈；2—轴承；3—进给丝杆；4—转子；5—旁通空气通道；6—阀门；7—阀座；8—阀轴

（1）步进电动机的基本结构及工作原理。

不同汽车公司所采用的步进电动机式怠速控制阀结构形式略有差异，但其基本工作原理相同。如图5.11所示，步进电动机的转子由N极和S极在圆周上相间排列的永久磁铁组成，共有8对磁极。定子由A、B两个定子组成，其内绕有A、B两组线圈，线圈由导磁材料制成的爪极包围。每个定子各有8对爪极，每个爪极（N极与S极）之间保持一个爪宽度的间距，A、B两个定子的爪极相差一个爪的位差，两个定子组成一体安装在外壳内，如图5.12所示。

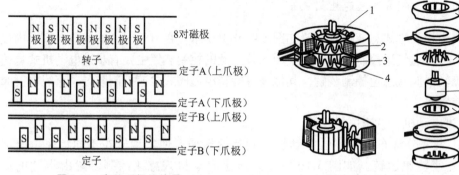

图5.11 定子爪极的位置

图5.12 定子结构

1—转子；2—线圈 A；3—线圈 B；
4—爪极；5—定子 A；6—定子 B

相线绕组的控制电路如图 5.13 所示，A、B 两个定子绕组分别由 1、3 相绕组和 2、4 相绕组组成，ECU 通过晶体管控制各相绕组的搭铁，交替变换定子爪极极性，使步进电动机转子产生步进式转动，如欲使步进电动机正转，相线控制脉冲按 1→2→3→4 相序依次滞后 90°相位角，使定子上的 N 极向右移动，则转子正转，如图 5.14、图 5.15 所示。如欲使步进电动机反转，相线控制脉冲按 1→2→3→4 相序依次超前 90°相位角，使定子上的 N 极向左向移动，则转子反转。

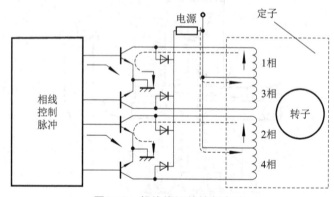

图5.13 相线绕组的控制电路

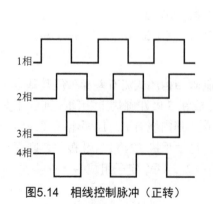

图5.14 相线控制脉冲（正转）

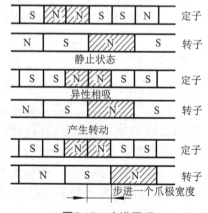

图5.15 步进原理

转子的转动是为了使定子线圈电磁铁和转子永久磁铁的 N 极和 S 极互相吸引到最近距离。

当定子的爪极极性由于相线控制脉冲的变化而改变时，转子也随之转动，始终保持转子的 N 极与定子的 S 极对齐。转子转动一圈需 32 个步级，每一个步级转动一个爪的角度（即 11.25°），步进电动机的正常工作范围为 0～125 个步级。

（2）步进电动机式怠速控制装置的控制内容。

电控系统对怠速控制装置的控制内容因发动机而异，对于步进电动机式怠速控制装置，其主要控制内容主要有以下几项。

①起动初始位置的设定。

为了改善发动机的再起动性能，在发动机点火开关关闭后，ECU 控制步进电动机转动使怠速控制阀开至最大位置（即 125 步级），以便为下次起动做好准备。

为了使怠速控制阀门在发动机下次起动时处于完全打开状态，在点火开关切断电源后，必须继续给微机供电一段时间（一般为 2s）。在这段时间内，通过 ECU 内部主继电器控制电路对主继电器进行控制，如图 5.16 所示。当点火开关断开时，主继电器由 ECU 的 M-REI 端继续供电 2s，保持接通状态，待步进电动机进入起动初始位置后才断电。

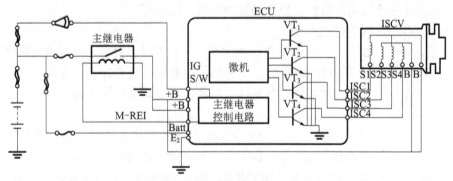

图5.16 步进电动机控制电路

②起动控制。

发动机起动时，由于怠速控制阀预先设定在全开位置，在起动期间经过怠速控制阀的旁通空气量最大，发动机容易起动。

当发动机起动后，若怠速控制阀仍保持全开，则会引起发动机转速过高。因此，在起动期间或起动后，发动机转速达到规定值（此只有冷却水温确定）时，微机开始控制步进电动机，将阀门关小到由冷却液温度确定的阀门位置。如起动时冷却液温度为 20℃，当发动机转速达到 500r/min 时，微机将控制怠速控制阀从全开位置（125 步）的 A 点到达 B 点位置，如图 5.17 所示。

③暖机控制。

在暖机时，ECU 根据冷却液的温度来确定步进电动机的运动步数，随着温度上升，怠速控制阀开始逐渐关闭。当冷却液温达到 70℃时，暖机控制结束，怠速控制阀达到正常怠速开度，如图 5.18 所示。

④反馈控制。

在怠速工况运转时，如果发动机的实际转速与微机存储器预置的目标转速的差值超过规定值（如 20r/mim）时，ECU（即控制步进电动机）转动，通过怠速控制阀增减旁通空气量，使发动机实际转速与目标转速相同。目标转速与发动机怠速工况时的负荷有关，对应于空挡起动开关是否接通、空调是否打开、动力转向装置是否工作以及用电器是否增加等不同情况，都有不同确定的目标转速。

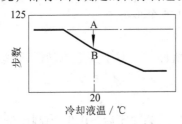

图5.17　起动控制特性

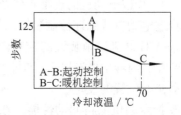

图5.18　暖机控制特性

⑤发动机负荷变化的预控制。

发动机处于怠速工况时，如空调开关、空挡起动开关等接通或者断开都会即时引起发动机怠速负荷变化，产生较大的怠速波动。为了避免发动机怠速时转速波动或熄火，ECU在收到以上开关量信号后，在发动机转速变化出现前控制步进电动机转动，预先把怠速控制阀开大或关小一个固定的数值，以提高发动机的怠速稳定性。

⑥电器负载增多时的怠速控制。

在怠速运转时，如果使用的电器负载增大到一定程度时，蓄电池电压就会降低。为了保证微机 B 端子和点火开关 IG 端子具有正常的供电电压，需要控制步进电动机，相应地增加旁通空气量，以提高发动机的怠速转速，从而提高发动机的输出功率。

⑦学习控制。

微机通过步进电动机的正、反转步数，确定怠速控制阀的位置，达到调整发动机怠速转速的目的。但由于发动机在整个使用期间，其性能在使用过程中会发生变化，虽然步进电机控制阀门的位置未变，但是怠速转速会与初设的数值不同。出现这种情况的时候，ECU 除了采用反馈控制使怠速达到目标值外，同时将此时步进电动机转过的步数存储在备用存储器中，以便在怠速控制过程中出现相同情况时调用，以此提高控制精度。

2）旋转滑阀式怠速控制装置

相比而言，旋转滑阀式怠速控制系统主要由电磁控制的旋转滑阀式怠速调整装置、传感器及 ECU 组成。如图 5.19 所示，旋转滑阀式怠速控制装置由永久磁铁转子 3、电枢 4、旋转滑阀 6、螺旋回位弹簧和电刷等组成。旋转滑阀固装在电枢轴上，与电枢轴一起转动，改变旁通气道截面的大小可以调节怠速时的空气量。其接线图如图 5.20 所示，永久磁铁固定在外壳上，其间形成固定的磁场。电枢位于永久磁铁的磁场中，电枢的铁心上缠有两组绕向相反的电磁线圈 L_1 和 L_2，当线圈 L_1 通电时，电枢带动旋转滑阀顺时针偏转，空气旁通气道截面变小；当线圈 L_2 通电时，电枢带动旋转滑阀逆时针偏转，空气旁通气道截面变大。

ECU 首先根据各传感器的输入信号采用占空比控制方式控制线圈 L_1 和 L_2 的导通与截止，进而控制电枢轴（滑阀）的偏转角，以此改变旁通的空气量，调整发动机的怠速转速。线圈 L_1 和 L_2 的两端与电刷滑环相连接，经电刷引出与 ECU 相连接。电枢轴上的电刷滑环与电机换向器结构类似，它由 3 段滑片围合而成，分别与一个电刷相接触。电枢绕组线圈 L_1 和 L_2 的两端分别焊接在相应的滑片上。当点火开关打开时，怠速控制装置接线插头

"2"上即受蓄电池电压,电枢绕组线圈 L_1 和 L_2 是否通电,由 ECU 控制两线圈的搭铁晶体管 VT_2 和 VT_1 的通断决定。由于占空比(一个脉冲周期高电平的时间与一个脉冲周期所经历的时间之比)控制信号和晶体管 VT_1 的基极之间接有反向器,所以晶体管 VT_1 和 VT_2 集电极的输出相位相反,使两个电枢绕组总是交替地通过电流,又因两组线圈绕向相反,致使电枢上交替地产生方向相反的电磁力矩。由于电磁力矩交变的频率(约 250Hz)较高,且电枢转动具有一定的惯性,所以旋转滑阀根据控制信号的占空比,摆到一定的角度即处于稳定状态。当占空比为 50% 时,线圈 L_1 和 L_2 的平均通电时间相等,两者产生的电磁力矩抵消,电枢轴停止偏转。当占空比小于 50% 时,线圈 L_1 的平均通电时间长,其合成电磁力矩使电枢带动旋转滑阀顺时针偏转,空气旁通气道截面变小,怠速降低;反之,当占空比大于 50% 时,空气旁通气道截面变大,怠速升高。占空比的范围在 18%(旋转滑阀关闭)~82%(旋转滑阀达到最大开度)之间,滑阀的最大偏转角度限制在 90° 以内。

对旋转滑阀式怠速控制装置来说,滑阀的偏转角度由两组线圈的通电时间比例(即由控制脉冲的占空比)确定。ECU 对旋转滑阀式怠速控制装置的控制内容与步进电动机式基本相同,在此不再重复。

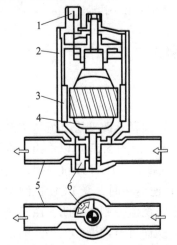

图5.19　旋转滑阀式怠速控制装置

1—电接头;2—外壳;3—永久磁铁转子;
4—电枢;5—旁通气道;6—旋转滑阀

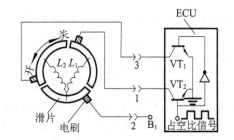

图5.20　旋转滑阀式怠速控制装置连接电路图

2. 节气门直动控制方式怠速控制装置

节气门直动控制方式怠速控制装置是通过控制节气门的开启程度,调节空气流通的面积,达到控制进气量,实现怠速控制(图 5.21),目前它常用在单点喷射系统中。由图 5.21 可以看出,怠速执行机构由直流电动机、齿轮、丝杠等组成。

怠速执行机构的传动轴与节气门操纵臂的全闭限制器相接触。当发动机 ECU 控制直流电动机通电时,直流电动机产生旋转力矩,通过减速齿轮,旋转力矩被增大,然后又通过丝杠变角位移为传动轴的直线运动,通过传动轴的旋入或旋出,调节节气门全闭限制位置,达到调节节气门处空气通道面积,进而实现怠速转速控制的目的。

节气门直动控制方式怠速控制装置具有较强的工作能力,控制位置稳定性好,但由于节气门直动式工作时，为了克服节气门关闭方向回位弹簧的作用力，使用了减速机构，使移位速度下降，造成响应性不太好，同时怠速执行机构的外形尺寸较大，所以目前该装置使用较少。

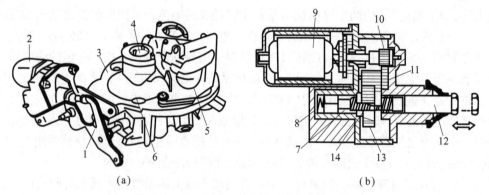

图5.21 节气门直动控制方式怠速控制装置

1—节气门操纵臂；2—怠速执行器；3、6—节气门；4—喷油器；5—调压器；
7—防转孔；8—弹簧；9—直流电动机；10、11、13—齿轮；12—传动轴；14—丝杠

5.3 进气控制系统

5.3.1 进气涡流控制

在发动机上采用涡流控制阀系统可根据发动机的不同负荷，改变进气流量去改善发动机的动力性能。图5.22为由ECU控制的涡流控制阀系统。由图5.23可以看出，进气孔纵向分为两个通道，涡流控制阀安装在通道A内，由进气歧管负压打开和关闭，从而控制进气管空气通道的大小。发动机小负荷或以低于某一转速运转时，受ECU控制的真空电磁阀关闭，真空度不能进入涡流控制阀上部的真空气室，涡流控制阀关闭。由于进气通道变小，所以产生一个强大涡流，这就提高了燃烧效率，从而可节约燃油。当发动机负荷增大或以高于某一转速运转时，ECU根据转速、温度、进气量等信号将真空电磁阀电路接通，真空电磁阀打开，真空度进入涡流控制阀，将涡流控制阀打开，进气通道变大，提高进气效率，从而改善发动机的输出功率。

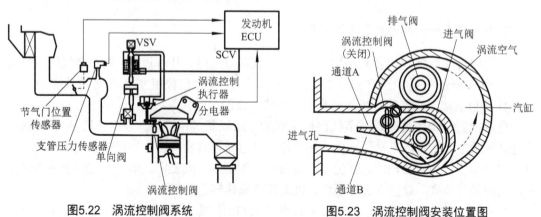

图5.22 涡流控制阀系统　　　　图5.23 涡流控制阀安装位置图

5.3.2 进气惯性增压控制系统（ACIS）

进气惯性增压控制系统（ACIS）也称进气谐波增压控制系统，它利用进气气流惯性产生的压力波来提高进气效率。

一般而言，如果采用较长的进气管，产生的压力波波长较长，可以使发动机中低转速区功率增大；如果采用较短的进气管，产生的压力波波长较短，可以使发动机高速区功率增大。

如果在发动机运行过程中，根据发动机的运行工况使进气管长度改变，则可兼顾增大中低转速时的扭矩和提高高速时的输出功率。一般来讲，进气管的长度是不能改变的，因此，惯性增压一般都是按最大扭矩所对应的转速区域来进行设计的。

1. 波长可变的谐波增压进气控制系统

日本丰田皇冠车型 2JZ-GE 发动机就是采用的波长可变的谐波增压进气控制系统（图5.24）。该发动机进气管的长度虽然不能变化，但由于在进气管中都加设了一个大容量的空气室和电控真空阀，从而实现了压力波传播路线长度的改变，同时兼顾了低速和高速的进气增压效果。

谐波增压进气控制系统的工作原理如图 5.24（c）、5.24（d）所示。

ECU 根据转速信号控制电磁真空通道阀的开闭。低速时，电磁真空阀由于不通电而关闭，真空罐无法与真空电动机的管路连通，真空马达不动作，受真空气室控制的进气增压阀处于关闭状态。进气管内的脉动压力波传递长度为由空气滤清器到进气门的距离，这一距离较长，因此适应于发动机中低速区域形成气体动力增压效果，如图 5.24（c）所示。高速时，ECU 接通电磁真空阀的电路，真空阀打开，真空罐与真空电动机连通，真空电动机动作，将进气增压控制阀打开，由于大容量空气室的参与，使进气脉动压力波不能在空气室出口与进气门之间传播，缩短了压力波的传播距离，所以使发动机在高速区也能得到较好的气体动力增压效果，如图 5.24（d）所示。

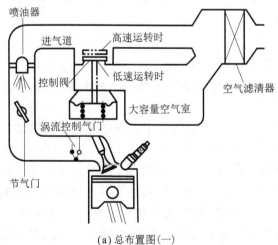

(a) 总布置图（一）

图5.24　谐波增压进气控制工作原理图

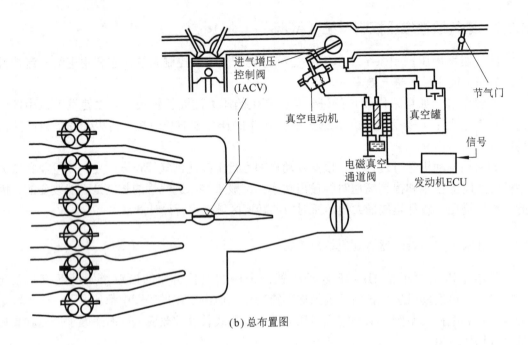

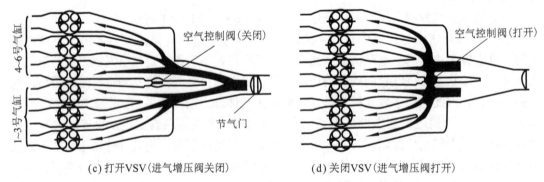

图5.24 谐波增压进气控制工作原理图（续）

2. 可变进气控制系统

现代汽车高速发动机多采用了多气门（3～5气门）进气系统，但由于转速范围较大，故仍难以兼顾高低转速工况性能，然而发动机控制系统较方便地实现了可变进气控制，解决了高低速进气的矛盾。

如图5.25所示为日本丰田汽车公司采用的双进气管分别参加工作的可变进气系统原理图。图5.25中可看出每个汽缸配有4个气门，两个进气门各配有一个进气管道，其中的一个进气通道中装有进气转换阀。在发动机低转速中、小负荷工作时，转换阀关闭，只利用一个进气通路，将进气通路减半[图5.25（a）]，此时进气流速提高，进气惯性大，可提高发动机的转矩；当发动机高转速大负荷工作时，转换阀开启，进气通路为两条[图5.25（b）]，此时进气截面大大增加，进气阻力减小，充气量增加，同时最佳动态转速也移向高转速，使高转速大负荷时的动力性能得到很大的提高。

第5章 汽车辅助控制系统

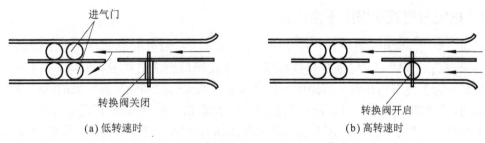

(a) 低转速时　　　　　　　　　(b) 高转速时

图5.25　丰田双进气道可变进气系统原理图

可变进气转换阀的控制方法各车并不完全一样，现以丰田双进气管可变进气系统为例进行说明。图5.26为丰田发动机可变进气控制系统的构成原理图（图5.26中所示为带有转换阀的进气道，另一不带转换阀的进气道未画出）。

进气道中的进气转换阀门的关闭和开启是由膜片式执行器来完成的。ECU控制三通电磁阀的工作由三通电磁阀控制执行器膜片室内的工作压力，从而控制进气转换阀的开闭。

三通电磁阀不通电时，膜片式执行器与三通电磁阀的空气滤清器（通大气）之间的通路被关断，膜片式执行器与真空罐之间形成通路，此时真空罐的负压作用在执行器膜片室。当三通电磁阀通电时，膜片式执行器与空气过滤器（大气）之间形成通路，而膜片式执行器与真空罐之间的通道则被关闭，此时大气压作用在执行器膜片室。

进气转换阀（通路）的控制过程是在发动机中低转速（低于5 200r/min）工作时，三通电磁阀不通电，关闭执行器与空气滤清器之间的通路，开启执行器与真空罐之间的通路，此时存储在真空罐的进气歧管的负压通过三通电磁阀作用到执行器的膜片室，吸力作用使执行器带动拉杆，关闭进气转换阀门，即关闭了各汽缸中的一个进气通道，如图5.26（a）所示。

当发动机高转速（5 200r/min以上）工作时，ECU输出控制信号，使驱动电路晶体管导通，三通电磁阀通电工作。三通电磁阀通电后，关闭执行器与真空罐之间的通路，开启执行器与空气滤清器之间的通路，此时空气滤清器进入的大气作用到执行器的膜片室，通过拉杆使进气转换阀打开，结果各汽缸的进气通道扩大为两个，如图5.26（b）所示。

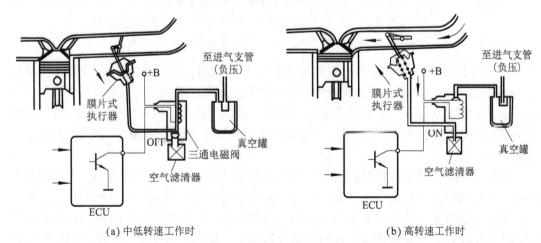

(a) 中低转速工作时　　　　　　　　　(b) 高转速工作时

图5.26　丰田发动机可变进气控制系统的构成原理图

5.3.3 电控废气涡轮增压压力控制

目前,废气涡轮增压在汽油机乘用车的应用不多,一般只限于对发动机功率和结构紧凑性要求较高的车辆中。但随着排放标准,特别是降低燃油消耗率、减少 CO_2 排放量标准的提高,为了使车辆在城市道路运行和在高速公路运行时都能具有较低的燃油消耗率、较好的动力性和排放性能,预计废气涡轮增压技术将在汽油机中得到广泛的应用。

电控废气涡轮增压压力控制系统的组成如图 5.27 所示,整个系统由释压电磁阀 1、气动执行器 2、旁通阀 3 及增压器 4 等组成。系统增压压力的控制是通过旁通阀的开闭实现的,若旁通阀关闭,废气几乎全部流过增压器,增压压力提高。若旁通阀开启,部分废气经旁通通道直接排出,增压压力降低。旁通阀的开启和关闭由 ECU 通过对释压电磁阀和气动执行器控制来实现,受工作温度的限制,系统采用气动式执行器操纵旁通阀,而不直接用电磁阀控制。在正常情况下,ECU 输出高电平信号使释压电磁阀动作,切断气动执行器的气室与空气进口的连通使气室与增压器出口连通,此时气室内的压力与增压压力相等,压力较高,气动式执行器推动弹簧使旁通阀关闭,废气涡轮处于正常工作状况。当增压压力过高时,ECU 输出低电平信号,释压电磁阀释放,切断气动执行器的气室与增压器出口的连通,使气室与空气进口连通,于是气室压力降低,弹簧恢复力使旁通气阀打开,增压压力下降。

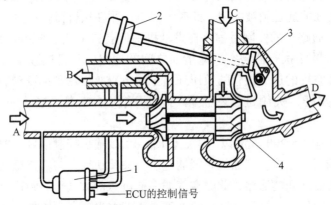

图5.27 电控废气涡轮增压压力控制系统的组成
A—空气进口;B—增压后的空气;C—废气进;D—废气出;
1—释压电磁阀;2—气动执行器;3—旁通阀;4—增压器

ECU 主要根据进气歧管的压力对增压压力进行控制,在高速大负荷时旁通阀开启(即所谓的放气),其目的是提高低速时转矩的同时,避免高速时发动机的机械负荷和热负荷过高。在有些车型中,还增加了爆震反馈控制功能,当发动机发生爆震时,ECU 立即打开旁通阀放气,使增压压力降低,在爆震消失后,再逐渐关闭旁通阀,使之恢复到正常的增压压力。

近年来,可变旁通阀开度的闭环增压压力控制系统也开始得到应用。在闭环控制系统中,ECU 根据发动机的工况,首先以预置的旁通阀开度数据控制旁通阀的开度,然后由位置传感器将实际执行结果反馈到 ECU,ECU 根据偏离情况做出调整。采用增压压力的闭环控制后,可以更精确地控制发动机的扭矩,从而大大改善了急加速时转矩滞后的现象。

第5章 汽车辅助控制系统

学习指导

汽车排放的有害物已构成大气污染的主要来源。为了减少汽车使用过程中对大气环境的污染，现代汽车对发动机的污染源采取了多项控制有害物排放及净化的措施，这些方法大致包括发动机本身的改进和增加排放净化装置等。

三元催化转化器是用铂（Pt）、钯（Pd）、铑（Rh）、铈（Ce）及稀土金属等中的某几种做催化剂，在排气经过反应器的很短时间内，将其中的 CO、HC 和 NO_x 同时进行催化反应，使它们转化成为无害的 CO_2、N_2、NH_3 及 H_2O 等排入大气中，使发动机的排放得到净化。

废气再循环（Exhaust Gas Recirculation）系统简称为 EGR 系统，它是指在发动机工作时将一部分废气引入进气管，并与新鲜空气混合后吸入汽缸内以降低燃烧温度，从而达到降低 NO_x 排放的目的，它是目前用于降低 NO_x 排放的一种有效措施。

对于大多数发动机而言，废气再循环系统的 EGR 率控制在 6%～15%范围内较适宜。一般在发动机 NO_x 排放量较多的运行工况才进行废气再循环，而在发动机的起动、暖机、怠速、低转速、小负荷、大负荷或高转速及加速等工况，由于废气再循环将明显影响发动机性能，因此在这些运行工况下不进行废气再循环。

在微机控制怠速控制系统中，ECU 根据相关传感器的输入信号控制怠速控制装置，调整怠速时的进气量，使发动机在怠速负荷发生变化的使用条件下，能以适当的怠速稳定运转。怠速控制的内容随车型的不同有较大的差异，一般 ECU 对怠速进行控制的内容包括起动后的控制、暖机过程的控制、负荷变化时的控制及减速时的控制等。

在发动机上采用涡流控制阀系统可根据发动机的不同负荷，改变进气流量去改善发动机的动力性能。

进气惯性增压控制系统（ACIS）也称进气谐波增压控制系统，它利用进气气流惯性产生的压力波来提高进气效率。

学习思考

1. 现代汽车对发动机的污染源采取了哪些控制有害物排放及净化的措施？
2. 在使用三元催化转化器的电控汽油机时，为什么要求把空燃比控制在理论空燃比附近？
3. 氧传感器有哪几种类型？它们各有什么特点？
4. 电控汽油机中 ECU 是如何对空燃比进行反馈控制的？
5. 什么叫作废气再循环？废气再循环对发动机的性能有何影响？
6. 试述普通电子式废气再循环（EGR）控制系统的工作原理。
7. 为什么要进行怠速控制？
8. 在电控汽油机中，怠速控制采用哪几种方式？它们各有什么特点？
9. 步进电动机怠速控制机构是如何对怠速进行控制的？
10. 步进电动机式怠速控制装置的控制内容有哪些？
11. 旋转滑阀式怠速控制机构是如何对怠速进行控制的？
12. 节气门直动控制方式怠速控制机构是如何对怠速进行控制的？
13. 什么是进气惯性增压控制系统？
14. 可变进气管有效长度谐振增压系统是如何工作的？
15. 电控废气涡轮增压系统是如何工作的？

第6章 汽车柴油机电子控制系统

学习目标

1. 了解柴油机电子控制技术的发展、特点及种类。
2. 了解电子控制直列泵燃油系统的特点、基本组成与工作原理。
3. 熟悉电子控制分配泵燃油系统的组成、种类及工作原理。
4. 熟悉电子控制泵喷嘴燃油系统的组成及工作原理。
5. 掌握共轨式柴油机电控系统的特点、性能、组成及工作原理。

考核标准

知识要求：典型柴油机电控系统的基本组成与原理；柴油机电控系统传感器、执行器性能指标的分析评价；柴油机电控系统的调试、运行及维护。

技能要求：查阅各种柴油汽车计算机、传感器与执行器功能表，并正确使用元器件及装置；分析典型柴油机电控系统的电路原理图。根据典型柴油机电控系统原理图画出系统方框图。

教学建议

教具：数字万用表、汽车解码器、示波器、电子控制直列泵燃油系统、电子控制分配泵燃油系统、电子控制泵喷嘴燃油系统、电子控制高压共轨燃油系统、常用拆装工具等。

建议：电子控制直列泵燃油系统、电子控制分配泵燃油系统、电子控制泵喷嘴燃油系统、电子控制高压共轨燃油系统的教学内容安排在实验室进行。概论的讲述使用多媒体教学。

6.1 柴油机电子控制系统

6.1.1 电子控制直列泵燃油系统

在电子控制直列泵燃油系统中，由调速器执行机构控制调节齿杆的位置，从而控制供油量；由提前器执行机构控制发动机驱动轴和喷油泵凸轮轴间的相位差，从而控制喷油时间。调速器执行机构和提前器执行机构是电子控制直列泵燃油系统中的两个特殊机构。

1. 电子控制直列泵燃油系统的特点

电子控制直列泵燃油系统和传统的机械燃油系统相比具有以下特点。

（1）相对于机械控制燃油系统来说控制自由度较大。

机械式燃油系统中基本控制信息是发动机转速和加速踏板位置，而且这两个基本参数要转换成飞块的离心力和弹簧的作用力，通过力的平衡关系控制齿条的位置。

作为补偿控制信息有冷却液温度和进气压力。这些基本参量也必须以适当方式转换成

第6章 汽车柴油机电子控制系统

作用力,并通过杠杆机构调节弹簧,从而控制齿杆位置。因此,必须在弹簧特性的范围内设定控制方式,所以自由度很小。此外,信息量多一点,则杆系复杂、装置庞大。由于在发动机上的安装约束,从而限制了控制信息量。

在电子控制燃油系统中,发动机的状态和环境条件都可以用各种传感器检出,电子控制单元则可以计算、判断出最适合于发动机状态的控制条件,并输出到执行器。

此外,信息检测过程中,不需要各种机械杆件,因此,信息量的多少不受制约。可以从最合适的位置检出最适当的信息。

(2)可以检测控制对象,并可进行反馈控制。因此,因机械磨损而引起的时间效应可以给予补偿,控制精度高。

(3)为了提高服务性和安全性,可以追加故障诊断和故障应急等功能。

(4)通过数据信息传输功能,可以提高全系统的功能,而且可以使机构简单。

(5)只要改变 ECU 中的程序,就可以改变工作过程。

2. 电子控制直列泵燃油系统的基本组成与工作原理

图 6.1 和图 6.2 为电子控制直列泵燃油系统的组成。从各个传感器传来的信号(图中细线)用计算机控制中心的微型计算机处理。与发动机负荷及转速状态相适应的信号(图中粗线)送往电子调速器和电磁阀,使调速器和提前器动作。另外,在调速器和提前器中,有检测实际动作值的传感器,它把这些传感器送来的反馈信号输入电子控制单元,以控制最适当的喷油量和喷油时间。

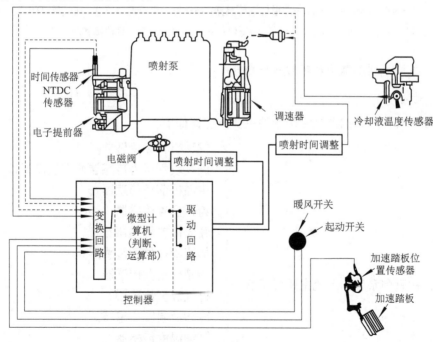

图6.1 电子控制直列泵燃油系统的组成

ECU 根据由各种传感器输入的信号计算并调节供给喷油泵油量控制拉杆执行器的电流大小,图 6.3 说明了 EDC(柴油机电子控制)系统的控制流程。安装在一个喷油嘴体上的针阀运动传感器将泵油柱塞及套筒孔口实际关闭开始喷油的信号输入 ECU，ECU 将该输入信号与已经被程序化的存储在电子控制单元的脉谱值进行比较，然后 ECU 通过调节供给孔口关闭执行器的电流大小来满足实际的油门或喷油量的要求，喷油泵齿条电磁执行器的行程正比于当前所需的喷油量，孔口开启，喷油结束。在电子控制式喷油泵中，改变孔口开启的方式与机械式喷油泵相同，即通过移动油量控制齿条使泵油柱塞转动。

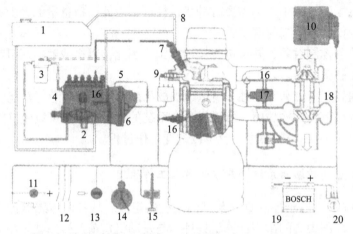

图6.2　博世（BOSCH）电子控制直列泵燃油系统的组成

1—燃油箱；2—供给泵；3—燃油滤清器；4—直列式喷油泵；5—定时装置；6—调速器；7—喷油嘴及喷油嘴体；8—回油管；9—插入式预热塞及其控制电路；10—电子控制单元；11—故障指示灯；12—离合器、制动器和排气制动开关；13—速度选择杆；14—加速踏板位置传感器；15—发动机转速传感器；16—温度传感器（冷却液、空气、燃油）；17—进气压力传感器；18—涡轮增压器；19—蓄电池；20—预热塞和起动开关

3. 电子控制直列泵燃油系统的主要部件

1）传感器

电子控制直列泵燃油系统常采用的主要传感器如下。

电子控制直列泵燃油系统主要传感器 {
- 发动机转速传感器
- 进气歧管压力传感器或空气流量计
- 供油提前角传感器
- 齿杆位置传感器
- 套筒位置传感器
- 加速踏板位置传感器
- 控制杆角度传感器
- 进气温度传感器
- 冷却液温度传感器
- 燃油温度传感器
- 机油温度传感器
- 针阀升程传感器
- 大气压力传感器
- 涡轮增压传感器
}

柴油机电控系统所需传感器的功能大多与微机控制汽油机相同（如温度传感器、进气歧管绝对压力传感器、空气流量计等），少数为柴油机运行控制特有的专用传感器。

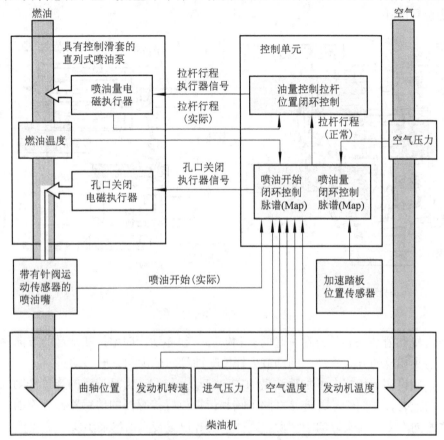

图6.3 电子控制直列泵燃油系统的控制框图

2）执行器

电子控制直列泵燃油系统主要执行器有电子调速器和电子提前器（或电子定时器）。

电子调速器和电子提前器则根据发动机机型可以装用其中的某一种，或将两种都装上。

（1）电子调速器的结构。

①结构。电子调速器的结构如图6.4（a）所示。电子控制直列泵燃油系统中，调速器执行机构的作用相当于飞块，用电磁作用力或液压力代替离心力控制齿杆位移。

电子调节器的内部主要由下述四部分构成。

（a）线性螺线管。控制线圈中的电流，使喷油泵调节齿杆移动。

（b）齿杆位置传感器。由线圈和铁心构成，检测出调节齿杆的位置。

（c）转速传感器。检测出发动机的转速。

（d）传感器放大器。将检测到的齿杆位置传感器的输出信号放大后送到电子控制单元中。

此外，还有将加速踏板的角度转换成电信号的加速踏板位置传感器、冷却液温度传感器和起动信号等。

②喷油量控制。喷油量由油门开度和发动机转速决定。当电流流过线性螺线管线圈时,滑动铁心被拉向图6.4(b)所示的箭头方向,在回位弹簧力的作用下,滑动铁心在某一个平衡位置停住。

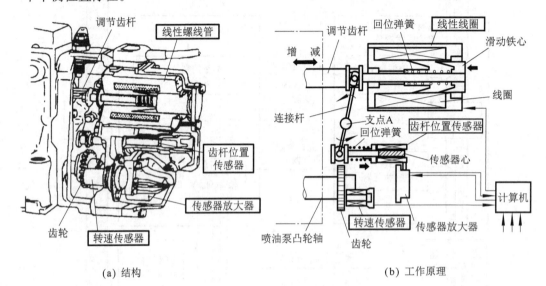

图6.4 电子调速器的结构

调节齿杆和滑动铁心是连在一起的,和铁心一起连动,向增加喷油量的方向移动。如果铁心向箭头相反的方向移动,则调节齿杆使喷油量向减少的方向移动。

现在,假设调节齿杆向增加喷油量的方向移动,与调节齿杆连动的连接杆则以支点A为中心,向逆时针方向转动,连接杆的下端和齿杆位置传感器的传感器铁心连动,因此传感器的铁心向右方(箭头方向)移动。因此,齿杆位置传感器的输出发生了变化。

齿杆位置传感器送来的信号经过传感器放大器进行整流、放大,输入到电子控制单元中,然后电子控制单元将该信号和齿杆位置的目标值进行比较,根据两者的差值向线性螺线管发出驱动信号,改变喷油量。

(2)喷油定时器。

喷油定时器(或电子提前器)是通过改变发动机曲轴与喷油泵轴之间的相位角即喷油提前角,来实现对喷油定时控制的。喷油定时器的结构如图6.5所示。

喷油定时器由带喷油泵转动的输入传动轴、输出传动轴和滑块组成。滑块有一个内直花键和一个外螺旋花键,它们分别与输出轴的直花键与输入轴的螺旋花键相啮合。此外,有一个环形接头,它装在输入轴的外部,上面有油路直通滑块。执行器的转子总成如图6.6所示,喷油定时器的控制原理如图6.7所示。

电磁阀由ECU驱动,控制作用在油压活塞上的油压。油压活塞左右移动使转换机上下运动,从而改变发动机驱动轴输入轴和凸轮轴输出轴之间的相位。

发动机驱动轴和凸轮轴上分别装有转速脉冲发生器和提前角脉冲发生器。

对应两个脉冲发生器分别装置了转速传感器和提前角传感器。从两个传感器的信号 n_e 和 n_p 可从检测出两者的相位差。

除了发动机的转速外,电子提前器对于发动机的负荷也可以通过适当改变喷油时间而加以控制。液压执行器系统如图6.8所示。

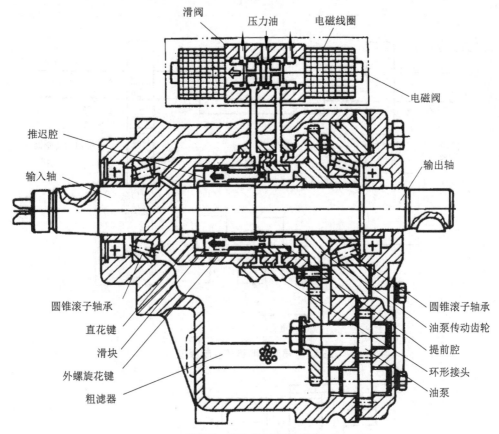

图6.5 喷油定时器的结构

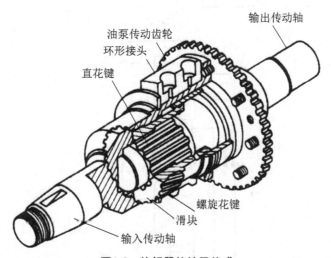

图6.6 执行器的转子总成

液压执行器系统的主要元件是一个双作用液压油缸和一个3位四通电磁换向阀，电磁换向阀的工作原理如图6.9所示。通过该电磁换向阀控制液压缸活塞的往复运动，即可实现曲轴与喷油泵凸轮轴旋转相位角之间的改变，实现喷油定时的调节。

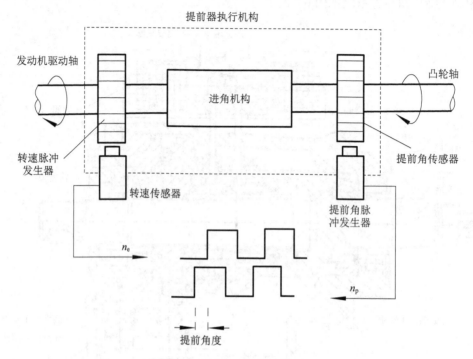

图6.7 喷油定时器的控制原理

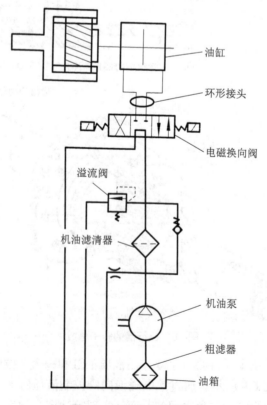

图6.8 液压执行器系统

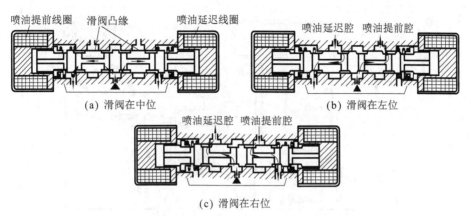

(a) 滑阀在中位　　　(b) 滑阀在左位

(c) 滑阀在右位

图6.9　电磁换向阀的工作原理

6.1.2　电子控制分配泵燃油系统

1. 电子控制分配泵燃油系统的组成

进入 20 世纪 80 年代以后，各种电子控制式分配泵相继问世。电子控制分配泵都是在 VE 型分配泵的基础上实现电子控制的。

电子控制分配泵燃油系统的结构原理如图 6.10 所示，该系统可分为 3 大部分：传感器、电子控制单元（ECU）和执行器（图 6.11 和图 6.12）。

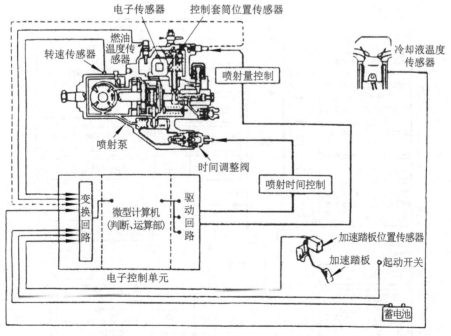

图6.10　电子控制分配泵燃油系统的结构原理

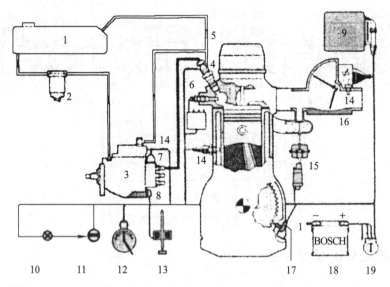

图6.11 电子控制分配泵燃油系统的组成

1—燃油箱；2—燃油滤清器；3—VE 型分配泵；4—带有针阀运动型传感器的喷油嘴；5—回油管；6—预热塞；7—断油电磁阀；8—喷油定时控制电磁阀；9—电子控制单元；10—故障报警灯及故障码触发开关；11—巡航控制操纵杆；12—加速踏板位置传感器；13—车速传感器；14—温度传感器（冷却液、燃油、空气）；15—废气再循环控制阀；16—空气流量传感器；17—曲轴转速传感器；18—蓄电池；19—电热塞和起动开关

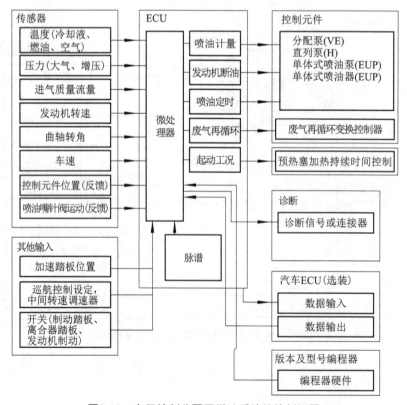

图6.12 电子控制分配泵燃油系统的控制框图

电子控制分配泵燃油系统根据各种传感器的信息检测出发动机的实际运行状态，由电子控制单元完成以下控制。

（1）喷油量控制。

（2）喷油时间控制。

（3）怠速转速控制。

（4）故障诊断功能。

（5）故障应急功能。

根据不同的机型，电子控制的具体内容也不同。有些机型可以实现上述的（1）、（2）和（3）这3项控制，有些机型仅对（2）项控制，即只对喷油时间进行控制。

电子控制分配泵燃油系统按喷油量、喷油时间的控制方法可以分为位置控制式和时间控制式两类。

2. 位置控制式电子控制分配泵燃油系统

位置控制式电子控制分配泵燃油系统是将 VE 型分配泵中的机械调速器转换成电子控制执行机构。其基本特点是保留了机械分配泵的溢油环，采用旋转式电磁铁，因此不用杠杆。电磁铁中控制轴旋转改变了控制轴下端偏心球的位置，直接控制溢油环，控制喷油量。

1）喷油量的控制

喷油量的控制原理如图 6.13 所示。ECU 根据发动机的状态计算出目标喷油量，并将结果输出到驱动回路；驱动回路根据 ECU 的指令一边反馈控制执行机构的位置，一边控制输出。这样，VE 型分配泵的溢油环控制在目标位置，从而控制喷油量。

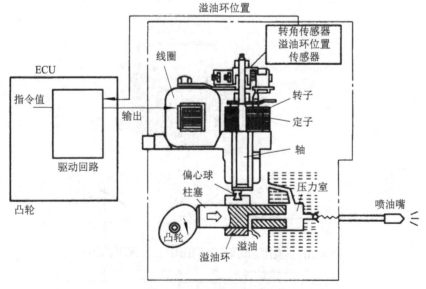

图6.13 喷油量的控制原理

2）喷油时间控制

喷油时间的控制原理如图 6.14 所示。VE 型分配泵的提前器活塞内设有连通高压腔和低压腔的通道，按占空比控制定时调节阀，使定时活塞两侧的压力差变化，从而控制喷油时间。

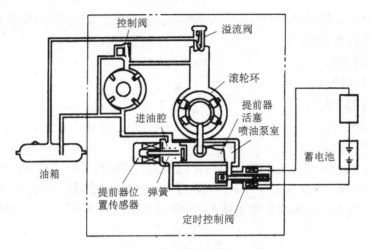

图6.14 喷油时间的控制原理

3. 时间控制式电子控制分配泵燃油系统

电子控制单元内设有时钟,通过时钟控制喷油终了时刻,从而控制喷油量。控制喷油终了时刻的执行机构是电磁阀,对每一次喷油都可以进行控制,因此,可以取消其他喷油控制机构。

另外,时间控制式电子回路比较简单。时间控制式电子控制分配泵燃油系统的显著特点是取消了原VE型分配泵上的溢油环,在进油通路上设置一个电磁溢流阀,其喷油量控制原理如图6.15所示。

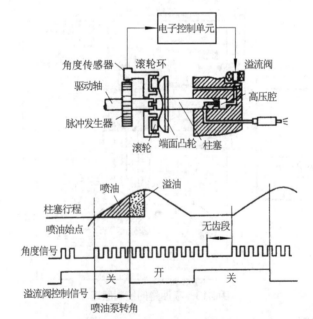

图6.15 喷油量的时间控制原理

在柱塞泵油阶段,当电磁溢流阀断电时,溢流阀打开,高压燃油立即卸压,停止喷油。喷油始点并不取决于电磁溢流阀关闭的时刻,而是取决于分配泵端面凸轮的行程，与采用溢油环改变喷油终点以控制油量的方式一样。电磁溢流阀打开得越晚，喷油量越多。端面凸轮行程始点就是图 6.15 上喷油泵角度信号上的无齿段终点的信号。喷油泵角度传感器装在滚轮环上。这样，即使喷油正时有变化，由于喷油泵角度信号传感器随着滚轮环一起移动，所以喷油泵角度并不改变，泵油始点与无齿段终点相对位置始终不变。

6.1.3 电子控制泵喷嘴燃油系统

1. 电子控制泵喷嘴燃油系统的组成

泵喷嘴就是将泵油柱塞和喷油嘴合成一体，安装在缸盖上。由于喷油嘴无高压油管，所以可以消除长的高压油管中压力波和燃油压缩的影响，高压容积大大减少，因此喷射压力可很高。电子控制泵喷嘴压力目前可达 200MPa，它的驱动机构比较特殊，必须是顶置式凸轮驱动机构。

电子控制泵喷嘴燃油系统主要由泵喷嘴、驱动摇臂机构、电子控制单元（ECU）、各种传感器等组成，如图 6.16 所示。

电子控制泵喷嘴燃油系统的最大特点是燃油压力升高仍然是机械式的，喷油始点和终点由电磁阀控制，即喷油量和喷油时间是由电磁阀控制的。

电子控制泵喷嘴燃油系统的结构特点如下。

（1）为了使供油泵将燃油稳定地供到安装在汽缸盖内部的喷油器内，采用大容量齿轮式供油泵。

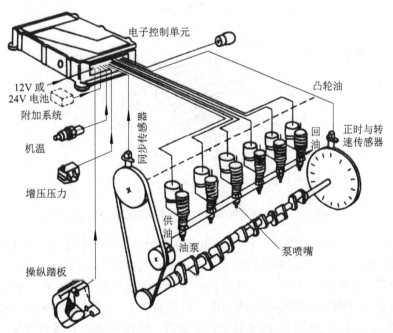

图6.16 电子控制泵喷嘴燃油系统的组成

（2）自供油泵压送来的燃油经高效滤清器滤除杂质后，供入汽缸盖上的主供油管内；主供油管和汽缸盖上的各个喷油器之间由支管连接。溢出燃油通过连接各喷油器的溢油管经调压阀排出到汽缸盖外部。

（3）ECU通过打开或关闭喷油器的电磁阀控制喷油量和喷油时间。必须向各个喷油器布置导线，为了缩短线束长度，ECU直接安装在发动机机体上；为了减低因发动机引起的振动，采用橡胶固定，同时采用燃油冷却ECU的背面。

（4）ECU根据安装在飞轮以及凸轮相关部位的两个转速传感器检测到的发动机转速和曲轴转角、加速踏板位置传感器信号及其他的传感器信号进行最佳燃油喷射控制。

（5）柱塞通过摇臂由凸轮轴驱动，压缩燃油；喷油器的高速电磁阀是常开的，燃油通过汽缸盖内部的油路流动；但电磁阀关闭时，柱塞开始向喷油嘴压油，燃油从喷油嘴喷入汽缸；当电磁阀打开时，溢油开始，喷油结束。该电磁阀的开闭由电子控制单元控制，根据发动机的运行状态，可实现最佳喷油量和最佳喷油时间的控制。

（6）因为没有喷油管，没有死容积，所以不仅可以实现高压喷射，而且可以通过适当组合喷油嘴的喷孔流通截面积和驱动凸轮的形状，使喷油率的形状徐徐上升，减少预混合期间的喷油量，从而控制预混合燃烧。

2. 泵喷油器

1）结构特点

泵喷油器安装在柴油机原普通喷油器的位置上（图6.17），其外形也与普通喷油器相似。

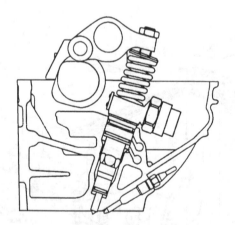

图6.17 泵喷油器的安装位置（直接集成在缸盖上）

泵喷油器实质上是由喷油泵、喷油器和电磁控制阀三部分组成的（图6.18）。喷油凸轮安装在控制气门打开和关闭的凸轮轴上，其上升段为陡峭的直线（有利于快速提高喷油压力），而下降段较平缓（有利于在喷油结束以后向高压油腔缓慢进油，避免在燃油中产生气泡）。电磁控制阀位于泵喷油器的中部，由柴油机电子控制系统控制。电磁控制阀针阀用于接通和切断高压油腔与低压油道之间的通道。辅助柱塞的上部为圆台，实际上是两个阀门，圆台的锥面用来开启和关闭高压油腔与辅助柱塞腔之间的通道，而圆台的底面则用来开启和关闭辅助柱塞腔与喷油针阀回位弹簧腔之间的通道。喷油针阀阻尼器为"T"形，其作用是控制燃油的预喷量。

第6章 汽车柴油机电子控制系统

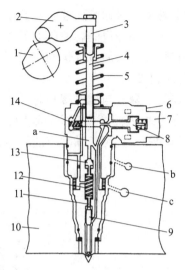

图6.18 泵喷油器的结构示意图

1—喷油凸轮；2—摇臂；3—球头螺栓；4—泵油柱塞；5—泵油柱塞回位弹簧；6—电磁控制阀；7—电磁控制阀阀体；8—电磁控制阀针阀；9—喷油针阀；10—泵喷油器壳体；11—喷油针阀阻尼器；12—喷油针阀回位弹簧；13—辅助柱塞；14—电磁控制阀针阀回位弹簧；a—高压油腔；b—回油道；c—低压油道

2）工作过程

泵喷油器的喷油过程可分为预喷油和主喷油两个阶段，也可以分为预喷油、预喷油结束、主喷油、主喷油结束及高压油腔进油5个过程。喷油时间和喷油量由辅助柱塞、喷油针阀、喷油针阀回位弹簧、喷油针阀阻尼器与电磁控制阀共同控制。

（1）预喷油。当凸轮的直线段与摇臂接触时，电子控制系统向电磁控制阀供电，使电磁控制阀针阀向左移动，切断高压油腔与低压油道之间的通道，与此同时，泵油柱塞在摇臂的作用下，克服泵油柱塞回位弹簧的弹力而向下运动，使高压油腔中的油压迅速上升。当油压上升到18MPa时，燃油在喷油针阀中部锥面上产生的向上推力大于喷油针阀回位弹簧的预紧力，就会顶起喷油针阀，开始预喷油（图6.19）。

（2）预喷油结束。预喷油开始后，喷油针阀继续向上运动，当凸轮转过喷油行程的1/3时，喷油针阀阻尼器下端进入喷油针阀阻尼器孔内，喷油针阀顶部的燃油就只能通过细小的缝隙流向喷油针阀回位弹簧腔内。这样，在喷油针阀的顶部形成了一个所谓的"液压垫圈"，阻止喷油针阀继续向上运动，使燃油的预喷量受到限制。

随着泵油柱塞的继续向下运动，高压油腔里的油压继续上升，当油压达到规定值时，辅助柱塞在高压燃油的作用下向下运动后，高压油腔的体积突然增大，燃油压力瞬间下降。此时，喷油针阀中部锥面上的向上推力随之下降，喷油针阀在喷油针阀回位弹簧的作用（由于受辅助柱塞的压缩而弹力增大）下复位，预喷油结束（图6.20）。

（3）主喷油。预喷油结束后，泵油柱塞继续向下运动，导致高压油腔内的油压迅速上升。当油压上升到大于预喷油的油压（30MPa）时，喷油针阀向上移，主喷油开始。由于高压油腔内燃油油压上升的速度极快，所以高压油腔内的油压会继续上升到205MPa左右（图6.21）。

（4）主喷油结束。当电子控制系统停止向电磁控制阀供电时，电磁控制阀针阀在电磁控制针阀回位弹簧的作用下向右移动，接通高压油腔与低压油道。这时，高压油腔内的燃油经电磁控制阀流向低压油道，高压油腔里的燃油压力下降，喷油针阀在喷油针阀回位弹簧的作用下复位，辅助柱塞则在喷油针阀回位弹簧的作用下关闭高压油腔与喷油针阀回位弹簧之间的油道，主喷油结束（图6.22）。

（5）高压油腔进油。当凸轮的下降段与摇臂接触时，泵油柱塞在泵油柱塞回位弹簧的作用下向上运动，高压油腔因体积增大而产生真空。这时，低压油道（与进油管相连接）内的燃油经电磁控制阀流向高压油腔，直到充满高压油腔为止，从而为下一次喷油做好准备（图6.23）。

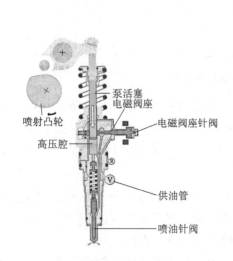

图6.19 预喷油循环开始

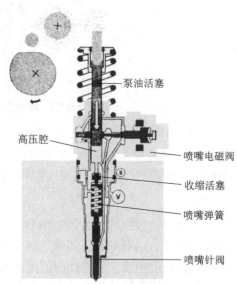

图6.20 预喷油循环结束

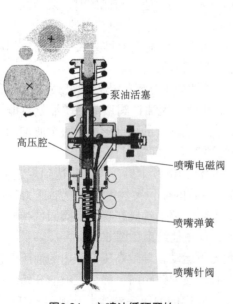

图6.21 主喷油循环开始

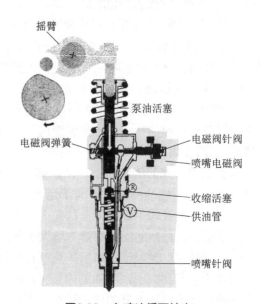

图6.22 主喷油循环结束

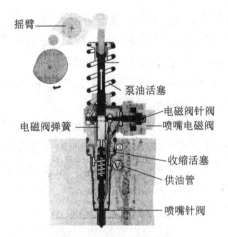

图6.23 高压油腔进油

6.2 共轨式柴油机电子控制系统

6.2.1 共轨式柴油机的特点与性能

1. 特点

20世纪90年代研制出了一种全新的燃油系统——电子控制共轨燃油系统,该系统正式问世的时间还不长,但已经显示出其巨大的优越性和发展潜力。

电子控制共轨燃油系统的特点是通过各种传感器和开关检测出的发动机实际运动状态,通过电子控制单元计算处理后,对喷油量、喷油时间、喷油压力和喷油率等进行最佳控制。

电子控制高压共轨燃油系统是21世纪新一代绿色柴油机的燃油系统。电子控制高压共轨燃油系统的基本特点见表6-1。

表6-1 电子控制高压共轨燃油系统的基本特点

对喷油系统的要求		电子控制高压共轨燃油系统的优点
喷射压力	最高喷油压力	无二次喷油等的约束,可以实现高压喷射,因为压轴和喷油分别进行,所以喷油压力可控制(喷油压力与转速无关)
	喷油压力控制	
喷油速率控制		系统直接控制针阀运动,这对控制喷油率非常有利(如靴型喷油率、预喷射、多段喷射等)
喷油量控制		电磁阀的通断电时刻可以自由控制(无约束)
喷油时间控制		
系统的构筑(合理性、生产性)		(1)可以自由设定喷油参数:喷油压力、喷油量和喷油时间等,各个参数可经独立地满足相应的要求 (2)在满足要求方面没的约束,自由度高

在直喷式柴油机中,采用电子控制高压共轨燃油系统与采用普通凸轮驱动的泵喷嘴系统

相比,电子控制高压共轨燃油系统与发动机匹配时方便灵活多了,其突出的优点可归纳如下。

(1)广阔的应用领域(用于乘用车和轻型载货车,每缸功率可达 30kW;用于重型载货车以及机车和船舶的柴油机,每缸功率可达 200kW)。

(2)更高的喷油压力,目前可达 140MPa,不久的将来计划达到 180MPa。

(3)喷油的始点、终点可以方便地改变。

(4)可以实现预喷射、主喷射和后喷射,可以根据排放等要求实现多段喷射。

(5)喷油压力与实际使用工况相适应。在电子控制共轨燃油系统中,喷油压力的建立与燃油喷射之间无互相依存的关系,喷油压力不取决于发动机转速和喷油量。在高压燃油存储器即"共轨"中,始终充满喷射用的具有一定压力的燃油。喷油量由电子控制单元通过计算决定,受到其他制约条件很少。

(6)喷油正时和喷油压力在 ECU 中由存储的特性曲线谱(MAP)算出。然后由电磁阀控制装在每个发动机汽缸上的喷油器(喷油单元)予以实现。

2. 性能对比

与其他电子控制燃油系统相比,电子控制高压共轨燃油系统具有较高的技术和经济优势,见表 6-2、表 6-3。

表 6-2 乘用车柴油机 3 种燃油系统的比较

系统类型	共轨系统	分配泵	泵喷嘴
喷油压力	(图)	(图)	(图)
预喷射	优	一般	良
多段喷射	优	差	一般
发动机设计	良	良	差
喷油泵驱动	优	一般	差
系统成本(含发动机)	良	一般	差

表 6-3 电子控制高压共轨燃油系统与直列泵系统的比较

系统名称	直列泵	共轨系统
系统示意图	(图:高压油管、瞬时高压、提前器、调速器、喷油嘴、喷油泵)	(图:共轨、TWV、总是高压、供油泵、喷油器)

（续）

系统名称		直列泵	共轨系统
参数调节	喷油量调节	喷油泵、调速器	ECU、喷油器、TWV
	喷油时间调节	喷油泵、提前器	ECU、喷油器、TWV
	燃油压力	喷油泵	供油泵
	燃油分配	喷油泵	共轨
	喷油压力调节	根据转速、喷油量	供油泵（PCV）
系统特点	喷油量	不能自由调节	自由调节
	喷油压力	不能自由调节	自由调节（容许范围内）
	喷油时间	不能自由调节	自由调节
	喷油率	不能自由调节	自由调节
系统组成	传感器	提前器、调速器	转速传感器、加速踏板位置传感器、温度传感器、压力传感器、曲轴位置传感器、其他传感器
	电子控制单元		ECU
	执行器	提前器、调节器、针阀偶件	电磁阀

6.2.2 共轨式柴油机的组成

从功能方面分析，电子控制高压共轨燃油系统可以分成控制和燃料供给两大子系统，其基本组成如图 6.24 和图 6.25 所示。

1. 控制子系统

控制子系统的功能是根据各个传感器的信息，由 ECU 进行计算，完成各种处理后，求出最佳的喷油时间和最适合的喷油量，并计算出在什么时刻、在多长的时间范围内向喷油器发出开启电磁阀或关闭电磁阀的指令等，从而精确控制发动机的工作过程。

2. 燃料供给子系统

燃料供给子系统主要由供油泵、共轨和喷油器组成，如图 6.26 所示。燃油供给子系统的基本工作原理为供油泵将燃油加压成高压供入共轨内，共轨实际上是一个燃油分配管，存储在共轨内的燃油在适当的时刻通过喷油器喷入发动机汽缸内，电子控制共轨系统中的喷油器是由电磁阀控制的喷油阀，电磁阀的开启和关闭由电子控制单元控制。

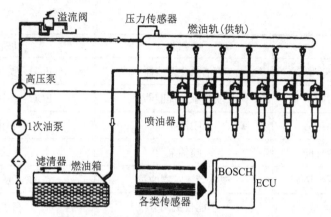

图6.24 电子控制高压共轨燃油系统的组成

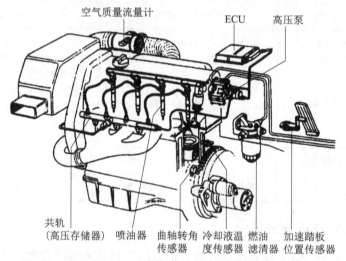

图6.25 博世（BOSCH）电子控制高压共轨燃油系统的组成

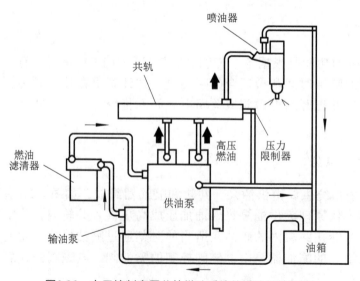

图6.26 电子控制高压共轨燃油系统的燃油供给部分

6.2.3 电子控制高压共轨燃油系统的工作原理与控制功能

1. 电子控制高压共轨燃油系统的工作原理

电子控制高压共轨燃油系统的工作原理如图 6.27 所示。燃油由发动机凸轮轴驱动的齿轮泵经滤清器从油箱中抽出，通过一个电磁紧急关闭阀流入供油泵。此时的压力约为 0.2MPa，然后油流分为两路：一路经过安全阀上的小孔作为冷却油通过供油泵的凸轮轴流入压力控制阀，然后流回油箱；另一路充入 3 缸供油泵。在供油泵内，燃油压力上升到 135MPa，供入共轨。共轨上有一个压力传感器和一个通过切断油路来控制流量的压力调节阀，用这种方法来调节控制单元设定共轨压力。

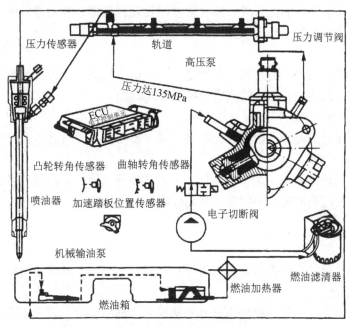

图6.27 电子控制高压共轨燃油系统的工作原理

高压燃油从共轨流入喷油器后又分为两路：一路直接喷入燃烧室；另一路在喷油期间，与针阀导向部分和控制柱塞处泄漏出的燃油一起流回油箱。

在电子控制高压共轨燃油系统中，由各种传感器（如发动机转速传感器、加速踏板位置传感器、各种温度传感器等）实时检测出发动机的实际运行状态，由电子控制单元根据预先设计的计算程序进行计算后，定出适合于该运转状态的喷油量、喷油时间、喷油率模型等参数，使发动机始终都能处于最佳工作状态。

曲轴转速传感器用于测定发动机转速，凸轮轴转速传感器用于确定发火顺序（相位）。加速踏板位置传感器是一种电位计，它通过电信号通知 ECU 关于驾驶人对转矩的要求。

空气质量流量计用于检测空气质量流量。在涡轮增压并带增压压力调节的发动机中，增压压力传感器用于检测增压压力。在低温和发动机处于冷态时，ECU 可根据冷却液温度传感器和空气温度传感器的数值对喷油始点、预喷油及其他参数进行最佳匹配。根据车辆的不同，还可以将其他传感器和数据传输线接到 ECU 上，以适应日益增长的安全性和舒适性要求。

电子控制单元具有自我诊断功能，它对系统的主要零部件进行技术诊断，如果某个零件产生了故障，诊断系统会向驾驶人发出警报，并根据故障情况自动做出处理；或使发动机停止运行，即所谓故障应急功能，或切换控制方法，使车辆继续行驶到安全的地方。

在电子控制高压共轨燃油系统中，供油压力与发动机的转速、负荷无关，是可以独立控制的。由共轨压力传感器测出燃油压力，并与设定的目标喷油压力进行比较后进行反馈控制。

2. 电子控制高压共轨燃油系统的控制功能

1）调节喷油压力（共轨压力）

利用共轨压力传感器测量共轨内的燃油压力，从而调整供油泵的供油量，控制共轨压力。共轨压力就是喷油压力。此外，还可以根据发动机转速、喷油量的大小与设定的最佳值（指令值）始终一致地进行反馈控制。

2）调节喷油量

以发动机的转速及油门开度信息等为基础，由电子控制单元计算出最佳喷油量，通过控制喷油器电磁阀的通电、断电时刻直接控制喷油参数。

3）调节喷油率

根据发动机运行的需要，设置并控制喷油率（预喷射、后喷射和多段喷射等）。

4）调节喷油时间

根据发动机的转速和负荷量参数，计算出最佳喷油时间，并控制电子控制喷油器在适当的时刻开启，在适当的时刻关闭等，从而准确控制喷油时间。

3. 喷射方式

电子控制共轨燃油系统喷射方式有3种：一段喷油法、二段喷油法和多段喷油法。

1）一段喷油法

一段喷油法是在一个工作循环中只有一次喷射，即主喷射，它应用于早期的电子控制柴油机燃油系统。

2）二段喷油法

二段喷油法是指在主喷油之前有一个喷油相当小的预喷过程，即预喷射加主喷射。

在主喷射之前进行预喷射（时间间隔约1ms）可以使燃烧噪声明显降低，这是一项已经实用化了的技术。但是，由于预喷射会导致PM排放增加，因此可以使预喷射段靠近主喷射段，从而降低PM的排放。

3）多段喷油法

多段喷油法是将每一个工作循环中的喷油过程分成若干段来进行，每段喷油均是相互无关、各自独立的，其主要目的是控制燃烧速度。多段喷油一般包括引导喷射、预喷射、主喷射、后喷射和次后喷射等多段。在多段喷射过程中，电磁阀必须完成多次开启、关闭动作，因此驱动能量和消耗能量成了问题。

在主喷射前后的预喷射、后喷射中，由于喷油的间隔相互靠近，因此前段喷射会对后段喷射的喷油量带来影响，解决的办法是利用喷油压力和喷油间隔，修正后续的喷油指令。在多段喷油构成中，各段喷油的作用如图6.28所示。

第6章 汽车柴油机电子控制系统

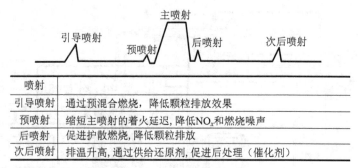

喷射	
引导喷射	通过预混合燃烧，降低颗粒排放效果
预喷射	缩短主喷射的着火延迟，降低NO_x和燃烧噪声
后喷射	促进扩散燃烧，降低颗粒排放
次后喷射	排温升高，通过供给还原剂，促进后处理（催化剂）

图6.28 各段喷油的作用

6.2.4 共轨式柴油机的主要部件

电子控制高压共轨燃油系统主要部件有预供油泵、燃油滤清器、高压油泵、压力控制阀、高压共轨管、限压阀、流量限制器和喷油器等，各部件在发动机上的分布位置如图6.29所示。

1．预供油泵

1) 功用

预供油泵负责向高压油泵提供充足的燃油。

2) 类型

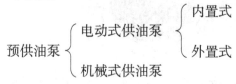

3) 滚柱式电动油泵

滚柱式电动油泵用于小乘用车和轻型汽车中，它不仅向高压油泵供油，而且在紧急情况下也负责断油。

曲轴带动油泵转动，油泵连续不断地从燃油箱泵油，油通过滤清器后到达高压油泵，过量的燃油通过限压阀重返燃油箱。安全保护电路防止发动机停止运转时传输燃油。

电动油泵有两种，一种装在燃油箱外面，在燃油箱和滤清器之间的输油管路上，并固定在汽车底板总成上；另一种装在油箱里，电动机和液压元件都在油箱里，共用一个滤清器、油位传感器和存储油管。油泵主要由泵、电动机、端盖3个元件组成（图6.30）。

泵是电动油泵的一部分，共轨式燃油泵采用滚柱式电动油泵（单向泵）。泵体内有个带槽的转子，每个槽内有一个可移动的滚柱。当油泵旋转工作时，由于离心力的作用，转子槽内的滚子向外移动，紧靠在偏心设计的泵体壁面上。滚柱随转子一同旋转时，泵腔容积产生变化，燃油进口处容积越来越大，出口处容积越来越小，使燃油经入口吸入油泵，加压后经过电动机周围的空间由出口泵出。

电动机由永久磁铁和电枢组成，电动机与泵是一体的，因此，要保证电动机与泵间密封良好，同时泵中油起到冷却电动机的作用。端盖使泵和电动机组成一整体。

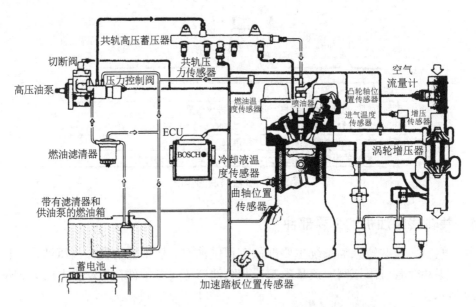

图6.29 电子控制高压共轨燃油系统各主要部件的分布位置

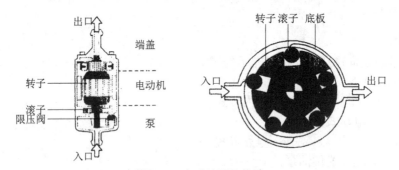

图6.30 电动油泵的构造

4)机械式预供油泵

机械式预供油泵与高压油泵融为一体,且一同被驱动或附着在发动机上直接受发动机驱动。驱动的一般形式是耦合驱动或用齿轮或齿形皮带驱动。齿轮泵由两个反向旋转的齿轮构成（图6.31）。

齿与泵体间的变化形成压力,从泵口处泵油。要保证入口和出口处密封良好,以防止燃油回流。齿轮泵的泵油量是与发动机转速成比例的。油量可通过在入口处设置节流阀和在出口处设置过压阀控制。

齿轮泵是免维护的,第一次起动前或当燃油箱是空的时候,在齿轮泵或低压管路上安装手动泵,以进行排空气的操作。

2. 燃油滤清器

为了使油泵、喷油器等元件保持清洁,在燃油系统安装滤清器是必要的。除此之外,滤清器可以减少燃油中水对喷油器的腐蚀。滤清器中有一个储水室（图6.32）。调整放水螺钉可以排除滤清器中的水。当需要排水时,警告装置将点亮警告灯。

第6章 汽车柴油机电子控制系统

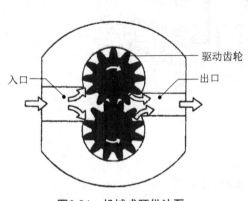

图6.31 机械式预供油泵

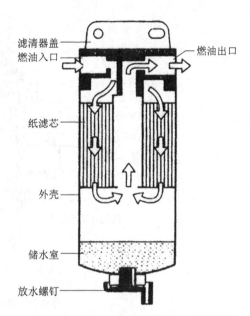

图6.32 燃油滤清器（带油水分离器）

3. 高压油泵

1）功用

在车辆使用过程中，在各个工况下，它提供足够的高压油，包括快速起动所需的燃油和共轨管中的燃油。

高压油泵是低压和高压部分的交接点。高压油泵持续产生共轨高压蓄压器所需的压力。与传统相比，无须对每个独立的喷油器进行燃油专门压缩。

2）安装位置

高压油泵在柴油机上的安装位置与以往的分配泵相同，高压油泵由发动机（发动机转速范围的一半，最大为3 000r/min）通过联轴节、齿轮、链条或齿形皮带进行驱动，并且通过自身泵出的柴油润滑。

3）组成

高压油泵主要由泵体、切断阀、安全阀、压力控制阀等部件组成（图6.33和图6.34）。

在高压油泵内部，燃油通过3个呈120°的放射状的泵活塞实现压缩。

在每个旋转周期内，3个输送冲程同时进行，只有在低峰值时才产生驱动扭矩，这样，整个油泵驱动应力就会保持一致。其扭矩为16N·m，是驱动一个具有同样效率的分配泵的1/9，这也就意味着，共轨高压蓄压器施加在泵上的负载小于传统燃油系统。驱动油泵的动力增加值正比于共轨设定压力和泵轮转速（发送量）。将排量为2L的发动机运转到规定的转速，使共轨内油压达到135MPa时，高压油泵需要消耗3.8kW的功率（机械效率接近90%）。之所以使用高点的动力装置，是因为喷油器有燃油泄漏和进行油量控制，燃油通过压力控制阀回油等消耗功率。

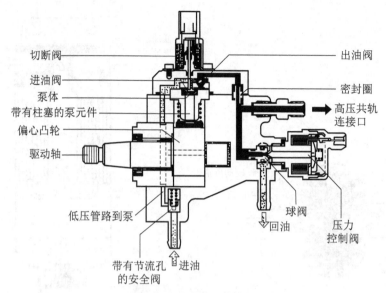

图6.33 高压油泵的组成

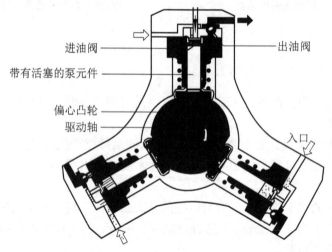

图6.34 高压油泵的断面图

4）工作过程

燃油通过带有油水分离器的燃油滤清器过滤，预供油泵通过进油管和安全阀泵将燃油输送至高压油泵。使燃油强制通过安全阀处的节流孔，进入高压油泵的润滑和冷却系统。带有偏心凸轮的驱动轴带动3个泵柱塞随着凸轮的形状上下运动。

压力达到安全阀开启压力（50～150kPa）时，油泵泵出的油将通过高压油泵进油阀进入泵腔，此时泵腔中的活塞向下运动（吸油过程）。当活塞到达下止点时，进油阀关闭。当泵腔中的油压超过输送过程中正常压力时，压力会再增加从而打开出油阀，将油输送到高压油路。

泵活塞继续输送燃油，一直到上止点（压油过程），之后压力迅速下降，活塞回位，出油阀关闭，直到活塞再次向下运动。

泵腔中的压力降到油泵压力以下时，进油阀再次起动，开始下一个循环。

4. 压力控制阀

1) 功用

压力控制阀保持共轨管中的压力正确和恒定。如果共轨压力过高，压力控制阀打开，部分燃油通过回油管回到燃油箱；如果共轨压力过低，压力控制阀关闭，由低压升为高压。

2) 安全位置

压力控制阀通过一个法兰盘装在高压油泵或共轨高压蓄压器上。

3) 组成

压力控制阀主要由电磁铁、弹簧、电枢、球阀等组成（图6.35）。

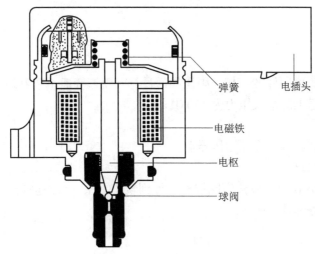

图6.35　压力控制阀的组成

4) 工作过程

（1）压力控制阀不通电时，共轨管中的高压油或高压油泵输出的油通过高压入口进入压力控制阀，不通电时没有电磁铁的外力作用，过量的高压油的压力大于弹簧的弹力，顶开弹簧，压力控制阀开启大小由油量决定。弹簧预先设计最大压力约为10MPa。

（2）压力控制阀通电时，压力继续增加，电磁铁通电，阀座的压紧力增大，使压力控制阀保持关闭状态，直到一边的高压压力与另一边弹簧的弹力加电磁铁的力达到平衡，阀门打开，燃油压力保持恒定。油泵油量的变化或过量高压油的排除通过控制阀门来实现。PWM脉宽的励磁电流和电磁力是对称的。1kHz的脉冲频率提供足够的电磁力，防止不必要的电磁铁移动或（和）共轨管压力的波动。

5. 共轨高压蓄压器

共轨高压蓄压器（图6.36）存储高压燃油，同时压力波动的产生取决于高压油泵的燃油分配和共轨管燃油容积的衰减。

共轨高压蓄压器对所有缸而言都是公用的，因此叫作共轨，当大量的燃油排出时，几乎能维持内部的压力不变，这可确保喷油剩余的压力在喷油器打开时仍然恒定。

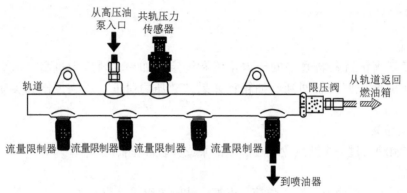

图6.36　共轨高压蓄压器的组成

6. 限压阀

1）功用

限压阀和过压阀做同样的工作。限压阀通过打开轨道旁通道限制轨道中的压力。限压阀允许短时间内轨道上的最大压力为150MPa。

2）安装位置

限压阀一般安装在共轨高压蓄压器上。

3）组成与工作过程

限压阀是个机械装置，包括底座螺丝（拧到轨道上）、一端连接到油箱的回油管、可移动的柱塞、弹簧等部件（图6.37）。

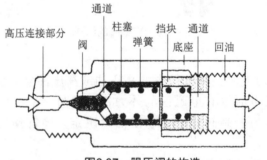

图6.37　限压阀的构造

限压阀连接到轨道上以后，底座上有一个通道，一个圆锥形的柱塞与底座的表面接触，形成密封面，在正常的工作压力（大于135MPa）下，弹簧推动柱塞与底座接合，轨道保持压力。当压力过高时，柱塞被轨道压力推动，克服弹簧压力，燃油通过回油管流回燃油箱。当阀门打开时，轨道中的压力便会降低。

7. 流量限制器

1）功用

喷油器总在打开位置，为了阻止燃油连续不断地喷入，流量限制器将关闭油路。

第6章 汽车柴油机电子控制系统

2）安装位置

流量限制器一侧通过螺纹拧到轨道上（高压），另一侧通过螺纹拧到喷油器油路上。每个底座都带有一个通道，目的是与轨道进行液压连接，与喷油器进行油路连接。

3）结构

流量限制器主要由柱塞、弹簧、底座、外壳等零件组成（图6.38）。

流量限制器内部有一个柱塞，通过弹簧直接与共轨高压蓄压器相连。柱塞的底座密封，通道贯穿进出口。通道的尾部直径减少，起节流作用。

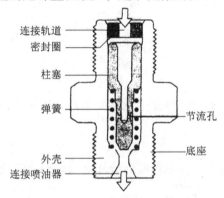

图6.38 流量限制器的结构

4）工作原理

（1）正常情况下。

柱塞位于停止位置，也就是说，流量限制器的导轨端向上顶着止动器（图6.39）。喷射燃油时，喷油器端部的喷射压力下降，使柱塞在喷油器内移动的方向改变。流量限制器通过柱塞改变燃油的体积，以补偿喷油器从导轨内喷出的燃油体积，而不是通过节流孔（因为通过这种方式是远远不够的）。在喷油末期，柱塞偏离底座而占据中间的位置，没有将出口完全关闭。弹簧迫使柱塞回到最初停止位置，同时燃油可以通过节流孔。

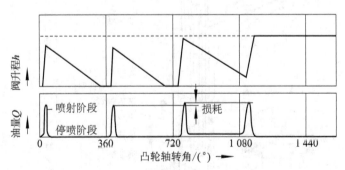

图6.39 流量限制器的工作原理

弹簧与节流孔径是规定好的，那样即使在最大的喷油量状态（加上安全储备），柱塞也有可能返回到流量限制器轨道底端（顶着止动器的位置），然后保持在这个位置，等候下一个喷油时刻的到来。

(2) 严重泄漏时。

由于大量燃油离开燃油导轨，流量限制器被迫离开静止位置并且向上顶着出口的密封底座。柱塞保持在这个位置，向上顶着流量限制器喷油器侧的止动器，阻止燃油到达喷油器。

(3) 轻微泄漏时。

由于存在泄漏量，流量限制器柱塞不能回到静止位置。几次喷射发生之后，柱塞移动到出口孔径处的密封底座上。

柱塞保持在这个位置，向上顶着流量限制器喷油器侧的止动器，直到发动机熄灭、切断喷油器的燃油输入为止。

8. 喷油器

1）功用

喷油始点和喷油数量是通过电触发喷油器控制的，这种喷油器取代了原来的喷油器和喷油座。

2）构造

喷油器主要由喷油嘴部分、油压活塞部分和电磁阀部分组成（图6.40）。

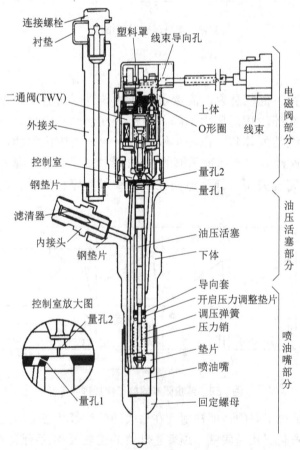

图6.40　喷油器的结构

第6章 汽车柴油机电子控制系统

喷油器中由电磁阀直接控制喷油始点、喷油间隔和喷油终点，从而直接控制喷油量、喷油时间和喷油率。喷油器实际上完成了传统喷油装置中的喷油器、调速器和提前器的功能。

设计良好的喷油器和传统式机械喷油器结构相近，因此共轨式喷油器在直喷柴油机中的安装不需要显著改变汽缸盖的结构。

节流孔关闭，液压力作用在阀控制柱塞上，大于喷油器针阀处的开启压力，结果针阀落座并且使燃烧室的高压孔道密封。

当喷油器的电磁阀被触发时，节流孔打开；阀控制室的压力降低，阀控制柱塞的压力也降低，之后喷油器针阀的压力也降低，针阀打开，燃油以雾状喷入燃烧室。液压加力系统用来间接控制喷油器针阀，开启针阀的力要迅速，是不能通过电磁阀直接产生的。供油的数量要比实际需要的要多，多余的油通过阀控制室返回燃油管。

燃油在喷油针阀和柱塞上有损失，这些受控和泄漏的燃油通过回油管和集油管返回燃油箱，并且经过溢流阀、高压油泵和压力控制阀。

3）工作过程

喷油器的工作过程可分为4步（发动机运转而且高压油泵供油）：喷油器关闭（产生高压）、喷油器打开（开始喷油）、喷油器全部打开及喷油器关闭（结束喷油）。

作用在喷油元件上的分配力产生操作结果。若发动机停转或轨道中没有压力，则喷油器弹簧将关闭喷油器。

（1）喷油器关闭（复位状态）。

在复位状态下，电磁阀不吸合，因此喷油器关闭，如图6.41（a）所示。弹簧力将电枢下的球阀压向节流孔座处，节流孔关闭。轨道中的高压作用在阀控制室中，而且相同的压力也作用在喷油器腔内。轨道压力作用在柱塞的末端，与喷油器弹簧的弹力一起使喷油器保持关闭状态。

（2）喷油器打开（开始喷油）。

喷油器停留在最初静止位置。电磁阀由伺服电流激活，伺服电流能确保电磁阀迅速开启［图6.41（b）］。由触发的电磁阀施加的吸合力大于阀弹簧的拉力时，电枢打开节流孔。几乎与此同时，执行电流减到最小并保持不变，满足电磁铁的需要。由于电磁铁电流的作用，间隙减小是有可能的。节流孔打开，燃油从阀控制室流到刚好位于其上部的腔室，并且从那里通过回油管返回燃油箱。节流孔防止完全的压力平衡，阀控制室中的压力因此下降。由此导致阀控制室中的压力低于喷油器腔内的压力，这个压力与共轨中的压力仍旧是一致的。阀控制室的压力降低引起作用在柱塞上的外力减小，因此针阀打开，燃油喷出。

（3）喷油器全部打开。

喷油器针阀打开的速度取决于节流孔和反馈孔的流量。喷油器全部打开时，喷油器喷入燃烧室的油压几乎等于轨道中的油压，其他的分力很小。

（4）喷油器关闭（喷油结束）。

电磁阀不吸合，弹簧力将球阀压回球阀座中。节流孔关闭，燃油通过反馈孔，阀控制室中充满燃油，压力与针阀弹簧的弹力一起将针阀关闭，喷油器不喷油。喷油器关闭的速度取决于反馈孔的流量。

4）控制方式

控制喷油器采用独立喷射，即喷油器每循环独立喷射一次，喷油过程按照特定的顺序依次独立进行,驱动回路与汽缸数目相同。

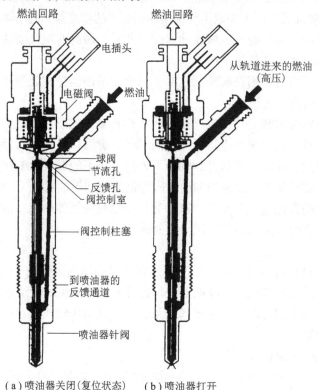

(a)喷油器关闭(复位状态)　(b)喷油器打开

图6.41　喷油器的工作过程

学习指导

电子控制分配泵燃油系统按喷油量、喷油时间的控制方法可以分为位置控制式和时间控制式两类。

位置控制式电子控制分配泵系统是将VE型分配泵中的机械调速器转换成电子控制执行机构,其基本特点是保留了机械分配泵的溢油环,采用旋转式电磁铁,因此不用杠杆;电磁铁中控制轴旋转改变了控制轴下端偏心球的位置,直接控制溢油环,控制喷油量。

时间控制式电子控制分配泵燃油系统的显著特点是取消了原VE型分配泵上的溢油环,在进油通路上设置了一个电磁溢流阀。

电子控制泵喷嘴系统主要由泵喷嘴、驱动摇臂机构、电子控制单元(ECU)和各种传感器等组成,其最大特点是燃油压力升高仍然是机械式的,喷油始点和终点由电磁阀控制,即喷油量和喷油时间是由电磁阀控制的。

电子控制共轨系统的特点是通过各种传感器和开关检测出的发动机实际运动状态,通过电子控制单元计算处理后,对喷油量、喷油时间、喷油压力和喷油率等进行最佳控制。

电子控制高压共轨燃油系统是21世纪新一代绿色柴油机的燃油系统。

电子控制高压共轨燃油系统主要部件有预供油泵、燃油滤清器、高压油泵、压力控制阀、高压共轨管、限压阀、流量限制器及喷油器等。

共轨高压蓄压器对所有缸而言都是公用的,因此叫作共轨,当大量的燃油排出时,几乎能维持内部的压力不变,这可确保喷油剩余的压力在喷油器打开时仍然恒定。

学习思考

1. 电子控制直列式燃油系统和传统的机械燃油系统相比具有哪些特点?
2. 电子控制直列泵燃油系统的执行器主要有哪些?
3. 电子控制分配泵燃油系统主要完成哪些控制?
4. 电子控制泵喷嘴系统的结构特点有哪些?
5. 电子控制高压共轨燃油系统有哪些突出的优点?
6. 电子控制高压共轨燃油系统主要包括哪些部件?

第 7 章　汽车自动变速器

学习目标

1. 掌握自动变速器的作用、类型、基本组成和工作原理。
2. 掌握电控自动变速器的基本组成和控制原理。
3. 掌握液力变矩器的功用、结构组成及工作原理。
4. 掌握行星齿轮机构的功用、结构组成及各挡传递路线。
5. 掌握电子控制系统的功用、结构组成及工作原理。
6. 掌握自动变速器的性能测试目的、内容、方法及步骤。
7. 掌握无极变速器的基本组成和工作原理。

考核标准

知识要求：自动变速器作用、类型、基本组成和工作原理；液力变矩器的功用、结构组成及工作原理；单排行星齿轮机构的组成、运动规律和动力传递方式；辛普森式和拉维纳式行星齿轮变速器的功用、结构组成及各挡传递路线；电子控制系统的基本组成和工作原理；无极变速器的基本组成和工作原理。

技能要求：辛普森式和拉维纳式行星齿轮变速器的拆装；油泵的拆装与检测。

教学建议

教具：A341E 电控自动变速器、01N 电控自动变速器、性能试验车、通用工具、万用表、专用解码器等。

建议：电控自动变速器的类型、基本组成和工作原理等内容使用多媒体课件或汽车仿真软件教学；实物认识、动力传递讲解、拆装等内容安排在实验室进行。

7.1　自动变速器概述

7.1.1　自动变速器的特点

自动变速器（Automatic Transmission，AT）是指汽车行驶时，能实现自动操纵汽车起步选挡和换挡等功能。与手动变速器相比，它具有以下特点。

（1）具有良好的驾驶性能，操作简单而且省力。

（2）具有良好的行驶性能，挡位变换快且平稳，提高了汽车的乘坐舒适性。通过液力传动和微机控制换挡，可以消除或降低动力传递系统中的冲击和动载。

（3）具有较好的行车安全性。手动变速器车辆在行驶过程中，驾驶人必须根据道路、交通条件的变化频繁换挡，使驾驶人的注意力被分散，易造成交通事故。自动变速的车辆取消了离合器踏板和变速操纵杆，只要控制油门踏板，就能自动变速，从而减轻了驾驶人的疲劳强度，使行车事故率降低，平均车速提高。

第7章　汽车自动变速器

（4）发动机经常处于经济转速区工作，从而降低了排气污染。

（5）结构复杂，传动效率较低，成本高，维修困难。

7.1.2　自动变速器的分类

1. 按前进挡的挡位数分类

按前进挡的挡位数不同，自动变速器可分为3个前进挡、4个前进挡、5个前进挡。新型乘用车装用的自动变速器多采用4个前进挡，即设有超速挡。

2. 按驱动方式分类

按照汽车驱动方式的不同，自动变速器可分为后驱动自动变速器和前驱动自动变速器（即自动变速驱动桥）。后驱动自动变速器的变矩器和齿轮变速器的输入轴及输出轴在同一轴线上；前驱动自动变速器在自动变速器的壳体内还装有主减速器和差速器。

3. 按齿轮变速类型分类

按齿轮变速类型的不同，自动变速器可分为行星齿轮式自动变速器和平行轴式自动变速器两种。行星齿轮式自动变速器结构紧凑，能获得较大的传动比，被绝大多数乘用车采用。平行轴式自动变速器体积较大，最大传动比较小，只有少数几种车型使用（如本田ACCORD乘用车等）。

4. 按换挡控制方式分类

按控制方式的不同，自动变速器可分为液力控制自动变速器和电子控制自动变速器两种。

5. 按变速原理分类

按变速原理的不同，自动变速器可分为有级式自动变速器和无级式自动变速器（简称CVT）。

7.1.3　电控自动变速器的基本组成及作用

汽车电控自动变速器主要由液力变矩器、齿轮变速机构、换挡执行机构、液压控制系统和电子控制系统五大部分组成，如图7.1所示。

1. 液力变矩器

液力变矩器安装在发动机与变速器之间，以自动变速器油（ATF）为工作介质，其功能是将发动机转矩传给变速器输入轴，改变发动机转矩，并能实现无级变速；同时，它具有自动离合和驱动油泵的作用。

2. 齿轮变速机构

齿轮变速机构的功能是形成不同的传动比，组合成电控自动变速器不同的挡位。绝大多数电控自动变速器采用行星齿轮机构进行变速,但个别车型采用普通齿轮机构(如本田车系)。

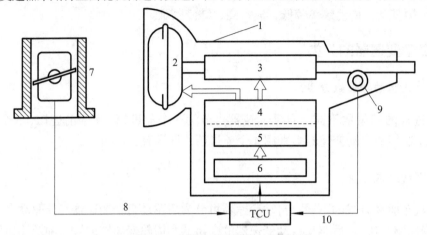

图7.1 电控自动变速器的组成

1—自动变速器;2—液力变矩器;3—齿轮变速机构;4—换挡执行机构;5—执行机构;
6—液压控制系统;7—节气门位置传感器;8—导线;9—车速传感器;10—电子控制系统

3. 换挡执行机构

电控自动变速器的换挡执行机构由电液系统实现自动控制,其功能与普通变速器的同步器相似。电控自动变速器的换挡执行机构包括离合器、制动器及单向离合器。

4. 液压控制系统

电控自动变速器中的液压控制系统主要控制换挡执行机构的工作,由液压泵及各种液压控制阀和液压管路等组成。

5. 电子控制系统

电控自动变速器中的电子控制系统与液压控制系统配合使用,通常把它们合称为电液控制系统。电子控制系统主要包括电子控制单元、各类传感器及执行器等。电子控制系统的功能是利用传感器及各种控制开关将发动机工况、车速等信号传递给电子控制单元,电子控制单元发出指令给执行器,执行器和液压系统按一定的规律控制换挡执行机构工作,实现电控自动变速器的自动换挡。

7.1.4 电控自动变速器的控制原理

电控液力自动变速器是通过传感器和开关监测汽车和发动机的运行状态,接受驾驶人的指令,将发动机转速、节气门开度、车速、发动机冷却液温度、自动变速器液压油温等参数转变为电信号,并输入电控单元(ECU)。ECU根据这些信号,按照设定的换挡规律向换挡电磁阀、油压电磁阀等发出电子控制信号;换挡电磁阀和油压电磁阀再将ECU发出的控制信号转变为液压控制信号,阀板中的各个控制阀根据这些液压控制信号执行机构的动作,从而实现自动换挡,如图7.2所示。

第7章 汽车自动变速器

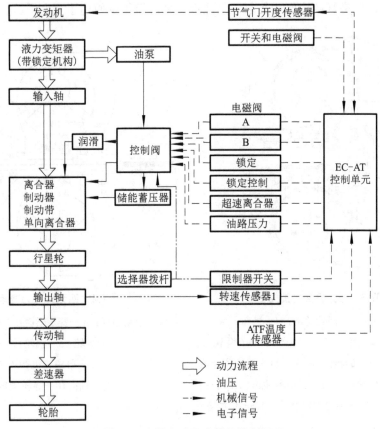

图7.2 电控自动变速器的控制原理

7.2 自动变速器的工作原理

7.2.1 液力变矩器

1. 液力变矩器的种类及组成

目前自动变速器应用较多的有三元件液力变矩器和四元件液力变矩器。

1) 三元件液力变矩器

三元件是指其工作轮的数目为3个，主要由泵轮、涡轮和导轮组成，其结构如图7.3所示，它的特点是工作可靠，性能稳定，工作效率高。输出转矩与输入转矩之比即为变矩比，其最高可达1.9~2.5。这种类型的变矩器主要应用于乘用车、大型客车和工程车辆上。

2) 四元件液力变矩器

四元件是指工作轮数目为4个，主要由泵轮、涡轮和两个导轮组成，其结构如图7.4所示。两个导轮具有不同的叶片进口角度，在低转速比时，两个导轮均被单向离合器锁住，按变矩器工况工作。在中转速比时，涡轮出口液流开始冲击第一导轮叶片背面，第一单向离合器松开，第一导轮与涡轮同向旋转，仅第二导轮仍在起变矩作用。在高转速比时，涡轮出口液流开始冲击第二导轮叶片背面，其单向离合器松开，第二导轮也与涡轮作同向旋转，变矩器全部转入耦合器状态工作。四元件液力变矩器虽然可以增大变矩器的高效率工作范围，但是其结构更加复杂，因此近年来已经很少使用了。

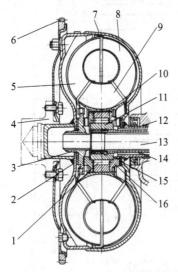

图7.3 三元件液力变矩器

1—滚柱；2—垫片；3—涡轮轮毂；4—曲轴凸缘；
5—涡轮；6—起动齿圈；7—变矩器壳；8—泵轮；
9—导轮；10—单向离合器外座圈；11—单向离合器
内座圈；12—泵轮轮毂；13—变矩器输出轴（齿轮
变速器第一轴）；14—导轮固定套管；15—推力垫片；
16—单向离合器盖

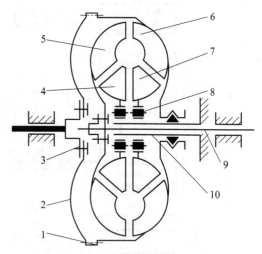

图7.4 四元件液力变矩器

1—起动齿圈；2—变矩器壳；3—曲轴凸缘；
4—第一导轮；5—涡轮；6—泵轮；
7—第二导轮；8—自由轮机构（单向离合器）；
9—输出轴；10—导轮固定套管

2. 液力变矩器的结构及工作原理

1）液力变矩器的结构

液力变矩器安装在发动机飞轮和变速器之间，以液压油（ATF）为工作介质，起传递转矩、变矩、变速及离合等作用。

常见的液力变矩器的结构如图7.5所示，它主要由泵轮、涡轮和导轮组成。它们都是由铝合金精密铸造或用钢板冲压而成的，在它们的环状壳体中径向排列着许多叶片。

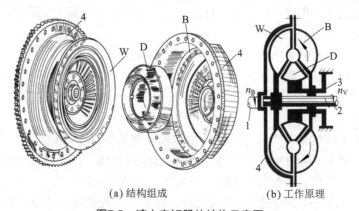

(a) 结构组成　　(b) 工作原理

图7.5 液力变矩器的结构示意图

W—涡轮；D—导轮；B—泵轮；1—输入轴；2—输出轴；3—导轮固定套；4—壳体

第7章　汽车自动变速器

泵轮是液力变矩器的输入元件，位于液力变矩器的后端，与变矩器壳体刚性连接。变矩器壳体总成用螺栓固定在发动机曲轴后端，随发动机曲轴一起旋转。

涡轮是液力变矩器的输出元件，它通过花键孔与行星齿轮系统的输入轴相连，涡轮位于泵轮前方，其叶片面向泵轮叶片。

导轮位于涡轮和泵轮之间，它是液力变矩器的反应元件，通过单向离合器单方向固定在导轮轴或导轮套管上。泵轮、涡轮和导轮装配好后，会形成断面为循环圆的环状体，在环形内腔中充满液压油。

2）液力变矩器的工作原理

变矩器工作时，壳体内充满液压油，发动机带动外壳旋转，外壳带动泵轮旋转，泵轮叶片间的液压油在离心力的作用下，从内缘流向外缘。当泵轮转速大于涡轮转速时，泵轮叶片外缘的油压大于涡轮外缘的油压，油液在绕着泵轮轴线做圆周运动的同时，在上述压差的作用下由泵轮流向涡轮。泵轮顺时针旋转，油液将带动涡轮同样按顺时针方向旋转。如果涡轮静止或涡轮的转速比泵轮的转速小得多，则由液体传递给涡轮的动能就很小，而大部分能量在油液从涡轮返回泵轮的过程中损失了，油液在从涡轮叶片外缘流向内缘的过程中，圆周速度和动能逐渐减小。当油液回到泵轮后，泵轮对油液再次做功，使它在泵轮叶片内缘流向外缘的过程中动能和圆周速度逐次增大，再流向涡轮，从而提高了传递动能，如图7.6所示。

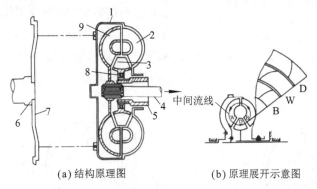

(a) 结构原理图　　　　(b) 原理展开示意图

图7.6　液力变矩器工作原理

1—变矩器壳体；2—泵轮；3—导轮；4—变速器输入轴；5—导轮固定套管；6—曲轴；
7—曲轴端盖；8—单向离合器；9—涡轮；B—泵轮；W—涡轮；D—导轮

提示：液力变矩器工作原理就像两个电风扇对放，一个通电另一个被动旋转一样，只不过液力变矩器传力介质为ATF油。

3）液力变矩器的锁止机构

在液力变矩器传递扭矩过程中，传动液ATF摩擦、冲击会损失部分能量（使传动液温度升高），且涡轮与泵轮之间存在有4%～5%的转速差，因此，发动机输入变矩器的动力并没有100%的传递到变速器，为了提高变矩器的传动效率和改善汽车燃油经济性，目前多数液力变矩器内设置一个锁止机构（锁止离合器）。

若汽车在坏路面低速行驶或起步时，锁止机构解除锁止，变矩器发挥变矩作用，自动适应行驶阻力的变化，保证汽车的正常行驶。

当汽车在良好路面上行驶时，锁止离合器接合，变矩器的输入轴和输出轴刚性连接，变矩器泵轮与涡轮成为一体，发动机动力由飞轮和变矩器直接传递到变速器输入轴，液力

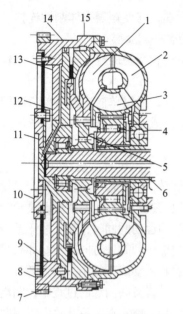

图7.7 锁止式液力变矩器的结构

1—涡轮；2—泵轮；3—导轮；4—单向离合器；5—涡轮轮毂；6—输出轴；7—起动齿圈；8—伺服油缸；9—导向销；10—曲轴凸缘盘；11—油道；12—活塞；13—从动盘；14—传力盘；15—连接盘

变矩器不起变矩作用，此时变矩比为1，变矩器效率达到100%，提高了汽车的行驶速度和燃油经济性。锁止式液力变矩器的结构如图7.7所示。

（1）锁止式液力变矩器的结构特点。

锁止式液力变矩器由三元件液力变矩器、单向离合器（楔块式或滚柱式）和锁止离合器3部分组成。锁止离合器为湿式离合器，安装在涡轮与变矩器壳体前盖之间，由主动部件、从动部件和液压控制部件3部分组成。主动部件为压盘（包括传力盘14和活塞12）；从动部件为从动盘13，可沿轴向移动。前盖后端面和锁止压盘前端面均粘有摩擦材料。锁止压盘与减震盘外缘用键连接，压盘和减震盘内缘均用铆钉与涡轮壳铆接连接，减震盘和减震弹簧能够衰减离合器接合时的扭转振动。控制部件由控制油液和油道及阀板上的锁止离合器控制电磁阀、锁止继动阀等组成。

（2）锁止式液力变矩器的工作原理。

锁止式液力变矩器的工作状态由ECU控制的传动液ATF油的流向进行控制，如图7.8所示。锁止离合器的控制油道分为内油道A和外油道B。

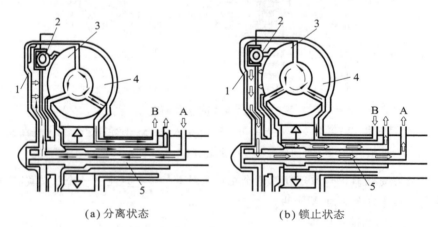

(a) 分离状态　　　　　　　　(b) 锁止状态

图7.8 锁止式液力变矩器工作原理

1—变矩器壳；2—锁止压盘总成；3—涡轮；4—泵轮；5—输出轴；A—内油道；B—外油道

汽车低速行驶时速比较小，变矩器处于变矩工况工作。液压控制系统控制传动液ATF由变速器输入轴的中心油道（内油道A）流入锁止压盘左侧，如图7.8（a）所示，锁止压盘在油压作用下向后移动，离合器处于分离状态。传动液由油道A流入，经变矩器从油道B流出。

当汽车高速行驶、速比增到一定值（i=0.8）时（泵轮与涡轮转速差较小），变矩器转换成液力耦合器工况。此时液压控制系统控制传动液ATF反方向流动，传动液由导轮固定套上的油道（外油道）B流入变矩器，从变速器输入轴中心油道（内油道）A流出。由于传动液从变速器输入轴的中心油道流出,因此锁止压盘左侧油压降低,而压盘右侧仍为变矩器油压。锁止压盘在左右两侧压力差的作用下迁移并压在变矩器前盖上,如图7.8(b)所示,此时锁止离合器处于接合状态。因为锁止压盘内缘铆在涡轮壳上,所以离合器接合便将涡轮与泵轮结合成一体,发动机输入的动力由变矩器壳体前盖、锁止压盘和涡轮壳体直接传递到变速器输入轴,其传动效率为100%。由于锁止式液力变矩器既能自动适应汽车行驶的变化,又能提高传动效率,因此被目前生产的乘用车普遍采用。

7.2.2 行星齿轮变速机构

自动变速器的齿轮变速系统主要有行星齿轮系统和平行轴齿轮系统两种,目前多数自动变速器采用行星齿轮系统与液力变矩器配合使用,行星齿轮系统由行星齿轮机构和执行机构组成,执行机构根据自动变速器控制系统的命令,放松或固定行星齿轮机构的某个元件,通过改变动力传递路线得到不同的传动比。

1. 组成

行星齿轮机构由太阳轮、齿圈、行星齿轮和行星架组成,如图7.9所示。行星齿轮通过齿轮轴支撑在行星架上,齿圈制有内齿,太阳轮位于中心,所有行星齿轮在与太阳轮外啮合的同时还与齿圈内啮合。

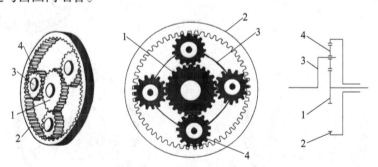

图7.9 行星齿轮机构

1—太阳轮;2—齿圈;3—行星架;4—行星齿轮

2. 变速原理

为便于分析行星齿轮机构的运动规律,设太阳轮、齿圈和行星架的转速分别为 n_1、n_2 和 n_3,齿数分别为 z_1、z_2 和 z_3,齿圈与太阳轮的齿数比为 a。根据能量守恒定律,由作用在该机构各元件上的力矩和结构参数可以导出表示单排行星齿轮机构一般运动规律的特性方程式为

$$n_1 + an_2 - (1+a)n_3 = 1$$

由上式可见,单排行星齿轮机构具有两个自由度,在太阳轮、齿圈和行星架这3个基本构件中,任选两个分别作为主动件和从动件,而使另一元件固定不动(即使该元件转速为0),或使其运动受到一定的约束,则机构只有一个自由度,整个轮系以一定的传动比传递动力。下面通过对不同元件进行约束和限制,可以得到不同的动力传动形式,如图7.10所示。

（1）齿圈输入，行星架输出，太阳轮固定元件，如图7.10（a）所示，此时的传动比为
$$i_{23}=1+z_1/z_2$$
（2）太阳轮输入，行星架输出，齿圈被固定。太阳轮带动行星齿轮沿静止的齿圈旋转，从而带动行星架以较慢的速度与太阳轮同向旋转，如图7.10（c）所示，此时的传动比为
$$i_{13}=1+a$$
（3）行星架输入，齿圈输出，太阳轮固定元件，如图7.10（b）所示，此时的传动比为
$$i_{23}=z_3/(z_1+z_3)$$
（4）行星架输入，太阳轮输出，齿圈被固定，如图7.10（d）所示，所示的传动比为
$$i_{31}=1/(1+a)$$
（5）太阳轮输入，齿圈旋转输出，行星架被固定，行星齿轮只能自转，齿圈的旋转方向与太阳轮相反，如图7.10（e）所示，此时的传动比为
$$i_{12}=-z_2/z_1$$

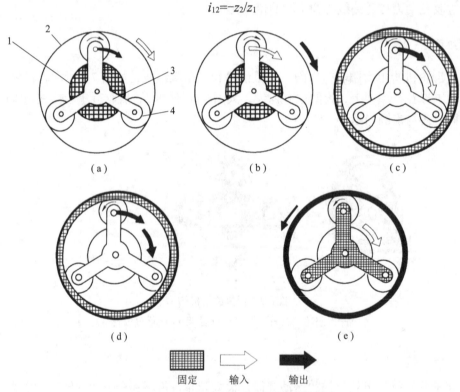

图7.10 单行星齿轮机构的动力传动形式
1—太阳轮；2—齿圈；3—行星架；4—行星齿轮

（6）齿圈输入，太阳轮输出，行星架被固定，行星齿轮只能自转，太阳轮的旋转方向与齿圈相反，此时的传动比为
$$i_{21}=-z_2/z_1$$
（7）若三元件中的两元件被连接在一起转动，则第三元件必然与这两者以相同的转速转动，此时的传动比为
$$i=1$$
（8）若所有元件均不受约束，则行星齿轮机构失去传动作用。

第7章 汽车自动变速器

7.2.3 换挡执行机构

换挡执行机构的功能是对行星齿轮机构的基本元件进行约束（即固定或连接某些基本元件），它主要由离合器、制动器组成。

自动变速器中离合器常用多片湿式离合器和单向离合器两种，离合器的一个作用是将变速器的输入轴和行星排的某个基本元件连接（如 A341E 中的 C_1 把输入轴与前齿圈连接），或将行星排的某两个基本元件连锁在一起（如 A341E 中的 C_0），使整个行星排之成为一个整体转动。单向离合器是以机械方式对行星齿轮机构的元件进行单向锁止的。

自动变速器中制动器常用片式制动器和带式制动器两种，它的作用是固定行星齿轮机构中的基本元件，阻止其旋转。片式离合器和片式制动器都是利用传动液 ATF 的压力来推动活塞移动的，从而使离合器片或制动器片接合。

1. 片式离合器

1）结构特点

自动变速器中的片式离合器多为湿式，通常由离合器鼓、离合器活塞、回位弹簧、钢片、摩擦片和花键毂等组成，如图 7.11 所示。

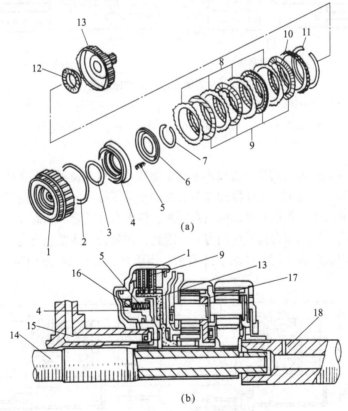

图7.11 片式离合器的结构

1—离合器鼓；2、3—密封圈；4—离合器活塞；5—回位弹簧；6—弹簧座；7、11—卡环；8—钢片；9—摩擦片；10—挡圈（缓冲盘）；12—止推轴承；13—花键毂；14—变速器输入轴；15—油道；16—单向阀；17—前行星排行星架；18—变速器输出轴

离合器鼓通过花键与主动元件相连或与其制成一体，钢片通过外缘键齿与离合器鼓的内花键槽配合，与主动元件同步旋转、离合器花键毂与行星齿轮机构的主动元件制成一体，摩擦片通过内缘键齿与花键毂相连，钢片和摩擦片均可以轴向移动。压盘固定于离合器鼓键槽中，以限制钢片、摩擦片的位移量，其外侧安装了限位卡环，活塞装于离合器鼓内，回位弹簧一端抵于活塞端面，另一端支撑在保持座上，回位弹簧有周置螺旋弹簧、中央布置螺旋弹簧和中央布置碟形弹簧3种不同形式。

2）工作原理

当离合器处于分离状态时，如图7.12（a）所示，活塞在回位弹簧的作用下处于左极限位置，钢片、摩擦片间存在一定间隙。当压力油经油道进入活塞左腔室后，液压力克服弹簧张力使活塞右移，将所有钢片、摩擦片依次压紧，离合器接合。动力经主动元件、离合器鼓、钢片、摩擦片和花键毂传至从动元件相连接的部件，如图7.12（b）所示。

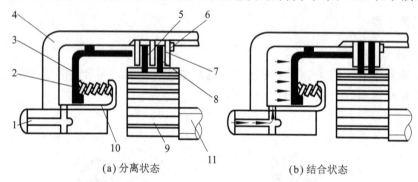

(a) 分离状态　　　　　　　　　(b) 结合状态

图7.12　片式离合器的工作原理图

1—主动元件；2—回位弹簧；3—活塞；4—离合器鼓；5—钢片；6—卡环；7—压盘；
8—摩擦片；9—花键毂；10—弹簧保持座；11—从动元件

3）安全阀

离合器活塞左端的离合器液压缸内不可避免地残留少量变速器油。当离合器鼓随同主动元件一起高速旋转时，残留的变速器油在离心力的作用下被甩向液压缸的外缘，并在该处产生一定的油压，油液压力将活塞推动向离合器片，使离合器接合，从而导致钢片和摩擦片之间出现不正常滑磨，影响离合器的使用寿命。因此，在离合器活塞或离合器鼓左端的壁面上设有一个由钢球组成的安全阀，如图7.13所示。当压力油进入液压缸内时，钢球在油液压

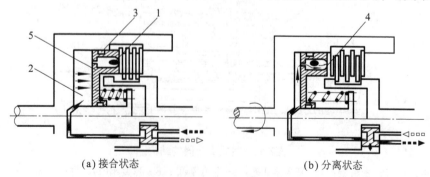

(a) 接合状态　　　　　　　　　(b) 分离状态

图7.13　离合器安全阀

1—单向球阀；2—液压缸；3—油封；4—辅助泄油通道；5—活塞

力的作用下压紧在阀座上，处于关闭状态，保证了油压缸的密封。当液压缸内的油液通过油路排出时，缸体内的油液压力下降，安全阀的钢球在离心力的作用下离开阀座，阀处于开启状态，残留在缸内的油液因离心力的作用从安全阀的阀孔排出，使离合器得以彻底分离。

提示：检查离合器泄漏故障时应注意离合器安全阀的检查。

2. 单向离合器

1) 作用和类型

单向离合器的作用是使某元件只能按一定方向旋转，而在另一个方向上锁止。在行星齿轮系统中有若干个单向离合器，其工作性能对变速器的换挡品质和动力传递有很大的影响。单向离合器具有结构简单、灵敏度高的优点，可瞬间锁止或解除锁止，提高了换挡时机的准确性。另外，单向离合器不需要附加液压或机械操纵装置，结构简单，不易发生故障。单向离合器有滚子式和楔块式两种类型。

2) 滚子式单向离合器

如图7.14所示，滚子式单向离合器由滚子、弹簧、弹簧保持座和内、外座圈组成。外座圈的内表面制有若干偏心的弧形滚道，因此，由光滑的内座圈和外座圈构成的滚子滚道的宽度不均匀，滚子被弹簧压向小端。在内座圈固定的情况下，外座圈可沿逆时针方向旋转，带动滚子压缩弹簧，使其落入滚道大端。

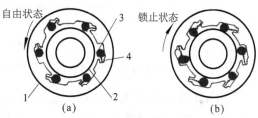

图7.14 滚子式单向离合器

1—外座圈；2—内座圈；3—滚子；4—弹簧

若外座圈沿顺时针方向旋转，滚子被带向滚道小端，内座圈卡住不能转动，单向离合器锁止。

3) 楔块式单向离合器

如图7.15所示，楔块式单向离合器由内、外座圈组成，滚道的宽度是均匀的，采用不均匀形状的楔块，楔块大端长度大于滚道宽度，在内座圈固定的情况下，外座圈可沿逆时针方向旋转，带动楔块逆时针方向转动，单向离合器滑转。外圈沿顺时针方向转动，楔块将被卡在内、外座圈之间，单向离合器内、外座圈锁止。

提示：安装单向离合器时要注意方向。

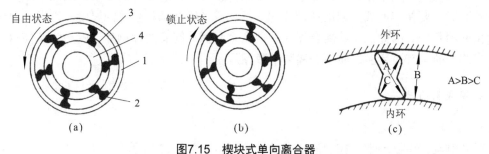

图7.15 楔块式单向离合器

1—外座圈；2—楔块；3—保持架；4—内座圈

3. 片式制动器

1) 结构特点

片式制动器由制动器活塞、回位弹簧、钢片、摩擦片及制动器毂等组成，如图7.16

所示。一般摩擦片为 2～6 片，钢片等于或多于摩擦片的片数。配置不同排量的发动机可通过改变摩擦片的数量来达到增大传递扭矩的作用。

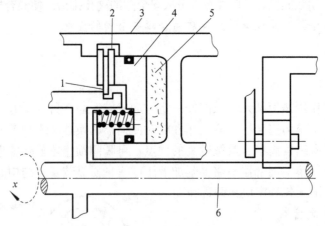

图7.16　片式制动器

1—摩擦片；2—钢片；3—变速器壳体；4—活塞；5—油缸；6—制动毂

钢片通过外花键齿安装在变速器壳体的内花键齿圈上，摩擦片则通过内花键齿和制动器毂上的外花键槽相连，制动器毂与行星齿轮机构的元件相连。当液压缸中没有压力油时，制动毂可以自由旋转，当压力油进入制动器的液压缸后，通过活塞将钢片和摩擦片压紧在一起，制动器毂以及与其相连的行星齿轮机构的某一元件被固定住而不能旋转。钢片、摩擦片均由钢板冲压而成，摩擦片表面有厚度为 0.38～0.76mm 的摩擦材料层。

2）工作原理

自动变速器中片式制动器的工作原理与片式离合器基本相同，这里不再介绍。在分解自动变速器时会发现钢片通过外花键齿安装在变速器壳体的内花键齿圈上的是制动器。

3）调整与检修

为了保证分离彻底，钢片和摩擦片之间必须有足够的间隙，标准间隙范围为 0.25～0.38mm，可通过选择适当的压盘、卡环及摩擦片厚度等方法调整该值。在使用过程中，可以通过增减摩擦片的片数来满足不同排量车型传递动力的要求，增加或减少摩擦片的片数时，要相应地减少或增加钢片的片数，或者增减调整垫片的厚度，以保证离合器的自由间隙不变。因此，有些离合器在相邻两个摩擦片间有两片钢片，就是为了使自动变速器在改型时具有灵活性，而不是漏装了摩擦片。

4. 带式制动器

1）结构

带式制动器由制动带、控制油缸和顶杆组成，如图 7.17 所示。

2）制动带

制动带是内表面带有镀层的开口环形钢带，开口的一端支撑在与变速器壳体相连的支座上，另一端与控制油缸相连。根据变形能力的不同制动带可分为刚性和挠性两种。刚性制动带比挠性制动带厚，具有较大的强度和热容性，但不能产生与制动鼓相适应的变形。

挠性制动带在工作时可与制动鼓完全贴合，而且价格低廉。根据结构不同，制动带可分为单边式和双边式两种，双边式制动带具有自行增力功能，制动效果更好，多用于转矩较大的低挡和倒挡制动器，如图 7.18 所示。

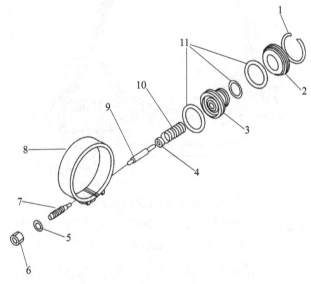

图7.17　带式制动器的零件分解图

1—卡环；2—活塞定位架；3—活塞；4—止推垫圈；5—垫圈；6—锁紧螺母；7—调整螺钉；8—制动带；9—活塞杆；10—回位弹簧；11—O 形圈

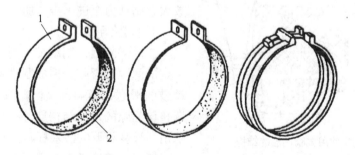

(a)刚性单边制动带　　(b)挠性单边制动带　　(c)双边制动带

图7.18　带式制动器制动带的结构

1—光滑表面；2—摩擦材料镀层

3）控制油缸

控制油缸亦称制动器伺服装置，它有直接作用式和间接作用式两种。

直接作用式制动器的结构如图 7.19 所示，制动带开口的一端通过摇臂支撑于固定在变速器壳体的支承销上，另一端支撑于油缸活塞杆端部。活塞在回位弹簧的作用下位于右极限位置，此时制动带和制动鼓之间存在一定的间隙。制动时，压力油进入活塞右腔，克服左腔油压和回位弹簧的作用力推动活塞左移，制动带以固定支座为支点收紧，在制动力矩的作用下，制动鼓停止旋转，行星齿轮机构某元件被锁止。随着油压撤除，活塞逐渐回位，制动解除。

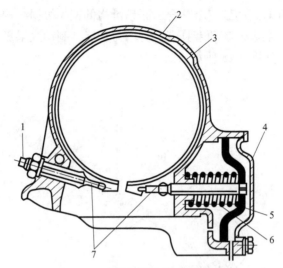

图7.19 直接作用式制动器的结构

1—调整螺钉（固定支撑端）；2—制动带；3—制动鼓；4—油缸盖；
5—活塞；6—回位弹簧；7—支柱

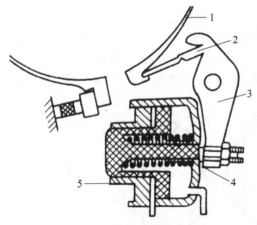

图7.20 间接作用式制动器的结构

1—制动带；2—制动带推杆；3—杠杆；
4—活塞推杆；5—油缸壳体

间接作用式制动器的结构如图7.20所示，与直接作用式制动器的区别在于制动器开口的一端支承于推杆的端部，活塞杆通过杠杆控制推杆的动作，由于采用杠杆结构将活塞作用力放大，制动力矩进一步增加。

4）间隙调整

制动解除后，制动带与制动鼓之间应存在一定的间隙，否则会造成制动带过度磨损和制动鼓的滑磨，影响行星齿轮系统的正常工作。调整该间隙的常见结构部件有长度可调整的支承销、长度可调的活塞杆、调整螺钉3种。

提示：离合器制动器的间隙过小变速器油温易过高，间隙过大会打滑，因此装配时要正确调整间隙。

5. 驻车锁止

1）结构

停车锁止机构由锁止凸轮、锁止棘爪和输出轴外齿圈组成，如图7.21所示。锁止棘爪一端与固定在变速器壳体上的支承销相连。锁止凸轮为圆锥柱体形，一端直径大，一端直径小。

2）工作原理

当操纵手柄拨到P位置时，手控阀通过连杆机构与弹簧推动锁止凸轮将锁止棘爪推向输出轴外齿圈，使锁止棘爪的凸齿嵌入外齿圈的齿槽中，将输出轴与变速器壳体连成一体，使之无法转动。当操纵手柄拨到P位置以外的任一位置时，连杆机构与弹簧将拉动锁

第7章 汽车自动变速器

止凸轮，使其直径小的一端与锁止棘爪接触，棘爪在其弹簧拉力的作用下压在锁止凸轮直径小的一端，棘爪凸齿与输出轴外齿圈分离，不影响变速器输出轴的旋转。

提示：所有挡位都不能移动汽车检查停车锁止机构。

7.2.4 典型行星齿轮变速机构

行星齿轮变速机构按行星排的数目可分为单行星排、双行星排、三行星排等；按前进挡个数可分为三速式和四速式两种；按结构特点可分为辛普森式和拉维纳式两种。目前自动变速器的行星齿轮常采用两个以上的行星排进行组合，选取不同的基本元件作为输入或输出，以及采用执行元件不同的工作方式可得到不同类型的行星齿轮变速器。但考虑到效率的高低、行

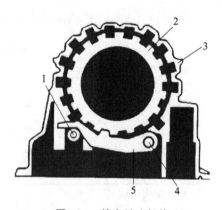

图7.21 停车锁止机构

1—锁止凸轮；2—输出轴外齿圈；3—变速器壳体；4—支撑销；5—锁止棘爪

星齿轮机构的复杂程度，常用的自动变速器的行星齿轮装置有辛普森（Simpson）式和拉维纳（Ravigneaux）式两种。为了进一步提高汽车的动力性和燃油经济性，现代汽车越来越多地采用可提供超速挡的行星齿轮系统的自动变速器。提供超速挡的行星齿轮系统有两种典型结构：一种是在辛普森式行星齿轮系统的基础上增加一个单排行星齿轮机构即超速行星机构；另一种是采用两排简单的行星齿轮机构，通过执行元件的工作得到超速挡（即辛普森2型）。

1. 辛普森式行星齿轮系统

（1）行星齿轮系统普遍应用于乘用车自动变速器中，它以其设计者霍华德·辛普森（Howard Simpson）的名字命名的，它是三速行星齿轮系统，能提供3个前进挡和一个倒挡，其结构特点是前后两个行星齿轮机构共用一个太阳轮。许多变速器都是在辛普森式三挡行星齿轮系统的基础上增加一个单行星排实现四挡变速。

（2）辛普森式三挡行星齿轮系统。

辛普森式三挡行星齿轮系统如图 7.22 所示，其行星齿轮机构包括两个行星排，它的执行机构由前进离合器（C_1），直接挡离合器（C_3），单向离合器（F），二挡制动器（B_3）和低、倒挡制动器（B_3）组成。

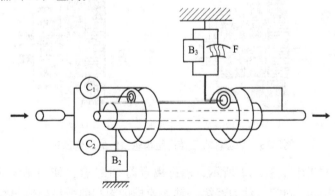

图7.22 辛普森式三挡行星齿轮系统

B_2—二挡制动器；B_3—低、倒挡制动器；C_1—前进离合器；C_2—直接挡离合器；F—单向离合器

各挡执行元件工作情况见表 7-1。

表 7-1　各挡执行元件工作情况

挡位		C_1	C_2	B_2	B_3	F
D	1	▲				▲
	2	▲		▲		
	3	▲	▲			
R					▲	

注：▲表示该元件工作。

输入轴通过直接挡离合器和前进挡离合器分别与太阳轮和前排齿圈相连，二挡制动器用来固定太阳轮，低、倒挡制动器可使后行星架成为固定元件，单向离合器保证后排行星架只能沿顺时针方向转动，前排行星架和后排齿圈与输出轴相连而成为输出元件。在分析传动路线时，外啮合传动旋向相反（如太阳轮与行星轮啮合传动），内啮合传动旋向相同（如行星齿轮与齿圈啮合传动），要记住这两点。该行星齿轮系统各挡的动力传递路线如下。

① D 位一挡。如图 7.23（a）所示，前进离合器结合前排齿圈成为输入元件，动力经前排行星齿轮传递到太阳轮使其逆转同时带动后行星架逆时针旋转。单向离合器 F 使后行星架无法逆时针旋转，行星架被固定。动力传递路线为第一轴→C_1→前排齿圈→前行星轮→太阳轮→后行星轮→后排齿圈→第二轴。

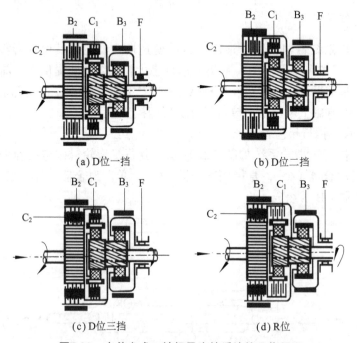

图 7.23　辛普森式三挡行星齿轮系统的工作原理

② D 位二挡。如图 7.23（b）所示，前进离合器 C_1 结合，使前排齿圈成为输入元件，二挡制动器 B_2 将太阳轮固定。动力经第一轴、前排齿圈和前行星架输出给第二轴。

③ D 位三挡。如图 7.23（c）所示，前进离合器 C_1 和直接挡离合器 C_2 工作，此时，

前排太阳轮和齿圈均与第一轴相连,因此行星架也与它们变成一体同步转动,形成直接挡,将第一轴的动力直接传给第二轴。

④ R 位。如图 7.23(d)所示,直接挡离合器 C_2 结合,前排太阳轮成为输入元件,低、倒挡制动器 B_3 固定后排行星架。动力经第一轴、太阳轮、后排行星齿轮和后排齿圈传至第二轴。由于行星架是固定元件,使第二轴的旋转方向与第一轴相反,变速器得到倒挡。

(3)辛普森式四挡行星齿轮系统,如图 7.24 所示,四速行星齿轮仅在三速的基础上增加一个单行星排,通过 B_0 工作获得超速行星排的超速传递,详细的传递过程将在以后的课程里介绍。

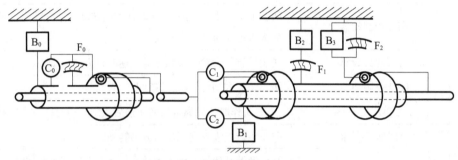

图7.24　辛普森式四挡行星齿轮系统

(4)丰田 A341E 自动变速器各挡动力传递路线。

丰田 A341E 自动变速器是辛普森式四速行星齿轮变速器,它由 11 个工作元件组成,其位置如图 7.25 所示,其各挡执行元件的功能见表 7-2,工作情况见表 7-3。

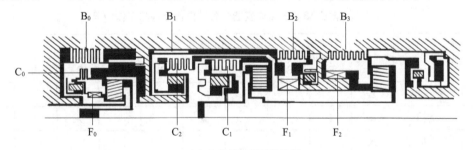

(a)各挡执行元件位置

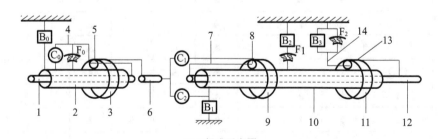

(b)组成示意图

图7.25　辛普森式四速行星齿轮变速器

1—输入轴;2—O/D 太阳轮;3—O/D 齿圈;4—O/D 行星齿轮;5—O/D 行星架;6—输入短轴;7—前行星架;8—前行星轮;9—前齿圈;10—前后太阳轮;11—后齿圈;12—输出轴;13—后行星轮;14—后行星架

表 7-2　丰田 A341E 自动变速器各挡执行元件的功能

执行元件		功能
C_1	前进挡离合器	连接输入轴和前行星齿圈
C_2	直接挡离合器	连接输入轴和前后太阳轮
C_0	超速挡离合器	连接超速挡太阳轮和超速挡行星齿轮支架，防止三、四挡切换冲击
B_1	第二挡跟踪惯性制动器	防止前后太阳轮顺时针或逆时针方向转动
B_2	第二挡制动器	防止 F_1 的外圈顺时针或逆时针方向转动，这样就防止了前后太阳轮逆时针方向转动
B_3	第一挡和倒挡制动器	防止后行星齿轮支架顺时针或逆时针方向转动
B_0	O/D 挡制动器	防止超速太阳轮顺时针或逆时针转动
F_1	1 号单向离合器	当 B_2 工作时，此离合器防止前后太阳轮逆时针方向转动
F_2	2 号单向离合器	防止后行星齿轮支架逆时方向转动
F_0	O/D 挡单向离合器	当变速器开始被发动机驱动时，此离合器连接超速挡、太阳轮和超速挡行星齿轮支架
	行星齿轮	这些齿轮根据每个离合器和制动器的工作情况改变运行轨迹并经其传递驱动力以提高或降低输入和输出转速

表 7-3　丰田 A341E 自动变速器各挡执行元件的工作情况

换挡		换挡执行元件									
		C_0	F_0	B_0	C_1	C_2	B_1	B_2	B_3	F_1	F_2
P	停车挡	▲									
R	倒挡	▲	▲			▲			▲		
N	空挡	▲									
D	1	▲	▲		▲						▲
D	2	▲	▲		▲			▲		▲	
D	3	▲	▲		▲	▲		▲			
D	O/D		▲	▲	▲	▲		▲			
2	1	▲	▲		▲						▲
2	2	▲	▲		▲		▲	▲		▲	
2	3*	▲	▲		▲	▲		▲			
L	1	▲	▲		▲				▲		▲
L	2*	▲	▲		▲		▲	▲		▲	

注：▲表示该元件工作；*表示下行换挡到 2 或 L 位时才能换入该挡，在 2 或 L 位时不能换入该挡；C 表示离合器；F 表示单向离合器；B 表示制动器。

① P 位（停车挡）。

当选挡操纵手柄拨到 P 位置时，电子控制系统和液压控制系统工作，超速离合器 C_0 油路接通而接合，其他换挡元件均不工作。超速离合器 C_0 接合使超速太阳轮和超速行星架连锁，将超速行星排连锁成一体，其他换挡元件不工作，只有超速行星排空转，变速器空挡。手动阀联动的停车锁止机构工作，变速器输出轴锁止，汽车不能移动。

② R 位（倒挡）。

当选挡操纵手柄拨到 R 位置时，在电子控制系统和液压控制系统的控制下，接通倒挡控制油路，换挡执行元件见表 7-3，其动力传递路线如图 7.26 所示，它的工作过程如下。

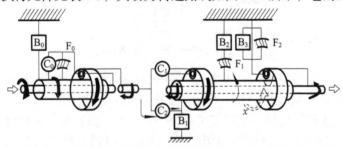

图7.26　R位（倒挡）动力传递路线

超速离合器 C_0 接合将超速太阳轮和超速行星架连锁，超速行星排连锁成一体转动。直接挡离合器 C_2 接合把输入轴与辛普森行星排的太阳轮连接成一体按顺时针方向转动，动力由液力变矩器传递到太阳轮，此时，前排行星轮和齿圈因无元件固定而空转；在后行星排中，B_3 制动器将后行星架固定，因此后行星轮在太阳轮的驱动下沿逆时针方向自转，同时带动后排齿圈以及与后排齿圈连成一体的输出轴逆时针转动，从而实现倒挡传动，倒挡传动比为 2.393，汽车可以慢速倒退行驶。

动力传递路线为液力变矩器→超速输入轴→超速行星排→辛普森式三速变速器输入轴→直接挡离合器 C_2→太阳轮→后排行星轮→后排齿圈→输出轴。

③ N 位（空挡）。

当选挡操纵手柄拨到 N 位置时，电子控制系统和液压控制系统使超速离合器 C_0 路接通而接合，其他换挡元件均不工作。如上所述超速离合器 C_0 接合使超速行星排连锁成一体，由于其他换挡元件不工作，因此辛普森式三速行星排不传递动力，超速行星排空转，变速器处于空挡，此时汽车不能移动。

④ D 位一挡。

当选挡操纵手柄拨到 D 位置时，如果发动机负荷很小或行驶阻力很大，电子控制系统和液压控制系统将自动接通一挡控制油路，使换挡元件 C_0、F_0、C_1、F_2 投入工作，如图 7.27 所示。超速离合器 C_0 接合将超速太阳轮和超速行星架连锁，超速行星排连锁成一体转动，超速单向离合器的功能是当变速器开始被发动机驱动时，此离合器连接超速太阳齿轮和超速挡行星齿轮架（可大大减少 C_0 的负载，减小 C_0 的体积）。前进离合器 C_1 接合把输入轴与辛普森式行星齿轮机构的前齿圈连接成一体，按顺时针方向转动，动力由液力变矩器传递到前排齿圈。此时车辆正在起步则输出轴及其连成一体的前行星架将因阻力较大而不能转动，前行星轮不能公转，前排齿圈只能带动前行星轮沿顺时针方向自转，并带动太阳轮沿逆时针方向转动。太阳轮沿逆时针方向转动时，就会驱动后行星轮在沿顺时针方向自转的同时，并有沿后排内齿圈有逆时针公转的趋势，但由于后行星架受2号单向离合器 F_2 作用而不能逆时针转动，如图7.27中虚线箭头所示，因此后行星轮顺时针自转时将强迫后排齿圈沿顺时针方向转动，即将传递到输出轴的转速降低，扭矩增大，使汽车起步。

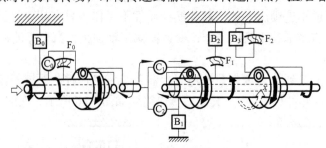

图7.27　D位一挡动力传递路线

汽车起步后，输出轴转动，与其连成一体的前行星架一同沿顺时针方向转动，前排齿圈一边带动前行星轮沿顺时针方向自转，一边带动前行星架沿顺时针方向转动，将一部分动力由前行星架传递到输出轴。此时变速器为一挡，前、后行星排都传递动力，传动比为2.804，传递到输出轴的转速降低、扭矩增大，汽车能以较大扭矩克服行驶阻力而低速行驶。动力传递路线有两个：一个是液力变矩器→超速行星排→输入轴→前进离合器 C_1 →前排齿圈→前行星轮→前行星架→输出轴；另一个是液力变矩器→超速行星排→输入轴→前进离合器 C_1 →前排齿圈→前行星轮→太阳轮→后行星轮→后排齿圈→输出轴。

⑤D位二挡。

当选挡操纵手柄拨到D位置时，如果发动机负荷增大，行驶速度提高，电子控制系统和液压控制系统将自动接通二挡控制油路，使换挡元件 C_0、F_0、C_1、F_1、B_2 投入工作，如图7.28所示。超速行星排工作情况同D位一挡。前进离合器 C_1 接合将动力由液力变矩器传递到前排齿圈。因为二挡制动器 B_2 和单向离合器 F_1 工作，防止太阳轮逆时针转动，所以前行星轮既绕各自的轴沿顺时针方向自转，又带动前行星架沿顺时针方向转动，从而通过前行星架将动力传递到与其连成一体的输出轴。后行星排（后行星轮和后排齿圈）无元件固定，在输出轴带动下处于空转状态，此时传动比为1.53，变速器处于二挡，汽车能以较高的车速行驶。动力传递路线为：液力变矩器→超速行星排→输入轴→前进离合器 C_1 →前排齿圈→前排行星轮→前排行星架→输出轴。

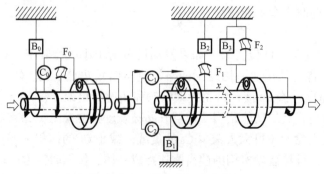

图7.28　D位二挡动力传递路线

⑥D位三挡（直接挡）。

当选挡操纵手柄拨到D位置时，如果发动机负荷较大或行驶阻力较小，电子控制系统和液压控制系统将自动接通三挡控制油路，使换挡元件 C_0、F_0、C_1、C_2、B_2 投入工作，如图 7.29 所示。换挡元件 C_0、F_0 工作时，超速行星排工作情况同 D 位一挡相同。前进离合器 C_1 和直接挡离合器 C_2 接合便将前排齿圈和太阳轮连锁，使前行星排作为一个整体元件旋转，将动力直接传递到输出轴，实现直接挡传动，后行星排也作为一个整体随之空转，此时传动比为 1，变速器为三挡，汽车能以较高的车速行驶。动力传递路线为液力变矩器→超速行星排→输入轴→前进离合器 C_1 和直接挡离合器 C_2→前行星排输出轴。

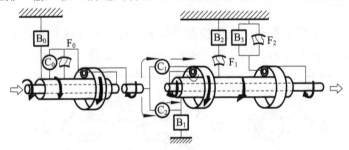

图7.29　D位三挡（直接挡）动力传递路线

⑦ O/D 挡（超速挡）。

当选挡操纵手柄拨到 D 位置时，如果发动机负荷很大或行驶阻力很小，电子控制系统和液压控制系统将自动接通超速挡控制油路，使换挡元件 B_0、C_1、C_2、B_2 投入工作，如图 7.30 所示发动机输出的动力由液力变矩器传递到超速输入轴及其连成一体的超速行星架。因为超速制动器 B_0 将超速太阳轮固定不动，所以当超速行星架带动超速行星轮沿顺时针方向公转的同时自转，超速行星轮就会带动超速齿圈顺时针超速转动，从而将动力传递到辛普森式行星齿轮机构的输入轴。前进离合器 C_1 和直接挡离合器 C_2 工作，将前排齿圈和太阳轮连锁，使前行星排成为一个整体元件将动力由输入轴直接传递到输出轴，后行星排也作为一个整体随之运转，此时变速器为超速挡，汽车高速行驶，传动比为 0.705。动力传递路线为液力变矩器→超速输入轴→超速行星架→超速行星轮→超速齿圈→辛普森式行星齿轮机构的输入轴→前进离合器 C_1 和直接挡离合器 C_2→前行星排→输出轴。

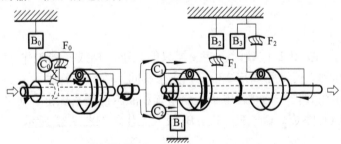

图7.30　O/D挡（超速挡）动力传递路线

如果发动机负荷减小或行驶阻力增大，电子控制系统和液压控制系统将自动接通其他传动挡（三挡、二挡或一挡）的控制油路，超速行星排中只有超速离合器 C_0 和超速单向离合器 F_0 工作，超速离合器 C_0 将超速太阳轮和超速行星架连锁，使超速行星排连接成为一个整体沿顺时针方向转动，将液力变矩器输入的动力直接传递到辛普森式行星齿轮机构的输入轴。此时变速器将自动转换到三挡、二挡或一挡工作。可见，超速行星排实际上具有超速传动、直接传动和空挡 3 种工作状态。

⑧ 2位一挡、二挡和三挡。

选挡操纵手柄的 2 位是锁定挡位，只允许在一、二、三挡之间自动变速。当汽车上陡坡或下陡坡时，应将选挡操纵手柄拨到 2 位置或 L 位置，L 位也是低速挡位（只允许以一、二挡行驶），使汽车具有足够的驱动力稳定的上坡，下坡时又可利用发动机制动。

当选挡操纵手柄拨到 2 位置时，变速器最高只能升到三挡或从高速挡（三挡）强制降到二挡或一挡。变速器在 2 位一挡和 2 位三挡时的工作情况分别与 D 位一挡和三挡完全相同，故不再赘述。

当变速器工作在 2 位二挡时，电子控制系统和液压控制系统将自动接通高速发动机制动挡油路，使换挡元件 C_0、F_0、C_1、B_1、B_2 投入工作，如图 7.31 所示。

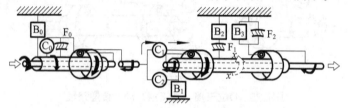

图7.31　2位一挡、二挡和三挡动力传递路线

当发动机驱动变速器输出轴转动（如汽车上坡行驶）时，变速器工作情况与 D 位二挡基本相同，传动比为 1.531。动力传递路线为发动机→液力变矩器→超速行星排→输入轴→前进离合器 C_1→前排齿圈→前排行星轮→前排行星架→输出轴。

当发动机处于减速状态运转（例如汽车下坡行驶）时，变速传动系统输出轴在惯性力的作用下，其转速将高于发动机曲轴转速。此时如果输出轴将带动发动机转动，将利用发动机消耗传动系统的动能来使汽车减速，即实现发动机制动，为此增设了二挡滑行制动器 B_1，用 B_1 工作来固定太阳轮，使太阳轮既不能顺时针转动，也不能逆时针转动。在前行星架与输出轴一体按顺时针方向转动时，通过前行星轮带动前排齿圈沿顺时针方向转动，动力再由前进离合器 C_1、输入轴、超速行星排等传递到发动机，从而实现发动机制动，又称为高速发动机制动挡。因为发动机处于制动状态，所以传力方向与动力传递路线方向相反。

⑨ L 位一挡和二挡。

当选挡操纵手柄拨到 L 位置时，变速器只能处于一挡或二挡工作。变速器在 L 位二挡时的工作情况和动力传动路线与 2 位二挡完全相同，故不再赘述。

当变速器工作在 L 位一挡时，电子控制系统和液压控制系统将自动接通低速发动机制动挡油路，使换挡元件 C_0、C_1、F_0、F_2、B_3 投入工作，如图 7.32 所示。当发动机处于减

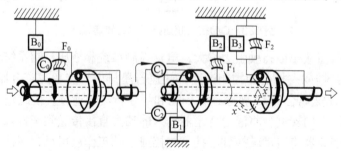

图7.32　L位一挡和二挡动力传递路线

速状态运转（例如汽车下坡行驶）时，由于 B_3 工作，后行星架双向锁定（D 位一挡时 F_2 只能逆时针锁定后行星架，变速器输出轴反拖发动机时 F_2 打滑，无发动机制动）。变速器输出轴与发动机刚性连接，实现发动机制动。

2. 拉维纳式行星齿轮系统

拉维纳式行星齿轮系统采用双行星排组合（图 7.33），其结构特点是两行星排共用行星架和齿圈，小太阳轮 1、短行星齿轮 4、长行星齿轮 5、行星架 3 及齿圈 6 组成一个双行星轮式行星排，大太阳轮 2、长行星齿轮 5、行星架 3 及齿圈 6 组成一个单行星轮式行星排，如图 7.33 所示，具有 4 个独立元件：小太阳轮、大太阳轮、行星架和齿圈。行星架上的两套行星齿轮相互啮合，其中短行星齿轮与小太阳轮啮合，长行星齿轮与大太阳轮啮合的同时与齿圈啮合。

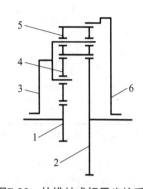

图7.33 拉维纳式行星齿轮系统

1—小太阳轮；2—大太阳轮；3—行星架；4—短行星齿轮；5—长行星齿轮；6—齿圈

（1）三速拉维纳式行星齿轮变速器的结构简图如图 7.34 所示，前进离合器 C_1 用于连接输入轴和小太阳轮，倒挡及直接挡离合器 C_2 用于连接输入轴和大太阳轮，2 挡制动器 B_1 用于固定大太阳轮，倒挡及低挡制动器 B_2 起固定行星架的作用，单向离合器 F_1 对行星架逆时针方向旋转有锁止作用。

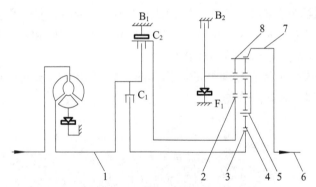

图7.34 三速拉维纳式行星齿轮变速器的结构简图

1—输入轴；2—大太阳轮；3—小太阳轮；4—短行星齿轮；5—行星架；6—输出轴；7—齿轮；8—长行星齿轮；C_1—前进离合器；C_2—倒挡及直接挡离合器；B_1—二挡制动器；B_2—低、倒挡制动器；F_1—1 挡单向离合器

（2）执行元件工作情况见表 7-4。

表 7-4 执行元件工作情况

选挡杆位置	挡位	换挡执行元件				
		C_1	C_2	B_1	B_2	F_1
D	一挡	▲				▲

（续）

选挡杆位置	挡位	换挡执行元件				
		C_1	C_2	B_1	B_2	F_1
D	二挡	▲		▲		
	三挡	▲	▲			
R	倒挡		▲		▲	
S，L或二，一	一挡	▲			▲	
	二挡	▲		▲		

注：▲表示离合器结合，制动器制动，单向离合器锁止。

各 N 挡传递路线如下。

① D 位一挡。单向离合器 F_1 锁止行星架，使其无法逆时针旋转，前进离合器接合，小太阳轮成为输入元件。动力传递路线为第一轴→小太阳轮→短行星齿轮→长行星齿轮→齿圈。

② D 位二挡。前进离合器接合，二挡制动器将大太阳轮固定。动力传递路线为第一轴→小太阳轮→短行星齿轮→长行星齿轮（顺时针自转的同时公转）→齿圈。

③ D 位三挡。前进离合器和直接挡离合器参与工作。大、小太阳轮被锁成一体，由于这两套行星齿轮处于常啮合状态而无法旋转，于是整个行星齿轮系统被连锁成一体，以直接挡传递动力。

④ R 位。直接挡离合器 C_2 工作，大太阳轮成为输入元件，低、倒挡制动器将行星架固定。动力传递路线为大太阳轮→长行星齿轮→齿圈。小太阳轮和短行星齿轮空转。

（3）大众 01N 自动变速器各挡传递路线。

01N 型拉维纳式行星齿轮变速器的结构如图 7.35 所示，它包括拉维纳式行星齿轮机构和离合器、制动器、单向离合器。

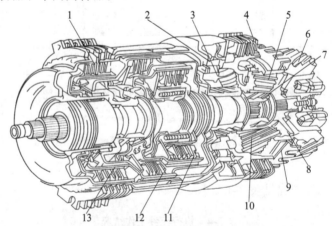

图 7.35 拉维纳式行星齿轮变速器的结构

1—第二挡和第四挡制动器（B_2）；2—单向离合器；3—大太阳轮；4—倒挡制动器（B_1）；5—短行星轮；6—主动锥齿轮；7—小太阳轮；8—行星架；9—车速传感器齿轮；10—长行星轮；11—第三挡和第四挡离合器（C_3）；12—倒挡离合器（C_2）；13—第一挡到第三挡离合器（C_1）

第7章 汽车自动变速器

拉维纳式行星齿轮机构如图 7.36 所示，它由双行星排组成，包括大太阳轮、小太阳轮、长行星齿轮、短行星齿轮、齿圈和行星架。大、小太阳轮采用分段式结构，使三挡到四挡的转换更加平顺。短行星齿轮与长行星齿轮及小太阳轮啮合，长行星齿轮同时与大太阳轮、短行星齿轮及齿圈啮合，动力通过齿圈输出。两个行星齿轮共用一个行星架（图 7.36 中未画出）。

拉维纳式行星齿轮变速器的简图如图 7.37 所示，其中离合器 C_1 用于驱动小太阳轮，离合器 C_2 用于驱动大太阳轮，离合器 C_3 用于驱动行星齿轮架，制动器 B_1 用于制动行星齿轮架，制动器 B_2 用于制动大太阳轮，单向离合器 F 用于防止行星架逆时针转动，F_0 将导轮 D 单向锁止，锁止离合器 LC 将变矩器的泵轮和涡轮刚性地连在一起。

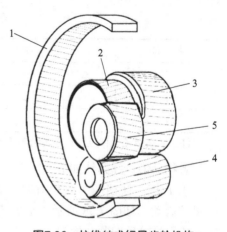

图7.36　拉维纳式行星齿轮机构

1—齿圈；2—小太阳轮；3—大太阳轮；
4—长行星齿轮；5—短行星齿轮

提示：在分析传递路线时，外啮合传动旋向相反（如小太阳轮与短行星齿轮啮合传动），内啮合传动旋向相同（如长行星齿轮与齿圈啮合传动），要记住这两点。

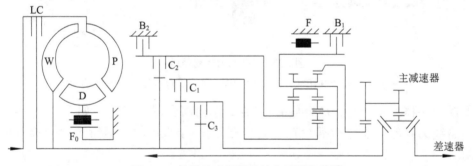

图7.37　拉维纳式行星齿轮变速器的简图

各挡位换挡元件的工作情况见表 7-5。

表7-5　各挡位换挡元件的工作情况

挡　位		B_1	B_2	C_1	C_2	C_3	F	LC
R 挡		▲			▲		▲	
D	1			▲			▲	▲
	2		▲	▲			▲	▲
	3			▲		▲		▲
	4		▲			▲		▲
3	1			▲			▲	▲
	2		▲	▲			▲	▲
	3			▲		▲		▲

（续）

挡位		B$_1$	B$_2$	C$_1$	C$_2$	C$_3$	F	LC
2	1	▲		▲			▲	
	2		▲	▲				▲
1		▲		▲				▲

注：▲表示该元件工作；B 表示制动器；C 表示离合器；F 表示单向离合器；LC 表示锁止离合器。

各挡动力传递路线如下。

① R 挡。换挡杆在 R 位置时，离合器 C$_2$ 接合，驱动大太阳轮，制动器 B$_1$ 工作，使行星架制动。如图 7.38 所示，动力传递路线为泵轮→涡轮→涡轮轴→离合器 C$_2$→大太阳轮→长行星轮反向驱动齿圈。

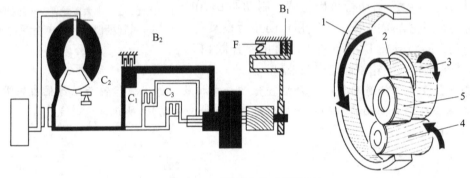

图7.38　R挡动力传动路线

1—齿圈；2—小太阳轮；3—大太阳轮；4—长行星轮；5—短行星轮

② D 位一挡。一挡时，离合器 C$_1$ 接合，单向离合器 F 工作。如图 7.39 所示，动力传递路线为泵轮→涡轮→涡轮轴→离合器 C$_1$→小太阳轮→短行星轮→长行星轮驱动齿圈。

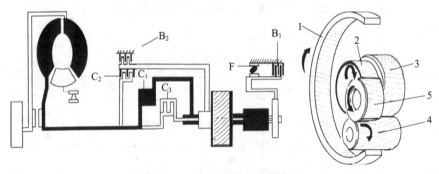

图7.39　D位一挡动力传递路线

1—齿圈；2—小太阳轮；3—大太阳轮；4—长行星轮；5—短行星轮

③ D 位二挡。二挡时，离合器 C$_1$ 接合，制动器 B$_2$ 制动大太阳轮。如图 7.40 所示，动力传递路线为泵轮→涡轮→涡轮轴→离合器 C$_1$→小太阳轮→短行星轮→长行星轮围绕大太阳轮转动（既顺时针自转又公转）并驱动齿圈。

第7章 汽车自动变速器

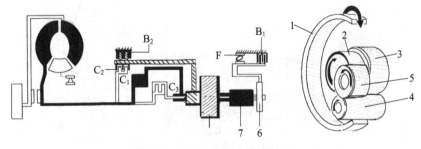

图7.40　D位二挡动力传递路线

1—齿圈；2—小太阳轮；3—大太阳轮；4—长行星齿轮；5—短行星齿轮

④ D 位液压三挡时，离合器 C_1 和 C_3 接合，驱动小太阳轮和行星架，因而使行星齿轮机构锁止并一同转动。如图 7.41 所示，动力传递路线为泵轮→涡轮→涡轮轴→离合器 C_1 →离合器 C_3 →大小太阳轮、行星架→直接挡传动。

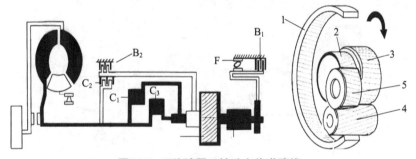

图7.41　D位液压三挡动力传递路线

1—齿圈；2—小太阳轮；3—大太阳轮；4—长行星轮；5—短行星轮

⑤ D 位机械三挡时，变矩器锁止离合器 LC 接合，离合器 C_1 和 C_3 接合，行星齿轮机构锁止，形成一个整体进行工作。如图 7.42 所示，动力传递路线为泵轮→锁止离合器 LC →离合器 C_1 和 C_3 →整个行星齿轮机构转动。

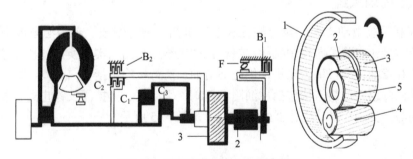

图7.42　D位机械三挡动力传递路线

1—齿圈；2—小太阳轮；3—大太阳轮；4—长行星轮；5—短行星轮

⑥ D 位液压四挡时，离合器 C_3 接合，动力传给行星架，制动器 B_2 工作，制动大太阳轮。如图 7.43 所示，动力传递路线为泵轮→涡轮→涡轮轴→离合器 C_3 →行星架→长行星轮围绕大太阳轮公转并自转驱动齿圈。

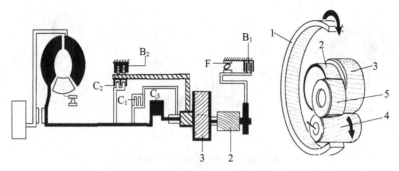

图7.43　D位液压四挡动力传递路线
1—齿圈；2—小太阳轮；3—大太阳轮；4—长行星轮；5—短行星轮

⑦ D位机械四挡时，变矩器锁止离合器 LC 接合，离合器 C_3 接合，制动器 B_2 作，使行星架工作并制动大太阳轮。如图 7.44 所示，动力传递路线为泵轮→锁止离合器 LC→离合器 C_3→行星架→长行星轮围绕大太阳轮转动并驱动齿圈。

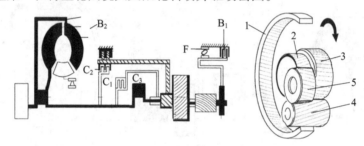

图7.44　D位机械四挡动力传递路线
1—齿圈；2—小太阳轮；3—大太阳轮；4—长行星轮；5—短行星轮

⑧ 三挡时仅在一至三挡之间变换，不能升入四挡。二挡时仅在一～二挡之间变换，不能升入高挡。一挡时仅在一挡锁定，且 B_1 工作，有发动机制动。

7.2.5　液压控制系统

液压控制系统由动力源、执行机构和控制机构三部分组成。动力源是液力变矩器泵轮驱动的液压泵，它除了向控制机构、执行机构供给压力油以实现换挡外，还给液力变矩器提供冷却补偿油，向行星齿轮机构供应润滑油。执行机构包括各离合器、制动器的液压缸，前面已经介绍。控制机构包括主油路调压阀、手动阀、换挡阀及锁止离合器及蓄压器背压控制阀等，安装在自动变速器的阀体上，如图 7.45 所示。

1．液压泵

1）作用和类型

液压泵又称油泵，一般位于液力变矩器和行星齿轮系统之间，由液力变矩器泵轮驱动，它主要有齿轮泵、转子泵和叶片泵 3 种类型，如图 7.46 所示。3 种泵的共同特点是内部元件（转子）由液力变矩器花键毂或驱动轴驱动，外部元件与内部元件之间有一定的偏心距。

第7章 汽车自动变速器

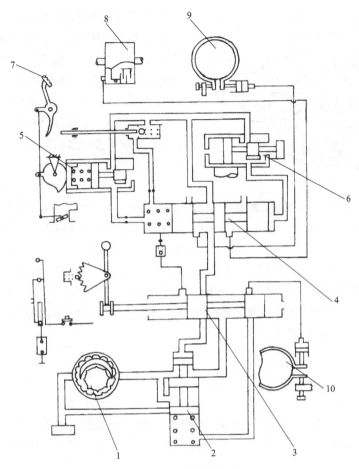

图7.45 液压控制系统

1—油泵；2—调压阀；3—手控阀；4—换挡阀；5—节气门阀；6—调速阀；7—加速踏板；8—直接离合器；
9—低挡制动器；10—倒挡制动器

半月形齿轮泵和转子泵是定容积泵，即转子每转一圈，被油泵吸入变速器油的容积固定不变；叶片泵是泵量可变的容积泵，其吸油腔容积的大小取决于转子和定子之间的偏心距。偏心距越大，腔室容积的变化量就越大。因此可通过改变定子的位置调节偏心距，进而改变油泵的泵油量。这种容积可调的油泵更适应自动变速器的工作要求，在换挡过程中提供较多的油量，在正常行驶时，油泵泵油量减少。

2）叶片泵

叶片泵主要由转子、定子、叶片和配油盘组成，如图7.47所示。相邻叶片间形成密封的工作腔室，通过油道与位于油底壳上方的滤清器相连。当转子按图7.47所示方向旋转时，叶片

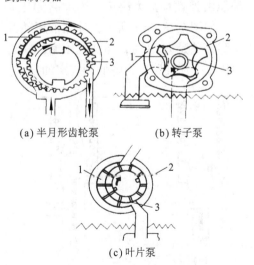

图7.46 3种液压泵的结构简图

1—腔室；2—外部元件；3—内部元件

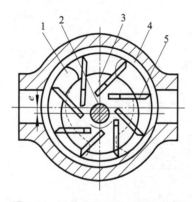

图7.47 叶片泵的工作原理示意图

1—配油盘；2—轴；3—转子；4—定子；5—叶片

间工作腔室的容积发生变化。其中右边叶片工作腔室容积增大，产生低压区，甚至形成局部真空。在叶片泵壳体内真空的作用下，油底壳内变速器油被吸入滤清器，并通过油道进入低压腔室，因此该腔室是油泵的吸油腔。与此相反，容积减小的腔室是压油腔，变速器油从这里被压出油泵，进入压力调节机构。

3）注意事项

（1）发动机不工作时，油泵不泵油，变速器内无控制油压。推车起动时，即使挡位在 D 位或 R 位，输出轴实际上是空转，因此发动机无法起动。

（2）车辆被牵引时，发动机不工作，油泵也不工作，无压力油。长距离牵引，齿轮系统无润滑油，磨损加剧。因此牵引距离不应超过 50km，牵引速度不得高于 30～50km/h。

（3）变速器齿轮系统有故障或严重漏油时，牵引车辆应将传动轴脱开。对于前轮驱动的汽车，应将前轮悬空牵引。

2. 调压阀

1）作用和类型

调压阀安装在阀体上，它是将液压泵输出压力精确调节到所需值后再输入主油路。调压阀应满足主油路系统在不同工况、不同挡位油压要求，它一般分为球阀式、活塞式和滑阀式 3 种。

2）球阀式调压阀

球阀式调压阀的结构原理如图 7.48 所示，它由球阀、弹簧和阀座组成。油路规定的油压由弹簧预紧力决定。当油路油压 F_1 低于弹簧预紧力 F_2 时，弹簧将球阀压紧在阀座上，如图 7.48（a）所示，油路油压随油泵转速升高和油量增加而升高。当油路压力 F_1 高于弹簧预紧力 F_2 时，弹簧被压缩，球阀打开，如图 7.48（b）所示，部分传动液从球阀阀口排出，使油路压力降低到规定油压。

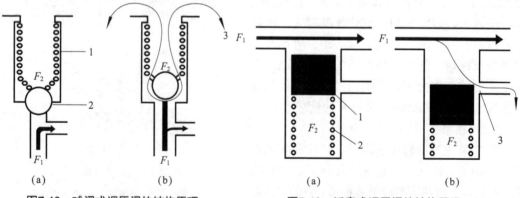

图7.48 球阀式调压阀的结构原理

1—弹簧；2—球阀；3—泄压

图7.49 活塞式调压阀的结构原理

1—活塞；2—弹簧；3—进排液口

3）活塞式调压阀

活塞式调压阀的结构原理如图7.49所示，它由活塞、弹簧和阀体组成。油路规定的油压由弹簧预紧力决定。来自油泵的液压油从进液口进入阀体并作用到活塞的上端面上。当油路压力F_1低于弹簧预紧力时，弹簧伸长，活塞将泄压的进排液口关闭，如图7.49（a）所示，油路油压随油泵转速升高和油量增加而升高。当油路压力高于弹簧预紧力时，弹簧被压缩，活塞移动将进排液口打开，如图7.49（b）所示，部分传动液从进排液口排出泄压，使油路压力降低到规定油压。

4）滑阀式调压阀

滑阀式调压阀由上部的阀芯、下部的柱塞套筒及调压弹簧组成，如图7.50所示。在主调压阀的上部A处，受到来自液压泵的液压力作用，下端B处则受到柱塞下部来自节气门阀所控制的节气门油压力作用，以及调压弹簧的作用力，共同作用的平衡，从而决定阀体所处的位置。若液压泵压力升高，作用在A处向下的液压力增大，推动阀体下移，出油口打开，液压泵输出的部分油液经出油口排回到油底壳，使工作油压力被调整到规定值。

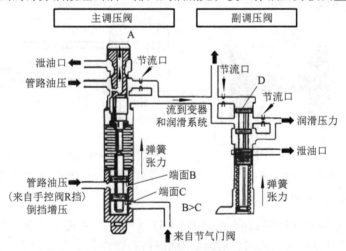

图7.50　滑阀式调压阀的结构原理

当加速踏板踩下时，发动机转速增加，液压泵转速随之加快，由液压泵产生的液压力也升高，向下的液压作用力增大。但此时节气门控制油压也增强，使得向上的作用力也增大，于是主调压阀继续保持平衡，满足了发动机功率增加时主油路油压增大的要求。

倒挡时，手动阀打开另一条油路，将压力油引入主调压阀柱塞的B腔，使得向上推动阀体的作用力增加，阀芯上移，出油口被关小，主油路压力增高，从而获得了高于D、2、L等前进挡位的管路压力（图7.52）。

副调压阀的作用是将主油路压力油再次减压后送入液力变矩器，使液力变矩器内液压油的压力保持在196～490kPa之间，同时将液力变矩器内受热后的液压油送至散热器冷却并让一部分冷却后的液压油流回齿轮变速器，对齿轮变速器中的轴承和齿轮进行润滑。

提示： 当油门加大和挂倒挡时，主油压均不能提高则要注意主调压阀阀芯是否卡滞。

5）性能要求

（1）油门开度较小时，自动变速器所传递的转矩较小，执行机构中的离合器、制动器不易打滑，主油路压力可以降低。而当发动机油门开度较大时，因传递的转矩增大，为防止离合器、制动器打滑,主油路压力要升高。

(2)汽车在低速挡行驶时,所传递的转矩较大,主油路压力要高。而在高速挡行驶时,自动变速器传递的转矩较小,可降低主油路油压,以减少液压泵的运转阻力。

(3)倒挡的使用时需提高操纵油压。

3. 手控阀

手控阀通过连杆机构与驾驶室内的变速器选挡操纵手柄相连,驾驶人操纵换挡手柄便可以带动手动阀移动,其作用是根据选挡杆位置的不同依次将管路压力导入相应各挡油路。如图 7.51 所示为一简易手控阀的结构原理图。

手控阀是一种由人工手动操纵的换向阀,滑阀(阀芯)通过机械连杆机构或缆索与操纵手柄连接。当操纵手柄处于不同位置时(P、R、N、D、2 和 L 挡位),滑阀随阀杆移动而移动至相应的位置,从而接通相应的油路。手控阀的功用是根据选挡操纵手柄位置,接通主调压阀与不同挡位之间的油路。手控阀的结构及其控制油路如图 7.52 所示。

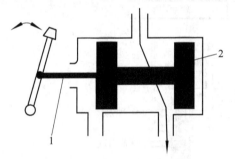

图7.51 手控阀的结构原理
1—阀杆；2—滑阀

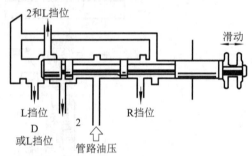

图7.52 手控阀的结构及其控制油路

选挡手柄有按钮式和手柄式两种,如图 7.53 所示。按钮式一般布置在组合仪表盘上,通过操纵按钮来选择挡位位置。选挡操纵手柄既可布置在驾驶室地板上,也可布置在转向柱管上。

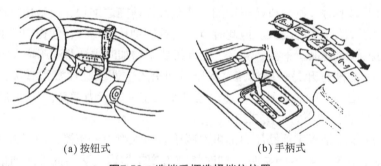

(a) 按钮式　　　　(b) 手柄式

图7.53 选挡手柄选择挡位位置

4. 换挡杆锁止电磁阀

换挡杆锁止电磁阀安装在换挡杆上,如图 7.54 所示。换挡杆锁止电磁阀与点火系统连接,其作用是锁止挡位。当踩下制动踏板时,挡位锁止解除。

第7章 汽车自动变速器

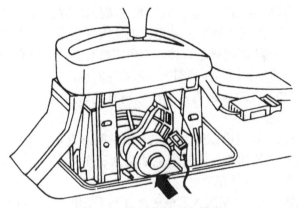

图7.54 换挡杆锁止电磁阀

5. 换挡阀

电液式控制系统换挡阀的工作完全由换挡电磁阀控制,其控制方式有两种:一种是加压控制,即通过开启或关闭换挡阀控制油路进油孔来控制换挡阀的工作;另一种是泄压控制,即通过开启或关闭换挡阀控制油路泄油孔来控制换挡阀的工作。加压控制方式的工作原理如图7.55所示,压力油经电磁阀后通至换挡阀的左端。当电磁阀关闭时,没有油压作用在换挡阀左端,换挡阀在右端弹簧力的作用下移向左端[图7.55(a)];当电磁阀开启时,压力油作用在换挡阀左端,使换挡阀克服弹簧力右移[图7.55(b)],从而改变油路,实现挡位变换。

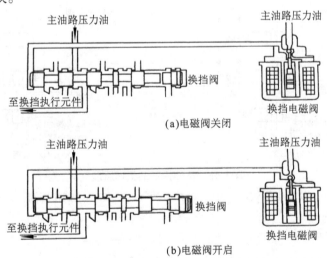

图7.55 换挡阀的工作原理

目前自动变速器通常有3个换挡阀。分别由3个换挡电磁阀来控制,并通过3个换挡阀之间油路的互锁作用实现4个挡位的变换。目前大部分电子控制自动变速器采用有两个电磁阀操纵3个换挡阀的控制方式,如丰田341E,这种换挡控制的工作原理如图7.56所示,它采用泄压控制方式。由图7.56可知,一、二换挡阀和三、四换挡阀由电磁阀A控制,二、三挡换挡阀则由电磁阀B控制。电磁阀不通电时关闭泄油孔,来自手动阀的主油路压力油通过节流孔后作用在各换挡阀右端,使阀芯克服弹簧力左移。电磁阀通电时泄油孔开启，换挡阀右端压力油被泄空，阀芯在左端弹簧力的作用下右移。

图7.56(a)为一挡，此时电磁阀A断电，电磁阀B通电，一、二挡换挡阀阀芯左移，关闭二挡油路；二、三挡换挡阀阀芯右移，关闭三挡油路。同时使主油路油压作用在三、四挡换挡阀阀芯右端，让三、四挡换挡阀阀芯停留在右位。

图7.56(b)为二挡，此时电磁阀A和电磁阀B同时通电，一、二换挡阀右端油压下降，阀芯右移，打开二挡油路。

图7.56(c)为三挡，此时电磁阀A通电，电磁阀B断电，二、三挡电磁阀右端油压上升，阀芯左移，打开二挡油路。同时使主油路油压作用在一、二挡换挡阀左端，并让三、四挡换挡阀阀芯左端控制油压泄空。

图7.56(d)为四挡，此时电磁阀A和电磁阀B均不通电，三、四挡换挡阀阀芯右端控制压力上升，阀芯左移，关闭直接挡离合器油路，接通超速制动器油路，由于一、二挡换挡阀阀芯左端作用着主油路油压，虽然右端有压力油作用，但是阀芯仍然保持在右端不能左移。

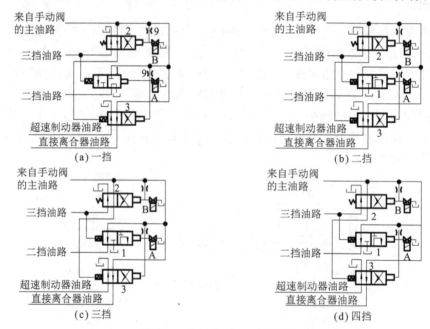

图7.56　换挡控制的工作原理

A—换挡电磁阀；B—换挡电磁阀；1—一、二挡换挡阀；2—二、三挡换挡阀；3—三、四挡换挡阀

6. 节气门阀与止回阀

节气门油压修正阀的结构如图7.57所示，其功能是将作用于主调压阀的节气门油压转换成随节气门开度变化而成非线性变换的油压。

其目的是在节气门开度较大时，使主调压阀调节的管路油压的增长幅度减小，以满足实际传递发动机动力的需要，防止主油路油压过高而导致换挡产生冲击现象。来自节气门阀的节气门油压经过滤清器分别作用到节气门油压修正阀阀芯的上端面B上以及下端面A，阀芯下部还作用有一个弹簧张力。因此，阀芯位置取决于传动液对端面A的作用力以及弹簧张力的合力。

当节气门油压较低时，弹簧张力和下端面 B 油压作用力克服上端面 A 的油压作用力使阀芯向上移动，泄油口关闭，阀芯位置如图 7.58 所示。此时节气门油压经过滤清器和修正阀阀芯直接输送到主调压阀，修正阀输出的油压与节气门阀输出的油压相等，如图 7.58（b）所示。当节气门开度增大时，节气门油压升高，油压对阀芯下端面 B 和上端面 A 的作用力都随之增大。因为阀芯上端面 B 的面积大于下端面 A 的面积，所以油压对上端面 B 的作用力大于对下端面 A 的作用力。当节气门开度增大使节气门阀输出的节气门油压升高到一定值时，阀芯上端面 B 的作用力将等于下端面 A 的作用力与弹簧张力之和，使阀芯稳定在某一平衡

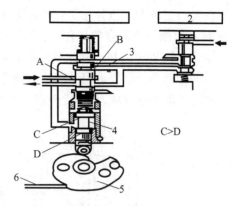

图7.57 节气门油压修正阀的结构

1—节气门阀；2—止回阀；3—节流口；
4—柱塞；5—节气门凸轮；6—节气门拉索

位置。当节气门开度继续增大使节气门油压继续升高时，油压对上端面 B 的作用力将超过对下端面 A 的作用力和弹簧张力之和而使阀芯向下移动，直至泄油口开启，泄油口开启面积随节气门开度的增大而增大。泄油口开启后，部分传动液从泄油口流出，使节气门油压修正阀输出的修正油压的增长幅度减小，从而使主调压阀调节的管路油压的增长幅度减小，防止主调压阀调节的管路油压过高而使换挡产生冲击。电控自动变速器节气门阀仅用来调节主油压，而液控自动变速器节气门阀又用于换挡控制。

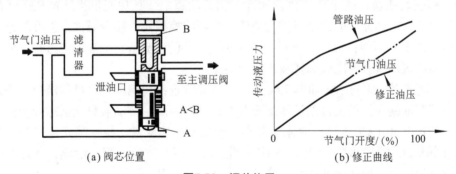

图7.58 阀芯位置

7. 锁止离合器控制阀

目前，在一些新型的电控自动变速器上，锁止电磁阀采用脉冲式电磁阀，ECU 可利用脉冲电信号占空比大小来调节锁止电磁阀的开度，以控制作用在锁止离合器控制阀右端的油压，由此调节锁止离合器控制阀左移时排油孔的开度，从而控制锁止离合器活塞右侧油压的大小（图 7.59）。当作用在锁止电磁阀上的脉冲电信号的占空比为 0 时，电磁阀关闭，没有油压作用在锁止离合器控制阀的右端，此时锁止离合器活塞左右两侧的油压相同，锁止离合器处于分离状态。当作用在锁止电磁阀上的脉冲电信号较小时，电磁阀的开度和作用在锁止离合器控制阀右端的油压以及锁止控制阀左移打开的排油孔开度均较小，锁止离合器活塞左右两侧油压差以及由此产生的锁止离合器接合力也较小，使锁止离合器处于半接合状态。脉冲信号的占空比越大，锁止离合器活塞左右两侧油压差以及锁止离合

器接合力也越大。当脉冲信号的占空比达到一定数值时，锁止离合器即可完全接合。这样ECU在控制锁止离合器接合时，可以通过电磁阀来调节其接合速度，让接合力逐渐增大，使接合过程更加柔和。有些车型的自动变速器ECU还具有滑动锁止控制程序，也就是在汽车的行驶条件已接近但尚未达到锁止控制程序所要求的条件时，先让锁止离合器处于滑磨状态（即半接合状态），变矩器处于半机械半液力传动工况。

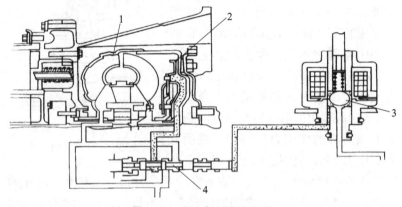

图7.59 锁止离合器控制阀

1—变矩器；2—锁止离合器；3—脉冲线性锁止电磁阀；4—锁止离合器控制阀

8. 缓冲阀

缓冲阀安装在换挡阀至换挡执行元件之间的油路中，其功能是当换挡执行元件接合时，通过对流入换挡元件的传动液进行节流，来延缓换挡元件接合时油压上升的速度，从而减小换挡冲击；当换挡元件分离时，增大换挡元件的泄流量，加速泄流过程，使换挡元件迅速分离。缓冲阀有球阀式和弹簧式两种类型。

（1）球阀式缓冲阀的结构如图7.60所示，进排液连接控制油路，进排液口2连接换挡元件。当控制油路向换挡元件的液压缸充油时，球阀关闭，传动液只能从球阀旁边的节流口通过，如图7.60（a）所示，液体流量小，油压上升速度慢，使换挡元件接合柔和。当换挡元件的液压缸回油时，液压油液使球阀开启，两个节流口同时泄流，如图7.60（b）所示，泄流量增大，加速回油过程，使换挡元件迅速分离。

提示：分解阀板时，不要漏装放松球，一旦漏装将会出现换挡冲击。

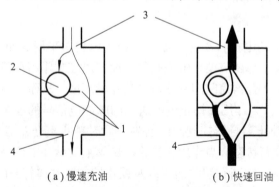

（a）慢速充油　　　　（b）快速回油

图7.60 球阀式缓冲阀的结构

1—节流孔；2—放松球；3—进排液口1；4—进排液口2

（2）弹簧式缓冲阀的结构原理如图7.61所示，进排液口1连接控制油路，进排液口2连接换挡元件。当控制油路向换挡元件的液压缸充油时，在弹簧弹力的作用下，阀芯左移将阀门关闭，传动液只能从阀芯上的节流口中通过，如图7.61（a）所示，在节流口的节流效应作用下，液体流量小，油压上升速度慢，使换挡元件接合柔和。当换挡元件的液压缸回油时，液压油液推动阀芯右移，阀门开启泄流，如图7.61（b）所示，泄流量增大，加速回油过程，使换挡元件迅速分离。

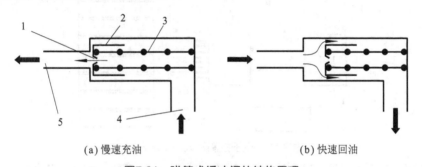

(a) 慢速充油　　　　　　　　　(b) 快速回油

图7.61　弹簧式缓冲阀的结构原理

1—节流孔；2—阀芯；3—弹簧；4—进排液口1；5—进排液口2

9. 蓄能器

蓄能器又称为蓄能减振器，其功能是防止换挡元件接合时产生冲击现象。在自动变速器中，每个前进挡都并联设有一个蓄能器。蓄能器由活塞和弹簧等组成，其进排液口与换挡阀至换挡执行元件之间的油路相通，如图7.62所示。当变速器换挡时，换挡阀输出的主油路液压油既输入到换挡执行元件的液压缸，也输入到蓄能器的液压缸。在换挡元件接合初期，油压迅速升高，使换挡执行元件迅速克服自由行程而开始接合。传动液压力F_1既作用到换挡执行元件的活塞A上，也作用到蓄能器的活塞B上。当传动液压力升高到一定程度时，作用力F_1就会克服蓄能器弹簧的预紧力使活塞B向下移动，部分传动液随之流入蓄能器的液压缸，使活塞A和活塞B上的油压升高速度减慢，从而防止换挡元件接合时产生冲击现象。蓄能器的背压控制过程为ECU通过控制背压控制电磁阀1的占空比来控制蓄能器活塞下的油压，实现平顺换挡。换挡结束后提高蓄能器活塞下的油压，使执行元件可靠压紧。

提示：大多执行元件均设有蓄能器，当个别挡出现换挡冲击时要检查蓄能器活塞是否卡滞。

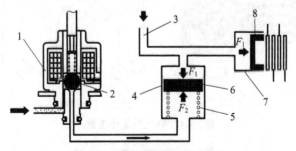

图7.62　蓄能器及其背压控制

1—背压控制电磁阀；2—球阀；3—进排液口；4—蓄压器；5—弹簧；
6—活塞B；7—执行元件；8—活塞A

7.2.6 电子控制系统

自动变速器的电子控制系统由传感器（包括控制开关）、执行器和电控单元（ECU）三部分组成，如图7.63所示。

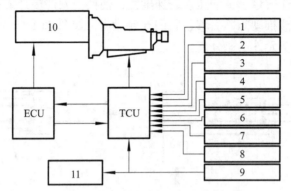

图7.63 电子控制系统的组成框图

1—节气门开度；2—前轮车速；3—后轮车速；4—冷却液信号；5—怠速信号；6—空挡开关；7—制动灯信号；8—变速自控信号；9—转向传感器；10—发动机；11—转向机控制单元

1. 传感器

信号输入装置包括传感器和信号开关装置，其中常用的传感器有节气门位置传感器、发动机转速传感器、车速传感器、输入轴转速传感器和油温传感器；常用的开关装置有超速挡开关、模式选择开关、多功能开关和空挡起动开关等。

1）节气位置传感器

节气位置传感器安装在发动机节气门体上并与节气门联动，其作用是测量发动机节气门的开度，向ECU提供发动机负荷信号，以控制自动变速器换挡时刻及主油路油压。常见的节气门位置传感器为可变电阻式，如图7.64所示，它由一个线性电位计和一个怠速开关组成，节气门轴带动线性电位计及怠速开关的滑动触点，当节气门轴转动时，电位计所控制的线性电阻值发生变化，其所对应的电位也发生变化，变化的电位信号输送给电控单元。当节气门关闭时，怠速开关闭合，将怠速信号输送给电控单元。

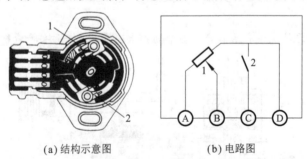

(a) 结构示意图　　(b) 电路图

图7.64 节气位置传感器

1—电位计；2—怠速开关

2）车速传感器

车速传感器的种类较多，常用的是以下3种。

第7章 汽车自动变速器

（1）电磁感应式车速传感器主要由永久磁铁和电磁感应线圈组成，如图7.65所示。该车速传感器一般安装在变速器输出轴附近，变速器输出轴上的停车锁止齿轮充当感应转子，当输出轴转动时，感应转子的凸齿不断靠近或离开车速传感器，使感应线圈内的磁通量发生变化，从而产生交流感应电压。车速愈高，输出轴的转速愈高，感应电压的脉冲频率也越大，电控单元根据感应电压脉冲频率的大小计算车速，作为换挡控制的另一个主要依据。

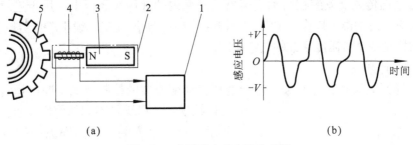

图7.65 电磁感应式车速传感器

1—电子控制单元；2—车速传感器；3—永久磁铁；4—感应线圈及铁心；5—感应转子

（2）舌簧开关式车速传感器。舌簧开关由小玻璃管内安装的两个细长触头构成，触头由铁、镍等磁性材料制成。受玻璃管外磁极控制，触头可因互相吸引而闭合，也可因相互排斥而断开，具有开关作用。舌簧开关置于车速表的转子附近，如图7.66所示，当车速表软轴旋转时产生脉冲信号。

（3）光电式车速传感器由发光二极管、光敏元件及速度表软轴驱动的遮光板组成，其工作原理如图7.67所示，ECU根据脉冲数计算出车速。

3）输入轴转速传感器

输入轴转速传感器与车速传感器类似，其也是一种电磁感应式转速传感器，它安装在行星齿轮变速器的输入轴（液力变矩器涡轮输出轴）附

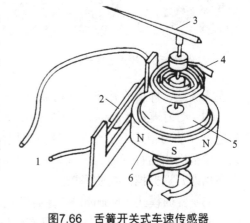

图7.66 舌簧开关式车速传感器

1—输出；2—舌簧开关；3—指针；4—游丝；5—磁铁；6—转子

近或与输入轴连接的离合器鼓附近的壳体上，用于检测输入轴的转速，并将信号送入ECU，

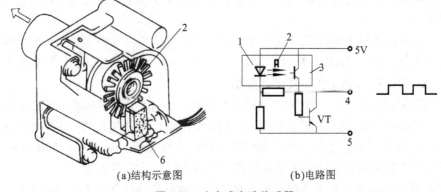

(a)结构示意图　　(b)电路图

图7.67 光电式车速传感器

1—遮光板；2—光耦合部件

以便精确地控制换挡过程。输入轴转速传感器还作为变矩器涡轮的转速信号，与发动机转速即变矩器泵轮转速进行比较，计算出变矩器的转速比，以优化锁止离合器的控制过程，减小换挡冲击，改善汽车的行驶平顺性。发动机转速传感器一般安装在分电器内或曲轴后端的飞轮附近。通常为磁感应式，用于测取发动机的转速。

4）油温传感器

变速器油温传感器安装在自动变速器油底壳内的液压阀阀板上，用于连续监控自动变速器中变速器的油温，以作为ECU进行换挡控制、油压控制、锁止离合器控制的依据，它的内部结构是一个负温度系数的热敏电阻。

5）模式选择开关

模式选择开关又称程序开关，用于选择自动变速器的控制模式，即选择自动变速器的换挡规律，以满足不同的使用要求。如图7.68所示它是一个安装在换挡操纵手柄旁的模式开关。常见的控制模式大致有以下几种。

图7.68 模式选择开关

（1）经济模式（Economy）。该模式以汽车获得最佳燃油经济性为目标设计换挡规律。当自动变速器在经济模式下工作时，其换挡规律使汽车在行驶过程中，发动机经常在经济转速范围内运转，降低了燃油消耗。发动机转速相对较低时就会换入高挡，即提前升挡，延迟降挡。

（2）动力模式（Power）。该模式以汽车获得最大动力性为目标设计换挡规律。当自动变速器在动力模式下工作时，其换挡规律使汽车在行驶过程中，发动机经常处在大转矩、大功率范围内运行，提高了汽车的动力性能和爬坡能力。只有发动机转速较高时，才能换入高挡即延迟升挡，提前降挡。

（3）普通模式（Normal）。普通模式的换挡规律介于经济模式与动力模式之间。它使汽车既保证了一定的动力性，又具有较好的燃油经济性。

（4）手动模式（Manual）。该模式让驾驶人可在一至四之间以手动方式选择合适的挡位，使汽车像装用了手动变速器一样行驶，而又不必像手动变速器那样换挡时必须踩离合器踏板。

6）多功能开关

多功能开关装在变速器壳体的手动阀摇臂轴或操纵手柄上，由变速杆进行控制，它具有下列功能。

（1）指示选挡操纵手柄位置。选挡操纵手柄的位置是利用多功能开关传给变速器控制系统。多功能开关电路如图7.69所示，触点2、3、4通过多种组合（开和关）将换挡位置P、R、N、D、3、2和1传给变速器控制单元。

（2）倒挡信号灯的开启。当选挡手柄置于R挡时，接通倒车灯继电器，倒挡信号灯开启。

（3）空挡起动。发动机只有当选挡手柄在位置P或N时才能起动。多功能开关将选挡杆位置处于P或N时的信号传给起动继电器，使点火开关能工作，如图7.70所示。同时，在挂前进挡时中断起动机，即制止起动机在汽车进入行驶状态后啮合。

提示：当空挡起动开关失效时，为了应急，可短接起动继电器或空挡起动开关，来控制起动机。

第7章 汽车自动变速器

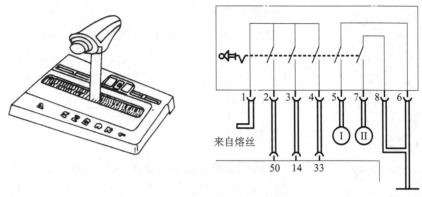

图7.69 选挡操纵手柄位置电路

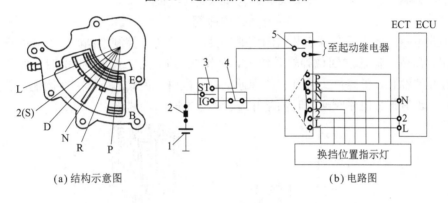

(a) 结构示意图　　　　　　　(b) 电路图

图7.70 多功能开关

1—蓄电池；2—保险；3—点火开关；4—保险；5—空挡起动开关

7）超速（O/D）开关

超速挡开关通常安装在自动变速器操纵手柄上，如图 7.71 所示，用于控制自动变速器的超速挡。如果超速挡开关打开，变速器操纵手柄处于 D 位，则自动变速器随着车速的提高而升挡时，可升到最高挡（即超速挡）；而开关关闭时，无论车速怎样高，自动变速器最多只能升至次高挡。

在驾驶室仪表板上，有"O/D OFF"指示灯显示超速挡开关的状态。当超速挡开关打开时，"O/D OFF"指示灯熄灭，而当超速挡开关关闭时，"O/D OFF"指示灯随之亮起。

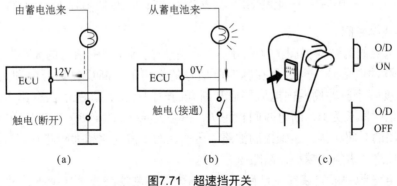

图7.71 超速挡开关

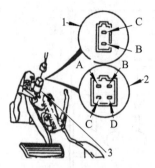

图7.72 制动灯开关

1—不带巡航控制；2—带巡航控制；3—制动灯开关

8）制动灯开关

制动灯开关安装在制动踏板支架上，踩下制动踏板时开关接通，通知ECU已经制动，松开变矩器锁止离合器可以防止当驱动轮制动抱死时发动机突然熄火，同时点亮制动灯，如图7.72所示。

2. 执行器

电磁阀是电子控制系统的执行元件，按其作用可分为换挡电磁阀、锁止电磁阀和调压电磁阀；按其工作方式可分为开关式电磁阀和脉冲式电磁阀。

1）开关式电磁阀

开关式电磁阀的作用是开启和关闭变速器油路，可用于控制换挡阀。开关式电磁阀由电磁线圈、磁铁、阀芯和回位弹簧等组成，如图7.73所示。线圈不通电时，阀芯被油压推开，打开泄油孔，油路压力为0；线圈通电时，电磁力使阀芯下移，关闭泄油孔，油路压力上升。也有部分电磁阀通电时油路卸压，不通电时保持油压。

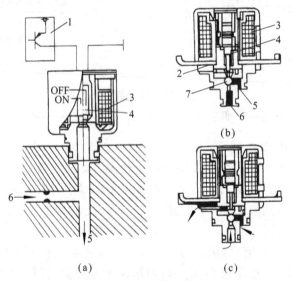

图7.73 开关式电磁阀的结构

1—电控单元；2—泄油孔；3—电磁线圈；4—衔铁和阀芯；5—控制油道；6—主油道；7—球阀

2）脉冲式电磁阀

脉冲式电磁阀的结构如图7.74所示，其作用是控制油路中油压的大小。控制信号是频率固定的脉冲电信号，电磁阀在脉冲电信号的作用下不断反复地开启和关闭泄油孔，ECU通过改变每个脉冲周期内电流接通和断开的时间比例，即所谓占空比［在一个脉冲周期内，通电时间长为A，断电时间长为B，占空比$=A/(A+B)\times 100\%$］来改变电磁阀开启和关闭的时间比例，达到控制油路油压的目的。占空比越大阀芯右移量越大，油路压力越大；反之，占空比越小，油路压力就越小。

脉冲式电磁阀一般安装在主油路，锁止离合器控制油路或蓄压减振器背压控制油路中，在变速器自动升挡及降挡瞬间，或在锁止离合器锁止及解除锁止动作开始时使油压下降，以减少换挡和锁止、解锁冲击，使车辆行驶更平稳。

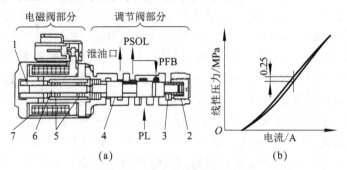

图7.74 脉冲式电磁阀的结构

1—轴套；2—螺钉；3—弹簧；4—阀芯；5—轴承；6—芯轴；7—线圈

3. 电控单元

电子控制自动变速器可与发动机电子燃油喷射系统共用一个ECU，也可以使用独立的ECU。ECU是电子控制系统的核心，由接收器、控制器和输出装置三部分组成，如图7.75所示。接收器能接收各输入装置的输出信号，并对其放大或调制；控制器将这些信号与内存中的数据进行对比，根据对比结果做出是否换挡等决定，再由输出装置将控制信号输送给电磁阀。

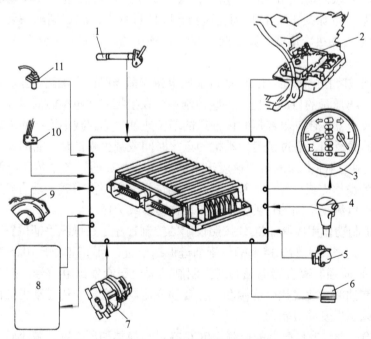

图7.75 电子控制系统的组成

1—输入轴转速传感器；2—车速传感器；3—液压油温度传感器；4—空挡起动开关；5—发动机计算机；6—发动机转速传感器；7—故障插座；8—节气门位置传感器；9—模式开关；10—挡位指示灯；11—电磁阀；12—自动变速器计算机

ECU 具有以下控制功能。

（1）控制换挡时刻。换挡时刻的控制是 ECU 最重要的控制内容之一，汽车在每一个特定的行驶工况都有一个与之对应的最佳换挡时刻，ECU 可以让自动变速器在任何行驶条件下按最佳换挡时刻进行换挡，从而使汽车的动力性和经济性等指标综合起来达到最佳。

通常 ECU 将汽车在不同使用要求下的最佳换挡规律以自动换挡图谱的形式存储在存储器中。带有模式选择开关的电控式自动变速器在模式开关处于不同位置时，对汽车的使用要求不同，其换挡规律也不同，一般有普通、经济、动力等几种形式的换挡规律。汽车在行驶时，ECU 根据模式选择开关和挡位开关的信号，从存储器中选出相应的自动换挡图，再将车速传感器、节气门位置传感器测得的车速、节气门开度与所选的自动换挡图进行比较，如果在一定节气门开度下行驶的汽车达到设定的换挡车速时，ECU 便向换挡电磁阀输送换挡指令，换挡阀动作，执行元件工作，实现换挡。

（2）控制主油路油压。电控油压控制系统的 ECU 根据节气门位置传感器测定的节气门开度，控制发往油压电磁阀的脉冲信号的占空比，使主油路油压随节气门开度而变化。节气门开度越大，脉冲电信号的占空比越小，油压电磁阀排油孔开度越小，节气门油压也就越大。

（3）控制锁止离合器。ECU 根据自动变速器的挡位、选取的控制模式等工作条件从存储器内选择出相应的锁止控制程序，再将车速、节气门开度与锁止控制程序进行比较，向锁止电磁阀发出电信号，使锁止离合器接合，液力变矩器按机械传动工况工作。

（4）当汽车采取制动或节气门全闭时，为了防止发动机失速，ECU 切断通向锁止电磁阀的电路，强行解除锁止；在自动变速器升降挡过程中，ECU 暂时解除锁止，以减小换挡冲击；如果发动机冷却液的温度低于 60℃，锁止离合器应处于分离状态，加速预热，以提高总体的驾驶性能。

（5）在升挡或降挡的瞬间，ECU 通过油压电磁阀适当降低主油路油压，以减小换挡冲击，达到改善换挡质量的目的。也有一些控制系统在换挡时通过电磁阀减小减振器活塞的背压，以降低离合器或制动器液压缸内油压的增长速度，达到减小换挡冲击的目的。

（6）在换挡的瞬间，通过延迟发动机的点火时间或减少喷油量，暂时减少发动机的输出转矩，以减小换挡冲击和汽车加速度出现的波动。ECU 通过各个传感器测得汽车行驶状况和驾驶人的操作方式，经过运算分析，自动选择采用经济模式、动力模式或普通模式进行换挡控制，以满足不同的行驶要求，实现自动模式选择。

（7）发动机制动作用控制。ECU 按照设定的控制程序，在操纵手柄位置、车速、节气门开度等满足一定条件（如选挡手柄位于前进低挡位置，且车速大于 10km/h，节气门开度小于 1/8）时，向强制离合器电磁阀或强制制动器电磁阀发出电信号，打开离合器或强制制动器的控制油路，使之接合或制动，让自动变速器具有反向传递动力的能力，从而在汽车滑行时可以实现发动机制动。

（8）使用输入轴转速传感器的控制。ECU 在进行换挡油压控制、减小转矩控制、锁止离合器控制时，利用输入轴转速进行计算，使控制的时间更加准确，从而获得最佳的换挡感觉和乘坐舒适性。

（9）超速行驶控制。只有当选挡操纵手柄位于 D 位且超速开关打开时，汽车才能升入超速挡。当汽车以巡航方式在超速挡行驶时，若实际车速低于 40km/h，巡航控制单元向

ECU 发出信号，要求自动退出超速挡，还可以防止自动变速器在发动机冷却液温度低于 60℃时进入超速挡工作。

（10）自动变速器电子控制装置具有故障自诊断和失效保护功能。在汽车行驶过程中不停地检测自动变速器电子控制装置中所有传感器和电控执行器的工作情况，一旦发现故障，仪表盘上的自动变速器故障警告灯闪亮，以提醒驾驶人立即将汽车送至修理厂维修。被测到的故障代码就会一直保存在 ECU 内，即使是汽车行驶中偶尔出现的一次故障 ECU 也会及时地检测到并记录下来。在修理时，维修人员可以采用一定的方法将存储在 ECU 内的故障代码读出，为寻找故障部位提供了可靠的依据。

7.2.7 电控自动变速器的合理使用及常见故障诊断

1. 合理使用

1）正确起动发动机

汽车在停车状态（即必须在 P 位或 N 位）下起动，拉紧驻车制动，踩下制动踏板，然后旋转点火开关起动发动机。

2）汽车正确起步

发动机起动后须停留几秒钟再挂挡行车。换挡时必须查看选挡杆的位置或仪表板上挡位指示是否正确无误。选定挡位后，放松驻车制动并缓慢放松制动踏板，利用爬行功能使汽车缓慢起步。起步时不允许边踩加速踏板边挂挡，不允许先踩加速踏板后挂挡，也不允许踩着制动，或者还未松开驻车制动就狠踩加速踏板。

3）合理拖车

当车辆发生故障无法行驶而需要拖车时，必须低速行驶（不得超 30～50km/h），每次被牵引距离不得超过 50km。因为此时发动机不工作，所以自动变速器油泵无工作油输出，若车辆被高速或长距离拖行，则会使旋转零件表面上的油膜消失，从而引起严重磨损，甚至卡滞。若要高速长距离拖行时，应将后轮驱动的车型拆去传动轴，前轮驱动的车型应支起驱动轮。

4）正确倒车

汽车完全停车后，应把换挡杆由 D 位换至 R 位。在没有停稳时，不允许从前进挡换入倒挡，也不允许从倒挡换入前进挡，否则会引起多片离合器和制动器损坏。为了防止误倒车，某些乘用车的自动变速器的液压控制油路中装有倒挡限制阀，如有的自动变速器在车速高于 15km（即车辆尚未停稳）时，即使强行挂倒挡也无法实现，从而起到保护作用。

5）合理使用提前升挡

汽车在 D 位一挡起步，保持节气门开度为 20%～50%，加速到 15km/h 左右时，快速放松油门，变速器可从一挡立即升入二挡。然后继续踩油门，仍然保持原有的节气门开度，加速到 30km/h 左右时，再次放松油门，变速器可从二挡立即升入三挡。然后再用这种方法从三挡升入四挡。这样，不但换挡快，还可以降低发动机磨损，且减少加速油耗和加速噪声。

6）合理使用强制降挡

正常情况下，只有当车速低于一定数值时，自动变速器才能自动地降挡，但若想高速超车时，可能会感到发动机动力不足，这时就要求将自动变速器立即强制性地换入低挡，即"强制低挡"。现代乘用车的自动变速器均具有强制低挡功能。

强制低挡的操作方法为当汽车行驶速度已达到一定值（如 80～90km/h），先迅速将加速踏板踩下至全开位置，然后再用力向下踩一段距离，这时与加速踏板联动的机构便可通过自动变速器的液压油路，将低挡强制性地接通。须注意的是一旦加速要求得到满足，便应立即松开加速踏板，否则对自动变速器中的油液和摩擦元件不利。

7）合理选择换挡模式

为了改善了汽车的驾驶性能，电子控制自动变速器的乘用车，一般有若干种换挡模式控制。在换挡模式选择中，最常用的是"经济"和"动力"两种换挡模式。在"经济"换挡模式下，自动变速器可在较低的车速升入高挡，而仅在较大的节气门开度下或发动机负荷较高时才产生降挡。在"动力"换挡模式下，自动变速器要在较高的车速下才升入高挡。

有了这种换挡模式选择，可以根据个人的爱好不同和侧重点的差异，在汽车的行驶过程中主动加以选择，使汽车驾驶更具个性化。

另外要注意，使用自动变速器的汽车减少在 N 位上滑行。高速滑行时车速高，发动机却怠速运转，油泵出油量减少，输出轴上所有的零件仍在高速运转，会因润滑油不足而烧坏。

8）临时停车要求

自动变速器的汽车需要临时停车时，若停车时间不长，可以将选挡手柄置于 D 位；若估计停车时间较长，最好将选挡手柄由 D 位推至 N 位，这一点在夏季堵车时更要注意，否则会使自动变速器油升温过高，影响其性能和使用寿命。夏季遇堵车时不妨踩加速踏板 1～2 次来提高发动机的转速，因为这样可以使液力变矩器内过热的油液在冷却器中循环冷却，防止其出现过热。

一定要注意保持车距，这是考虑到此类汽车特有的蠕动现象可能会造成碰到前、后车辆。当停车时间不长时，如选挡手柄置于 D 位，最好同时踩下制动踏板并拉紧手制动，以免脚制动稍微放松时，汽车向前冲出而发生意外。临时停车若时间较长，应拉紧手制动，并将选挡手柄推入 N 位，同时松开制动踏板。

9）合理维护

（1）油面检查，一般在车辆行驶 1 万千米后检查油液面。

（2）经常检查油底壳、油管接头等处有无漏油。

（3）油质检查。正常液压油的颜色一般为粉红色，且无气味。如果液压油呈棕色或有焦味，说明已变质，应立即换油。换油时应优先采用随车手册推荐使用的变速器油，注意切不可用齿轮油或机油代替液压油，否则会造成自动变速器的严重损坏。这项工作技术要求高，最好在专业维修厂进行。

（4）节气门拉索的检查。放松油门，节气门应全闭，当油门踩死时，节气门应全开，且节气门拉索的索芯不应卡滞、松弛。

（5）操纵手柄位置的检查。操纵手柄的位置与自动变速器阀板中手动阀的实际位置相符，操纵手柄的位置与仪表盘上挡位指示灯的显示相符。

（6）发动机的怠速应正常，怠速检查时，应将自动变速器操纵手柄置于停车挡（P）或空挡（N）位置，水温正常，空调关闭，怠速应为 750r/min。若发动机的怠速过低或过高，都应予以调整。

2. 性能测试

电控自动变速器性能测试的内容和目的见表 7-6。

表 7-6 电控自动变速器性能测试的内容和目的

序 号	项 目	试验目的
1	失速试验	通过测试选挡手柄在 D 位和 R 位时发动机的最高失速转速，检查发动机的总体性能（发动机输出功率、变矩器及自动变速器中制动器和离合器等换挡执行元件的工作是否正常）
2	油压试验	当选挡手柄在 D 位和 R 位上，在怠速和失速时对控制系统各油路中的油压进行测量，管路油压是否随发动机转速变化而变化，以便对出现的故障有针对性地进行维修
3	延时试验	迟滞时间的长短来判断主油路油压及换挡执行元件的工作是否正常
4	手动换挡试验	确定故障出在电子控制系统还是出在其他部位
5	路试	道路试验是诊断分析自动变速器故障的最有效手段，可以准确判断各离合器、制动器工作状态是否良好

（1）失速试验的方法和步骤，如图 7.76 所示。
① 让汽车行驶至发动机和自动变速器均达到正常工作温度。
② 将汽车停放在宽阔的水平路面上，前后车轮用三角木塞住。
③ 拉紧驻车制动，左脚用力踩住制动踏板。
④ 起动发动机。
⑤ 将操纵手柄拨入 D 位。
⑥ 在左脚踩紧制动踏板的同时，用右脚将油门踏板踩到底，在发动机转速不再升高时迅速读取此时发动机的转速（如果车轮转动，则试验重做）。
⑦ 读取发动机转速后，立即松开油门踏板。
⑧ 将操纵手柄拨入 P 或 N 位置，让发动机怠速运转 1min，以防止液压油因温度过高而变质。
⑨ 将操纵手柄拨至其他挡位（R、L 或 2、1），做同样的试验。
⑩ 结果分析，若失速转速与标准值相符，说明自动变速器的油泵、主油路油压及各个换挡执行元件工作基本正常；若不符合，可参照表 7-7 找出原因。

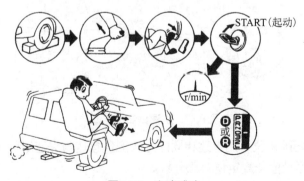

图7.76 失速试验

表 7-7 失速试验的故障原因

选挡杆位置	失速转速	故障原因
所有位置	过高	主油路油压过低
所有位置	过低	发动机动力不足，变矩器导轮单向离合器打滑
仅在 D 位	过高	前进挡油路油压过低，前进挡离合器打滑
仅在 R 位	过高	倒挡油路油压过低，倒挡执行元件打滑

注意事项：此试验要在宽阔场地由两人共同完成，从油门踏板踩下到松开的整个过程的时间不得超过 5s，否则会使液压油温度过高而变质，甚至损坏密封圈等零件。在每一个挡位试验完成之后，不要立即进行下一个挡位的试验，而要等油温下降之后再进行。试验结束后不要立即熄火，应将操纵手柄拨至空挡或停车挡，让发动机怠速运转几分钟，以便让液压油温度降至正常。如果在试验中发现驱动轮因制动力不足而转动，应立即松开油门踏板停止试验，检查三角木及制动。

（2）油压试验方法和步骤如下：

以丰田 A341E 自动变速器主油路油压测试（图 7.77）为例说明如下。

① 让汽车行驶至发动机及自动变速器均达到正常工作温度，然后将车停稳。

② 用三角木塞住前、后车轮，检查发动机怠速和自动变速器液压油的油面高度应正常。

③ 准备一个量程为 2MPa 的压力表。

④ 找出自动变速器各个油路测压孔的位置。拆下变速器壳体上的油压检查接头螺塞，并连接油压表。

⑤ 起动发动机并预热，检查发动机怠速转速是否符合规定值。

⑥ 踩住制动踏板，将选挡手柄拨到 D 位，并在发动机怠速转速下测量管路油压值。

⑦ 将加速踏板踩到底，在发动机失速转速下迅速测量管路油压值；但应注意在发动机转速达到失速转速之前，如车轮移动，应立即放松油门停止试验，检查刹车系统后再试，以免发生危险。

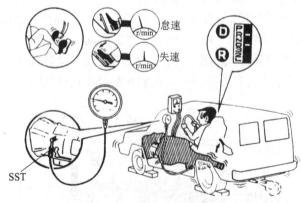

图7.77 主油路油压测试

⑧ 将选挡手柄拨到 R 位，用上述相同的方法测量怠速与失速时的管路油压。

⑨ 将所有挡位测量值与规定值对比分析。

若都高于规定值，则可能是节气门拉索失调、节气门阀失效、调压阀失效；若都低于规定值,则可能是节气门拉索失调、节气门阀失效、调压阀失效、超速离合器 C_0 连接管路泄漏或密封圈损坏（A341E 在 D 位四挡外所有挡 C_0 均工作）油泵失效;若只有 D 位管路油压低于规定值,则可能是 D 位油路漏油、前进离合器 C_1 失效;若只有 R 位管路油压低于规定值,则可能是 R 位油路漏油、低挡与倒挡制动器 B_3 失效。

（3）延时试验方法和步骤如下。

在发动机怠速运转时将操纵手柄从空挡拨至前进挡或倒挡后,需要有一段时间的迟滞或延时才能使自动变速器完成换挡工作,这一时间称为自动变速器换挡迟滞时间,如图 7.78 所示。

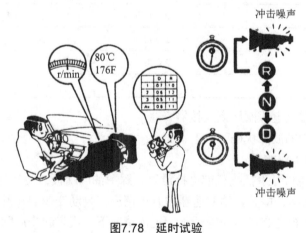

图7.78 延时试验

① 让汽车行驶至发动机及自动变速器均达到正常工作温度,然后将车停稳,并拉紧手制动。

② 检查发动机怠速,应正常,才能继续试验。

③ 将自动变速器操纵手柄从空挡位置拨至前进挡位置,用秒表测量从拨动操纵手柄开始到感觉到汽车振动为止所需的时间,该时间称为 N～D 延时时间。

④ 将操纵手柄拨至 N 位位置,让发动机怠速运转 1min 后,再做一次同样的试验。

⑤ 上述试验进行 3 次,取其平均值。

⑥ 按上述方法,将操纵手柄由 N 位置拨至 R 位置,测量 N～R 延时时间。

⑦ 将测得的延时时间与规定值对比分析。

大部分自动变速器 N～D 延时时间小于 1.0～1.2s, N～R 延时时间小于 1.2～1.5s,若延时时间过长,说明油路油压过低、前进离合器摩擦片磨损过多或前进单向离合器工作不良;若 N～R 延时时间过长,说明倒挡主油路油压过低、倒挡离合器或倒挡制动器磨损过大或工作不良。

（4）手动换挡试验方法和步骤如下。

手动换挡试验是将电控自动变速器所有换挡电磁阀的线束连接器全部脱开,此时 ECU 不能控制换挡。

① 脱开电控自动变速器所有换挡电磁阀的线束连接器。

② 起动发动机,将操纵手柄拨至不同位置,然后做道路试验。

③ 观察发动机转速和车速的对应关系,以判断自动变速器所处的挡位。不同挡位时

发动机转速与车速的关系可以参照表 7-8。由于变矩器的减速作用与传递的转矩有关，因此表中的车速只能作为参考，实际车速将随着行驶中油门开度的不同而产生一定的变化。

④ 若操纵自动变速器所处的挡位车速及发动机转速与表 7-8 相同或相近，则说明电控自动变速器的阀板及换挡执行元件工作正常；否则说明自动变速器的阀板或换挡执行元件有故障。

表 7-8　不同挡位时发动机转速与车速的关系

挡位	发动机转速 /（r/min）	车速 /（km/h）
一挡	2 000	15～20
二挡	2 000	35～40
三挡	2 000	50～55
超速挡	2 000	70～75

⑤ 试验结束后接上电磁阀线束连接器。

⑥ 清除计算机中的故障代码。

（5）路试方法和步骤如下。

① 升挡检查。将操纵手柄拨至前进挡位置，踩下油门踏板，使节气门保持在 1/2 开度左右，让汽车起步加速，检查自动变速器的升挡情况。自动变速器在升挡时发动机会有瞬时的转速下降，同时车身有轻微的闯动感。正常情况下，汽车起步后随着车速的升高，试车者应能感觉到自动变速器能顺利地由一挡升入二挡，随后由二挡升入三挡，最后升入超速挡。若自动变速器不能升入高挡，说明控制系统或换挡执行元件有故障。

② 升挡车速的检查。将操纵手柄拨至前进挡位置，踩下油门踏板，并使节气门保持某一固定开度，让汽车起步并加速。当觉察到自动变速器升挡时，记下升挡车速。一般四挡自动变速器在节气门开度保持在 1/2 时，由一挡升至二挡的车速为 25～35km/h，由二挡升至三挡的车速为 55～70km/h，由三挡升至四挡的车速为 90～120km/h。由于升挡车速和节气门开度有很大的关系，即节气门开度不同时，升挡车速也不同，而且不同车型的自动变速器各挡传动比的大小都不同，其升挡车速也不完全一样，因此只要升挡车速基本上保持在上述范围内，而且汽车行驶中加速良好，无明显的换挡冲击，都可认为升挡车速正常。若汽车行驶中加速无力，升挡车速明显低于上述范围，说明升挡车速过低（即升挡过早）；若汽车行驶中有明显的换挡冲出，升挡车速明显高于上述范围，说明升挡车速过高（即升挡太迟）。

由于降挡车速在行驶中不易察觉，所以在道路试验中一般无法检查自动变速器的降挡车速，只能通过检查升挡车速来判断自动变速器有无故障。如有必要，还可以检查其他模式下或操纵手柄位于前进低挡位置时的换挡车速，并与标准值进行比较，以此作为判断故障的参考依据。升挡车速太低一般是控制系统的故障所致；升挡车速太高则可能是控制系统的故障所致，也可能是换挡执行元件发生故障。

③ 升挡时发动机转速的检查。有发动机转速表的汽车在做自动变速器道路试验时，应注意观察汽车在行驶中发动机转速的变化情况，它是判断自动变速器工作是否正常的重要依据之一。在正常情况下，若自动变速器处于经济模式或标准模式，节气门保持在低

第7章 汽车自动变速器

于 1/2 开度范用内,则在汽车由起步加速直至升入高速挡的整个过程中,发动机的转速都将低于 3 000r/min。通常在加速至即将升挡时发动机转速可达到 2 500~3 000r/min,在刚刚升挡后的短时间内发动机转速下降至 2 000r/min 左右。如果在整个行驶过程中发动机转速始终过低,加速至升挡时仍低于 2 000r/min,说明升挡时间过早或发动机动力不足;如果在行驶过程中发动机转速始终偏高,升挡前后的转速在 2 000~3 000r/min 之间,而且换挡冲击明显,说明升挡时间过迟;如果在行驶过程中发动机转速过高,经常高于 3 000r/min,在加速时达到 4 000~5 000r/min,甚至更高,则说明自动变速器换挡执行元件打滑(抽出自动变速器油尺能闻到严重焦糊味),应拆修自动变速器。

④ 质量的检查。换挡质量的检查主要是检查有无换挡冲击,正常的电控自动变速器的换挡冲击应十分微弱。若换挡冲击过大,说明自动变速器的控制系统或换挡执行元件有故障,其原因可能是主油路油压过高或换挡执行元件打滑,如果所有挡位都换挡冲击,检查油泵油压是否过高,如果个别挡出现换挡冲击则应检查该挡执行元件(如改善换挡品质的蓄压器背压控制油路)。

⑤ 锁止离合器工作状况的检查。自动变速器变矩器的锁止离合器工作是否正常,也可通过道路试验进行检查。试验中,让汽车加速至超速挡,以高于 80km/h 的车速行驶,并让节气门开度保持在低于 1/2 的位置,使变矩器进入锁止状态(车型不同变矩器进入锁止状态有差异,如丰田 LS400,三挡 50km/h 就进入锁止状态)。此时油门踏板不动,同时轻踏制动踏板(让刹车灯亮)观察发动机转速的变化情况;若发动机转速没有太大变化,说明锁止离合器处于断开状态,其原因通常是锁止控制系统有故障;反之若发动机转速升高 100~200 转后又迅速下降,则表明锁止离合器接合、断开正常。

⑥ 发动机制动作用的检查。检查自动变速器有无发动机制动作用时,应将操纵手柄拨至前进低挡位置,在汽车以二挡或一挡行驶时,突然松开油门踏板,检查发动机是否有制动作用。若松开油门踏板后车速立即随之下降,说明有发动机制动作用;否则说明控制系统或低挡制动器,二挡跟踪惯性制动器(如丰田 A341E 中的 B_1)有故障。

⑦ 强制降挡功能的检查。检查自动变速器强制降挡功能时应将操纵手柄拨至前进挡位置,保持节气门开度为 1/3 左右,在以二挡、三挡或超速挡行驶时突然将油门踏板完全踩到底,检查自动变速器是否被强制降低一个挡位。在强制降挡时,发动机转速会突然上升至 4 000r/min 左右,并随着加速升挡转速逐渐下降。若踩下油门踏板后没有出现强制降挡,说明强制降挡功能失效。若在强制降挡时发动机转速上升过高(达 5 000~6 000r/min),并在升挡时出现换挡冲击,则说明执行元件打滑,应拆修自动变速器。

3. 故障码的读取方法与清除方法

(1)故障码的读取方法。

① 通过专用或通用的汽车计算机检测仪和汽车计算机解码器,与汽车的控制电路上有一个专用的计算机故障检测插座相连,可方便地读取自动变速器计算机内的故障代码,并显示出故障代码的含义,对汽车发动机、自动变速器及其他部分电子控制系统进行检测。

② 人工读取故障码。大部分老旧车型的故障码也可以用一根专用导线将故障检测插座内特定的两个插孔短接,然后通过观察仪表板上自动变速器故障警告灯的闪烁规律读取

故障码。不同车型的汽车计算机故障检测插座形状及插孔分布各不相同，故障码的含义可查相应的维修手册。

（2）故障码的清除方法。

清除计算机存储的故障代码。故障一旦被检测出将以故障代码的方式存储于ECU中，直至蓄电池电缆被拆除掉。计算机检测仪可以通过向汽车计算机发出指令的方法来清除汽车计算机内存储的故障码，以免除拆除蓄电池电缆时而丢失已存储的数据。

7.3 典型自动变速器的控制系统

7.3.1 丰田 A140E 自动变速器

1. 结构特点

A140E 自动变速器广泛搭载于 93、94 款佳美、塞利加等汽车，是三行星排辛普森、前驱动、四速电控自动变速器，它由带锁止离合器的液力变矩器、四速行星齿轮变速器、电液式控制系统、主减速器和差速器等组成。液力变矩器为三元件单级二相式；四速行星齿轮变速器的 3 个行星排和 10 个换挡执行元件布置在同一轴线上，超速行星排布置在前后行星排之后，动力由前后行星排输入，由超速行星排上的圆柱齿轮传给主减速器的主动轴。10 个换挡执行元件包括 3 个离合器（超速离合器 C_0；前进离合器 C_1；高、倒挡离合器 C_3）3 个片式制动器（超速制动器 B_0；二挡制动器 B_2；低、倒挡制动器 B_3），一个带式制动器（二挡强制制动器 B_1）和 3 个单向离合器（超速单向离合器 F_0、单向离合器 F_1、单向离合器 F_3）。各换挡执行元件和行星排的布置如图 7.79 所示。

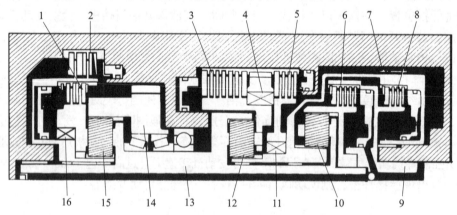

图7.79　A140 E自动变速器

1—超速离合器 C_0；2—超速制动器 B_0；3—低、倒挡制动器 B_3；4—单向离合器 F_2；5—二挡制动器 B_2；6—前进离合器 C_1；7—二挡强制制动器 B_1；8—高、倒挡离合器 C_2；9—输入轴；10—前行星齿轮；11—单向离合器 F_1；12—后行星排行齿轮；13—中间轴；14—自动变速器输出齿轮；15—超速排行星齿轮；16—超速单向离合器 F_0

2. 各换挡执行元件的工作

A140 E 自动变速器的电子控制系统和发动机电子控制系统共用一个计算机。计算机

第7章 汽车自动变速器

主要依据节气门位置传感器所测得的节气门开度信号和车速传感器所测得的车速信号进行换挡控制和锁止离合器控制，并通过两个换挡电磁阀一个锁止电磁阀来操纵换挡执行元件和锁止离合器控制阀，以实现挡位变换及锁止离合器的接合与分离。换挡执行元件工作见表 7-9，各挡位传递路线如图 7.80 所示。

表 7-9 换挡执行元件工作

挡位		C_0	C_1	C_2	B_0	B_1	B_2	B_3	F_0	F_1	F_2
P		▲									
R		▲		▲			▲				
N		▲									
D 位	1	▲	▲						▲		▲
	2	▲	▲				▲		▲	▲	
	3	▲	▲	▲			▲		▲		
	4		▲	▲	▲		▲				
2 位	1	▲	▲						▲		▲
	2	▲	▲				▲		▲		
	3*	▲	▲				▲		▲		
L 位	1	▲	▲					▲	▲	▲	
	2*	▲	▲			▲	▲		▲		

注：*表示只能降挡，不能升挡；▲表示该元件工作。

1）D 位一挡传递路线

D 位一挡时，前进离合器 C_1 接合，超速离合器 C_0、单向离合器 F_0、单向离合器 F_2 起作用；L 位一挡时，低、倒挡制动器 B_3 接合，可以利用发动机制动，其动力传递路线为输入轴→离合器 C_1→前齿圈→前排行星齿轮→太阳轮→后排行星齿轮→后排齿圈→超速排→输出轴；另一路线为：输入轴→离合器 C_1→前齿圈→前排行星齿轮→前排行星架→超速排→输出轴。

2）D 位二挡传递路线

D 位二挡时，超速离合器 C_0、前进离合器 C_1、二挡制动器 B_2 接合，单向离合器 F_0 起作用；2 位二挡和 L 位二挡时，增加了二挡强制制动器 B_1，可以利用发动机制动，其动力传递路线为输入轴→离合器 C_1→前排齿圈→前排行星齿轮→前排行星架→超速行星排→输出轴。

3）D 位三挡传递路线

D 位三挡时，前进离合器 C_1 与高、倒挡离合器 C_2 接合，超速离合器 C_0 超速单向离合器 F_0 起作用，自动变速器升入三挡，其动力传递路线为输入轴→离合器 C_1、C_2→前排齿圈与太阳轮连锁→前后行星排连锁成一体直接传动→超速行星排→输出轴。

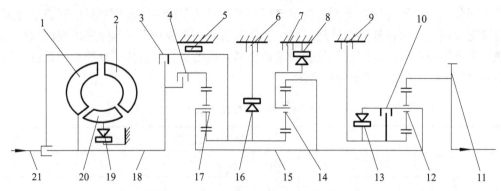

图7.80 A140E自动变速器各挡传递路线

1—涡轮；2—泵轮；3—高、倒挡离合器 C_2；4—前进离合器 C_1；5—二挡强制制动器 B_1；6—二挡制动器 B_2；7—低、倒挡制动器 B_3；8—单向离合器 F_2；9—超速制动器 B_0；10—超速离合器 C_0；11—驱动齿轮（输出）；12—超速行星排；13—超速单向离合器 F_0；14—后行星排；15—中间轴；16—单向离合器 F_1；17—前行星排；18—输入轴；19—导轮单向离合器；20—导轮；21—发动机曲轴

4）OD挡（超速挡）传递路线

超速挡时，前进离合器 C_1 接合，高、倒挡离合器 C_2 接合，超速制动器 B_0 接合，其动力传递路线为输入轴→离合器 C_1、C_2→前后行星排（一体）→超速排行星架→超速排行星齿轮→超速排齿圈→输出轴。

5）倒挡传递路线

高、倒挡离合器 C_2，超速离合器 C_0 及低、倒挡制动器 B_3 接合，自动变速器换入倒挡，其动力传递路线为输入轴→离合器 C_2→后排太阳轮→后排行星齿轮→后排齿圈→超速排→输出轴。

3. 电子控制系统

A140E自动变速器电控系统的组成如图7.81所示，它的主要控制元件有节气门位置传感器、车速传感器、冷却液温度传感器、换挡规律选择开关、空挡起动开关、制动开关和OD开关等，执行元件有换挡电磁阀、锁止离合器控制电磁阀。电子控制系统中有两个检测车速的传感器，即车速表传感器和车速传感器，车速表传感器的信号主要用于仪表盘上的车速表，车速传感器的信号则用于计算机的换挡控制。当车速传感器损坏时，计算机会自动用车速表传感器的信号代替车速传感器的信号进行换挡控制。计算机还能根据挡位开关、超速挡开关、制动灯开关信号及冷却液温度传感器、自动变速器油温度传感器信号选择不同的控制程序，以满足不同的行驶条件对自动变速器的要求。该电子控制系统还设有一个模式开关，用于选择动力模式和经济模式，计算机根据模式开关的信号，按照不同的控制模式进行换挡控制，在此只介绍几个主要传感器的结构和工作原理，其他元件的结构和原理参看前述内容。

1）节气门位置传感器

A140E自动变速器采用线性输出型节气门位置传感器，将节气门开启角度转换为电压信号送至电子控制器，作为控制换挡和变矩器锁止时刻的基本信号之一。该传感器实际为一个滑动变阻器，可变电阻器滑动触点的移动与节门开度变化同步，从传感器端输出的电压与节气门开度成正比。当TCCS ECU接收到从传感器端输入的VTA电压信号后，便经

第7章 汽车自动变速器

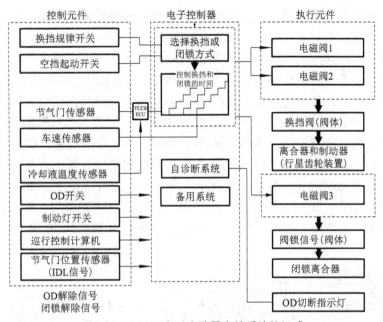

图7.81　A140E自动变速器电控系统的组成

其内部的信号转换器转换成几种不同的节气门开度信号,传送给电控自动变速器的电子控制器。TCCS ECU 将 5V 标准电压供给 V_C,传感器怠速端子 IDL 向自动变速器的电子控制器(ECT ECU)传送节气门全关信号,端子 E 则在节气门位置传感器和 TCCS ECU 间接地。

万用表检测节气门位置传感器用欧姆挡检测 IDL 与 E 之间的电阻,在节气门全关时应导通,节气门打开时应断开,否则调整节气门位置或更换节气门位置传感器(如果调整后 IDL 与 E 之间还是不能导通必须更换节器门位置传感器)。在节气门逐渐打开时,VTA 与 E 之间的电阻应连续变化,有明显的断点,应更换节气门位置传感器。测量 V_C 与 E 之间的电阻应与标准值相符。在线路连接的状态下,点火开关 ON 挡测量 V_C 与 E 之间的电压应为 5V,否则应检查 V_C 与 ECU 之间的导通情况,导通正常检查 TCCS ECU,电路如图 7.82 所示。

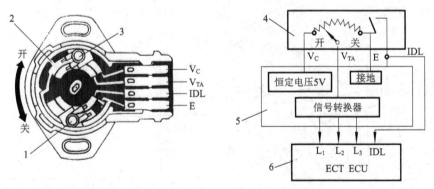

图7.82　A140E自动变速器节气门位置传感器

1—怠速触点；2—电阻器；3—信号输出电刷；4—节气门位置传感器；5—TCCS ECU；6—ECT ECU

2)车速传感器

A140E 电控自动变速器具有两个车速传感器,即主车速传感器(2 号车速传感器)和辅助车速传感器(1 号车速传感器)。主车速传感器如图 7.83 所示,变速器输出轴的转子上装有磁铁,该磁铁随轴转动时经过传感器,控制传感器的舌簧开关,产生脉冲速度信号,并将此信号输送到自动变速器的ECU。辅助车速传感器安装在组合仪表的车速表内,如图7.84所示。它具有一个随软轴旋转的磁铁和舌簧开关,当车速表中的软轴旋转一周时,磁铁控制舌簧开关,使传感器产生4个脉冲信号。如果两个车速传感器工作都正常,可以产生两个相同的矩形脉冲信号,此时ECU采用主车速传感器信号控制换挡时间。如果两个车速传感器中的任意一个工作不正常,例如某一传感器无信号输出或输出信号不正常时,ECU将切断工作不正常的传感器信号,采用正常工作的传感器信号。当主车速传感器失效时,ECU将根据程序使用从辅助车速传感器传来的信号,若两个车速传感器工作都不正常,变速器将进入应急状态。93款佳美1号车速传感器检测如图7.84所示,用蓄电池直接供电端子1与正极相连端子2与负极相连,电压表正极与3相连负极于2相连转动车速表软轴,正常电压在0～11V之间变化(软轴转一圈变化20次)。

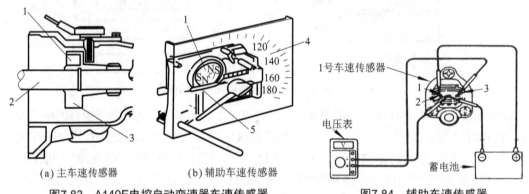

图7.83　A140E电控自动变速器车速传感器　　图7.84　辅助车速传感器
(a)主车速传感器　　(b)辅助车速传感器
1—磁铁;2—输出轴;3—转子;4—车速表;5—舌簧开关

3)冷却液温度传感器

冷却液温度传感器的位置如图7.85所示,断开接口测量阻值,标准阻值如图7.85右侧曲线所示。

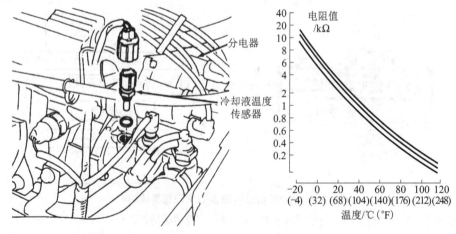

图7.85　冷却液温度传感器

4)电路图

93款佳美A140E电控自动变速器电子控制系统电路如图7.86所示。计算机端子含义见表7-10。

第7章 汽车自动变速器

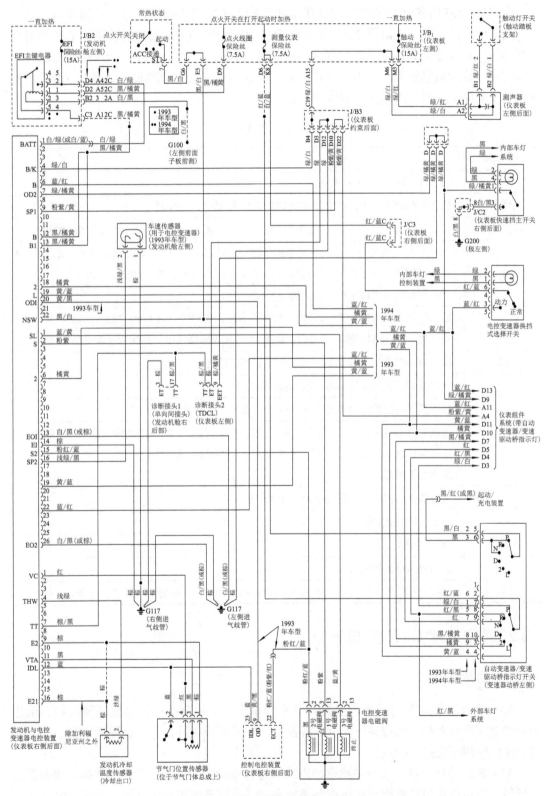

图7.86 A140E电控自动变速器电子控制系统电路

ECT ECU 接收各种监测汽车行驶状况和发动机工况的传感器信号,可精确地控制自动变速器的换挡时间、变矩器锁止离合器的闭锁时间和换挡时的发动机转矩;它还具有自诊断功能,自动监测和识别电子控制元件的故障,并通过"O/D OFF"指示灯以故障代码的形式将自诊断信息输出;此外当 ECT ECU 在电子电路发生故障和电磁阀失效时,还具有失效安全保护功能,以保证车辆继续行驶。

表 7-10 计算机端子含义

端子名称	功　　能
+B	为 ECU 诊断存储器常供电
PKB	接收停车制动信号,此信号通知 ECU 驻车制动器已经拉紧
SP_1、SP_2	接收车速信号。通常 ECU 先使用 SP_2 端信号,若 SP_2 无信号时,才使用 SP_1 的信号
S_1、S_2、S_2	ECU 输出控制信号,使装于阀体和自动变速器壳体上的 3 个电磁阀通电或断电。S_1、S_2 装于阀体,用于控制行星齿轮变速器自动换挡;而 S_3 装于自动变速器壳体上,用于控制变矩器中锁止离合器的接合与分离
PWR	输入驱动方式选择开关的信号。PWR 端有输入信号时,ECU 用"动力换挡规律"控制换挡;PWR 端无输入信号时,ECU 用"常规换挡规律"控制变速器自动换挡
OD_1	接收由 TCCS ECU 输出的"超速和闭锁解除信号"
OD_2	接收由 OD 总开关传来的"超速通断信号"
$L_1 L_2 L_3$	接收节气门位置传感器经 TCCS ECU 传来的"开启角度电信号"
L、2、N	接收来自空挡起动开关的信号。ECU 接收到来自 L、2 和 N 端的输入信号,表明变速器相应地处于 L、2、N 位。若 L、2 和 N 端无输入信号给 ECU,则 ECU 判断变速器处于 D 位
IDL	接收节气门位置传感器传来的"全关闭信号"
IG	为 ECU 接通电源
GND	ECU 搭铁
DG	输出故障自诊断结果
STP	接收制动信号,该信号通知 ECU,制动踏板已踩下,控制变矩器锁止离合器断开

7.3.2　丰田 A341E 自动变速器

1. 结构特点

A341E 自动变速器用于豪华型 LS400 乘用车上,采用全电子控制变速器换挡,锁止离合器液压压力电控,电控蓄压器背压控制等。它具有换挡冲击小、变速效率高、ATF 在整个使用期内不失效等特点。

A341E 自动变速器是三行星排辛普森式四速行星齿轮变速器,主要由带锁止离合器的变矩器、四速行星齿轮机构、液压控制系统和电子控制系统组成,其结构如图 7.87 所示;零件分解如图 7.88、图 7.89 所示。各执行元件功能见表 7-11。

第7章 汽车自动变速器

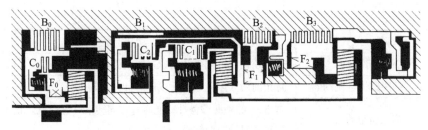

图7.87 A341E自动变速器的结构

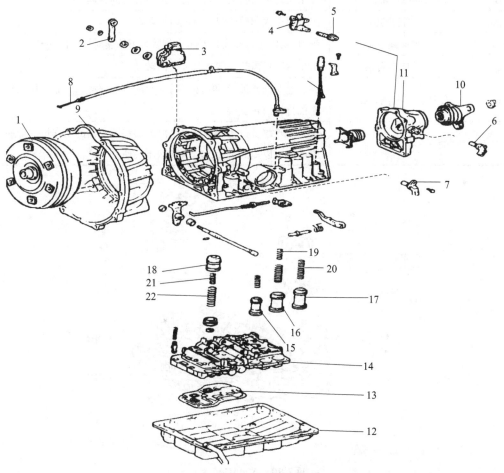

图7.88 A341E自动变速器组成零部件图

1—液力变矩器；2—手控阀摇臂；3—空挡起动开关；4—车速表传感器；5—车速表传感器驱动齿轮；6—车速传感器；7—输入轴转速传感器；8—节气门拉索；9—液力变矩器壳；10—输出轴凸缘；11—后端壳；12—油底壳；13—进油滤网；14—阀板；15～18—蓄压器；19～22—减振弹簧

表7-11 各执行元件功能

零部件	功 能
C_1	前进挡离合器	连接输入轴和前行星齿轮
C_2	直接挡离合器	连接输入轴和前后太阳轮

（续）

零部件		功　能
C_0	O/D挡离合器	连接超速当太阳轮和超速挡行星齿轮支架
B_1	第二挡跟踪惯性制动器	防止前后太阳轮顺势针或逆时针方向转动
B_2	第二挡制动器	防止F_1的外圈顺势针或逆时针方向转动，这样就防止了前后太阳轮逆时针方向转动
B_3	第一挡和倒挡制动器	防止后行星齿轮支架顺势针或逆时针方向转动
B_0	O/D挡制动器	防止超速太阳轮顺势针或逆时针转动
F_1	1号单向离合器	当B_2工作时，此离合器防止前后太阳轮逆时针方向转动
F_2	2号单向离合器	防止后行星齿轮支架逆时针方向转动
F_0	O/D挡单向离合器	当变速器开始被发动机驱动时，此离合器连接超速太阳轮和超速挡行星齿轮支架
	行星齿轮	这些齿轮改变行迹并根据每个离合器和制动器的工作情况传递驱动力，以提高或降低输入和输出转速

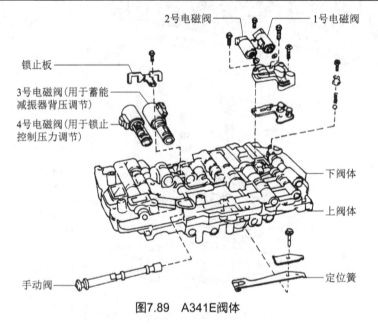

图7.89　A341E阀体

2. 各换挡执行元件的工作情况

各换挡执行元件的工作情况见表7-12。

表7-12　各换挡执行元件的工作情况

挡 位	C_1	C_2	C_0	B_1	B_2	B_3	B_0	F_1	F_2	F_0
P			▲							
R		▲	▲			▲				▲
N			▲							

(续)

挡位		C_1	C_2	C_0	B_1	B_2	B_3	B_0	F_1	F_2	F_0
D	1	▲		▲						▲	▲
D	2	▲		▲		▲			▲		▲
D	3	▲	▲	▲							▲
D	O/D		▲			▲		▲			
2	1	▲		▲						▲	▲
2	2	▲		▲	▲	▲			▲		▲
2	3*	▲	▲	▲		▲					▲
L	1	▲		▲			▲			▲	▲
L	2*	▲		▲	▲	▲			▲		▲

注：▲表示该元件工作；* 表示该元件仅下行换挡到 L 位和二挡，在 2 位和三挡时不上行换挡。

3. 动力传递路线示意图

A341E 自动变速器各挡动力传递路线如图 7.90 所示。

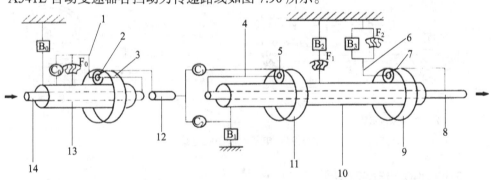

图7.90　A341E自动变速器各挡动力传递路线

1—超速（OD）行星排行星架；2—超速（OD）行星排行星轮；3—超速（OD）行星排齿圈；4—前行星排行星架；5—前行星排行星轮；6—后行星排行星架；7—后行星排行星轮；8—输出轴；9—后行星排齿圈；10—前后行星排太阳轮；11—前行星排齿圈；12—中间轴；13—超速（OD）行星排太阳轮；14—输入轴；C_0—超速挡（OD）离合器；C_1—前进挡离合器；C_2—直接挡、倒挡离合器；B_0—超速挡（OD）制动器；B_1—二挡滑行制动器；B_2—二挡制动器；B_3—低、倒挡制动器；F_0—超速挡（OD）单向离合器；F_1—二挡单向离合器；F_2—低挡单向离合器

4. 电子控制系统

A341E 自动变速器的电子控制系统根据各种传感器测得的车辆行驶情况，并根据发动机的运转，十分精确地控制换挡时刻和锁定时刻。该车电子控制系统还装有自诊断系统和发生故障时能使车辆继续行驶的应急系统。电子控制系统可分为传感器、ECU 和执行器三部分，如图 7.91 所示。

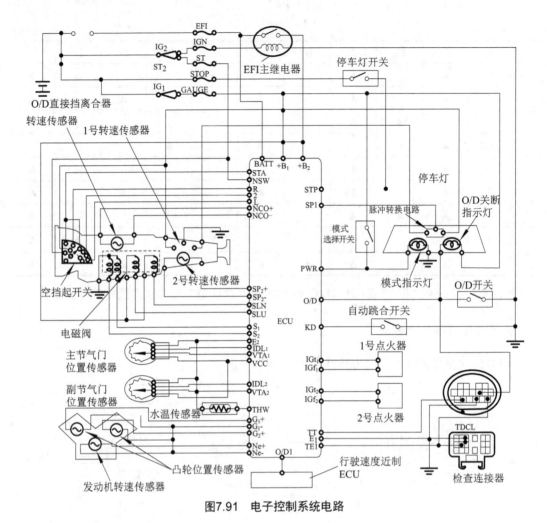

图7.91 电子控制系统电路

7.3.3 奥迪096自动变速器

1. 结构特点

奥迪096自动变速器装备于德国大众公司的高尔夫、捷达、帕萨特和奥迪车上，是电子控制四速的自动变速器，采用拉维纳式行星齿轮机构，有4个独立的机械元件，它们是小太阳轮、大太阳轮、短行星齿轮和长行星齿轮组合在一起的行星架和齿圈。计算机接收各类传感器的信号，用阀体中的电磁阀控制挡位的变换，控制系统有自己独立的计算机，它有7个电磁阀。该自动变速器有8个换挡执行元件，它的锁止离合器不在变矩器内，而是设在行星齿轮变速器中，且锁止离合器的工作完全由换挡阀控制，当自动变速器处于一挡、二挡和倒挡时锁止离合器分离，发动机的动力全部由变矩器以液力传递的方式传至行星齿轮变速器；当自动变速器处于三挡时，锁止离合器接合，当变速器处于四挡时，锁止离合器仍保持接合，此时发动机的动力全部经锁止离合器以机械的方式传入行星齿轮变速器。这种变速器的行星齿轮机构体积较小，便于布置，提高了传动效率，从而改善了燃油经济性。

第7章 汽车自动变速器

2. 各挡执行元件的工作情况

奥迪096自动变速器的各换挡执行元件通过控制阀体供油,将得到不同的挡位。各换挡执行元件的工作情况见表7-13。

表7-13 各换挡执行元件的工作情况

选挡杆位置	挡位	离合器			制动器			单向离合器	
		C_1	C_2	C_3	B_1	B_2	B_3	F_1	F_2
P	停车								
R	倒车		▲			▲			
N	空挡								
D	一挡	▲							▲
	二挡	▲			▲				
	三挡	▲		▲					
	四挡			▲		▲			
3	一挡	▲						▲	
	二挡	▲			▲				
	三挡	▲		▲					
2	一挡	▲						▲	
	二挡	▲					▲		
1	一挡	▲					▲		

注:▲表示该元件工作。

3. 各挡传递路线

奥迪096自动变速器通过固定、锁定、连接不同元件,可以实现不同挡位,各挡传动动力传递路线如图7.92所示。

(1) D位一挡动力传递路线为涡轮→输入轴→前进离合器C→小太阳轮→短行星齿轮→长行星齿轮→齿圈→输出轴。

(2) D位二挡动力传递路线为涡轮→输入轴→前进离合器C→小太阳轮→短行星齿轮→长行星齿轮(固定太阳轮)→行星架→齿圈→输出轴。

(3) D位三挡动力传递路线为涡轮→输入轴→前离合器C→小太阳轮。

(4) OD位动力传递路线为泵轮→扭转减振器→高挡离合器C→行星架(固定太阳轮)→齿圈→输出轴。

(5) R位动力传动路线为涡轮→倒挡离合器C→大太阳轮→齿圈→输出轴。

(6) P位和N位。当选挡杆处于N和P位时,所有的离合器和制动器都不工作,因而没有动力传递。

4. 电子控制系统

奥迪 096 自动变速器电子控制装置比较复杂，如图 7.93 所示，它主要由计算机、控制电磁阀、各种传感器和开关组成，电子控制系统的电路如图 7.94、图 7.95 所示。

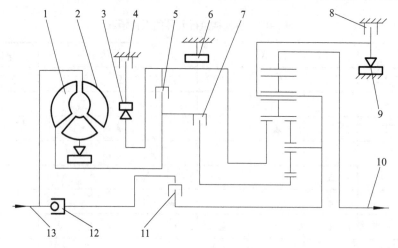

图7.92 各挡传递路线

1—涡轮；2—泵轮；3—单向离合器 F_2；4—二挡离合器 B_2；5—倒挡离合器 C_2；6—超速挡制动器 B_3；7—前进挡离合器 C_1；8—低、倒挡制动器 B_2；9—单向离合器 F_1；10—输出轴；11—高挡离合器 C_3；12—扭转减振器；13—输入轴

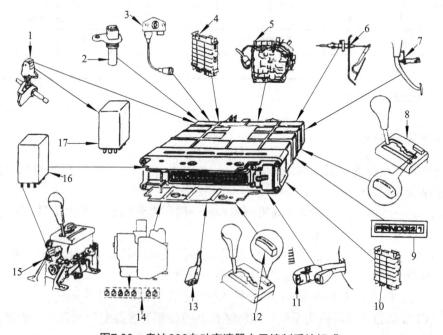

图7.93 奥迪096自动变速器电子控制系统组成

1—空挡起动开关；2—车速传感器；3—节气门位置传感器；4、10—发动机控制计算机；5—变速器油温传感器；6—强制降挡开关；7—制动灯开关；8—模式开关；9—挡位指示灯；11—巡航控制开关；12—模式指示灯；13—诊断插座；14—换挡指示灯；15—换挡锁止机构；16—换挡继电器；17—继电器盒

第7章 汽车自动变速器

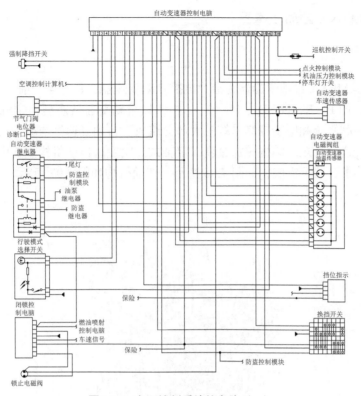

图7.94 电子控制系统的电路（一）

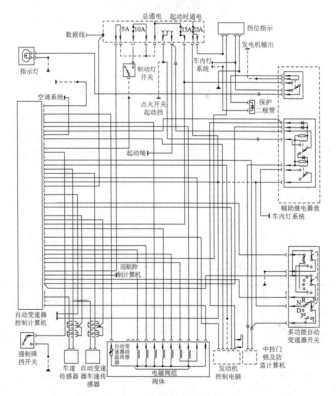

图7.95 电子控制系统的电路（二）

7.3.4 本田 MPXA 自动变速器

1. 结构特点

本田乘用车 MPXA 自动变速器为液力电控自动变速器,具有 4 个前进挡和一个倒挡,共有 7 个挡位,即 P、R、N、D_4、D_3、2、1 挡,该自动变速器主要由定轴式齿轮变速传动机构、液压控制系统和电子控制系统三大部分组成。自动变速器与驱动桥合为一体,前轮驱动,动力传递路线短,结构更加紧凑。定轴式齿轮变速传动机构主要由平行轴、各挡齿轮和湿式多片离合器等组成,如图 7.96 所示,传动机构如图 7.97 所示。

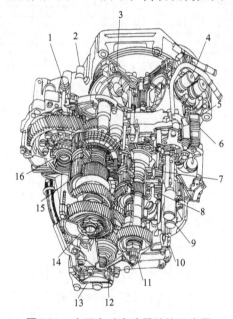

图7.96 本田自动变速器结构示意图

1——挡离合器;2—二挡离合器压力开关;3—液力变矩器总成;4—锁止控制电磁阀/换挡控制电磁阀 A 总成;5—换挡控制电磁阀 B;6—换挡控制电磁阀 C;7—三挡离合器;8—四挡离合器;9—A/T 离合器压力控制电磁阀 A/B 总成;10—主轴转速传感器;11—主轴;12—中间轴;13—A/T 挡位置开关;14—副轴;15—二挡离合器;16—差速器总成

2. 换挡执行元件的工作

换挡执行元件的工作见表 7-14。

表 7-14 换挡执行元件的工作

零件 挡位	一挡齿轮 一挡锁定离合器	一挡齿轮 一挡离合器	一挡齿轮单向离合器	二挡齿轮 二挡离合器	三挡齿轮 三挡离合器	四挡		液力变矩器锁止离合器
						齿轮	离合器	
P								
R						▲		
N								

第7章　汽车自动变速器

（续）

零件\挡位	一挡齿轮一挡锁定离合器	一挡齿轮一挡离合器	一挡齿轮单向离合器	二挡齿轮二挡离合器	三挡齿轮三挡离合器	四挡		液力变矩器锁止离合器
						齿轮	离合器	
D₄ 1		▲	X					
D₄ 2		▲		▲				
D₄ 3		▲			▲			▲
D₄ 4		▲				▲	▲	▲
D₃ 1		▲	X					
D₃ 2		▲		▲				
D₃ 3					▲			▲
2		▲		▲				
1	▲		X					

注：（1）X 为加速时，单向离合器锁止，减速时，单向离合器打滑无发动机制动，利于减油滑行。

（2）1 位一挡时锁定离合器和单向离合器工作有发动机制动，利于下长坡。

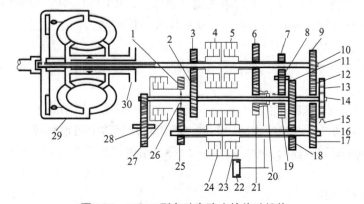

图7.97　MPXA型自动变速齿轮传动机构

1—副轴一挡齿轮；2—副轴三挡齿轮；3—主轴三挡齿轮；4—三挡离合器；5—四挡离合器；6—主轴四挡齿轮；7—主轴倒挡齿轮；8—倒挡惰轮；9—主轴惰轮；10—主轴；11—惰轴二挡齿轮；12—惰轴惰轮；13—驻车齿轮；14—惰轴；15—驻车锁销；16—副轴；17—副轴惰轮；18—副轴二挡齿轮；19—副轴倒挡齿轮；20—倒挡滑套；21—副轴四挡齿轮；22—伺服阀；23—二挡离合器；24—一挡离合器；25—副轴一挡齿轮；26—单向离合器；27—一挡锁定离合器；28—最终输出齿轮；29—液力变矩器；30—油泵

3. 各挡传递路线

1）P 位

液压不作用于任何离合器，所有离合器均分离，因而动力不传递给中间轴。此时依靠驻车锁销与驻车齿轮的互锁作用实现驻车。

2）N 位

发动机的动力由液力变矩器传递给主轴惰轮、中间轴惰轮和副轴惰轮，但液压没有使任何离合器接合，因此动力没有传递给中间轴。

当换挡杆从 D_4 位置变换到 N 位置时，倒挡接合套将使中间四挡齿轮与倒挡接合套轴套和中间轴相连；而当换挡杆从 R 位置变换到 N 位置时，中间轴倒挡齿轮也将处于啮合状态，但由于此时无动力传递给中间轴，因而上述两种情况均无动力输出。

3）R 位

（1）动力由液力变矩器传入主轴。

（2）伺服阀将受液压作用，使中间轴倒挡齿轮通过倒挡接合套及其轴套与中间轴相固连，同时四挡离合器也将受液压作用，使主轴倒挡齿轮与主轴固连并随主轴而旋转。

（3）旋转的主轴倒挡齿轮将通过倒挡惰轮驱动中间轴倒挡齿轮，于是动力便由主轴倒挡齿轮传入倒挡惰轮、倒挡接合套和倒挡接合套轴套而传递给中间轴。此时由于倒挡惰轮的参加工作，因而最终驱动齿轮和最终减速齿轮实现倒挡的动力传递过程。

4）D_4 或 D_3 位一挡

动力由液力变矩器传入主轴和主轴固连的主轴惰轮，并通过中间轴惰轮和副轴惰轮使副轴转动，此时由于中间轴惰轮空套在中间轴上，所以中间轴不旋转。

一挡离合器将受液压控制而接合，使副轴一挡齿轮与副轴固连而旋转。旋转的副轴一挡齿轮便驱动中间轴一挡齿轮，此时单向离合器锁止，中间轴旋转。旋转的中间轴通过与其制成一体的最终驱动齿轮将动力输出，从而实现一挡的动力传递过程。

5）D_4 或 D_3 位二挡

（1）动力由液力变矩器传入主轴、主轴惰轮、中间轴惰轮、副轴惰轮而使副轴旋转（但中间轴不转动）。

（2）二挡离合器将受液压控制而接合，使副轴二挡齿轮与副轴固连而旋转。

（3）旋转的副轴二挡齿轮便驱动中间轴二挡齿轮并驱动中间轴旋转。

（4）旋转的中间轴通过与其制成一体的最终驱动齿轮将动力输出，从而实现二挡的动力传递过程。

6）D_4 或 D_3 位三挡

（1）动力由液力变矩器传入主轴。

（2）三挡离合器将受液压控制而接合，使主轴三挡齿轮与主轴固连而旋转。

（3）旋转的主轴三挡齿轮驱动中间轴三挡齿轮并同时驱动中间轴旋转。

（4）旋转的中间轴通过与其制成一体的最终驱动齿轮将动力输出，从而实现三挡的动力传递过程。

7）D_4 位四挡

（1）动力由液力变矩器传入主轴。

（2）伺服阀将受液压作用，使中间轴四挡齿轮通过倒挡接合套及其轴套与中间轴相固连；同时四挡离合器也将受液压作用，使主轴四挡齿轮与主轴固连并随主轴而旋转。这样动力便由液力变矩器传入主轴、四挡离合器。主轴四挡齿轮、中间轴四挡齿轮、倒挡接合套；倒挡接台套轴套而传递给中间轴，并使中间轴旋转。

（3）旋转的中间轴通过与其制成一体的最终驱动齿轮将动力输出，从而实现四挡的动力传递过程。

4. 电子控制系统

93款雅阁MPXA自动变速器电子控制系统元件位置如图7.98所示。

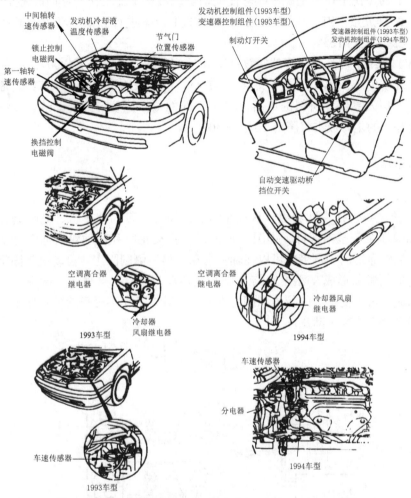

图7.98　93款雅阁MPXA自动变速器电子控制系统元件位置

7.3.5　CVT 自动变速器

1. 结构特点

CVT（Continuously Variable Transmission）自动变速器即电控机械无级自动变速器，在日产、日本三菱、美国福特、德国大众等公司已相继开发出 CVT 无级自动变速器并已使用。目前我国一汽大众生产的奥迪 A6、东风日产轩逸等乘用车已选装 CVT 自动变速器。CVT 技术采用传动带和工作直径可变的主、从动轮相配合传递动力，实现了传动比的连续改变，它具有以下特点。

（1）传动系与发动机工况的最佳匹配，提高整车的燃油经济性和动力性，提高了驾驶的方便性和乘坐的舒适性。

（2）汽车的后备功率决定了汽车的爬坡能力和加速能力。汽车的后备功率愈大，汽车的动力性愈好。由于 CVT 的无级变速特性,能够获得后备功率最大的传动比,所以 CVT 的动力性能明显优于机械变速器(MT)和自动变速器(AT)。

(3) CVT 的速比工作范围宽,能够使发动机以最佳工况工作,从而改善了燃烧过程,降低了废气的排放量。ZF 公司将自己生产的 CVT 装车进行测试,其废气排放量比安装 AT 的汽车减少了大约 10%。

(4) CVT 系统结构简单,零部件数目比 AT(约 500 个)少(约 300 个),一旦汽车制造商开始大规模生产,CVT 的成本将会比 AT 小。由于采用该系统可以节约燃油,所以随着大规模生产以及系统、材料的革新,CVT 零部件(如传动带或传动链、主动轮、从动轮和液压泵等)的生产成本将降低 20%～30%。

2. 控制原理

1) 组成

CVT 系统主要包括主动轮组、从动轮组、金属传动带、计算机、电磁离合器、液压控制装置和液压泵等基本部件,如图 7.99 所示。主动轮组和从动轮组都由可动盘和固定盘组成,与油缸靠近的一侧带轮可以在轴上滑动,另一侧则固定。可动盘与固定盘都是锥面结构,它们的锥面形成 V 型槽来与 V 型金属传动带啮合。金属带由两束金属环和几百个金属片构成,可承受很大的拉力和侧向力,钢带装在工作半径可变的带轮上,靠液压力改变带轮的半径来改变传动比。

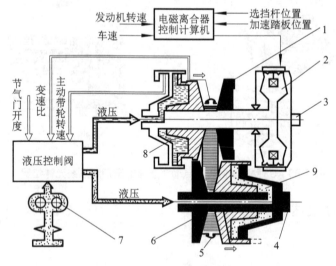

图7.99 CVT系统的基本组成

1—主动带轮;2—电磁离合器;3—输入轴;4—输出轴;5—钢带;6—从动带轮;7—液压泵;8—主动带轮液压控制缸;9—从动带轮液压控制缸

2) 工作原理

由发动机输出的动力首先传递到 CVT 的主动轮,然后通过 V 型传动带传递到从动轮,最后经减速器、差速器传递给车轮来驱动汽车。工作时通过主动轮与从动轮的可动盘做轴向移动来改变主动轮、从动轮锥面与 V 型传动带啮合的工作半径,从而改变传动比。可动盘的轴向移动量是由驾驶人根据需要通过控制系统调节主动轮、从动轮液压泵油缸压力来实现的。由于主动轮和从动轮的工作半径可以实现连续调节,从而实现了无级变速,如图7.100所示。

3)动力传递路线

以大众奥迪乘用车装用的CVT自动变速器为例,如图7.101所示。发动机动力通过飞轮传递给变矩器输入轴,输入轴的动力在再通过行星齿轮机构和变速齿轮传动副传递到传动链轮机构,通过传动链轮无级变速后,将动力传递给主减速器、差速器,最后传递到驱动轮。

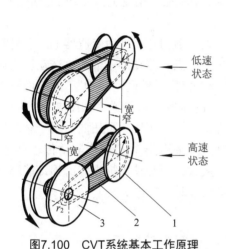

图7.100 CVT系统基本工作原理

1—主动带轮;2—金属传动带;3—从动带轮

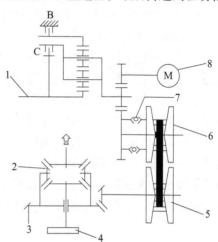

图7.101 动力传递路线

1—曲轴;2—差速器;3—主减速器;4—驱动轮;5—副链轮装置;6—主链轮装置;7—转矩感应装置;8—液压泵

当车辆怠速时,作为辅助减速挡输入部分的行星齿轮架是静止的,齿圈以发动机转速一半的速率怠速运转,旋转方向与发动机相同;前进挡时,前进挡离合器C结合,变速器输入轴与行星齿轮架(输出)连接,行星齿轮系变成一个刚体传动,并且它与发动机转向相同,传动比为1;倒挡时,倒挡制动器B制动,齿圈与壳体固定在一起,不能转动,动力由行星架反向输出,实现倒挡。

CVT动力传递路线为发动机→电磁离合器→主动带轮→金属传动带→从动带轮→主减速器→差速器→半轴→驱动轮。

3.传动机构

CVT自动变速器的传动机构主要作用是传递动力,并实现无级变速。一般有钢带/带轮式和传动链/链轮式两种。

1)钢带/带轮式传动机构

这种机构主要由主动带轮、从动带轮、金属传动带等组成,如图7.102所示。钢带是由多层钢环导向的不间断连接的钢片组成的,通过钢片的压紧力来传递动力。钢片为了传递动力,需要与带轮倾斜面之间产生摩擦力。

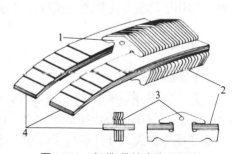

图7.102 钢带/带轮式传动机构

1—V型钢片;2—工作面;3—定位凹坑;4—钢带

带轮分为主动带轮和从动带轮，它们都由可移动带轮和固定带轮组成，带轮表面具有11°倾斜角。钢带和带轮的工作过程是在每个可移动带轮的背面都有一个液压腔，即初级液压腔和次级液压腔，根据发动机负荷（节气门开度）的输入信号以及主动带轮和从动带轮的旋转速度（车速）可以改变初级液压腔和次级液压腔的工作压力。可移动带轮在压力的作用下沿着滚珠花键上的轴滑动，从而改变带轮的槽宽。槽宽发生改变后，带轮与钢带的卷绕半径就发生了改变，传递的传动比也就发生了变化。

升挡时，初级带槽变窄，次级带轮槽变宽；降挡时，初级带轮槽变宽，次级带轮槽变窄。

2）传动链/链轮式动机构

传动链/链轮式传动机构是新开发的，目前用于大众奥迪01J自动变速器上，它具有变速器尺寸小、传动比大、传递转矩大、传动效率高等特点。传动链链节通过转动压块连接成一排（每个销子连接两个链节），转动压块在变速器锥面链轮间"跳动"，即锥面链轮互相挤压。转矩只靠转动压块正面和锥面链轮接触面的摩擦力来传递，如图7.103所示。每个转动压块永久连接到一排连接轨上，通过这种方式，转动压块不可扭曲，两个转动压块组成一个转动节。转动压块相互滚动，当其在锥面链轮跨度半径范围内驱动传动链时，几乎没有摩擦。在这种情况下，尽管转矩高，弯曲角度大，但是动力损失和磨损却能降到最小。链节由长、短两种共同作用，其目的使传动链运转时无噪声。

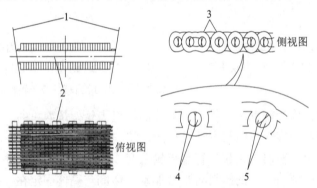

图7.103 传动链/链轮式传动机构

1—锥面链轮；2、4—转动压块；3—链节；5—转动节

传动链轮利用少量压力油可进行快速换挡，保证在较低油压时，锥面链轮有足够的接触压力。它的特点是与转矩传感器集成一体，有一个将锥面链轮压回位的分离缸（压力缸）和用于调整变速比的分离缸（变速器分离缸）。

4. 液压传动部分

1）液压泵

液压泵是供油系统的主要部件，也是变速器中消耗动力的主要部件，如图7.104所示，它直接安装在液压控制单元上，以免不必要的连接。油泵和控制单元形成一个整体，减少了压力损失，并且节约了成本。该变速器装有高效率的月牙形内啮合齿轮泵，它作为一个小部件集成在液压控制单元上，并直接由输入轴通过直齿轮驱动泵轴转动。尽管该泵相对较小，但是却可以产生需要的压力。由于该液压泵内部零部件公差要求很高，所以液压泵内部密封良好，在发动机低速下仍可产生高压。

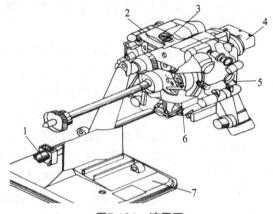

图7.104 液压泵

1—压力管；2—液压控制单元；3—插接头；4—变速器控制单元；
5—手动选挡杆；6—液压泵；7—机油滤清器

2）冷却装置

CVT 自动变速器的冷却装置由滤清器、ATF 散热器、油管等组成，如图 7.105 所示。散热器与发动机散热器集成一体，油管有供油管和回油管。自动变速器油流经 ATF 散热器后，经过汽车外部零件，再流向滤清器，最后流回液压控制单元，同时对前进挡离合器和倒挡制动器进行冷却。

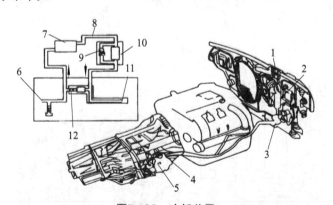

图7.105 冷却装置

1、5—回油管；2—滤清器；3、4—供油管；6—来自链轮装置；7—冷却器；
8—车辆外部；9、12—压差阀；10—过滤器；11—接液压控制单元

当自动变速器油温度低时，供油管和回油管之间的压力差达到一定值，DDV1 阀打开，使供油管与回油管直接接通，自动变速器油温度开始迅速升高。当自动变速器油过高时，DDV1 阀关闭供油管与回油管。当 ATF 滤清器堵塞时，DDV2 阀打开，防止 DDV1 阀打开，即防止自动变速器油温过高。

3）前进挡 / 倒挡切换装置

在变矩器和主动带轮之间采用了行星齿轮作为前进挡 / 倒挡切换装置，如图 7.106 所示。动力由变矩器传递给输入轴，前进挡离合器和倒挡制动器协调工作，即可实现前进挡和倒挡之间的切换，各挡位时行星齿轮的工作情况如下。

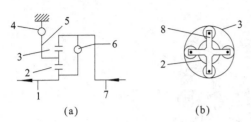

图7.106 前进挡/倒挡切换装置

1—输出轴；2—太阳轮；3—内齿圈；4—倒挡制动器；5—行星齿轮；6—前进挡离合器；7—输入轴；8—行星架

（1）P、N挡。制动器离合器不工作，行星空转。

（2）D挡。离合器结合行星排整体传动。

（3）R挡。制动器工作行星排倒挡传动。

4）液压控制单元

CVT自动变速器液压控制单元（阀体）与液压泵、变速器控制单元集成一体，它主要由手动换挡阀、9个液压阀和3个电磁控制阀组成，如图7.107所示。它的主要功能有前进挡/倒挡制动器控制、调节离合器压力、冷却离合器、为接触压力控制提供压力油、传动控制、为飞溅润滑油罩盖供油。

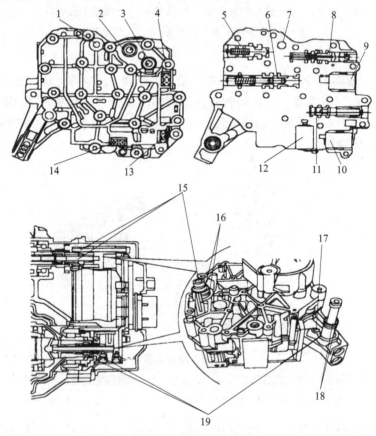

图7.107 液压控制单元

1—DBV1限压阀；2—连接G193；3—连接G194；4—电磁阀插头；5—压力阀；6—离合器冷却阀；7—限压阀；8—离合器控制阀；9、10、12—电磁阀；11—VSTV；13、14—电磁阀插头；15—螺钉；16、18—活塞环；17—喷射油孔；19—螺钉

5）转矩传感器

转矩传感器的作用是将发动机转传传递给变速器。转矩传感器为液力—机械式，集成于链轮中，如图7.108所示。

转矩传感器主要部件为两个滑轮架，每个支架有 7 个滑轨，滑轨中装有滚子。滑轨架 1 装于链轮装置 1 的输出齿轮中（辅助变速齿轮副输出齿轮），滑轨架 2 通过花键与链轮 1 连接，可以轴向移动并由转矩传感器活塞支撑。

转矩传感器通过控制接触压力精确的监控传递到压力缸的实际转矩并建立压力缸的正确油压。若接触压力过低，传动链会打滑，这将损坏传动链和链轮；相反若接触压力过高，则会降低效率。因此转矩传感器的目的是根据要求建立起尽可能精确、安全的接触压力。

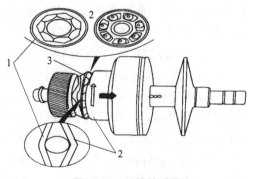

图7.108　转矩传感器

1—滑轨架 1；2—滑轨架 2；3—链轮装置 1

转矩传感器产生的轴向力作为控制力与发动机转矩成正比，压力缸中建立的压力与控制力成正比。

6）油路图

CVT 自动变速器液压控制油路如图 7.109 所示。

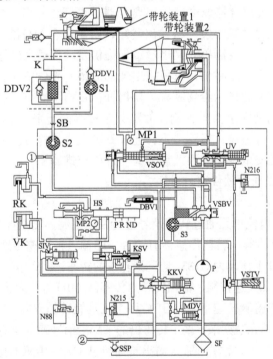

图7.109　CVT自动变速器液压控制油路

5. 电子控制部分

CVT 自动变速器的电子控制系统主要由传感器、控制单元和执行机构等组成，它集成在变速器内，直接用螺栓紧固在液压控制单元上。

1）主要功能

（1）控制单元根据驾驶人动作、车辆运动状态和路面情况信息进行计算分析，在发动机转速范围内，通过改变传动比，将变速器输出转速设定在最佳动力性和最佳经济性之间，使汽车操作性和驾驶性能与驾驶人输入信号尽可能匹配。

（2）强制降挡功能，油门踏板踩到底，接通强制降挡开关，使发动机转速升高。

（3）根据汽车行驶阻力的不同自动控制发动机输出转矩，通过调节变速比来控制车速。

（4）巡航控制开关打开时，控制单元会自动控制自动变速器变速比，满足汽车在不同路况时车速都恒定。如当汽车下坡行驶时，电控单元会通过增加变速器输入转速来增强发动机制动，以此达到稳定汽车车速的效果。

（5）当发动机转速、变速器输入转速、加速踏板位置信号输入给电控单元后，电控单元经过处理分析可计算出离合器（或制动器）所需的额定压力，以此来调节离合器压力和离合器传递的转矩。

（6）在传动比变化范围内，电控单元通过对传动比的连续调节，使汽车获得最佳舒适的换挡模式，同时使发动机总是处于最经济行驶模式下工作，这样既提高了换挡的平顺性，又提高了燃油的经济性。

（7）当汽车加速时，可获得最大动力特性且有连续的动力传递，使汽车具有很好的加速能力。

（8）控制单元会通过离合器温度分析出离合器是否打滑，当离合器因过载而温度升高出现打滑时，电控单元自动减小发动机输出转矩，防止离合器打滑。当离合器冷却系统工作之后使离合器温度下降，控制单元又迅速重新提供发动机最大转矩。

（9）故障自诊断功能，控制单元可根据出现的故障对驾驶安全性的影响程度做出分析和识别，并通过仪表板上的显示给驾驶人。换挡杆位置指示灯有3种状态：第一种指示灯不显示，说明故障对驾驶安全性无影响，故障只是被存储起来；第二种指示灯倒置显示，说明故障对驾驶安全性有影响，但不严重，建议驾驶人尽快检查维修；第三种指示灯正置显示，说明故障对驾驶安全性影响很严重，应立即检查维修。

（10）控制单元可以通过软件进行升级。

2）传感器

（1）转速传感器。电控单元通过转速信号进行变速控制、爬坡控制、坡道停车功能和为仪表板组件提供车速信号等。转速传感器有两种，即输入轴转速传感器和输出轴转速传感。输入轴转速传感器（01J上代码为G183）监测链轮1的转速，即为电控单元提供变速器的输入转速，用于离合器控制和变速控制，输出轴转速传感器（01J上代码为G195和G196）监测链轮2的转速，G195用于检测转速信号，G196用于区别旋转的方向，从而确定汽车是向前行驶还是向后行驶。控制单元观察来自两个传感器的下降沿信号确定当前是否为前进挡或倒挡。

如果G195损坏，G196完好，那么输出转速可从G196传感器中取得信号，但坡道停车功能失效；如果G196损坏，那么即使G195完好，坡道停车功能也失效。

（2）油压传感器。用于监测前进挡和倒挡制动器、离合器工作压力并进行控制。在01J自动变速器上油压传感器有两个（图7.110）：一个用于监控制动器、离合器油压；另一个用于监控链轮锥面接触压力。

（3）多功能开关。由多个传感器组成，能完成多功能控制。01J自动变速器上的多功能开关有4个霍尔传感器，共有16种不同的组合，其中4种组合用于识别换挡杆位置P、R、N和D；两种组合用于监控中间位置（P—R，R—N—D）；10种组合用于故障分析。

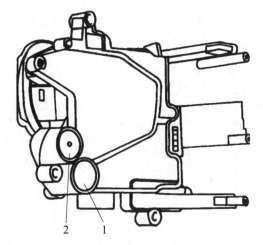

图7.110　01J自动变速器油压传感器

1—G194 自动变速器油压传感器；2—G193 自动变速器油压传感器

（4）油温传感器。集成在电控单元中，测量变速器油温。变速器油温的高低对离合器控制和变速器输入转速的控制影响很大，若变速器油温高于145℃，发动机输出功率就会下降，转速下降；若变速器油温继续升高，发动机输出功率会继续减小，若有必要，直至发动机以怠速运转，以此来保护变速器零部件的性能。

（5）制动开关。主要用于换挡杆锁止控制、爬坡控制、动态程序控制。

（6）"强制降挡"开关。位于加速踏板组件上，是一个簧载压力传感器。当驾驶人要强制降挡时，将踏板组件踩下，传感器的电压值超过规定值时，发动机控制单元通过CAN 总线向变速器控制单元发出一个强制降挡信号。在自动模式下，强制降挡功能不能被连续激活。

（7）CAN 总线。使各种信息能在变速器控制单元和区域网络控制单元之间进行交换。

3）执行装置

执行装置的功能是接受自动变速器控制单元的指令，控制换挡和油压调节等功能。01J 自动变速器主要有 3 个电磁阀，代码分别为 N88、N215、N216，统称为压力控制阀，即都是将控制电流转变为相应的控制压力。N88 电磁阀的功能是控制离合器冷却阀和安全阀；N215 电磁阀的功能是激活离合器控制阀；N216 电磁阀的功能是激活减压阀。

4）电路图

CVT 自动变速器的电子控制系统电路图（以 01J 为例），如图 7.111 所示。

6. 检查与使用

（1）变速器油液的检查。

应按照生产厂家指定的期限检查 CVT 的油质、油量，并定期进行更换符合厂家规定的油品，检查方法如下。

① 首先将变速器油温升到 50 ～ 80℃，检查油位。

② 如图 7.112 所示，按下 CVT 液位计上的凸耳，松开锁止，从 CVT 油液注入管上拔出 CVT 液位计 [图 7.112（c）]。

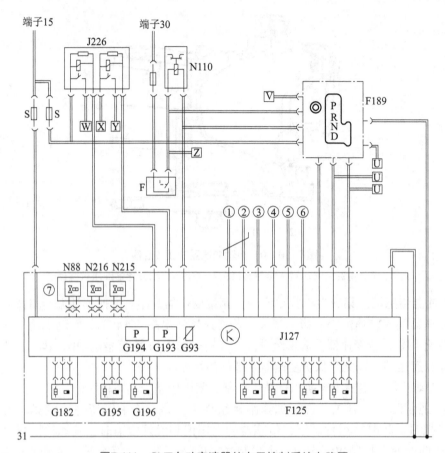

图7.111　CVT自动变速器的电子控制系统电路图

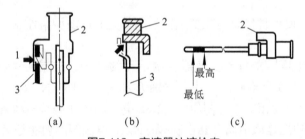

图7.112　变速器油液检查

1—锁止卡子；2—CVT液位计；3—CVT油液注入管

③ 用无绒纸擦去CVT液位计上的油液，将CVT液位计相对原始安装位置旋转180°后插入[图7.112（b）]，然后用力推动CVT液位计，直至它接触到CVT液注入管的顶端为止。

④ 将换挡杆置于P位或N位，并确认液位在规定范围内[图7.112（c）]。重新安装CVT液位计，将其插入CVT油液注入管，并旋转到原始安装位置。

⑤ 将凸耳牢固锁止。

（2）液压泵间隙的检查。

为了保证发动机在低速下仍产生高压，这就要求液压泵内部密封要良好，因此对液压泵轴向和径向的间隙进行调整，如图7.113所示。

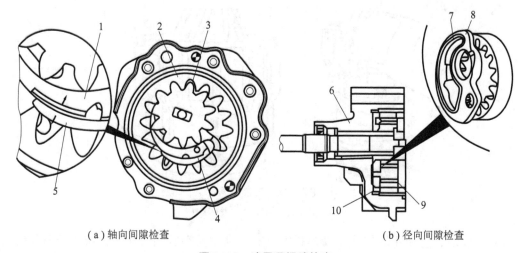

(a) 轴向间隙检查　　　　　　　　　　　(b) 径向间隙检查

图7.113　液压泵间隙检查

1—内扇形；2—齿圈；3—齿轮；4—月牙形密封；5—外扇形；6—油泵壳体；7—密封垫；8、9、10—轴

① 轴向间隙的调整。两个轴向垫片封住液压泵压力部分，并在液压泵内形成一单独的泄油腔，垫片纵向（轴向）密封住压力腔。垫片上有特殊的密封材料，垫片由液压泵壳体或液压控制单元的泵垫支撑。轴向垫片可使泵的压力在轴向垫片和壳体间起作用，密封件防止压力泄出。当液压泵压力增加时，轴向垫片被更紧地压到月牙和液压泵齿轮上进行密封，补偿了轴向间隙。

② 径向间隙的调整。径向间隙调整功能是补偿月牙形密封和齿轮副（齿轮和齿轮）之间的径向间隙，因此月牙形密封在内扇形块和外扇形块之间滑动。内扇形将压力腔与齿轮密封，同时也抑制外扇形径向移动，外扇形将压力腔与齿圈密封隔开，泵压力在两个扇形件间流动。液压泵压力增加时，扇形件被更紧地压向齿轮和齿圈，补偿径向间隙。当液压泵泄压时，扇形件弹簧向扇形件和密封滚柱提供基本接触压力，并提高油泵的吸油特性。同时要保证液压泵压力在扇形件间动作，同时作用于密封滚柱。

（3）转速传感器的检查。

检查传感器电磁线圈是否受到金属碎屑污染，若有应予以清除，否则会影响转速传感器的工作性能。

（4）对CVT相关的零部件或电路进行检修或断电之后，都要对内部进行一种特殊的设定程序才能使CVT发挥正常的状态。如在更换加速踏板组件后，必须用自诊断检测和信息系统对强制降挡点进行重新匹配。

（5）拆装CVT控制单元时，要注意安装记号，如图7.114所示，否则会损坏线束插头。拆装时，先将卡环向逆时针方向旋转，拉出并拆下线束插头；安装时将线束插头本体的标记与卡环的标记对齐，插入线束插头，然后将卡环向顺时针方向旋转，直至线束插头本体的标记与卡环的标记对齐为止。

（6）使用CVT的注意事项。

① 行驶时，不要将变速杆拉到N挡位。

② 从前进变后退，从后退变前进挡时，要完全停住车，在踩住制动踏板的同时操作变速杆，否则有可能使变速箱损坏。

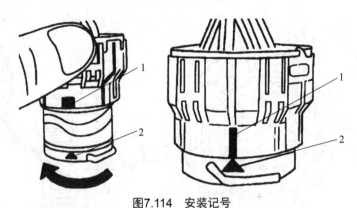

图7.114 安装记号
1—线束本体标记；2—卡环标记

③ 下坡时，应使用 S 挡或手动模式的低挡，利用发动机制动作用，避免长时间制动时使制动蹄片产生热衰退性，使制动性能变差。

④ 为了最大限度地提高其燃油经济性，行驶中最好使用 CVT 变速箱的自动模式。这样可以使发动机和变速器全程保持达到最佳匹配的状态，最大限度利用发动机的扭矩和功率输出，达到经济的车速，从而提高燃油的经济性。

学习指导

（1）液力自动变速器主要由液力变矩器、行星齿轮变速器、液压控制系统及冷却装置等组成。电控液力自动变速器除上述组成部分外，还有电子控制系统。自动变速器的主要特点是操作简单省力、行车安全性好、寿命长，且动力性、排放性好；但其结构复杂、成本高、传动效率低、维修困难。

（2）CVT 无级自动变速器是根据车速和节气门开度来改变传动带轮的作用半径，实现无级变速的，其特点是将传动系的离合器、变速器、主减速器及差速器等装配成一个整体，使操作使用性更为方便和省力。

学习思考

1. 自动变速器有哪些特点？如何进行分类？
2. 对照自动变速器的实物、模型或图片说明自动变速器的基本组成。
3. 行星齿轮机构由哪些部件组成？简述其基本工作原理。
4. 液压控制系统由哪些部件组成？简述其基本工作过程。
5. 自动变速器选挡杆有哪些位置？各自完成哪些功能？
6. 分析三柱式手动控制阀的工作原理。
7. 分析阶梯式滑阀调压装置的调压原理。
8. 电控自动变速器电子控制系统由哪些部件组成？简述其控制原理。
9. 照图或实物说明液力变矩器的结构组成和工作原理。
10. 对单向离合器进行实际检测并说明。
11. 对液力变矩器内部干涉进行实际检测并说明。
12. 对照实物或图片说明单排行星齿轮机构的组成和连接关系。

13. 说明单排行星齿轮机构是如何实现各种挡位的。
14. 对离合器和制动器进行实际检修和调整。
15. 对照分解的辛普森式行星齿轮变速器，指出各挡换挡执行元件及各挡动力传递路线。
16. 对照分解的四挡拉维纳式行星齿轮变速器，指出各挡换挡执行元件及各挡动力传递路线。
17. 简述无级变速器的基本组成及无级变速的基本原理。

第 8 章　汽车防抱死制动系统

学习目标

1. 掌握 ABS 的作用、类型、组成及工作原理。
2. 掌握 ABS 主要组成部件的作用、类型及工作原理。

考核标准

知识要求：制动车轮的受力分析、滑移率与附着力的关系；ABS 的基本组成、分类和工作过程；电磁式、霍尔式轮速传感器的结构和工作原理；电控单元的功用及基本构造；制动压力调节器的类型、结构和工作原理；ABS 维修注意事项、排气方法。

技能要求：电磁式、霍尔式轮速传感器的检测和拆装；电控单元的拆装与检修；制动压力调节器的拆装与检测。

教学建议

教具：大众 ABS 试验台架、跨接线、解码器、数字万用表和常用工具等。

建议：结构组成及工作原理等内容使用多媒体课件教学，有条件可使用汽车教学仿真软件。

8.1　概　述

随着汽车技术的不断改进，汽车防抱死制动系统（Anti-lock Brake System，ABS）已逐渐成为汽车的标准配置，尤其是发达国家的乘用车已经普遍装用了 ABS。ABS 的作用是使汽车在制动时，充分利用车轮的附着力，使车轮处于最佳制动状态，缩短制动距离，同时保证汽车的制动方向的稳定性，防止产生侧滑和跑偏。

8.1.1　理论基础

1. 汽车制动时车轮的受力分析

1）地面制动力

当汽车制动时，由于制动鼓（盘）与制动蹄摩擦片之间的摩擦作用，形成了摩擦力矩 M_μ，如图 8.1（a）所示，此力矩与车轮转动方向相反。车轮在摩擦力矩 M_μ 的作用下给地面一个向前的作用力，与此同时，地面给车轮一个与行驶方向相反的切向反作用力 F_B，这个力就是地面制动力，它是迫使汽车减速或停车的外力。汽车在良好的路面上制动时，车轮的受力情况图 8.1 中忽略了滚动阻力矩和减速时的惯性力、惯性力矩。

2）制动器制动力

由于地面制动力是由地面提供的外力，故若将汽车架离地面，地面制动力就不存在了。这时阻止车轮转动的是制动器摩擦力矩 M_μ，将制动器的摩擦力矩 M_μ 转化为车轮周缘的一个切向力，并将其称为制动器制动力 F_μ。

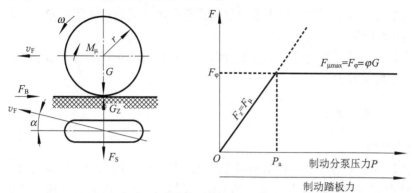

(a)制动时车轮受力分析　　(b)地面制动力、制动器制动力和轮胎与道路附着力的关系

图8.1　汽车制动力分析

3）地面附着力

$$F_\tau \leqslant F_{\mu max}=F_\Phi=\Phi_B G$$

式中：F_τ——车轮与路面间的附着力；

G——车轮对路面的垂直载荷；

Φ_B——轮胎与路面间的纵向附着系数。

即制动力的最大值等于附着力。在车轮对路面的垂直载荷 G 一定时，制动力的最大值取决于车轮与地面的纵向附着系数 φ_B，而 φ_B 与车轮相对地面的滑移率 S 有关。

4）地面制动力、制动器的制动力和轮胎与道路附着力的关系

在制动过程中，车轮的运动只有减速滚动和抱死滑移两种状态。当驾驶人踩制动踏板的力较小，制动摩擦力矩较小时，车轮只做减速滚动，并且随着摩擦力矩的增加，制动器制动力和地面制动力也随之增长，且在车轮未抱死前地面制动力始终等于制动器的制动力。此时，制动器的制动力可全部转化为地面制动力。但地面制动力不可能超过轮胎与道路的附着力，如图8.1（b）所示。

当制动系压力（制动踏板力）增大到某一值，地面制动力达到轮胎与道路的附着力值，即地面制动力达到最大值时，车轮即开始抱死不转动而出现拖滑的现象。当再加大制动系压力时，制动器制动力随着制动器摩擦力矩的增长仍按线性关系继续上升，但是地面制动力已达到轮胎与地面的附着力值，因此地面制动力不再随制动器制动力的增加而增加。

2. 汽车制动性的评价指标

制动性能是汽车使用的主要性能之一。评价制动性能的指标有制动效能、制动恒定性和制动方向稳定性3个方面。

1）制动效能

制动效能是指汽车制动时的效果，一般可用制动距离、制动时间和制动减速度表示，其中制动距离是最实际、最直观的表示。由汽车理论可知，制动效能主要取决于制动力 F_t 的大小，而制动力不仅与制动器的摩擦力矩有关，而且还受车轮与地面的附着系数的制约。

2）制动恒定性

制动恒定性主要指抗热衰退性和抗水衰退性。抗热衰退性是指汽车在高速行驶或下坡连续制动时制动效能的稳定程度；抗水衰退性是指汽车涉水后制动效能的稳定程度。

3）制动方向稳定性

制动时汽车的方向稳定性是指汽车在制动时仍能按指定方向的轨迹行驶，即不发生跑偏、侧滑以及失去转向能力。

3. 制动滑移率与附着系数

1）地面附着系数

地面附着系数有纵向附着系数和横向附着系数两种，汽车制动时产生侧滑及失去转向能力与车轮和地面间的横向附着力有关，即与横向附着系数 φ_S 有关，而横向附着系数和车轮与路面的滑移率 S 有关。

2）滑移率 S

滑移率是指汽车在制动时，滑移成分所占比率，用 S 来表示。若车身瞬时速度是 V，车轮圆周速度是 V_C 时，滑移率 $S=(V-V_C)/V×100\%$。

横向附着系数 φ_S、纵向附着系数 φ_B 与滑移率 S 的关系如图 8.2 所示。

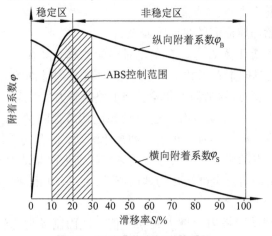

图8.2 制动滑移率与附着系数

由图 8.2 中的曲线可知，纵向附着系数在滑移率为 20% 左右时最大，此时制动距离最短。当车轮抱死滑移率为 100% 时，纵向附着系数反而有所下降，因而制动距离有些增长，即制动效能将下降。当滑移率增大时，横向附着系数减小，当 $S=100\%$，即车轮抱死时，横向附着系数 φ_S 下降至零。此时车轮在极小的侧向外力的作用下即产生侧滑，转向轮抱死后将失去转向操纵能力。因此车轮抱死后将导致制动时汽车的方向稳定性变坏。

从以上分析可知，制动时车轮抱死，制动效能和制动时的方向稳定性均将变坏，而如果制动时将车轮滑移率 S 控制在 15%～20%（图 8.2 中的阴影处），此时纵向附着系数 φ_B 最大，可得到最大的地面制动力。同时横向附着系数 φ_S 也保持较大值，使汽车具有良好的抗侧滑能力及制动时的转向操纵能力，因而会得到最佳的制动效果。ABS 就是利用这一理论精确控制制动力获得最佳的制动效果的。

8.1.2 ABS 的特点及分类

1. ABS 的特点

（1）提高了汽车制动效能，缩短了制动距离。在同样紧急的制动条件下，ABS 可以将滑移率控制在最大的附着系数范围内，从而可获得最大的纵向制动力。

（2）提高了汽车制动时的稳定性。ABS 可以防止车轮在制动时完全抱死，能将各轮侧向附着系数控制在较大的范围内，使车轮具有较强的侧向支撑力，以保证汽车制动时的稳定性。

（3）提高了轮胎的使用寿命。ABS 可以防止车轮抱死，从而避免了因制动车轮抱死造成的轮胎局部异常磨损，延长了轮胎的使用寿命。

（4）使用方便、工作可靠。ABS 的运用与常规制动装置的运用几乎没有区别，制动时，驾驶人踩制动踏板，ABS 根据车轮的实际转速自动进入工作状态，不像普通制动系统采取点刹方式防止侧滑，使车轮保持在最佳的工作状态。

2. ABS 的分类

（1）按布置形式的不同分类。

ABS 的布置形式是指轮速传感器的数量、制动压力调节器控制的通道数和对各车轮制动器制动压力的控制方式，可分为 7 种类型。

①四传感器、四通道、四轮独立控制。这种类型的 ABS 适用于双制动管路为前、后轮独立布置形式的汽车，如图 8.3 所示，具有 4 个轮速传感器和 4 个控制通道，系统根据各轮速传感器的信号分别对各车轮进行单独控制。

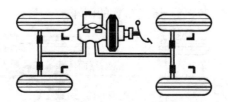

图8.3 四传感器、四通道、四轮独立控制

这种控制方式的特点是制动效能和制动时的操纵性最好，但在左、右车轮所处的路面条件不同时，汽车制动时的方向稳定性较差，易出现汽车制动跑偏现象。

②四传感器、四通道、前轮独立—后轮低选择控制。这种类型的 ABS 适用于双制动管路为交叉形式布置的汽车，如图 8.4 所示，具有 4 个轮速传感器和 4 个控制通道，系统根据各轮速传感器的信号分别对两前轮进行单独控制，而对两后轮按选择方式控制，且一般采用低选择控制，即以易抱死的后轮为标准对两后轮进行控制。

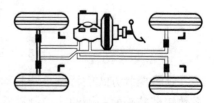

图8.4 四传感器、四通道、前轮独立—后轮低选择控制

这种控制方式的特点是制动时的操纵性和方向稳定性均较好，但制动效能稍差。汽车制动时，两后轮获得相等的制动力，但制动力的大小以易抱死车轮为标准，则另一侧车轮将不能获得最大的制动力。

③四传感器、三通道、前轮独立—后轮低选择控制。这种类型的ABS适用于双制动管路且前后轮为独立布置形式的汽车，如图8.5所示，它具有4个轮速传感器。

这种控制方式的特点是制动时的操纵稳定性和方向稳定性较好，但制动效能稍差。

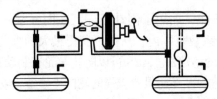

图8.5　四传感器、三通道、前轮独立—后轮低选择控制

④三传感器、三通道、前轮独立—后轮低选择控制。这种类型的ABS仅适用于双制动管路为前、后轮独立布置形式且采用后轮驱动的汽车，如图8.6所示，后轮的速度信号由装在差速器上的一个测速传感器检测，按低选择方式对两后轮进行制动控制。

这种控制方式的特点是操纵稳定性和方向稳定性较好，结构较简单，但制动效能稍差。

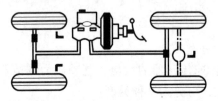

图8.6　三传感器、三通道、前轮独立—后轮低选择控制

⑤四传感器、两通道、前轮独立控制。这种类型的ABS是一种简易的防抱死制动系统，如图8.7所示，两前轮独立控制，通过PV阀（比例阀）按一定比例将制动压力传至后轮。它一般用于双制动管路为交叉形式布置的汽车上。

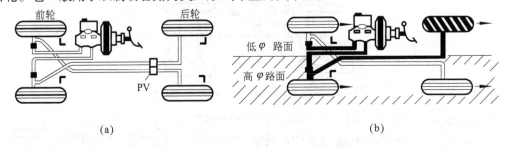

图8.7　四传感器、两通道、前轮独立控制

这种控制方式的特点是若制动汽车的左、右车轮所处地面附着系数不同时，处于附着系数较高的路面一侧的前轮制动压力较高，与其对角的后轮也将获得较高的制动压力，但该侧后轮处于附着系数较低的路面一侧，该侧后轮易抱死，处于另一对角上的前、后轮则与此相反，这样对保持汽车制动时的方向稳定有利，但与前述三通道和四通道的ABS相比，后轮的制动力有所降低，汽车的制动效能稍有下降。

⑥四传感器、两通道、前轮独立—后轮低选择控制。这种类型的ABS的布置形式与类型⑤基本相同，如图8.8所示，只是用SLV阀（低选择阀）代替类型⑤中的PV阀，这样可使汽车在不对称路面上制动时，通过SLV阀传至处于低附着系数路面一侧的后轮的制动压力只升至与低附着系数路面一侧的前轮相同，从而防止处于低附着系数路面一侧的

后轮抱死,其效果更接近三通道或四通道控制的 ABS。

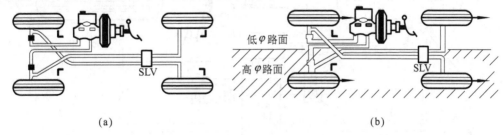

(a)　　　　　　　　　　　　　　(b)

图8.8　四传感器、两通道、前轮独立—后轮低选择控制

⑦一传感器、一通道、后轮近似低选择控制。这种类型的 ABS 适用于制动管路为前、后轮独立布置形式且采用后轮驱动的汽车,如图 8.9 所示,通过一个装在差速器上的轮速传感器和一个通道,只对两后轮进行近似低选择控制,此类 ABS 不对前轮进行制动控制,其制动效能和制动时的操纵性均较差。

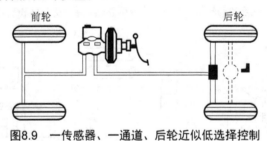

图8.9　一传感器、一通道、后轮近似低选择控制

(2)按结构原理的不同分类。

按 ABS 的结构原理不同可分为液压制动、气压制动和气顶液制动 3 种类型。

① 液压制动系统 ABS。液压制动系统广泛应用于乘用车和轻型载货汽车上,目前液压制动系统中装用的 ABS,按其液压控制部分的结构原理不同主要可分为整体式、分离式和 ABS—Ⅵ共 3 种类型,其主要区别是整体式 ABS 中,制动压力调节器与制动主缸结合为一个整体,其结构更为紧凑,在美国车上常装用此类型的 ABS;分离式 ABS 中,制动压力调节器与制动主缸分别为独立的总成,如图 8.10 所示,日本丰田公司生产的各型车装用的 ABS 一般均属此类型;ABS—Ⅵ在美国通用公司生产的各型车和韩国大宇车上常用,它装有 3 个带控制阀的活塞泵(制动压力调节器),两前轮各用一个,两后轮共用一个。

② 气压制动系统 ABS。气压制动系统主要用于中、重型载货汽车上,所装用的 ABS 按其结构原理主要分为两种类型:用于四轮后驱动气压制动汽车上的 ABS 和用于汽车列车上的 ABS,如图 8.11、图 8.12 所示。

③ 气顶液制动系统 ABS。气顶液制动系统兼有气压和液压两种制动系统的特点,应用于部分中、重型汽车上。气顶液制动系统 ABS 按其结构原理又可分为两种类型:一种是通过对气顶液动力缸输入空气压力来控制制动液压力的 ABS;另一种是直接控制由气顶液动力缸输出到各车轮制动器的制动液压力的 ABS,如图 8.13、图 8.14 所示。

(3)按控制参数的不同分类。

根据控制参数不同,ABS 可分为 4 种类型。

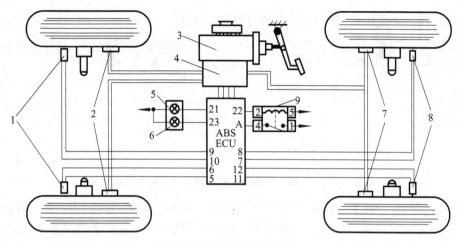

图8.10 液压制动系统ABS

1—前轮速传感器;2—前轮制动轮缸;3—制动总缸;4—制动压力调节器;5—制动指示灯;6—ABS警报灯;7—后轮制动轮缸;8—后轮速传感器;9—发动机和变速器 ECU

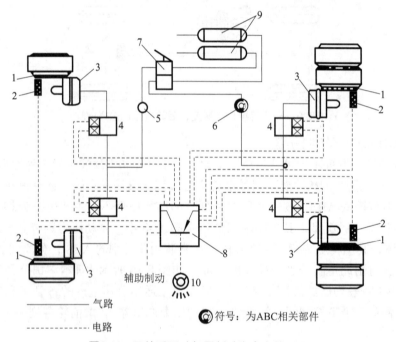

图8.11 四轮后驱动气压制动汽车上的ABS

1—齿圈;2—轮速传感器;3—制动气室;4—压力控制器;5—快放阀;6—继动阀;7—制动总阀;8—ECU;9—储气筒;10—警报灯

① 以车轮减速度为控制参数的 ABS。这种形式的 ABS 通过轮速传感器检测轮速,并对其进行微分计算求得车轮减速度,然后与 ABS 计算机中预先设定的车轮减速度限定值进行比较,根据比较结果向执行机构发出指令,以增加或减小制动压力,对制动过程进行控制。

② 以车轮滑移率为控制参数的 ABS。这种形式的 ABS 通过传感器检测的车速和轮速计算求得车轮的滑移率,然后与 ABS 计算机中预先设定的车轮滑移率限定值进行比较,根据比较结果向执行机构发出指令,以增加或减小制动压力,对制动过程进行控制。轮速

传感器可准确检测轮速,而准确检测车速比较困难,目前 ABS 中应用最多的检测车速的方法是根据车轮速度近似计算车速。

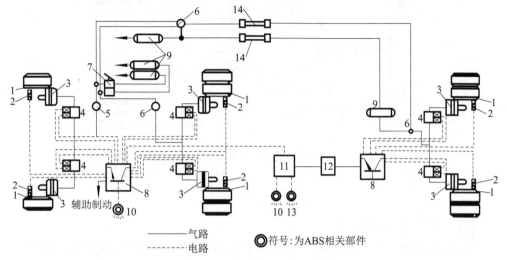

图8.12 用于汽车列车上的ABS

1—齿圈;2—轮速传感器;3—制动气室;4—压力控制器;5—快放阀;6—继动阀;7—制动总阀;8—ECU;9—储气筒;10—警报灯;11—信号控制;12—接线柱;13—信号灯;14—空气软管

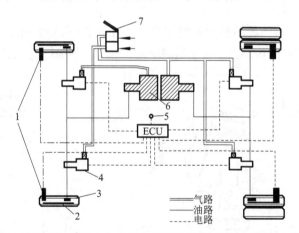

图8.13 通过对气顶液动力缸输入空气压力来控制制动液压力的ABS

1—轮速传感器;2—齿圈;3—轮缸;4—压力调节器;5—警报灯;6—空气液压加力器;7—制动总阀

③以车轮减速度和加速度为控制参数的ABS。这种形式的 ABS 通过轮速传感器检测轮速,并计算求得车轮减速度和加速度,在 ABS 计算机中预先设定有车轮减速度门限值和加速度门限值,ABS 计算机对车轮减速度或加速度与设定值进行比较,对制动过程进行控制。当车轮减速度超过其设定值时,ABS 计算机向执行机构发出指令减小制动压力,此后车轮将加速旋转;当车轮加速度超过其设定值时,ABS 计算机向执行机构发出指令增加制动压力,此后车轮将减速旋转;如此反复实现 ABS 控制。

④以车轮减速度、加速度和滑移率为控制参数的 ABS。这种控制方式的 ABS 采用多参数控制,综合了上述 3 种控制方式的优点,对制动过程的控制更准确,目前多数 ABS 均采用此种控制方式。

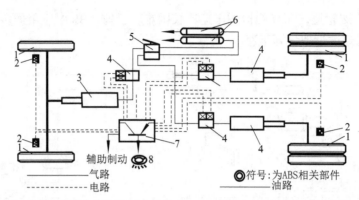

图8.14 直接控制由气顶液动力缸输出到各车轮制动器的制动液压力的ABS

1—齿圈；2—轮速传感器；3—气顶油加力器；4—压力控制器；5—制动总阀；6—储气筒；7—ECU；8—警报灯

（4）按生产厂家的不同分类。

目前，世界范围内生产 ABS 的厂家主要有德国博世公司和戴维斯公司、美国达科公司和本迪克斯公司等。

8.2 防抱死制动系统的工作原理

制动系统由 ABS 和普通的制动系统组成。现在人们所说的 ABS，通常单指防抱死电子控制系统。电控 ABS 由传感器、电子控制单元（ECU）和执行机构组成，如图 8.15 所示。

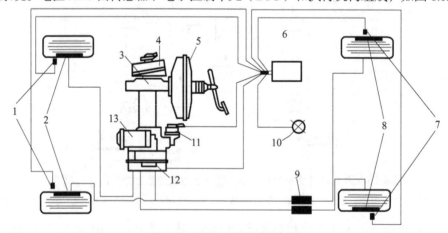

图8.15 防抱死制动系统组成

1—前轮速传感器；2—前齿圈；3—制动总泵；4—储液罐；5—真空助力；6—ABS 计算机；7—后轮速传感器；8—后齿圈；9—比例阀；10—ABS 警报灯；11—继电器；12—制动压力调节器；13—油泵电动机

ABS 的基本工作原理是汽车在制动过程中，车轮转速传感器不断把各个车轮的转速信号及时输送给 ABS 电子控制单元（ECU），ABS ECU 根据设定的控制逻辑对 4 个转速传感器输入的信号进行处理和分析，计算出滑移率的大小，并发出控制指令给液压控制单元。在一般的制动情况下，驾驶人踩在制动踏板上的力较小，车轮不会被抱死，ECU 无控制信号输出。在紧急制动或是在松滑路面行驶时制动，车轮将要被抱死的情况下，ECU

就会输出控制信号，如果某个车轮的滑移率还没达到设定值，ABS ECU 就控制液压单元，使该车轮的制动压力增大；如果某个车轮的滑移率接近于设定值时，ABS ECU 就控制液压控制单元，使该车轮制动轮缸中的制动压力减小，如此反复输出控制信号，使各个车轮的滑移率保持在理想的范围之内，防止 4 个车轮完全抱死。

在制动过程中，如果车轮没有抱死趋势，ABS 将不参与制动压力控制，此时制动过程与常规制动系统相同。如果 ABS 出现故障，电子控制单元将不再对液压单元进行控制，并将仪表板上的 ABS 故障警告灯点亮，向驾驶人发出警告信号，此时 ABS 不起作用，制动过程将与没有 ABS 的常规制动系统的工作相同。

提示：驾驶 ABS 失效的汽车在湿滑路面上行驶时，要避免紧急制动，应采取点刹车的方式避免侧滑。

8.2.1 轮速传感器

在 ABS 中，轮速传感器用于检测车轮速度，并将速度信号输入计算机。轮速传感器根据结构原理不同可分为电磁式轮速传感器和霍尔式轮速传感器两种。

1. 电磁式轮速传感器

电磁式轮速传感器由传感头和齿圈两部分组成，如图 8.16 所示。传感头由永磁体、极轴、感应线圈等组成，如图 8.17 所示。根据极轴的结构不同，电磁式轮速传感器又可分为凿式极轴轮速传感器、柱式极轴轮速传感器和菱形极轴轮速传感器等形式，其传感头的外形如图 8.18 所示。传感头直接安装于齿圈的上方，极轴与永磁体 2 相连，永磁体通过极轴延伸到齿圈并与齿圈构成回路，感应线圈套在极轴外面，齿圈固定在轮毂上随车轮一起转动。齿圈转动时，齿顶和齿隙交替通过极轴。当

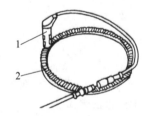

图 8.16 电磁式轮速传感器

1—传感头；2—齿圈

齿顶正对极轴时，磁路磁阻最小，通过感应线圈的磁通最大；当齿隙正对极轴时，磁路磁阻最大，通过感应线圈的磁通最小，这样随齿圈的转动，使通过感应线圈的磁通量交替变化，从而产生感应电动势，并经过感应线圈末端的电缆将此信号输入 ABS ECU，感应电动势（电压）信号变化的频率便能精确地反映出车轮速度的变化。

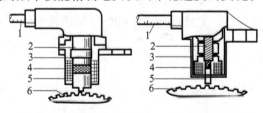

(a) 凿式极轴车速传感器　　(b) 柱式极轴车速传感

图 8.17　车速传感器

1—电缆；2—永磁体；3—外壳；4—感应线圈；5—极轴；6—齿圈

不同结构的极轴，其传感头与齿圈的安装方式也不同，如图 8.19 所示。为了防止汽车的振动影响或干扰传感信号，在安装时，传感头与齿圈之间应留有约 1mm 的间隙，并且安

装前应向传感器加注润滑脂且安装要牢固,以避免水、泥或灰尘等对传感器工作产生影响。

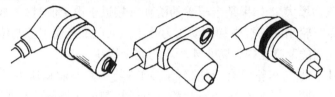

(a) 凿式极轴传感头　　(b) 柱头极轴传感头　　(c) 菱形极轴传感头

图8.18　传感头的外形

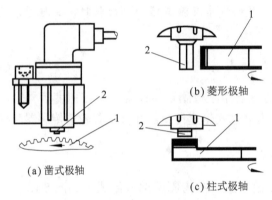

(a) 凿式极轴　　　　　(c) 柱式极轴

图8.19　传感头与齿圈的安装方式

1—齿圈；2—传感头

提示：在安装或维修 ABS 时,要注意传感头与齿圈之间的正常间隙,否则会影响 ABS 的正常工作。

电磁感应式轮速传感器在使用过程中具有以下特点。

（1）结构简单,成本低。

（2）向 ABS 计算机输送的电压信号强弱随转速的变化而变化,信号幅值一般在 $1 \sim 15V$ 的范围内变化。当车速很低时,传感器输出的电压信号若低于 1V,则 ABS 计算机无法检测到此信号,ABS 也就不能正常工作。

（3）频率响应较低。当车轮转速过高时,传感器的频率响应跟不上,容易产生错误的信号。

（4）抗电磁波干扰能力差,尤其是在输出的信号幅值较小时更为明显。

2. 霍尔式轮速传感器

霍尔式轮速传感器由传感头和齿圈组成。传感头由永磁体、霍尔元件和电子电路等组成。

霍尔式轮速传感器工作原理如图 8.20 所示。永磁体的磁力线穿过霍尔元件通向齿圈,齿圈相当于一个集磁器。当齿圈位于图 8.20（a）所示的位置时,穿过霍尔元件的磁力线分散,磁场相对较弱；当齿圈位于图 8.20（b）所示的位置时,穿过霍尔元件的磁力线集中,磁场相对较强。随着齿圈的转动,穿过霍尔元件的磁力线密度发生变化,从而产生霍尔电压的变化,霍尔元件输出一个毫伏级的准正弦波电压,此电压信号由电子电路放大整形后转换成标准的脉冲电压信号后输入 ABS 计算机。

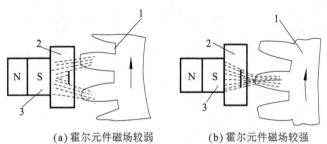

(a) 霍尔元件磁场较弱　　　　(b) 霍尔元件磁场较强

图8.20　霍尔式轮速传感器

1—齿圈；2—霍尔元件；3—磁体

霍尔式轮速传感器在使用过程中具有以下特点。

（1）输出的电压信号强弱不随转速的变化而变化，在汽车电源电压为 12V 的条件下，信号幅值保持在 11.5～12V 之间不变，即使车速很低时也不变。

（2）频率响应高，霍尔式轮速传感器可高达 20kHz。

（3）输出的电压信号强弱不随转速变化，且幅值高，因此霍尔式轮速传感器抗电磁波干扰能力强。

8.2.2　电控单元（ECU）

1.ABS 计算机的功能

电子控制单元是 ABS 的控制中心，它实际上是一个微型计算机，因此又常称为 ABS（ECU）计算机，其外形如图 8.21 所示。ABS 计算机的功能是连续监测接收 4 个车轮转速传感器送来的脉冲信号，并进行测量比较、分析放大和判别处理，计算出车轮转速、车轮减速度以及制动滑移率，以此判断车轮是否抱死及抱死程度，然后向制动压力调节器发出控制指令。在进行逻辑比较分析 4 个车轮的制动情况时，一旦判断出车轮将要抱死，它立刻进入防抱死控制状态，通过电子控制单元向液压单元发出指令，以控制制动轮缸油路上电磁阀的通断和液压泵的工作来调节制动压力，防止车轮抱死。

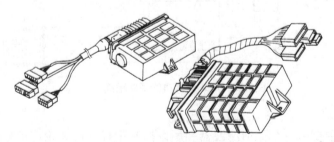

图8.21　ABS计算机外形

2.ABS 计算机的基本组成

ABS 计算机主要由输入计算机、数字控制器、输出电路和警告电路等基本电路组成，如图 8.22、图 8.23、图 8.24 所示。

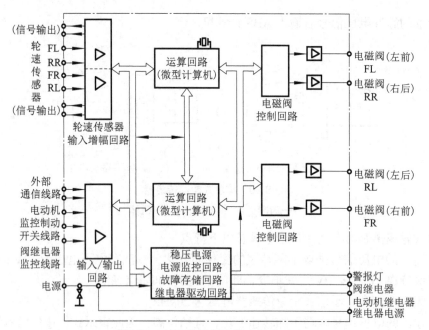

图8.22 ABS计算机的基本组成（1）

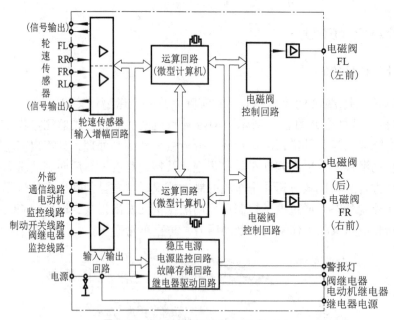

图8.23 ABS计算机的基本组成（2）

1）输入级电路

输入级电路主要由一个低通滤波器和用以抑制干扰并放大轮速信号的输入放大器组成，其功用是将车速传感器输入的交流信号转换成脉冲方波，经整形放大后输入给运算电路。放大电路的个数与车速传感器的数量是一致的。

2）运算电路

运算电路即ABS计算机中的微型计算机，其作用是进行车轮转速，车轮加、减速度，滑移率等控制参数的计算，以及电磁阀的开启控制运算和监控运算。当车速传感器脉冲方波信号经输入放大电路传来时,该电路首先计算出车轮的瞬时线速度,然后对瞬时线速度进行积分算出初始速度,再把初速度与瞬时线速度进行比较,得出实际车轮加、减速度和滑移率大小,并与设定的车轮加、减速度门限控制信号及滑移率门限控制信号进行对比,最后对电磁阀控制单元输出减压、保压或增压控制信号。

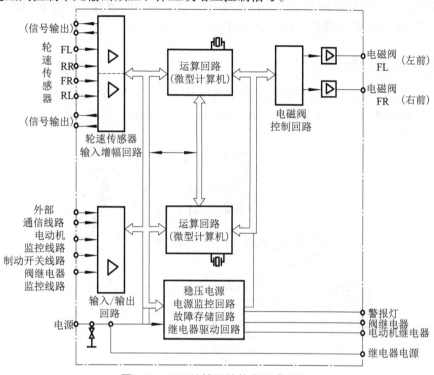

图8.24　ABS计算机的基本组成（3）

3）输出级电路

输出级电路即电磁阀控制电路,其作用是接收来自运算电路输送来的电磁阀的控制指令,控制大功率晶体管向电磁阀线圈及继电器线圈提供控制电流,以此来控制电磁阀的工作。

4）安全保护电路

安全保护电路主要包括电源监控电路、稳压电源电路、继电器驱动电路及故障存储电路。

安全保护电路具有以下几点功能。

（1）将汽车电源（蓄电池、发电机）提供的12V或14V的电压变为ECU内部所需的5V标准稳定电压。

（2）监控电源电路的电压是否稳定在规定的范围内。

（3）监控车速传感器输入放大电路、ECU和输出级电路是否有故障信号。

（4）控制继电器驱动电路,出现故障信号时,关闭继动阀门,停止ABS工作,转入常规制动状态。

（5）将监测到的故障信息以故障码的形式存储在内存中,同时点亮仪表板上的报警灯,提示驾驶人ABS出现故障,以供诊断时调取。

8.2.3 执行机构

ABS 的执行机构主要指制动压力调节器，制动压力调节器串联在制动主缸和轮缸之间，其功能是通过电磁阀直接或间接地来自动调节车轮制动器的制动压力。根据制动系统、结构和工作原理的不同来分，一般有循环式制动压力调节器、可变容积式压力调节器、直接控制式压力调节器和间接控制式压力调节器等。

1. 循环式制动压力调节器

循环式制动压力调节器是指用电磁阀直接控制轮缸制动压力，即在制动总缸与轮缸之间串联一个电磁阀，以此来控制轮缸的制动压力。它主要由电磁阀、液压泵和储液器等组成，如图 8.25 所示。

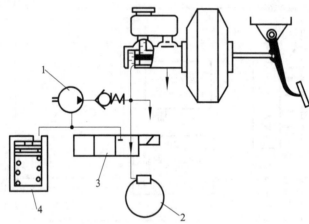

图8.25　循环式制动压力调节器的组成

1—液压泵；2—轮缸；3—电磁阀；4—储液罐

1）结构组成

（1）电磁阀。电磁阀一般为三位三通电磁阀，阀上有 3 个孔分别通制动主缸、车轮轮缸和储液器。电磁阀的电磁线圈流过的电流受 ECU 控制，能使阀处于"升压""保压""减压" 3 种不同的位置，如图 8.26 所示。

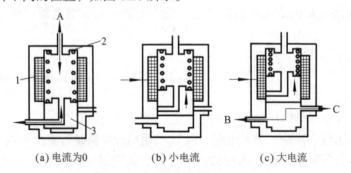

(a) 电流为0　　(b) 小电流　　(c) 大电流

图8.26　电磁阀结构及工作原理

1—线圈；2—固定铁心；3—柱塞；A—通主缸；B—通轮缸；C—通储液器

（2）液压泵。液压泵的作用是当电磁阀在"减压"过程中，将制动轮缸流出的制动液经储液器泵回制动主缸。如图 8.27 所示，液压泵多为柱塞泵，由电动机带动凸轮驱动，泵内有两个单向阀，上阀为进油阀，下阀为出油阀。柱塞上行时，轮缸及储液器的压力油推开上进油阀进入泵体内。柱塞下行，进油孔关闭，使泵腔内压力升高，使出油阀打开，将制动液压回制动主缸。

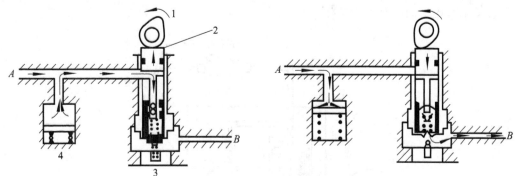

图8.27　液压泵与储能器

1—凸轮；2—油泵柱塞；3—油泵；4—储能器

（3）储液器也叫储能器，其作用是当电磁阀在"减压"过程中，暂时存储从轮缸流出的制动液，等待液压泵泵回主缸。储能器根据结构不同可分为活塞式和气囊式两种。活塞式储能器（图 8.27）由活塞和弹簧组成，位于电磁阀与液压泵之间，由轮缸流入的压力油进入储能器，作用于活塞上压缩弹簧，使储能器容积变大，以存储制动液。气囊式储能器结构如图 8.28 所示，在容器中有气囊将容器分隔为两腔，气囊后部充有氮气，上腔与液压泵和电磁阀回油口相连。从轮缸流入的压力油进入气囊上腔，压力油作用在气囊上使气体压缩，上腔容积增大以暂时存储制动液和能量。

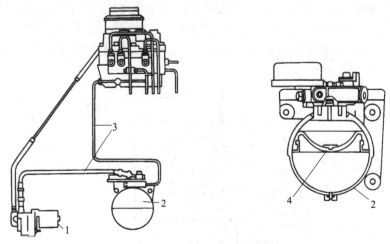

图8.28　气囊式储能器

1—动力装置；2—储能器；3—高压软管；4—气囊

2）工作过程

汽车在制动过程中，ECU 控制流经制动压力调节器电磁线圈的电流的大小，使 ABS 处于"升压""保压"和"减压"3 种状态，以控制 3 条通道的连通状态。

（1）升压。如图8.29所示，ECU不向电磁线圈供电，阀体在上弹簧的弹力作用下停留在最下端位置，其下端的阀门在弹簧弹力的作用下将通往储能器的通道C封闭，同时上端阀门被打开，制动主缸与轮缸相通，来自制动主缸的压力油从A通道直接进入B通道而流入轮缸，轮缸压力升高。此时电磁阀处于"升压"位置。轮缸压力随主缸压力增减，ABS不工作，回油泵也不工作。

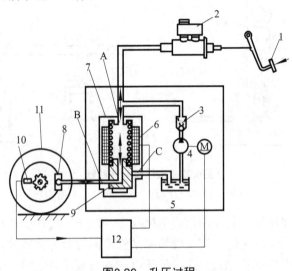

图8.29 升压过程

1—踏板；2—主缸；3—单向阀；4—泵；5—储液器；6—线圈；7—电磁阀；8—轮缸；9—柱塞；10—传感器；11—车轮；12—ECU

（2）保压。如图8.30所示，当ECU向电磁线圈通入一个较小的保持电流（约2A）时，在电磁线圈电磁力的作用下，阀体克服上弹簧的弹力上升到中间位置，将上端阀门关闭，而下端阀门在下弹簧的作用下仍保持关闭状态。主缸、轮缸和回油孔相互隔离密封，即A、B、C这3条通道互不相通，轮缸保持一定压力。此时电磁阀处于"保压"位置。

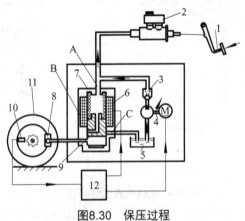

图8.30 保压过程

1—踏板；2—主缸；3—单向阀；4—泵；5—储液器；6—线圈；7—电磁阀；8—轮缸；9—柱塞；10—传感器；11—车轮；12—ECU

（3）减压。如图8.31所示，当ECU向电磁线圈通入一个5A的电流时，电磁力将使阀体进一步克服上弹簧弹力而上升到最高位置。此时上端阀门在下弹簧的作用下仍处于关闭状态，而下阀门则被打开，电磁阀将轮缸与回油通道或储能器接通，即B、C通道连通，轮缸的压力油由B、C通道流入储能器，轮缸压力降低。此时电磁阀处于"减压"位置。

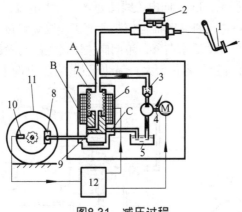

图8.31 减压过程

1—踏板；2—主缸；3—单向阀；4—泵；5—储液器；6—线圈；7—电磁阀；8—轮缸；9—柱塞；10—传感器；11—车轮；12—ECU

2.可变容积式压力调节器

1）结构组成

可变容积式压力调节器是在汽车原有制动系统管路上增加一套独立的液压控制装置，用它控制制动管路中容积的增减，从而控制制动压力的变化。可变容积式压力调节器主要由电磁阀、控制活塞、液压泵和储能器等组成，如图8.32所示。

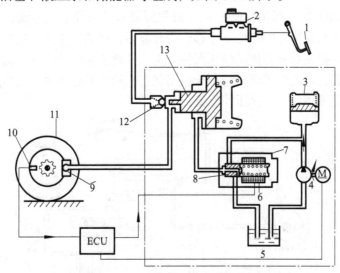

图8.32 可变容积式压力调节器的组成

1—制动踏板；2—制动主缸；3—储能器；4—电动泵；5—储液室；6—电磁线圈；7—电磁阀；8—柱塞；9—制动轮缸；10—转速传感器；11—车轮；12—单向阀；13—控制活塞

2）工作过程

（1）常规制动。ECU不给电磁线圈通电，电磁阀将控制活塞的工作腔与回油管路接通,控制活塞在强力弹簧的作用下推至最左端。活塞顶端推杆将单向阀打开,使制动主缸与轮缸的制动管路接通,制动主缸的制动液直接进入轮缸,轮缸压力随主缸压力变化而变化。这种工作状态是 ABS 工作之前或工作之后的常规制动工况。

(2)减压。如图 8.33 所示,ECU 向电磁线圈通入一个大电流,电磁阀内的柱塞在电磁力作用下克服弹簧弹力移到右边,将储能器与控制活塞工作腔管路接通。储能器(液压泵)的压力油进入控制活塞工作腔推动活塞右移,单向阀关闭,主缸与轮缸之间的通路被切断,同时由于控制活塞的右移,使轮缸的容积增大,制动压力减小。此时电磁阀处于"减压"位置。

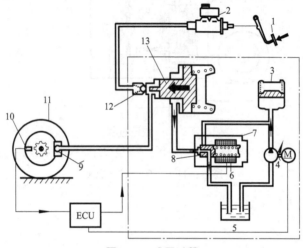

图8.33 减压过程

1—制动踏板;2—制动主缸;3—储能器;4—电动泵;5—储液室;6—电磁线圈;7—电磁阀;8—柱塞;9—制动轮缸;10—转速传感器;11—车轮;12—单向阀;13—控制活塞

(3)保压。如图 8.34 所示,ECU 向电磁线圈通入一个较小的电流,由于电磁线圈的电磁力减小,柱塞在弹簧力的作用下左移到将储能器、回油管及控制活塞工作腔管路相互关闭的位置。此时控制活塞左侧的油压保持一定,控制活塞在油压和强力弹簧的共同作用下保持在一定位置,而此时单向阀仍处于关闭状态,轮缸的容积也不发生变化,制动压力保持一定。此时电磁阀处于"保压"位置。

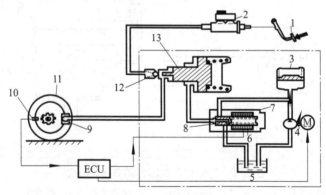

图8.34 保压过程

1—制动踏板;2—制动主缸;3—储能器;4—电动泵;5—储液室;6—电磁线圈;7—电磁阀;8—柱塞;9—制动轮缸;10—转速传感器;11—车轮;12—单向阀;13—控制活塞

（4）增压。如图8.35所示，ECU切断电磁线圈中的电流，柱塞回到左端的初始位置，控制活塞工作腔与回油管路接通，控制活塞左侧控制油压的解除，控制液流回储液器。控制活塞在强力弹簧的作用下左移，轮缸容积变小，压力升高至初始值。当控制活塞左移至最左端时，单向阀被打开，轮缸压力将随主缸压力的增大而增大。此时电磁阀处于"增压"位置。

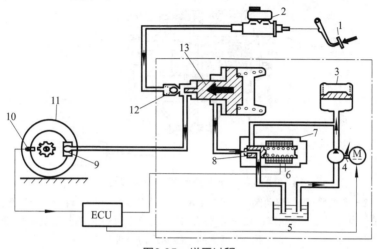

图8.35 增压过程

1—制动踏板；2—制动主缸；3—储能器；4—电动泵；5—储液室；6—电磁线圈；7—电磁阀；8—柱塞；9—制动轮缸；10—转速传感器；11—车轮；12—单向阀；13—控制活塞

3. 直接控制式压力调节器

1）结构组成

直接控制式压力调节器串联在继动阀或快放阀与车轮制动气室之间，直接控制车轮制动气室的制动压力。它主要由进气阀、排气阀和控制电磁阀等组成，如图8.36所示。进气阀用来控制由继动阀到制动气室的压缩空气通道，排气阀用来控制制动气室的排气通道，而进气阀和排气阀的开关则通过电磁阀控制膜片的背压来实现。各电磁阀均受ABS计算机的控制。

2）工作过程

（1）增压过程。计算机不向电磁线圈通电，各电磁阀处于关闭状态；驱动排气阀的电磁阀在初始位置时，排气阀因有控制气压而处于关闭状态；驱动进气阀的电磁阀也在初始位置时，进气阀因无控制气压而处于开启状态。来自继动阀的压缩空气经气室a推开进气阀进入气室b，再经出气口进入车轮制动气室，使制动气室的压力增大。

（2）保压过程。计算机向驱动进气阀的电磁阀线圈通电，使进气阀关闭，而驱动排气阀的电磁阀线圈不通电，因此排气阀处于关闭状态，这样来自继动阀的压缩空气不能进入制动气室，同时制动气室内的压缩空气也不能排出，制动气室内的压力保持不变。

（3）减压过程。计算机向两个电磁线圈通电，驱动进气阀的电磁阀被电磁力吸到上端位置，进气阀仍关闭，而驱动排气阀的电磁阀被电磁力吸到上端位置，将其上端阀门关闭，下端阀门打开，排气阀导气室与气室a隔离而与出气口相通，导气室压力下降而使排气阀打开。制动气室部分压缩空气经气室b、排气阀和出口排入大气，从而使车轮制动气室的压力减小。

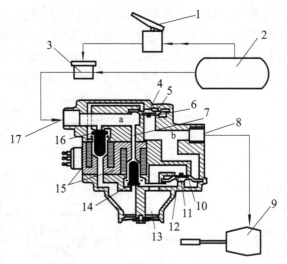

图8.36 直接控制式压力调节器

1—制动总阀；2—储液筒；3—继动阀；4—导气室；5—膜片；6—进气阀；7—导气孔；8—出气口；9—制动室；10—膜片；11—导气室；12—排气阀；13—出口；14—驱动排气阀的电磁阀；15—线圈；16—驱动进气阀的电磁阀；17—进气口

4．间接控制式压力调节器

间接控制式压力调节器是在继动阀活塞的上部设置两个电磁阀，用来控制辅助管路的气压，间接控制车轮制动气室的制动压力。它主要由进气阀、排气阀和控制电磁阀等组成，其组成及工作过程如图8.37所示。

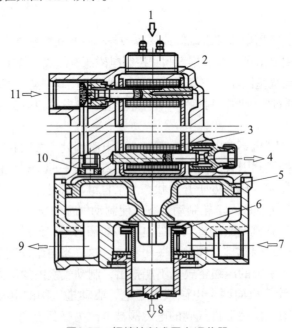

图8.37 间接控制式压力调节器

1—接ECU；2—进气电磁阀；3—排气电磁阀；4—通大气；5—继动活塞；6—进气阀；7—接储气筒；8—通大气；9—通制动室；10—止回阀；11—接制动总阀

进气电磁阀和排气电磁阀均由 ABS 计算机控制，进气电磁阀控制继动活塞上方的进气通道，排气电磁阀控制继动活塞上方的排气通道；进气电磁阀打开，可使来自制动总阀的压缩空气进入继动活塞上方，从而推动继动活塞向下移动；排气电磁阀打开，可使继动活塞上方的压缩空气排入大气，而使继动活塞向上移动。这样通过控制继动活塞处于不同位置，即可实现制动气室"增压""保持"和"减压"的工作过程。

由于间接控制式压力调节器是通过控制继动活塞上部的气压变化来改变继动活塞的位置，以间接控制制动气室的制动压力的，所以对制动压力控制的反应速度比直接控制式压力调节器要慢。为提高调节器的反应速度，继动活塞上部的控制容积应尽可能小。由于继动阀通路容积比直接控制式大得多，所以用一个电磁阀可控制多个制动气室。因此间接控制式压力调节器成本低，功能较好，更适用于挂车 ABS 中。

8.3 使用与维修

1. 正确使用

（1）掌握仪表板上 ABS 警告灯的亮灭情况。

① 汽车仪表板上有两个制动警告灯，其中一个为黄色灯，称 ABS 灯（标 ABS 或 ANTI-LOCK）；另一个为红色，称 BRAKE。BRAKE 灯由制动液压力开关和液面开关及手制动灯开关控制。

② 当点火开关接通，ABS 计算机就立即对其外部电路进行自检，黄色灯亮，一般 3s 后熄灭。如果灯不亮或一直亮，均说明 ABS 电路有故障，应对其进行检查。

③ 发动机发动后，车速第一次达到 60km/h，ABS 完成自检。

④ 在工作中，若 ABS 工作失常，ECU 就停止使用 ABS，这时，警告灯亮起，并存储故障代码。说明 ABS 计算机已发现防抱死控制系统有故障，这时汽车制动时将无防抱死功能，因此，也要及时检修。

（2）制动液性能要求及合理使用。

① ABS 用制动液要满足沸点高、运动黏度低，对金属、橡胶无腐蚀等性能。

② 长期保存后，性能仍具有良好的稳定性。

③ 在使用中，在高、低温频繁变化时，其化学性质应无太大的变化。

④ 吸湿沸点要高，吸湿沸点是指制动液在吸湿率（含水量）为 3.5% 时的沸点。

⑤ 当吸湿率达到 3% 时就应更换制动液，或每两年（现在很多车要求每一年）更换制动液。

（3）正确排气。

当更换制动器、打开了制动管路、更换了制动系统液压部件，或是制动踏板发软、变低、制动效果变差时，就需要对 ABS 进行排气。ABS 排气时应注意以下几点。

① 在排气前应先拆开 ECU 线束插接器，以使排气过程中电控系统不起作用，避免 ABS 控制系统对排气过程造成影响。

② 对于装有制动真空助力器的，应先把助力控制装置断开，使制动系统处于无助力状态。

③ 在排气过程中,制动踏板要缓缓地踩,不能过猛。

④ ABS 排气时间要比普通系统长,消耗的制动液也较多,需边排气边向制动总泵储液罐添加制动液,使储液罐制动液液面保持在 MIN ~ MAX 之间。

⑤ 刚刚放出的制动液不能马上回添到储液罐中,需在加盖的玻璃瓶中静置 3 天以上,待制动液中的气泡排尽后才能使用。

⑥ 一些 ABS 排气可让 ABS 油泵工作(打开点火开关,有的需运行发动机),在加压的情况下可使排气更快更彻底。不同形式的 ABS,其排气程序可能会有些不同,应参照相应的保养手册进行排气操作。

提示:制动液的腐蚀性较强,排气作业时可在排气帽上接一透明软管引下制动液,防止溅到轮胎上,排气作业完毕要清洗轮胎。

2. 检修时的注意事项

(1) 接通点火开关时,不允许拆装电器连线,否则会损坏电子元件及电子控制装置。

(2) 检修 ABS 之前,应按规定程序释放 ABS 压力,没有释放压力之前,不允许打开释放阀或液压管路,以免发生危险。

(3) 检修轮速传感器时,不允许用锐器敲击轮速传感器齿圈,安装时只能压装。

(4) 必须使用推荐的制动液,不允许使用硅制动液。

(5) 安装通信设备时,远离 ABS 计算机,防止电磁波干扰 ABS 计算机。

(6) 使用电焊机进行维修作业时,应先拆下计算机。

(7) 使用专用的防腐涂层涂抹传感器。

(8) 在更换轮胎时,必须使用规定规格的轮胎,否则会导致检测信号失准。

(9) 通常在检修制动压力调节器的各部件、制动分泵、蓄压器、后轮分配比例阀、电动油泵、制动液管路、压力警告和控制开关等部件时,需先进行泄压。

3. 检修的基本方法和内容

当汽车 ABS 出现故障时,应遵循正确的方法和步骤进行检修,不应盲目拆卸或换件,否则会引起不必要的损失。当 ABS 出现故障时,诊断与排除的一般步骤是常规检查、检查报警灯、路试、对间歇性故障进行诊断及根据故障码诊断。

(1) 首先要确定故障现象,掌握故障产生的条件或因素,初步确定是机械故障还是电子控制系统故障,其方法是拆下 ABS 继电器线束插接器或 ABS 制动压力调节器电磁阀线束插接器,使 ABS 制动压力调节器电磁阀不能通电工作,让汽车以普通制动器工作方式制动,如果制动不良故障消失,则说明是 ABS 电子控制系统有故障,否则为 ABS 机械部分的故障。

(2) 常规检查。

① 检查储液器是否液面过低、液压装置是否外部泄漏和制动主缸工作是否正常。

② ABS 电子控制系统故障多出现于线束插接器或导线头松脱、车速传感器不良等,应先对这些部件和部位进行检查。

③ 检查导线及连接器是否有破损或连接器松动,保险器熔丝是否熔断。

第8章 汽车防抱死制动系统

④ 仪表板上的警报灯亮灭情况，BRAKE 警报灯一直亮，表示普通制动系统故障；ABS 或 ANTI—LOCK 警报灯一直亮，表示防抱死制动系统故障。正常情况下，ABS 警报灯应在点火开关接通 3～4s 后熄灭。

⑤ 可通过拔下 ABS 安全继电器（或电磁阀继电器）使汽车以普通制动模式工作，若故障现象消失，说明是 ABS 故障，否则就是常规制动系统故障。

⑥ 检查驻车制动器是否完全放松和开关功能是否正常。

（3）路试检查。

进行路试时，使车速在高于 40km/h 的初始速度下紧急制动，若可以感觉到制动踏板有轻微的颤动，轮胎抱死的时间少于 1s，轮胎与地面基本上无拖痕，说明 ABS 工作正常；否则说明 ABS 存在故障。

（4）若有故障现象，无故障码，且不定期出现，这种故障称为间歇性故障。大多数间歇性故障都是由连接器和导线不良引起的，出现间歇性故障应首先从以下几个方面进行检查。

① 电源及继电器、线路、线圈或触点不良。

② 接线端子安装不当、不牢固或接线端子损坏。

③ 导线局部破损，连接器接触不良或松动。

④ 轮速传感器线路输出信号低或间歇输出。

⑤ 制动液面传感器线路出现故障。

⑥ 制动液面过低或处于液面报警临界点。

⑦ 充电系统的电压过低。

（5）有故障现象，且有故障码，可以根据故障码显示内容进行故障诊断。首先要准确读取故障码，不同 ABS 的故障码的读取和清除方法有所不同，一般有以下几种。

① 利用特定指示灯的闪烁来闪现故障码。一般是通过 ABS 计算机诊断启动端搭铁的方法来实现。故障码的闪现有的通过 ANTI-LOCK 警报灯，有的通过 LED 灯（发光二极管），有的则直接利用 BRAKE 警报灯。如通用车系装用的 BOSCH（博世）35 端子计算机控制的 ABS，首先关闭点火开关，将数据传输接（DLC）上的 H 端子接地或与 A 端子短接，再打开点火开关，即可通过 ANTI-LOCK 警报灯闪现故障码。

② 利用专用检测仪器直接读取串行数据和故障码。通过专用仪器才能读取，在此种类型的 ABS 中均装有数据传输接口（DLC），只要将检测仪与数据传输接口对接，即可方便地直接读取存储在计算机存储器中的数据和故障码。

③ 利用控制面板获取故障码。可利用各种控制面板来获取故障码，如通用车系装用的 BOSCH 55 端子计算机控制的 ABS 即利用空调控制面板来显示故障码。

知识链接

1. 装备 ABS 的车辆容易出现的一些特殊现象

（1）某些装有 ABS 的汽车，在发动机起动时，踏下制动踏板会弹起，而在发动机熄火时，制动踏板会下沉，这属于 ABS 的正常反应，并非故障现象。如丰田皇冠汽车的 ABS 制动压力调节器与动力转向器共享一个油泵，在发动机起动，动力转向油泵开始工作时，就会使制动踏板上抬；在发动机熄火，动力转向油泵停止工作时，则会使制动踏板下沉。

（2）制动时，转动转向盘，会感到转向盘有轻微的振动，这也是由于有的制动压力调节器与动力转向器共享一个油泵所引起的正常反应。

（3）制动时，有时会感到制动踏板有轻微下沉，这是由于道路路面附着系数变化，ABS正常反应所引起的，并非故障现象。

（4）制动时，制动踏板会有轻微振动，这是ABS起作用的正常现象。

（5）在高速行驶急转弯或冰滑路面上行驶时，有时会出现制动警告灯亮起的现象，这是上述情况中出现了车轮打滑现象，ABS产生保护动作引起的，并非有故障。

（6）制动时，ABS继电器不断地动作，这也是ABS起作用的正常现象。

（7）装有ABS的汽车，在制动后期，会有车轮被抱死，地面留下拖滑的印痕，这是因为在车速小于7～10km/h时，ABS将不起作用，属正常现象，但是ABS紧急制动时留下的短而淡淡的印痕与普通制动器紧急制动留下的长拖印是截然不同的。

2. EBD系统简介

EBD的英文全称是Electric BrakeforceDistribution，即电子制动力分配。其德文缩写为EBV，全称是Electronic sche Bremsenkraft Verteiler（欧洲车一般用EBV表示）。

EBD实际上是辅助ABS功能的，是ABS进化、软件分析、控制功能增强后的科技。它在承载于ABS零件（如车速传感器、控制阀体总成、制动计算机等）的基础上，通过改进，增强ABS计算机内软件控制逻辑，使EBD比ABS思维更敏捷、运算功能更复杂，在制动时能根据车辆各个车轮的运动状态，智能分配各个车轮制动力大小，以维系车辆在制动状态下的平衡、平稳与方向。当ABS失效后，EBD也能保证车辆不会出现因甩尾而导致翻车等恶性事件的发生。带有EBD的ABS通常会用"ABS+EBD"来表示。

EBD的基本控制原理是：汽车制动时，如果4只轮胎附着地面的条件不同，比如，左侧轮附着在湿滑路面，而右侧轮附着于干燥路面，4个轮子与地面的摩擦力不同，在制动时（4个轮子的制动力相同）就容易产生打滑、倾斜和侧翻等现象。EBD的功能就是在汽车制动的瞬间，高速计算出4个轮胎由于附着不同而各异的摩擦力数值，然后调整制动装置，使其按照设定的程序在运动中高速调整，达到制动力与摩擦力（牵引力）的匹配，以保证车辆的平稳和安全。

3. ESP系统简介

ESP是英文Electronic Stability Program的缩写，中文译成"电子稳定程序"。这一组系统通常是支援ABS及ASR（驱动防滑系统，又称牵引力控制系统）的功能。它通过对从各传感器传来的车辆行驶状态信息进行分析，然后向ABS、ASR发出纠偏指令，来帮助车辆维持动态平衡。ESP可以使车辆在各种状况下保持最佳的稳定性，在转向过度或转向不足的情形下效果更加明显。

ESP一般需要安装转向传感器、车轮传感器、侧滑传感器、横向加速度传感器等。ESP可以监控汽车行驶状态，并自动向一个或多个车轮施加制动力，以保持汽车在正常的车道上运行，甚至在某些情况下可以进行150次/s的制动。目前ESP有3种类型：能向4

第8章 汽车防抱死制动系统

个车轮独立施加制动力的四通道或四轮系统；能对两个前轮独立施加制动力的双通道系统；能对两个前轮独立施加制动力和对后轮同时施加制动力的三通道系统。

学习指导

（1）汽车制动性的评价指标有制动效能、制动效能的恒定性和制动时的方向稳定性。

（2）汽车防抱死制动系统由普通制动系统和电子控制系统两部分组成，简称ABS。它主要由车速传感器、压力调节器等组成。

（3）典型压力调节器有循环调节式和可变容积式两种，其工作过程包括常规制动、减压、保压、增压4个过程。

学习思考

1. 车轮制动时，怎样会出现抱死现象？它与哪些因素有关？
2. 画图分析地面制动力、制动器制动力和附着力的关系。
3. 分析滑移率与附着系数的关系。
4. ABS是如何调节制动力大小的？
5. 参照实物说出ABS各部件的名称及作用。
6. 照图叙述ABS的工作过程。
7. ABS按控制通道和传感器布置是如何分类的？
8. 对照实物说出传感器的安装位置、结构和工作情况。
9. 车轮转速传感器若损坏了，会产生哪些问题？
10. 应如何对车轮转速传感器进行检测？结合实物进行检测。
11. 叙述ABS计算机的功用及基本构造。
12. 对ABS计算机实物进行拆装和检测。
13. 如何通过路试检查ABS是否工作？
14. 驾驶ABS功能正常的汽车，紧急制动应如何操作？
15. 拆装ABS元件时要注意什么？

第9章 汽车驱动防滑电子控制系统

学习目标

1. 掌握驱动防滑电子控制系统的组成及工作原理。
2. 理解滑转率与附着系数的关系。
3. 掌握驱动防滑电子控制系统的检修注意事项、拆装和检修方法。

考核标准

知识要求：滑转率、滑转率与附着系数的关系；驱动防滑系统的组成、工作原理、主要部件的结构和工作原理。

技能要求：驱动防滑系统主要部件的拆装、检测。

教学建议

教具：LS400ABS/ASR试验台架、跨接线、数字万用表和常用工具等。

建议：驱动防滑电子控制系统的组成与工作原理内容使用多媒体教学，有条件的可借助仿真软件进行教学。

9.1 概 述

9.1.1 基本理论知识

汽车驱动防滑转电子控制（Anti Slip Regulation）系统简称ASR系统，它是继防抱死制动系统（ABS）之后应用于车轮防滑的电子控制系统。"滑转"是指当车轮转动而车身不动或是汽车的速度低于转动车轮的轮缘速度时，轮胎与地面之间就有相对的滑动；"滑移"是指汽车在制动过程中汽车的速度高于车轮轮缘速度时，轮胎与地面之间出现的相对滑动现象。

ASR系统的功用是防止汽车在起步、加速过程中以及在滑溜路面行驶时的驱动车轮出现滑转现象，尤其是防止汽车在非对称路面或在转弯时驱动轮出现滑转，以保持汽车行驶方向的稳定性、操纵性。

驱动车轮的滑转同样会使车轮与地面的附着力下降纵向附着力下降会使驱动车轮产生的牵引力减少，导致汽车的起步性能、加速性能和在滑溜路面的通过性能下降；而横向附着力的下降，会降低汽车在起步、加速、滑溜路面行驶时的行驶稳定性。

1. 滑转率 S_z

滑转率 S_z 是指汽车在行驶中，驱动车轮相对车速滑转的比例，因此滑转率 S_z 是防滑

转电子控制系统的控制参数。滑转率的计算公式为

$$S_z = \frac{v_q - v}{v_q} \times 100\%$$

式中：S_z——驱动轮滑转率，%；
　　　v_q——驱动轮轮缘速度，km/h；
　　　v——汽车车身速度，km/h。

由公式可得：当车身不动（$v=0$）而驱动车轮转动（$v_q>0$）时，$S_z=100\%$，汽车处于完全滑转状态；当驱动车轮处于纯滚动状态（$v=v_q$）时，$S_z=0$。控制计算机根据各车轮转速传感器信号计算 S_z，当 S_z 值超过某一限定值时，控制计算机向执行机构发出指令控制车轮的滑转。

2. 滑转率 S_z 与附着系数 Φd 的关系

滑转率 S_z 与附着系数 Φ_d 的关系如图9.1所示。

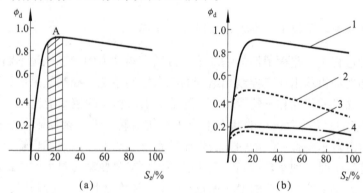

图9.1　滑转率S_z与附着系数Φ_d的关系

A—附着系数最大值；阴影面积表示稳定区域；1—干沥青路面上滑转率与附着系数的关系；2—湿混凝土路面上滑转率与附着系数的关系；3—湿砖石路面上滑转率与附着系数的关系；4—雪路面上滑转率与附着系数的关系

由图9.1中可以看出纵向附着系数随滑转率的不同而不同。

（1）$S_z=0$ 时，Φ_d 为0，驱动车轮处于纯滚动状态。

（2）$S_z=100\%$ 时，Φ_d 为最大值的80%左右，车轮处于完全滑转状态。

（3）$0<S_z<100\%$ 时，计算机根据各轮速传感器信号，进行计算 S_z，当 S_z 值超过某一限定值时，计算机向执行机构发出指令控制车轮的滑转。当 $S_z=20\%$ 时，Φ_d 为最大值。

（4）不同路面附着系数的最大值也不同。

9.1.2　ASR系统的控制类型

ASR系统常见的控制类型有驱动轮差速制动控制、发动机输出功率控制、差速制动和发动机输出功率综合控制3种。

1. 驱动轮差速制动控制

当驱动车轮单侧滑转时，控制计算机输出控制信号，使差速制动阀和制动压力调节器

动作，对滑转车轮施加制动力，使车轮的滑转率控制在目标范围之内。这时非滑转车轮仍有正常的驱动力，从而提高了汽车在滑溜路面的起步和加速能力及行驶方向的稳定性。

这种控制类型的作用类似于差速锁，当一侧驱动车轮陷于泥坑，部分或完全失去驱动能力时，对其制动后，另一侧的驱动车轮仍能发挥其驱动力，使汽车能驶离泥坑。当左、右驱动车轮都滑转，但滑转率不同的情况下，控制系统对两侧驱动车轮施以不同的制动力。

2. 发动机输出功率控制

在汽车起步、加速时若加速踏板踩得过猛，会因为驱动力过大而出现两侧的驱动车轮都滑转的情况，这时 ASR 计算机输出控制信号，控制发动机的功率输出，以抑制驱动车轮的滑转。

这种控制类型通常可以通过辅助节气门控制、喷油器的喷油量控制和点火提前角控制来实现。

3. 差速制动和发动机输出功率综合控制

汽车在行驶过程中，路面滑溜的情况千差万别，驱动力的状态也是不断变化的，采用差速制动控制和发动机输出功率控制相结合的综合控制系统，控制效果更为理想。综合控制系统可根据发动机的状况和车轮滑转的实际情况采取相应的控制措施。

若汽车在发动机驱动力较小的状态下出现车轮滑转，其主要原因可能是由于路面滑溜，这时采用对滑转车轮施加制动的方法就比较有效；若汽车在发动机输出功率大（节气门开度大、转速高）时出现车轮滑转，其主要原因可能是驱动力过大，则此时通过减小发动机输出功率的方法来控制车轮的滑转比较有效；一般情况下，车轮滑转的情况非常复杂，需要通过对车轮制动和减小发动机功率的共同作用来控制车轮的滑转。

9.2 ASR 系统的组成与工作原理

9.2.1 ASR 系统的组成

ASR 系统由传感器、计算机（ECU）和执行器 3 部分组成，其组成框图如图 9.2 所示。

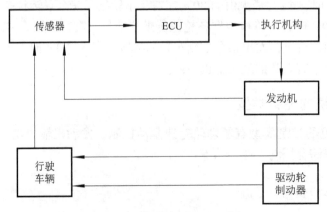

图9.2 ASR系统的组成框图

9.2.2 ASR系统的工作原理

汽车行驶时，轮速传感器将驱动车轮转速及非驱动车轮转速（车速）转变为电信号输送给计算机，计算机则根据车轮转速信号计算驱动车轮的滑转率，如果滑转率超出了目标范围，计算机再综合参考节气门开度信号、发动机转速信号、转向信号（有的车无）等因素确定控制方式，并向执行机构发出指令使其工作，将驱动车轮的滑转率控制在目标范围之内。

9.2.3 ASR系统的主要组成元件

1. 传感器

ASR系统的传感器主要是轮速传感器和节气门位置传感器。轮速传感器与ABS共用一个，而节气门位置传感器则与发动机控制系统共用一个。轮速传感器、节气门位置传感器的结构及原理可参见前面章节的内容，在此不再重述。

ASR系统专用的信号输入装置是ASR系统选择开关，关闭ASR系统选择开关，则ASR系统停止作用。在汽车维修检查及故障诊断过程中，若需要将汽车驱动车轮悬空转动时，应首先关闭ASR系统选择开关，否则ASR系统可能会对驱动车轮施以制动，从而影响故障诊断与维修。

2. 计算机（ECU）

ASR系统计算机以微处理器为核心，由输入、输出电路及电源等组成。ASR系统计算机常见的有独立式和组合式两种。独立式是指ASR系统计算机不与其他系统计算机组合，如图9.3所示；组合式是指ASR系统计算机与ABS计算机通常组合在一起，因为有些信号输入和处理都是相同的，这样可减少电子器件的应用数量，使结构紧凑，即称为ASR/ABS组合控制计算机，其组成如图9.4所示。

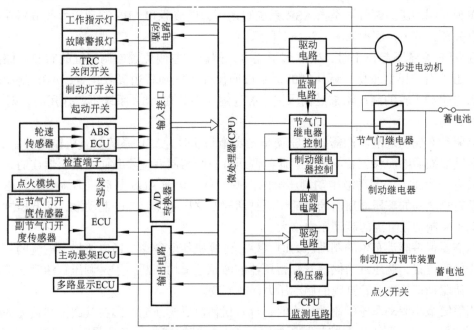

图9.3 独立式ASR系统计算机

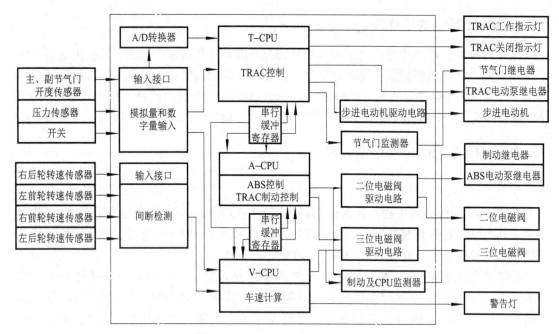

图9.4 ASR/ABS组合控制计算机

3. 执行机构

ASR系统的执行机构包括制动压力调节器和节气门驱动装置。ASR系统制动压力调节器执行ASR系统控制计算机的指令，对滑转车轮施加制动力并控制制动力的大小，以使滑转车轮的滑转率在控制目标范围之内。ASR系统制动压力调节器的结构形式有单独式和组合式两种。

1）单独式制动压力调节器

单独式制动压力调节器是指ASR系统制动压力调节器和ABS制动压力调节器在结构上各自分开，其工作原理如图9.5（a）所示。

在ASR系统不起作用时，电磁阀不通电，阀位于左侧位置，调压缸的右腔与储液器相通，由于右腔压力较低，调压缸的活塞被回位弹簧推到右边极限位置，ABS制动压力调节器与驱动车轮的制动轮缸经调压缸左腔连通。因此在ASR系统不起作用时，对ABS无任何影响。

当驱动车轮出现滑转而需要对驱动车轮实施制动时，ASR系统计算机输出控制信号，使电磁阀线圈通电而移至右侧位置。此时调压缸右腔与储液室隔断而与蓄压器连通，蓄压器内具有一定压力的制动液推动调压缸的活塞左移，切断ABS制动压力调节器与驱动车轮制动轮缸之间的液压通道。同时随调压缸活塞左移压缩左腔内的制动液，使调压缸左腔和驱动车轮制动轮缸内的制动压力增大。

当需要保持驱动车轮的制动压力时，控制计算机使电磁阀半通电（最大电流的一半），阀处于中间位置，调压缸与储液器和蓄压器的液压通道均切断，于是调压缸活塞保持原位不动，使驱动车轮制动轮缸内的制动压力保持不变。

当需要减小驱动车轮的制动压力时，计算机使电磁阀断电，阀在其回位弹簧力的作用下回到左侧位置，调压缸右腔与蓄压器隔断而与储液器连通。于是调压缸右腔压力下降，其活塞在回位弹簧作用下右移，调压缸左腔和驱动车轮制动轮缸内的制动压力下降。

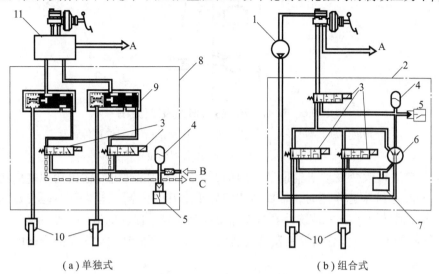

（a）单独式　　　　　　　　　　（b）组合式

图9.5　制动压力调节器工作原理

1—液压泵；2—ABS/ASR 制动压力调节器；3—电磁阀；4—蓄压器；5—压力开关；6—循环泵；7—储液器；8—ASR 制动压力调节器；9—调压缸；10—驱动车轮制动器；11—ABS 制动压力调节器；A—至非驱动车轮制动轮缸；B—接液压泵；C—接储液器

在汽车行驶中，ASR 系统计算机就是通过对电磁阀的上述控制，实现对驱动车轮制动力的控制，将车轮的滑转率控制在目标范围之内。

2）组合式制动压力调节器

组合式制动压力调节器是指 ASR 系统制动压力调节器与 ABS 制动压力调节器在结构上组合为一个整体，称 ABS/ASR 制动压力调节器，其工作原理如图 9.5（b）所示。

在 ASR 系统不起作用时，电磁阀Ⅰ不通电。汽车在制动过程中如果车轮出现抱死现象，则 ABS 起作用，通过控制电磁阀Ⅱ和电磁阀Ⅲ来调节制动压力。

当驱动车轮出现滑转时，ASR 系统控制器使电磁阀Ⅰ通电，阀移至右侧位置；电磁阀Ⅱ和电磁阀Ⅲ不通电，阀处于左侧位置；蓄压器的压力油进入驱动车轮制动轮缸，以增大制动压力。

当需要保持驱动车轮的制动压力时，ASR 系统计算机使电磁阀Ⅰ半通电，阀移至中间位置，切断蓄压器与制动轮缸的通道，驱动车轮制动轮缸的制动压力保持不变。

当需要减小驱动车轮的制动压力时，ASR 系统控制计算机给电磁阀Ⅱ和电磁阀Ⅲ通电，电磁阀Ⅱ和电磁阀Ⅲ移至右侧位置，将驱动车轮制动轮缸与储液器连通，以降低制动压力。

如果需要对左右驱动车轮的制动压力实施不同的控制，ASR 系统计算机则分别对电磁阀Ⅱ和电磁阀Ⅲ实行不同的控制。

3）节气门驱动装置

节气门驱动装置一般由步进电动机和传动机构组成。步进电动机根据 ASR 系统控制计算机输出的控制脉冲信号转动规定的转角，通过传动机构带动辅助节气门转动，如图 9.6 所示。

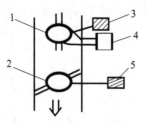

图9.6 节气门驱动装置的组成及工作原理

1—辅助（副）节气门；2—主节气门；3—辅助节气门位置传感器；
4—辅助节气门执行器；5—主节气门位置传感器

ASR 系统通过改变发动机辅助节气门的开度来控制发动机的输出功率是应用最多的方法。在 ASR 系统不起作用时，辅助节气门处于全开的位置；当需要减小发动机的驱动力来控制车轮滑转时，ASR 系统计算机就输出控制信号，使辅助节气门驱动装置工作，改变辅助节气门的开度，以达到控制发动机输出功率，进而抑制驱动车轮的滑转的目的。

9.3 典型 ASR 系统

本节主要以雷克萨斯 LS400 乘用车为例介绍 ASR 系统的结构及维修。雷克萨斯 LS400 乘用车装用的防滑转控制（ASR）系统亦称作牵引力或驱动力控制系统，常用 TRC（Traction Control System）表示，它是一种典型的 ASR 系统，其组成如图 9.7 所示，其元件位置如图 9.8 所示。雷克萨斯 LS400 汽车的 ASR 系统采用组合方式的 ASR 系统制动压力调节器，其组成和工作原理如图 9.9 所示。雷克萨斯 LS400 ASR 系统和 ABS 控制计算机组合为一个整体，其系统控制电路和 ABS/ASR 计算机连接器如图 9.10 所示，计算机端子说明见表 9-1。

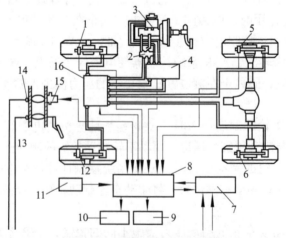

图9.7 ASR系统组成示意图

1—右前轮速传感器；2—比例阀和压差阀；3—制动总泵；4—ASR 系统制动压力调节器；5—左后轮速传感器；6—右后轮速传感器；7—发动机计算机；8—ABS/ASR 计算机；9—ASR 系统关闭指示灯；10—ASR 系统工作指示灯；11—ASR 系统选择开关；12—左前轮速传感器；13—主节气门位置传感器；14—副节气门位置传感器；15—副节气门驱动步进电动机；16—ABS 制动压力调节器

第9章 汽车驱动防滑电子控制系统

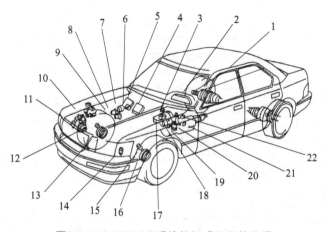

图9.8 LS400 ASR系统的组成和元件位置

1—右后轮速传感器；2—ASR系统关闭指示灯；3—ASR系统选择开关；4—发动机计算机；5—ABS/ASR计算机；6—节气门继电器；7—辅助节气门电动机；8—主节气门传感器；9—辅助节气门传感器；10—ASR系统制动压力调节器；11—ABS制动压力调节器；12—右前轮速传感器；13—右前轮齿圈；14—ASR系统主继电器；15—左前轮速传感器；16—左前齿圈；17—制动液面警报灯开关；18—ASR系统蓄压器；19—ASR系统液压泵继电器；20—ASR系统泵；21—空挡起动开关；22—停车灯开关

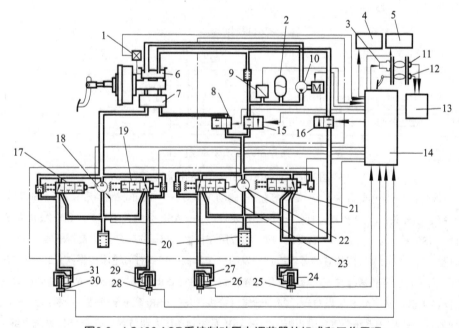

图9.9 LS400 ASR系统制动压力调节器的组成和工作原理

1—制动液面警报灯；2—蓄压器；3—辅助节气门驱动器；4—ASR系统指示灯；5—ASR的关闭指示灯；6—制动缸；7—比例阀；8—主制动缸关闭电磁阀；9—压力开关；10—ASR泵系统；11—辅助节气门位置传感器；12—主节气门位置传感器；13—发动机计算机；14—ABS/ASR计算机；15—储液器关闭电磁阀；16—蓄压器关闭电磁阀；17、19、21、23—三位电磁阀；18、22—泵；20—储液器；24—右后制动轮缸；25—右后轮速传感器；26—左后轮速传感器；27—左后制动轮缸；28—右前轮速传感器；29—右前制动轮缸；30—左前轮速传感器；31—左前制动轮缸

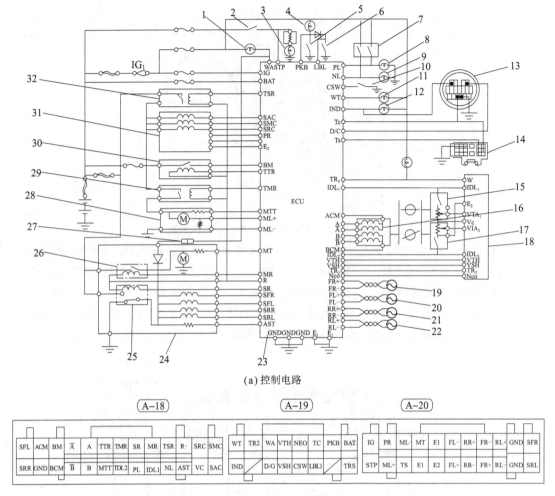

(a) 控制电路

(b) ASR/ABS计算机连接器

图9.10 LS400 ASR/ABS的控制电路

1—ABS 警报灯；2—停车灯开关；3—停车灯；4—制动指示灯；5—驻车制动器开关；6—制动液面警报灯；7—空挡起动开关；8—P 挡指示灯；9—N 挡指示灯；10—ASR 系统关闭开关；11—ASR 系统关闭指示灯；12—ASR 系统指示灯；13—TDCL；14—检查用连接器；15—主节气门位置传感器；16—辅助节气门驱动器；17—辅助节气门位置传感器；18—发动机计算机；19—右前轮速传感器；20—左前轮速传感器；21—右后轮速传感器；22—左后轮速传感器；23—ABS/ASR 计算机；24—ABS 制动压力调节器；25—电磁阀继电器；26—ABS 泵继电器；27—维修用接头；28—ASR 系统泵驱动电动机；29—ASR 系统泵继电器；30—ASR 系统节气门继电器；31—ASR 系统制动压力调节器；32—ASR 系统主继电器

表9-1 计算机端子说明

端子号	符号	端子名称	端子号	符号	端子名称
A18-1	SMC	M/C 关闭电磁阀	A19-7	TR2	发动机通信
A18-2	SRC	储液器关闭电磁阀	A19-8	WT	ASR 系统关闭指示灯

第9章 汽车驱动防滑电子控制系统

（续）

端子号	符号	端子名称	端子号	符号	端子名称
A18-3	R-	继电器搭铁线	A19-9	TR5	发动机检查警报灯
A18-4	TSR	ASR 系统电磁阀继电器	A19-10	—	—
A18-5	MR	ABS 液压泵继电器	A19-11	LBL1	制动液面警报灯开关
A18-6	SR	ABS 电磁阀继电器	A19-12	CSW	ASR 系统关闭开关
A18-7	TMR	ASR 液压泵继电器	A19-13	VSH	辅助节气门位置传感器
A18-8	TTR	ASR 节气门继电器	A19-14	D/G	诊断
A18-9	A	步进电动机	A19-15	—	—
A18-10	$\bar{A}$	步进电动机	A19-16	IND	ASR 系统指示灯
A18-11	BM	步进电动机	A20-1	SFR	右前电磁阀
A18-12	ACM	步进电动机	A20-2	GND	搭铁
A18-13	SFL	左前电磁阀	A20-3	RL+	左后轮速传感器
A18-14	SAC	ACC 关闭电磁阀	A20-4	FR-	右前轮速传感器
A18-15	VC	ACC 压力开关	A20-5	RR+	右后轮速传感器
A18-16	AST	ABS 电磁阀继电器监控器	A20-6	FL-	左前轮速传感器
A18-17	NL	空挡开关	A20-7	E1	搭铁
A18-18	ODL1	主节气门怠速开关	A20-8	MT	ABS 液压泵继电器
A18-19	PL	空挡开关	A20-9	ML-	ASR 系统液压泵闭锁继电器
A18-20	ODL2	辅助节气门怠速开关	A20-10	PR	ACC 压力开关
A18-21	MTT	ASR 液压泵继电器监控器	A20-11	IG	电源
A18-22	B	步进电动机	A20-12	SRL	左后电磁阀
A18-23	$\bar{B}$	步进电动机	A20-13	GND	搭铁
A18-24	BCM	步进电动机	A20-14	RL-	左后轮速传感器
A18-25	GND	搭铁	A20-15	FR+	右前轮速传感器
A18-26	SRR	右后电磁阀	A20-16	RR-	右后轮速传感器
A19-1	BAT	备用计算机	A20-17	FL+	左前轮速传感器
A19-2	PKB	驻车制动开关	A20-18	E2	搭铁
A19-3	TC	诊断	A20-19	E1	搭铁
A19-4	NEO	Ne 信号	A20-20	TS	轮速传感器检查用
A19-5	VTH	主节气门位置传感器	A20-21	ML+	ASR 系统液压泵闭锁传感器
A19-6	WA	ABS 警报灯	A20-22	STP	停车灯开关

学习指导

（1）汽车驱动防滑电子控制系统是为了防止汽车在起步、加速和低附着系统路面驱动轮出现滑转，用以提高汽车的牵引能力和操纵稳定性。

（2）ASR 系统是 ABS 的完善和补充，可以与 ABS 共用车轮转速传感器等部件。ASR 系统和 ABS 系统一样，都是通过控制车轮的制动力大小来控制驱动车轮相对地面的滑动，但 ASR 系统只对驱动车轮实施制动控制。

（3）ABS 控制的是汽车制动时车轮的"滑移"，主要是用来提高汽车的制动效能和制动时的方向稳定性；而 ASR 系统是控制汽车行驶时的驱动车轮"滑转"。

（4）ABS 是在汽车制动过程中工作，在车轮出现"抱死"时起作用；而 ASR 系统则是在汽车行驶过程中都工作，在驱动车轮出现"滑转"时起作用。一般在车速很低（小于 8km/h）时，ABS 不起作用，而 ASR 系统一般在车速很高（超过 80～120km/h）时不起作用。

学习思考

1. ASR 系统有哪些作用？是如何分类的？
2. ASR 系统与 ABS 比较有哪些异同点？
3. 叙述 ASR 系统的组成和工作原理。
4. ASR 计算机的内部电路时怎样控制的？
5. ASR 系统制动压力调节器和 ABS 系统制动压力调节器有何联系？
6. 装备 ASR 系统的汽车在冰雪路面快速起步时，驱动轮会滑转吗？
7. 步进电动机控制副节气门是如何实现防滑控制的？
8. 防滑转压力调节器是如何实现防滑控制的？
9. 步进电动机控制的副节气门在 ASR 系统不工作时保持全开吗？
10. 读取 ASR 系统的故障码，并根据维修手册中的故障码的内容诊断故障。
11. ASR 系统计算机是如何工作的？它与 ABS 计算机有哪些联系？
12. 结合 ASR 系统实物，说出系统各部件的名称及作用。
13. 结合 ASR 系统实物，叙述 ASR 系统与 ABS 工作情况的区别。

第 10 章　汽车转向控制系统

学习目标

1. 了解电控动力转向系统的发展状况。
2. 掌握液压式动力转向系统的工作原理。
3. 掌握电控动力转向系统的分类及应用。
4. 掌握流量控制式 EPS 的组成与工作原理。
5. 掌握车速传感器的构造原理与作用。
6. 掌握电动式 EPS 的组成与工作原理。
7. 掌握扭矩传感器的构造原理与作用。
8. 掌握 LS400 流量控制式 EPS 的组成与工作原理。

考核标准

知识要求：液压式动力转向系统的工作原理；电控动力转向系统的分类及应用；流量控制式 EPS 的组成与工作原理；车速传感器的构造原理与作用；电动式 EPS 的组成与工作原理；扭矩传感器的构造原理与作用。

技能要求：电控动力转向系统的基本检测。

教学建议

教具：万用表、汽车转向助力控制系统试验台。

建议：本章内容安排在实验室进行。

10.1　汽车转向助力控制系统

10.1.1　概　述

随着汽车工业的不断发展，人们在努力追求汽车动力性、经济性的同时，对汽车行驶的安全性、稳定性和驾乘舒适性也提出了更高、更新的要求。电控动力转向系统就是在这种要求下应运而生的。

电控动力转向系统（Electronic Control Power Steering，EPS）的出现，基本满足了汽车在各种车速下对转向系统的要求，适应了现代汽车高速行驶和安全行驶的发展趋势。但电控动力转向系统（EPS）出现较晚，随着电子计算机在汽车上的应用，大约在 20 世纪 80 年代后期，才出现在少数较高配置的汽车上。经过 20 多年的发展，与传统的助力转向系统比较，电控动力转向系统已经显示出明显的优点。

传统的汽车转向系统是指汽车在行驶过程中，能够按照驾驶人的意志改变或恢复汽车行驶方向的一套设备。就轮式汽车而言，实现汽车转向的方法是驾驶人通过一套专设的机构，使汽车转向桥（一般是前桥）上的车轮（转向轮）相对于汽车纵轴线偏转一定角度。

这一套用来改变或恢复汽车行驶方向的专设机构称为汽车转向系统。纵观汽车发展历程，转向系统在很长一段时期内没有太大的创新。20世纪80年代后期，在原来的动力转向基础上，增加了电控单元和一些传感器，使转向系统更加完善。随着时代的发展，科技的进步，汽车零部件的不断革新、发展，逐渐形成了今日较完备的电控动力转向系统。

1985年，日本丰田克雷西达（CRESSIDA）研制出计算机控制辅助转向的第一个产品。该系统是在变速器里安装一个传感器，用于监测车速，将信号输入计算机，计算机再根据此信号控制电磁阀，从而控制液压系统供给转向齿条的高压油。高速行驶时，转向需要的动力较小，计算机使控制阀降低油压；当停车或低速行驶时，计算机使控制阀提高油压，使驾驶人很容易操纵方向，这就是最早的电控动力转向系统。

汽车转向系统可按转向的能源不同分为机械转向系统和动力转向系统两类。机械转向系统依靠驾驶人操纵转向盘的转向力来实现车轮转向；动力转向系统则是在驾驶人的控制下，借助于汽车发动机产生的液体压力或电动机驱动力来实现车轮转向。因此动力转向系统也称为转向动力放大装置。

为了进一步学习电控动力转向系统，对普通的动力转向系统常见的故障及其检修应有所了解。

为了使汽车操纵轻便及行驶安全，载重汽车尤其大型载货或载客汽车多采用转向助力器，其工作原理如图10.1所示。动力转向器由机械转向器加上液压助力器组成，它以发动机动力驱动油泵，借助液力通过转向加力装置来增大驾驶人操纵前轮转向的力量，使之操纵轻便灵敏且安全可靠。

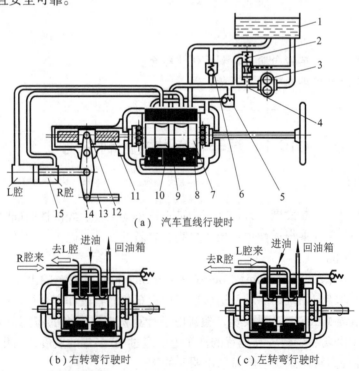

图10.1 液压式动力转向系统的工作原理图

1—油箱；2—溢流阀；3—齿轮油泵；4—进油道量孔；5—单向阀；6—安全阀；7—滑阀；8—反作用阀；9—阀体；10—回位弹簧；11—转向螺杆；12—转向螺母；13—纵拉杆；14—转向垂臂；15—动力缸

第10章 汽车转向控制系统

10.1.2 电控动力转向系统的分类及特点

电控动力转向系统根据动力源不同又可分为液压式电控动力转向系统（液压式EPS）和电子式电控动力转向系统（电动式EPS）。液压式EPS是在传统的液压动力转向系统的基础上增设了控制液体流量的电磁阀、车速传感器和电子控制单元等，电子控制单元根据检测到的车速信号，控制电磁阀，使转向动力放大倍率实现连续可调，从而满足高、低速时转向助力的要求。电动式EPS是利用直流电动机作为动力源，电子控制单元根据转向参数和车速等信号，控制电动机扭矩的大小和方向。电动机的扭矩由电磁离合器通过减速机构减速增加扭矩后，加在汽车的转向机构上，使之得到一个与工况相适应的转向作用力。

为了满足现代汽车对转向系统的要求，电控动力转向系统应具有以下特点。

（1）良好的随动性。转向盘与转向轮之间具有准确的一一对应关系，同时能保证转向轮可维持在任意转向角位置。

（2）有高度的转向灵敏度。转向轮对转向盘应具有灵敏的响应。

（3）良好的稳定性。具有很好的直线行驶稳定性和转向自动回正能力。

（4）助力效果能随车速变化和转向阻力的变化做相应的调整。低速时有较大的助力效果，以克服路面的转向阻力；高速时要有适当的路感，以避免因转向过轻而发生事故。

10.1.3 液压式电控动力转向系统

液压式电控动力转向系统是在传统的液压式动力转向系统的基础上增设电控装置而构成的。根据控制方式的不同，液压式电控动力转向系统又可分为流量控制式、反力控制式和阀灵敏度控制式3种形式。

1. 流量控制式 EPS

LS400乘用车采用的流量控制式EPS如图10.2所示，该系统主要由车速传感器、电磁阀、整体式动力转向控制阀、动力转向油泵和电子控制单元等组成。

电磁阀安装在通向转向动力缸活塞两侧油室的油道之间，当电磁阀的阀针完全开启时，两油道就被电磁阀旁路，使动力缸活塞两侧压力差减小，助力减小；相反，则助力增大。流量控制式EPS就是根据车速传感器的信号，控制电磁阀阀针的开启程度，从而控制转向动力缸活塞两侧油室的旁路液压油流量来改变转向盘上的转向力。车速越高，流过电磁阀电磁线圈的平均电流值越大，电磁阀阀针的开启程度越大，旁路液压油流量越大，液压助力作用越小，使转动转向盘的力也随之增加；相反，则车速较低时，助力作用加大，使转向轻便。这就是流量控制式EPS的工作原理。

图10.3所示为系统电磁阀的结构，图10.4所示为电磁阀的驱动信号。由图10.4可以看出，驱动电磁阀电磁线圈的脉冲电流信号频率基本不变，但随着车速增大，脉冲电流信号的占空比将逐渐增大，使流过电磁线圈的平均电流值随车速的升高而增大。

图10.5所示为LS400乘用车电子控制动力转向系统电路图。动力转向ECU是EPS的核心控制元件。它根据车速传感器提供的车速信号，通过改变旁通电磁阀驱动信号占空

比的方式调节转向力。其电路受点火开关控制，由电源电路、车速传感器电路、电磁阀控制电路和搭铁电路组成，总体构成与工作原理都比较简单。

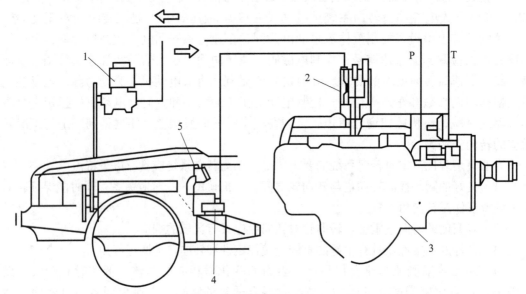

图10.2　流量控制式EPS（LS400）

1—动力转向油泵；2—电磁阀；3—整体式动力转向控制阀；4—ECU；5—车速传感器

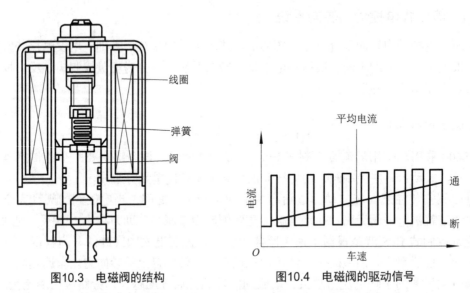

图10.3　电磁阀的结构　　　　图10.4　电磁阀的驱动信号

总之流量控制式 EPS 就是根据车速传感器的信号控制电磁阀阀针的开启程度，从而控制转向动力缸活塞两侧油室的旁路液压油流量，来改变转向盘上的转向力。车速越高，流过电磁阀电磁线圈的平均电流值越大，电磁阀阀针的开启程度越大，旁路液压油流量越大，而液压助力作用越小，使转动转向盘的力加大，增加路感。同时根据运行道路条件，设计了不同的控制模式。可根据 20s 内的平均车速和平均转向盘转角判定车辆当前运行道路的条件。变换控制模式最多需要 1.1s，可避免助力的急剧变化。

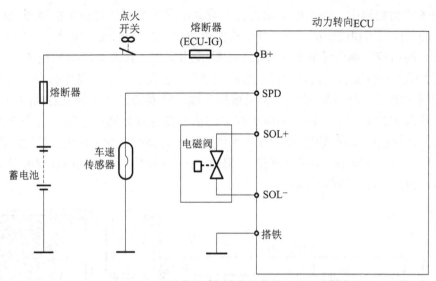

图10.5　LS400乘用车电子控制动力转向系统电路图

2. 反力控制式EPS

下面以丰田马克Ⅱ型反力控制式EPS为例进行介绍。

1）基本组成

如图10.6所示为反力控制式EPS系统的组成。反力控制式EPS系统主要由转向盘、分流阀、电磁阀、动力缸、泵、储油罐、车速传感器及电子控制单元等组成。

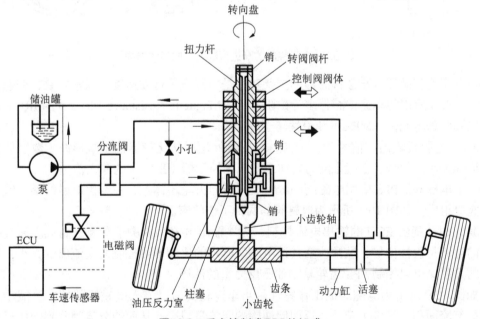

图10.6　反力控制式EPS的组成

反力控制EPS是按照车速的变化，由电子控制油压反力，调整动力转向器，从而使汽车在各种行驶条件下，转向盘上所需的转向操纵力都达到最佳状态。因此有时也把这种EPS称为渐进型动力转向系统（Progressive Power Steering，PPS）。

在 PPS 的齿轮箱中，除了旧式动力转向装置中用来控制加力的主控制阀之外，又增设了反力油压控制阀和油压反力室，其结构如图 10.7（$B-B$ 剖面）所示。

经反力油压控制阀调整后的油压加到油压反力室内，扭杆与转向轴相连，当 PPS 根据油压反力的大小改变转向扭杆的扭曲量时，就可以控制转向时所要加的力。动力转向用的微机安装在电子控制器 ECU 内，微机根据车速传感器的信号控制电磁阀的输入电流；电磁阀设在反力控制阀上。输入到电磁阀中的信号是通断的脉冲信号，改变导通（ON）时间所占的比例就可以控制电流的大小。当汽车车速升高时，受输出电流特性的限制，输入到电磁阀中的电流减小，电磁阀开度也相应减小，这样根据车速的高低就可以调整油压反力，从而得到最佳的转向操纵力。

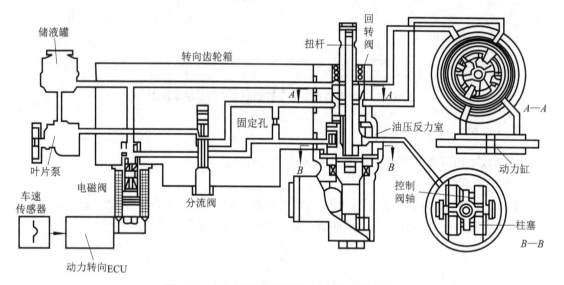

图 10.7　电子控制的渐进型动力转向系统结构

（1）车速传感器。车速传感器的主要功用是检测汽车行驶速度，通常安装在变速器输出轴上。PPS 所用的车速传感器多为磁阻元件（Magnetic Resistance Element，MRE）传感器，主要由磁阻元件（MRE）和磁性转子等组成。

MRE 电阻桥输出的信号为正弦波，经信号处理后从比较器输出矩形波（数字信号），此波形即为车速信号，也就是动力转向系统电子控制器（ECU）的输入信号。

（2）电磁阀。PPS 所用电磁阀一般安装在转向齿轮箱体上，主要由电磁线圈、铁心及电磁阀等组成。如图 10.8 所示为电磁阀的两种工作状态。

其阀的开度由 ECU 的输出电流控制，而该输出电流又取决于车速的高低。通过电磁线圈的电流是模拟信号，通常改变其通电时间所占的比例即可控制此电流值的大小，而电磁阀的开度又可以控制 PPS 齿轮箱中油压反力室的油压。

如图 10.9 所示为电磁阀的工作特性。当车速较高时，流入电磁线圈的电流减小，电磁阀的节流面积（开度）减小，返回储油罐的回流量减少，从而使分流阀分到油压反力室的液流量增加，油压增大，使转向"沉重"；当车速较低时，流入电磁线圈的电流增大，电磁阀的节流面积（开度）变大，返回储油罐的回流量增加，致使分到油压反力室的液流量减少，油压减小，使转向"轻便"。

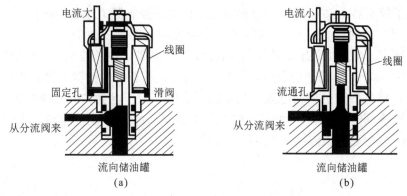

图10.8 电磁阀的工作状态

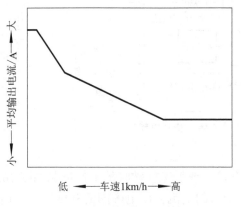

(a) 电磁线圈的电流与车速的关系

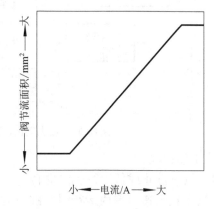

(b) 阀的开度(节流面积)与电磁线圈的关系电流

图10.9 电磁阀的工作特性

（3）分流阀。分流阀的基本结构如图10.10所示，它主要由阀门、弹簧及进出油口等构成。

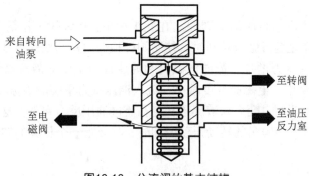

图10.10 分流阀的基本结构

分流阀的主要功用是将来自转向油泵的液流分送到转阀、油压反力室和电磁阀。送到电磁阀和油压反力室中的液流量是由转阀中的油压来调整的。转动转向盘时，转阀中的油压增大，此时分配到电磁阀和油压反力室中的液流量随着转阀中油压的增大而增加；当转阀中的油压达到一定值后，转阀中的油压便不再高，而分配给电磁阀和油压反力室的液流量也将保持不变。

（4）电子控制器（ECU）。动力转向系统中的电子控制器（ECU）有采用模拟电路的，也有采用数字电路的。如图 10.11 所示为一种由模拟电路构成的动力转向 ECU 的结构框图，主要由频率-电压（频压）转换器、120km/h 检测器、电压放大器、比较器和振荡器等组成。其输入信号为车速传感器提供的车速信号，执行器为比例电磁铁机构；ECU 负责控制通入比例电磁铁机构的电流。当车速提高时，为了增大转向的操纵力，需要加大流入比例电磁铁机构的电流；而当车速超过 120km/h 时，为了防止电流过大而造成过载，ECU 则控制比例电磁铁机构保持恒定的电流值。

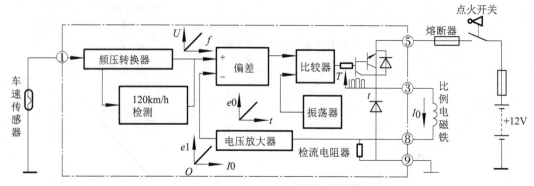

图10.11 动力转向ECU的结构框图（模拟电路）

2）工作原理

（1）汽车静止或低速行驶时的转向。PPS 在停车或低速行驶时的工作情况如图 10.12 所示，汽车在低速范围内运行时，ECU 输出一个大的电流，使电磁阀的开度增加，由分流分出的液体流过电磁阀回到储油罐中的流量增加。因此油压反力室的压力减小，于是柱塞推动控制阀杆的力减小。利用转向盘的转向力来增大扭杆扭力。转阀按照扭杆的扭转角做相对的旋转，使油泵油压作用于转向动力缸的右室，活塞向左方运动，从而增强了转向力，此时，驾驶人仅需要提供一个较小的操纵力就可以产生一个较大的阻力，从而使转向轻便、灵活。

（2）汽车在中、高速行驶时的转向。在此工况下，PPS 的工作情况如图 10.13 所示。汽车转向盘在中、高速直行微量转动时，控制阀杆根据扭杆的扭转角度而转动，转阀的开度减小，转阀里面的压力增加，流向电磁阀和油压反力室中的液流量增加。当车速增加时，ECU 输出电流减小，电磁阀开度减小，流入油压反力室中的液流量增加，反力增大，使得柱塞推动控制阀杆的力变大。液流还从量孔流进油压反力室中，这也增大了油压反力室中的液体压力，故当转向盘的转动角度增加时，将要求一个更大的转向操纵力，从而获得稳定的手感。

3. 阀灵敏度控制式 EPS

阀灵敏度控制式 EPS 是根据车速控制电磁阀，直接改变动力转向控制阀的油压增益（阀灵敏度）来控制油压的方法。这种转向系统特点是结构简单、部件少、价格便宜，而且具有较大的选择转向力的自由度，可以获得自然的转向手感和良好的转向特性。

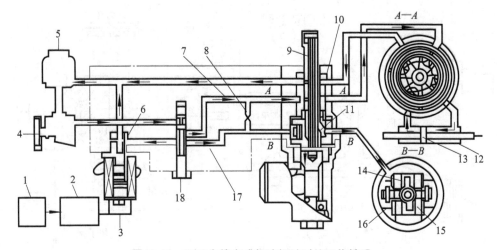

图10.12 PPS在停车或低速行驶时的工作情况

1—车速传感器；2—ECU；3—电磁阀；4—叶片泵；5—储油罐；6—电磁阀开度（大）；
7—压力增加；8—量孔；9—扭杆；10—转阀；11—油压反力室；12—动力缸；
13—活塞；14—阀杆；15—柱塞；16—压力减小；17—至反力室；18—分流阀

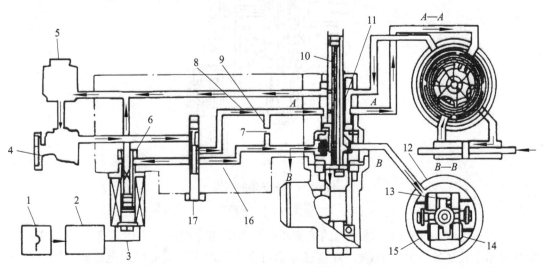

图10.13 PPS在中、高速行驶时的工作情况

1—车速传感器；2—ECU；3—电磁阀；4—叶片泵；5—储油罐；6—电磁阀开度（小）；
7、9—扭杆；8—压力增加；10—量孔；11—转阀；12—油压反力室；13—控制阀杆；
14—柱塞；15—压力增加；16—流量增加；17—分流阀

如图10.14所示为89型地平线牌乘用车所采用的阀灵敏度控制式EPS。该系统在转向控制阀的转子阀上做了局部改进，并增加了电磁阀、车速传感器和电子控制单元等。

1）转子阀

转子阀的结构如图10.15所示，圆周上有6条或8条沟槽，各沟槽利用阀外体与泵、动力缸、电磁阀及储油箱连接。

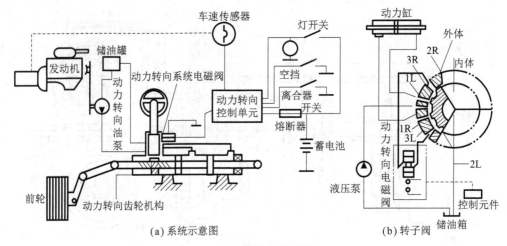

(a) 系统示意图　　　　　　　　　(b) 转子阀

图10.14　阀灵敏度控制式EPS

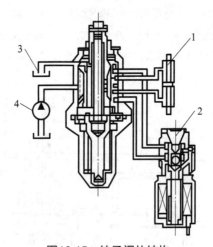

图10.15　转子阀的结构

1—动力缸；2—电磁阀；3—储油罐；4—液压泵

如图10.14（b）所示，转子阀的可变小孔分为低速专用小孔（1R、1L、2R、2L）和高速专用小孔（3L、3R）两种，在高速专用可变小孔的下方设有旁通电磁阀回路。阀灵敏度控制EPS阀部的等效液压回路如图10.16所示，当车辆停止时，电磁阀完全关闭，如果此时向右转动转向盘，则高灵敏度低速专用小孔1R和2R在较小的转向扭矩作用下即可关闭，转向液压泵的高压油液经1L流向转向动力缸右腔室，其左腔室的油液经3L、2L流回储油箱，因此此时具有轻便的转向特性。而且施加在转向盘上的转向力矩越大，可变小孔1L、2L的开口面积越大，节流作用就越小，转向助力作用就越明显。

随着车辆行驶速度的提高，在ECU的作用下，电磁阀的开度也线性增加，如果向右转动转向盘，则转向液压泵的高压油液经1L、3R旁通电磁阀流回储油箱。此时转向动力缸右腔室的转向助力油压就取决于旁通电磁阀和灵敏度低的高速专用孔3R的开度。车速越高，在ECU的控制下，电磁阀的开度越大，旁路流量越大，转向助力作用越小，调整专用小孔3R的开度逐渐减小，转向助力作用也随之增大。由此可见，阀灵敏度控制式EPS可使驾驶人获得非常自然的转向手感和良好的速度转向特性。

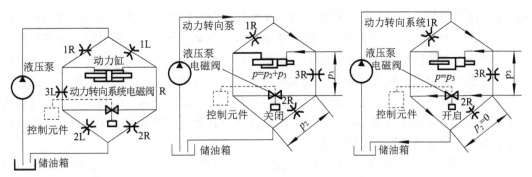

停止时,小孔关闭,轻向轻便。转向时,可变小孔分为2段,以增大发生压力。高速时,只使用可变小孔一段。

图10.16 阀灵敏度控制EPS阀部的等效液压回路

2）电磁阀

如图10.15所示,电磁阀上设有控制上下流量的旁通油道,是一种可变的节流阀。在低速时向电磁线圈通以最大的电流,使可变孔关闭,随着车速升高,依次减小通电电流,可变孔开启；在高速时,开启面积达到最大值。该阀在左右转向时,油液流动的方向可以逆转,因此在上下流动方向中,可变小孔必须具有相同的特性。为了确保高压时液体有效作用于阀,必须提供稳定的油压控制。

3）ECU

ECU接受来自车速传感器的信号,控制向电磁阀和电磁线圈输出电流。阀灵敏度控制式EPS的电路图如图10.17所示。

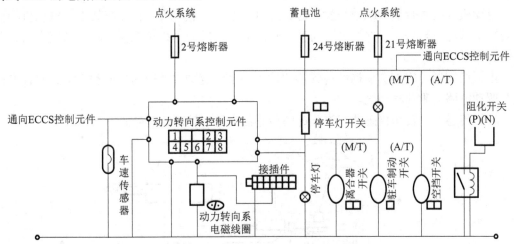

图10.17 阀灵敏度控制式EPS的电路图

10.1.4 电动式EPS

1. 电动式EPS概述

前述的液压式电子控制动力转向系统（液压式EPS）是采用液压缸对转向传动机构加力,其动力由发动机驱动的液压泵供给,用分配阀来控制油液的流动方向。

电子控制电动式转向系统能根据不同的情况产生适合各种车速的动力转向,不受发电机停止运转的影响,在停车时,驾驶人也可获得最大的转向动力;汽车在行驶过程中,电子控制装置可调整电动机的助力以及改善路感。其特点是零部件少、质量轻,电子控制电动式转向系统的质量比液压式转向系统轻约25%;其设计紧凑,所占空间较小;由于该动力转向装置不是由发电机直接驱动,电动机只是在转向时才接通,故可节省燃油。总之电动式转向系统有许多优点,相比液压式动力转向系统更轻便、紧凑、可靠。对控制计算机编程,可提供不同程度的动力转向,而它能与汽车上其他电气设备相连接,有助于四轮转向的实现,并能促进悬架系统的发展。

液压式EPS由于工作压力和工作灵敏度较高,外廓尺寸较小,因而获得了广泛的应用。在采用气压制动或空气悬架的大型车辆上,也有采用气压动力转向。但这类动力转向系统的共同缺点是结构复杂、消耗功率大,容易产生泄漏,转向力不易有效控制等。近年来随着微机在汽车上的广泛应用,电动式EPS的应用也越来越广。

2. 电动式EPS的组成、原理与特点

电子控制电动式动力转向系统(电动式EPS)的基本组成如图10.18所示,它主要由车速传感器、转矩传感器、转角传感器、电子控制器ECU、电动机及减速机构等组成,该系统广泛应用于日本三菱、大发、富士重工和铃木等汽车公司的许多车型上。

电子控制电动式动力转向系统的基本原理是根据汽车行驶速度(车速传感器输出信号)、转矩及转向角信号,由ECU控制电动机及减速机构产生助力转矩,使汽车行驶在低、中速和高速下都能获得最佳的转向效果。

电动机连同离合器和减速齿轮一起,通过一个橡胶底座安装在左车架上。电动机的输出转矩由减速齿轮增大,并通过万向节、转向器中的助力小齿轮把输出转矩送至齿条,向转向轮提供转矩。

电子控制器(ECU)根据各传感器的输入信号确定助力转矩的幅值和方向,并且直接控制驱动电路去驱动电动机。

转矩传感器、转角传感器和汽车速度传感器为助力转矩的信号源。

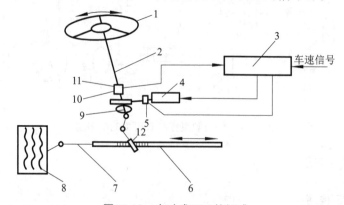

图10.18 电动式EPS的组成

1—转向盘;2—输入轴(转向轴);3—电子控制单元;4—电动机;5—电磁离合器;6—转向齿条
7—横拉杆;8—转向车轮;9—输出轴;10—扭力杆;11—扭矩传感器;12—转向齿轮

电动式EPS有许多液压式EPS所不具备的优点。

（1）将电动机、离合器、减速装置、转向杆等各部件装配成一个整体，这既无管道也无控制阀，使其结构紧凑、质量减轻。

（2）没有液压式EPS所必需的常运转转向油泵，电动机只是在需要转向时才接通电源，因此动力消耗和燃油消耗均可降到最低。

（3）省去了油压系统，因此不需要给转向油泵补充油，也不必担心漏油。

（4）可以比较容易地按照汽车性能的需要设置、修改转向助力特性。电动式EPS还设有安全保护装置，由一个在主电源电路中能切断电动机电源的继电器和一个安装在电动机与减速齿轮之间，并能把它们断开的电磁离合器组成。只要系统发生故障，安全保护装置就会开始工作，确保安全。

3. 电动式EPS主要部件的结构及工作原理

1）扭矩传感器

扭矩传感器的作用是检测驾驶人作用在转向盘上的转向力矩、转向方向等参数，并将其转变为电信号输送给ECU，以作为电动助力的依据之一。

（1）无触点式（电磁感应式）扭矩传感器。

图10.19所示为无触点式扭矩传感器的结构及工作原理图。在输出轴的极靴上分别绕有A、B、C、D共4个线圈，转向盘处于中间位置（直驶）时，扭力杆的纵向对称面正好处于图10.19所示输出轴极靴AC、BD的对称面上。当在U、T两端加上连续的输入脉冲电压信号U时由于通过每个极靴的磁通量相等，因此在V、W两端检测到的输出电压信号$U_0=0$。

当右转向时，由于扭力杆和输出轴极靴之间发生相对扭转变形，极靴A、D之间的磁阻增加，B、C之间的磁阻减少，各个极靴的磁通量发生变化，于是在V、W之间就出现了电位差。其电位差与扭力杆的扭转角和输入电压U_i成正比，设比例系数为K，则有

$$U_0=KU_i\theta$$

因此，通过测量V、W两端的电位差就可以测量出扭力杆的扭转角，于是也就知道了转向盘施加的转动扭矩。

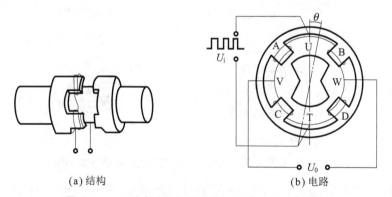

(a) 结构　　　　　　　　　　(b) 电路

图10.19　无触点式扭矩传感器的结构及工作原理图

（2）有刷滑动电阻式扭矩传感器。

如图10.20所示为滑动可变电阻式扭矩传感器的结构。它是将负荷力矩引起的扭力杆角位移转换为电位器电阻的变化，并经滑环传递出来作为扭矩信号。它实际上是一个滑动

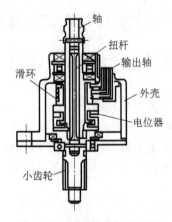

图10.20 滑动可变电阻式扭矩传感器的结构

电阻式分压器,其滑动电阻固定在与扭力杆后端相连的支撑毂上,而滑动触头则与扭力杆的前端相连,标称的输入参考电压从滑动电阻片的两端加在滑动电阻片上,在滑动触头形成分压器的分压点。

转向盘处于直行位置时,从滑动触头接柱输出一标称中性电压信号,电压值一般为标称输入电压的一半;右转向时,触头在滑动电阻片上滑动改变分压比,输出一个较高的电压信号;左转向时,则会输出一个较低的电压信号。

传感器的输出电压信号经电刷和信号线束传给 ECU, ECU 可据此信号判定转向力矩的方向和大小,用于控制转向助力电动机的工作。

(3) 无刷滑动电阻式扭矩传感器。

如图 10.21 所示为奥拓车用无刷滑动电阻式转矩传感器的结构图。在与扭杆弹簧前端相连的输出轴 6 的后端制有一个带有内螺旋槽的环座 4,而在向前延伸并与扭力杆后端相连的输入轴毂 8 的前端制有一个可以沿轴向移动,并带有外螺旋键槽的滑套 3,滑套前端螺旋键槽部分插入环座 4 并通过钢球 5 与环座键槽 12 相啮合。当扭力杆受转矩作用而产生扭转变形时,滑套 3 受螺旋槽的作用在输入轴毂 8 上做轴向运动。滑动电位器式扭矩传感器 9 (实为一分压器) 固定在转向器外壳上,其控制臂 10 外端的滑块插入滑套 3 的圆周环槽内。

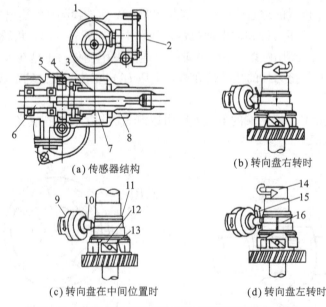

图10.21 奥拓车用无刷滑动电阻式转矩传感器的结构图

1、10—控制臂;2—电位器;3、11—滑套;4—环座;5、13—钢球;6—输出轴;7—扭杆;8—输入轴毂;9—扭矩传感器;12—环座键槽;14—心轴旋转方向;15—控制臂旋转方向;16—沿块滑动方向

传感电位器从控制 ECU 接入 5V 的标称电压,当转向盘上无转向力矩时,传感器滑套处于中间位置,电位器信号端子上输入 2.5V 信号电压;当右转向时,扭力杆受到转向力矩作用产生弹性扭转变形,带动滑套在输入轴毂上向后(上)做轴向移动,并经环槽带

动电位器摇臂轴转动而改变分压比,使电位器的输出端子上输出大于 2.5V 的电压信号。

同理,在左转向时,电位器的输出端子上输出小于 2.5V 的信号。

电位器的输出电压信号与扭力杆的变形量(转向力矩)成正比,ECU 将电位器的输出电压信号与 2.5V 的标准中性值相比较,即可判断出转向力矩的大小和方向。该扭矩传感器的输出特性如图 10.22 所示。

2)光电式转向传感器

光电式转向传感器的作用是把转向盘的转动方向、转动角度和转动速度转变为电信号,送给 ECU 用于控制转向。光电式传感器的安装位置与构造情况如图 10.23 所示,在转向轴上装有带等距窄缝的遮光圆盘,两组光电元件装在遮光圆盘的两侧,两组元件间的距离与遮光盘窄缝的节距相差 1/4 节距(90° 电角度),其工作原理如图 10.24 所示。

当转向轴带动遮光圆盘转动时,遮光器使照射在光电晶体管上的光束不断地断续变化,从而使与两只光电晶体管相连的信号输出端输出两组相位角相差 90° 的电压脉冲信号。ECU 在接收到信号后,可以比较两组信号脉冲前沿的先后顺序并判断出转向盘转动的方向,通过计数脉冲信号的个数可以判断出转向角度的大小,再通过检测脉冲信号的频率可判断出转向盘的转动速度。

3)电动机

电动式 EPS 用电动机与起动用直流电动机原理上基本相同,但一般采用永磁磁场,其最大电流一般为 30A 左右,电压为直流 12V,额定转矩为 10N·m 左右。

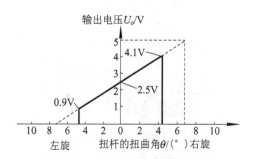

图 10.22 扭矩传感器的输出特性

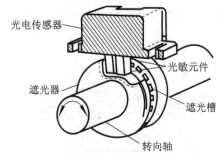

图 10.23 光电式转向传感器的安装位置与构造

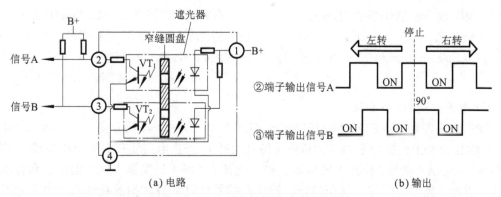

图 10.24 光电式转向传感器的工作原理

转向助力用直流电动机需要正反转控制,图 10.25 所示为一种比较简单适用的电动机正反转控制电路其中,a_1、a_2 为触发信号端。当 a_1 端得到输入信号时,晶体管 VT_3 导通,

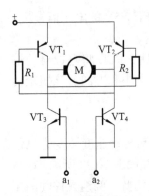

图10.25 电动机正反转控制电路图

VT_2 得到基极电流而导通，电流经 VT_2、电动机 M、VT_3、搭铁而构成回路，于是电动机正转；当 a_2 端得到输入信号时，电流则经 VT_1、M、VT_4、搭铁而构成回路，电动机则因电流方向相反而反转。控制触发信号端电流的大小，就可以控制通过电动机电流的大小。

4）电磁离合器

图10.26所示为单片干式电磁离合器的工作原理图。当滑动可变电阻式扭矩传感器电流通过滑环进入电磁离合器线圈时，主动轮产生电磁吸力，带花键的压板被吸引与主动轮压紧，于是电动机的动力经过轴、主动轮、压板、花键、从动轴传递给执行机构。

电动式EPS一般都设定一个工作范围，例如当车速达到45km/h时，就不需要辅助动力转向，这时电动机就停止工作。为了不使电动机和电磁离合器的惯性影响转向系统的工作，离合器应及时分离，以切断辅助动力。另外当电动机发生故障时，离合器会自动分离，这时仍可利用手动控制转向。

5）减速机构

减速机构是电动式EPS不可缺少的部件。如图10.27所示为奥拓汽车电动式EPS的减速机构，它有多种组合方式，一般采用蜗轮蜗杆与转向轴驱动组合式，也有的采用两级行星齿轮与传动齿轮组合式。为了抑制噪声和提高耐久性，减速机构中的齿轮有的采用特殊齿形，有的采用树脂材料制成。

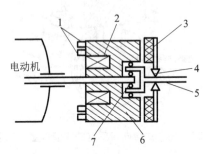

图10.26 电磁离合器的工作原理
1—滑环；2—线圈；3—压板；4—花键；
5—从动轴；6—主动轮；7—滚珠轴承

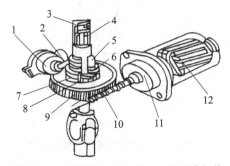

图10.27 奥拓汽车电动式EPS的减速机构
1—扭矩传感器；2—控制臂；3—传感器轴；4—扭杆；
5—滑块；6—球槽；7—连接环；8—钢珠；9—蜗轮；
10—蜗杆；11—离合器；12—电动机

6）电子控制单元（ECU）

EPS电子控制器（ECU）的基本组成如图10.28所示，其核心是一个具有256B的RAM、4KB的ROM、8b字长的单片微机（微处理器）。外围电路还有10bA/D（模拟/数字）转换器、8bD/A（数字/模拟）转换器、I/F（电流/频率）转换器、放大电路、动力监测电路、驱动电路等。工作时转向转矩和转向角信号经过A/D转换器被输入到中央处理器（CPU），中央处理器根据这些信号和车速计算出最优化的助力转矩。ECU把已经计算出来的参数值作为电流命令值送到D/A转换器并转换为模拟量，再将其输入到电流控制电路；电流控制电路把来自微处理器的电流命令值同电动机电流的实际值进行比较，产生一个有效值信号，该差值信号被送到驱动电路，该电路可驱动动力装置并向电动机提供控制电流，即当转矩传感器和转角传感器的信号经 A/D 转换器处理后，微处理器就在其内存中寻找与该信号相匹配的电动机电流值，然后将此值输送给 D/A 转换器进行数字模拟转换，处理后的模拟信号再送给限流器，由限流器来决定电动机驱动电路电流值的大小。微处理器同时给电动机驱动电路输出另一个信号，即决定电动机（左转或右转）的转动方向。

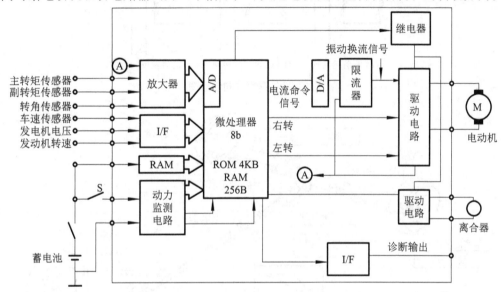

图10.28　EPS电子控制器（ECU）的基本组成

10.2　四轮转向控制系统

10.2.1　概述

四轮转向可确保车辆有良好的操纵性与稳定性，有效地控制车辆横向运动特性，使车辆转弯半径减小，转向响应更加灵敏。停在路边的汽车，如果两前轮转向，则正好能驶出停车位，如图 10.29（a）所示；若四轮同向偏转，使转向半径加大，将不能驶出停车位，如图 10.29（b）所示；若前、后轮反向偏转，与前面的车有足够的距离，不会撞上，但后轮可能会驶向马路牙，如图 10.29（c）所示。因此为了避免该问题，后轮转向最大角必须远远小于前轮转向最大角，而且四轮转向与两前轮转向相比，前者转弯半径小，驻车机动性更高。四轮转向系统有转向角比例控制式四轮转向系统和电动式电控四轮转向系统两种。

10.2.2　转向角比例控制式四轮转向系统

所谓转向角比例控制，是指使后轮的偏转方向在低速区与前轮的偏转方向相反，在高速区与前轮的偏转方向相同，并同时根据转向盘转向角度和车速情况控制后轮与前轮偏转角度比例。转向角比例控制式四轮转向系统的构成如图 10.30 所示。

前、后转向机构通过连接轴相连，转动转向盘转向时，齿条式转向器齿条在推动前转向横拉杆左右移动使前轮偏转转向的同时，还带动输出小齿轮转动，通过连接轴把这一运动传递到后转向控制机构（齿轮箱）带动后轮偏转。

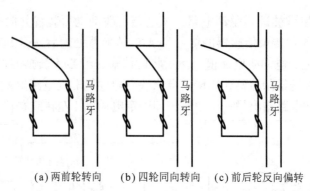

(a) 两前轮转向　　(b) 四轮同向转向　　(c) 前后轮反向偏转

图10.29　四轮转向示意图

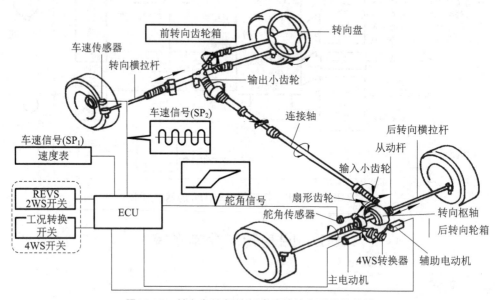

图10.30　转向角比例控制式四轮转向系统的构成

1. 主要元件的构造与工作原理

（1）转向枢轴。偏置轴与转向枢轴的构造如图10.31所示。转向枢轴的主要结构是一个大轴承，其外套与齿扇固定为一体，前用一纵向轴支承在壳体上，可以左右摆转；其内套带有圆周沟槽，与横向从动轴上突出的偏置轴外端相啮合，当转向枢轴在连接轴的带动下左右摆转时，即可利用偏置轴带动从动杆左右移动；从动杆是后转向横拉杆的一部分，左右移动时即带动后轮转向，转向枢轴的左右摆转量最大可达55°左右。

从动杆可在电动机及传动装置的操纵下自转，使从动杆上的偏置轴相对于转向枢轴摆转轴线的角度发生变化，后轮的转向角比例和转向方向也随即发生相应的变化。如图10.32所示为偏置轴与转向枢轴的工作原理，当偏置轴轴线随从动杆转到与转向枢轴摆转轴线重合位置时，从动杆带动后轮反向偏转，偏置轴与转向枢轴线接近垂直位置，后轮偏转角达到最大值，适合于低速转向时采用；当偏置轴轴线转到转向枢轴摆转轴线的下方时，从动杆带动后轮同向偏转，且偏置轴与转向枢轴轴线处较小夹角位置，后轮偏转角较小，适合于高速转向时采用。

第10章 汽车转向控制系统

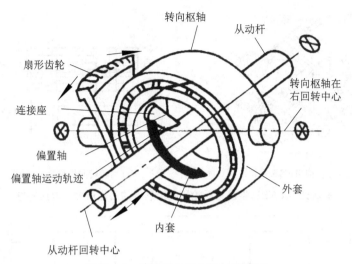

图10.31 偏置轴与转向枢轴的构造

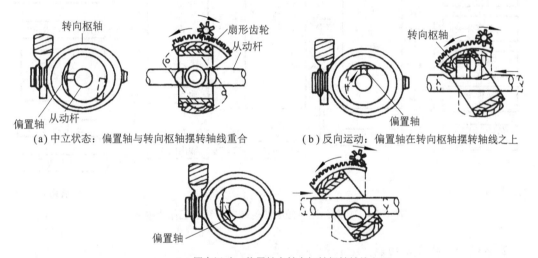

(a) 中立状态：偏置轴与转向枢轴摆转轴线重合

(b) 反向运动：偏置轴在转向枢轴摆转轴线之上

(c) 同向运动：偏置轴在转向枢轴摆转轴线之下

图10.32 偏置轴与转向枢轴的工作原理

（2）4WS 转换器。4WS 转换器的作用是驱动从动杆转动，实现两轮转向—四轮转向方式的转换和后轮转向方向与转向角比例控制。4WS 转换器与后轮转向传感器的工作原理及电压特性如图 10.33 所示。4WS 转换器由主电动机、辅助电动机、行星齿轮减速机构和蜗轮蜗杆机构组成，主、辅助电动机的工作受转向 ECU 控制。正常情况下，作为备用的辅助电动机不工作，由主电动机带动转换器输出轴转动；当主电动机不能工作时，由辅助电动机带动转换器输出轴转动。

为了检测转换器的工作状态，在从动杆蜗轮的侧面设置有滑动电阻式转向角比例检测传感器，随时向 ECU 反馈转向角比例控制状态，以便 ECU 随时进行控制和修正。

（3）转向角比例控制系统。转向角比例控制系统主要由转向 ECU、车速传感器、4WS 转换开关、转向角比例传感器和 4WS 转换器等组成，转向 ECU 是控制中心。如图 10.34 所示为转向角比例控制四轮转向系统的工作原理图。

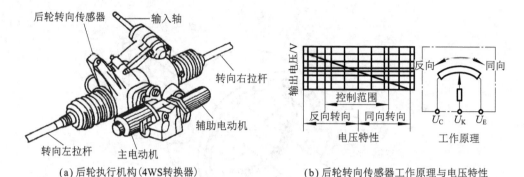

(a) 后轮执行机构（4WS转换器）　　(b) 后轮转向传感器工作原理与电压特性

图10.33　4WS转换器与后轮转向传感器的工作原理及电压特性

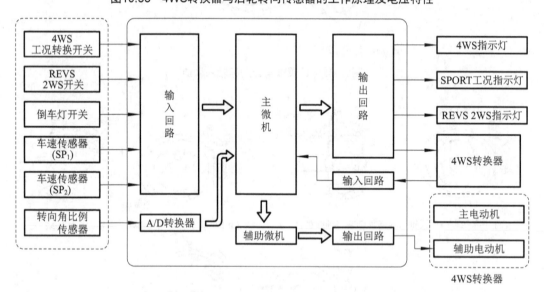

图10.34　转向角比例控制四轮转向系统的工作原理图

2. 系统的主要控制功能

（1）转向控制方式的选择。当通过2WS选择开关选择2WS方式时，ECU控制4WS转换器使后轮在任何车速下的转向角为零，这是为习惯于前轮转向驾驶的人设置的；在4WS方式下，驾驶人还可根据驾驶习惯和行驶情况通过4WS转换开关进行NORMA工况与SPORT工况的变换，对后轮转向角比例控制特性进行选择。

（2）转向角比例控制。当选定4WS方式时，ECU会根据车速信号和转向角比例传感器信号判定工况和后轮转向角比例控制状态后，向4WS转换器电动机发出控制信号，调节后轮转向角控制比例，转向角比例传感器随时将后转向齿轮箱内从动杆的转动角度、位置情况转变为模拟电压信号反馈给ECU，以便ECU及时对后轮转向角控制比例进行修正。

（3）安全保障功能。当转向控制系统发生故障时，4WS故障警告灯将点亮，并在ECU中记忆故障部位，同时后备系统实施以下控制。

① 当4WS转换器主电动机故障时，ECU驱动辅助电动机工作，使后轮以NORMAL模式与前轮做同向转向运动，并根据车速进行转向角比例控制。

②当某车速传感器故障时,ECU取SP_1和SP_2两车速传感器中输出车速信号高的作为控制依据,并驱动4WS转换器主电动机使后轮处于与前轮同向转向状态,进行转向角比例控制。

③当转向角比例传感器故障时,ECU驱动4WS转换器辅助电动机使后轮处于与前轮同向转向最大值,并终止转向角比例控制。如果辅助电动机发生故障,则通过驱动主电动机完成这一控制。

④当ECU出现异常时,4WS辅助电动机驱动后轮至与前轮同向转向最大值的位置,以避免后轮处于反向运动状态,并终止转向角比例控制。

10.2.3 电动式电控四轮转向系统

1. 系统构造与组成

图10.35所示是1992年在本田-序曲汽车上采用的电动式电控四轮转向系统。四轮转向控制单元对输入的传感器信息进行分析处理,计算出所需的后轮转向角,并操纵后轮转向执行器电动机使后轮实现正确的转向。在此转向系统中,前轮转向器和后轮转向执行器之间没有任何机械连接装置,四轮转向控制ECU利用转向盘转角、车速和前轮转向角传感信息控制后轮转向角。

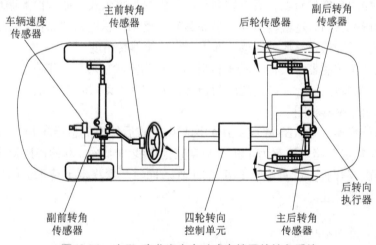

图10.35 本田-序曲汽车电动式电控四轮转向系统

当车速低于29km/h转向时,后轮向相反方向偏转,在车速为零时的最大转角为6°,在29km/h时后轮转向角接近为零;当车速大于29km/h时,在转向盘200°转角以内后轮的转向角与前轮一致,转向盘转角大于200°时,后轮开始向相反方向偏转。当车速提高到29km/h,并转动转向盘100°角度时,后轮将向相同方向偏转大约1°;当转向盘转动500°角度时,后轮将向相反方向偏转大约1°。

(1)后轮转向执行器。后轮转向执行器的组成包括一个通过循环球螺杆机构的电动机、后轮转角传感器、回位弹簧等。执行器在结构上作为后轮转向横拉杆的一部分,两端的拉杆与后轮转向节臂相连。当电动机受ECU控制时,即可通过循环球螺杆产生轴向推力,克服回位弹簧的弹力带动后轮转向。执行器内的回位弹簧在关闭点火开关或四轮转向系统失效时，使后轮推回到直线行驶位置。一个主后轮转角传感器和一个副后轮偏转角传感器安装在执行器的上部。如图 10.36 所示为本田－序曲汽车后轮转向执行器的构造。

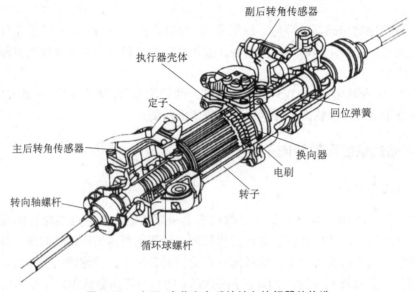

图10.36　本田－序曲汽车后轮转向执行器的构造

（2）后轮转向角度传感器。后轮转向角度传感器为霍尔式，通过检测循环球螺母上的电磁转子转动情况感知后轮偏转角度；后轮偏转角度副传感器的伸缩杆顶在后转向横拉杆的锥形轴表面，通过感知锥形轴的移动即可测得后轮偏转角度。

（3）前轮转角传感器。转向盘转角传感器又称为前轮主转角传感器，它为霍尔式，装在组合开关下方的转向柱上。副前轮转角传感器安装在齿条式转向器上，其结构与工作原理和后轮副转角传感器相同。

（4）车速传感器。与 ABS 系统共用的两只电磁式后轮速传感器向 ECU 提供交变电压信号，供 ECU 判定车速。注意为了防止来自其他电线的干扰，有的传感器带有附加的外屏蔽，如果屏蔽损坏将会严重影响 ECU 的工作。同时严禁将电子传感器的导线位置移动到靠近其他电源路附近。

2. 系统的失效保护功能

如果 4WS ECU 检测到系统出现故障，将使系统转换到失效保护状态。在这种状态下，ECU 存入故障码，并接通四轮转向指示灯发出警告。同时控制 ECU 切断后轮转向执行器电源，使后轮保持在直行位置，系统回归为 2WS 特性。为了防止后轮转向执行器断电时回正过快而造成方向不稳，ECU 在使系统进入保护状态的同时，回正弹簧缓慢地将后转向横拉杆放回到中央位置。

知识链接

富康 AL 型乘用车的转向系统采用了较为先进的液压动力转向装置，该装置工作压力高、外廓尺寸小，而且油液对路面的吸振作用较好。由于该车的油压动力转向装置性能稳定，设计制造精良，故一般情况下可以认为是免解体维护总成。

1. 动力转向泵皮带张紧度的调整

富康乘用车动力转向液压油泵工作的动力来自发动机，是通过皮带传递的。若皮带张紧度过松，将会导致油泵供油量降低，驾驶转向沉重；若皮带张紧度过紧，会导致油泵泵轴及轴承受力增加，加快零件的磨损，降低机件的寿命，同时也使皮带寿命缩短。因此，皮带张紧度适中便是对皮带张紧度调整的基本要求。调整检查时，应用大拇指用力压下油泵皮带的中部，用力大约10kg，观察皮带向下被压处的幅度（即皮带挠度），正常值应在8～14mm之间为合适。调整时，对新旧皮带要有所区别，若是刚更换的新皮带，挠度不应大于10mm，而若是旧皮带，不妨使其挠度取13～14mm。调整时，应先松开张紧轮固定螺钉，压张紧轮使皮带张紧，并同时拧紧该固定螺钉便可。

2. 储油罐液面高度的检查

富康乘用车动力转向油泵贮油罐油液高度的检查，除观察油罐油面刻度线外，还应对整个系统进行综合考虑。因此应首先将乘用车停在平坦地面上，起动发动机，并使其怠速运转（不应高于1 000r/min），然后转动方向盘，要从左极限位置转到右极限位置，然后再转回，如此反复5～8次，使液压油温度升高到液压管路有烫手的感觉为止（约80℃），最后将方向盘回到转向的中间位置（即摆正车前轮）。这时应观察储油罐内油液有无气泡或乳化现象，若油液罐内有气泡或乳化现象，则说明整个动力转向系统中有空气存在，或者可能是油液液面过低，遇此情况，应排除管路内的空气，并添加油液。

3. 动力转向泵的排气

在对动力转向系统排气前，应先检查储油罐油液面的高度，并根据需要添加液压油。待油液面合适后，便可按下述方法排气。

（1）将乘用车前部用千斤顶或举升器顶起，并用支架支牢靠。

（2）转动方向盘，从左极限位置转到右极限位置，来回转动3～5次。

（3）起动发动机，使之怠速运转，并重复上述转动方向盘的过程3～5次。

（4）将乘用车前部放下，在发动机怠速运转的状态下，来回再转动方向盘5～8次，使油温升高。然后将方向盘置于中间位置，检查并记录储油罐内油面高度。

（5）将点火开关关闭，使发动机熄火，待其停止转动3～5min后，再查看储油罐内油液面高度，并与（4）的液面高度进行比较，若两次无差值或差值小于5.0mm，而且油液中无气泡或乳化现象，说明系统内空气排净；否则，仍需重复（4）、（5）两步骤，直至排净空气为止。

4. 动力转向液压油的更换

富康乘用车动力转向装置一旦出现故障，需要拆检，并更换动力转向油液，或者是发现油液变质，也需更换油液，油液更换时应选用富康乘用车规定油液，即法国产的"TOTAL FLUIDE ATXL DEXRON-B"或国产的"兰炼8号"自动变速器油液。

（1）用千斤顶或举升器将乘用车前部顶起，并用支架支牢，后轮最好用垫块固定。

（2）把回油管从储油罐管接头上拆下，从储油罐中放出液压油，并转动方向盘数次使油液排尽。

（3）将回油管与储油罐接头重新接好，添加液压油至储油罐刻线处（或略高于 5mm）。

（4）利用上述排气方法，对系统中空气进行排除，待排气完成后，补充油液到刻线处。

5. 方向盘转向力的检查

富康乘用车动力转向装置性能的好坏也可以通过测量方向盘转动力的大小来加以判定，具体方法如下。

（1）将乘用车停在平坦地面上，并使方向盘处于中间位置。

（2）起动发动机，并使其怠速运转。

（3）用弹簧秤测定方向盘外缘处从中间位置向左右转动所需的转向力，此力应小于 4kg；否则，应对整个转向系统进行检查。

（4）在上述条件下，也可以检查动力转向电磁阀的情况，只需将 12V 直流电源接在电磁阀的接线端子上，使电磁阀打开，再测量向左向右转动方向盘的转向力，此力应不小于 10kg，说明电磁阀性能良好，否则应检修电磁阀。注意：在做此项检查时，电磁阀通电时间不宜超过 30s，若 30s 内没有检查完，则必须等待一会儿，待电磁阀线圈冷却后再进行检查，否则较长时间的通电会使电磁阀线圈因过热而烧毁。

学习指导

（1）汽车转向系统可按转向的能源不同分为机械转向系统和动力转向系统两类。机械转向系统依靠驾驶人操纵转向盘的转向力来实现车轮转向；动力转向系统则是在驾驶人的控制下，借助于汽车发动机产生的液体压力或电动机驱动力来实现车轮转向。

（2）电控动力转向系统根据动力源不同又可分为液压式电控动力转向系统（液压式 EPS）和电动式电控动力转向系统（电动式 EPS）。

（3）电动动力转向系统可以在低速时减轻转向力以提高转向系统的操纵性；在高速时则可适当加重转向力，以提高操纵稳定性。液压式电控动力转向系统是在传统的液压动力转向系统的基础上增设电子控制装置而构成的。根据控制方式的不同，液压式电控动力转向系统又可分为流量控制式、反力控制式和阀灵敏度控制式 3 种形式。

（4）四轮转向可确保车辆有良好的操纵性与稳定性，有效地控制车辆横向运动特性，使车辆转弯半径减小，转向响应更加灵敏。四轮转向系统有转向角比例控制式四轮转向系统和电动式电控四轮转向系统两种。

（5）所谓转向角比例控制，是指使后轮的偏转方向在低速区与前轮的偏转方向相反，在高速区与前轮的偏转方向相同，并同时根据转向盘转向角度和车速情况控制后轮与前轮偏转角度的比例。

学习思考

1. 简述液压助力转向系统的排气方法。

2. 简述电控动力转向系统的优点。
3. 流量控制式 EPS 是如何提高高速时转向路感的?
4. 反力控制式 EPS 是如何提高高速时转向路感的?
5. 阀灵敏度控制式 EPS 是如何提高高速时转向路感的?
6. 液压式 EPS 系统电磁阀的作用是什么?
7. 液压式 EPS 系统车速传感器的作用是什么?
8. 液压式 EPS 系统电子控制单元的作用是什么?
9. 液压式 EPS 系统转角速度传感器的作用是什么?
10. 流量控制式 EPS 是如何改善路感的?
11. 电动式 EPS 由哪几部分构成?
12. 电动式 EPS 转矩传感器的作用是什么?
13. 电动式 EPS 是如何控制转向助力,改善转向路感的?
14. 液压式 EPS 工作时为什么不需要转向转矩和转向方向信号?
15. 转向角比例控制式四轮转向系统是如何操控后轮偏转方向和偏转角度比例的?
16. 在转向角比例控制式四轮转向系统电控装置出现严重故障时,后备系统使后轮处于什么状态?为什么要使后轮处于这种状态?
17. 在电动式电控四轮转向系统中,后轮转向执行器的作用是什么?是如何工作的?

第 11 章　汽车悬架控制系统

学习目标

1. 了解悬架控制的必要性。
2. 了解半主动悬架与主动悬架的主要差异。
3. 掌握悬架控制系统的基本组成、控制原理和结构特点。
4. 掌握悬架控制系统中弹簧刚度调节、减振器阻尼调节、车身高度调节的基本方法。

考核标准

知识要求：悬架控制系统的结构与工作原理；弹簧刚度调节、减振器阻尼调节、车身高度调节。

技能要求：能够对悬架控制系统的基本控制功能进行检查与调整；能够利用自诊断系统对悬架控制系统的故障进行初步分析判断。

教学建议

教具：电控悬架实训台。

建议：悬架系统的结构与工作原理部分利用多媒体教学；弹簧刚度调节、减振器阻尼调节、车身高度调节部分在实验室结合实际讲解。

11.1　概　述

汽车悬架的作用是缓冲和吸收来自车轮的振动，在汽车行驶过程中还要传递车轮与路面间产生的驱动力和制动力。汽车在转向时，悬架还要承受来自车身的侧向力，并在汽车起步和制动时抑制车身的俯仰振动，提高汽车的行驶稳定性和乘坐的舒适性。

传统的悬架系统主要由弹簧、减振器和导向机构三部分组成，其中弹簧、减振器和轮胎的综合特性决定了汽车的行驶性、操纵性和乘坐的舒适性。尽管多年来汽车悬架系统做了许多改进，但由于传统悬架系统使用的是定刚度弹簧和定阻尼系数减振器，只能适应特定的道路与行驶条件，无法满足变化莫测的路面状况和汽车行驶状况，而且这种悬架只能被动地承受地面对车身的各种作用力，无法对各种情况进行主动地调节，使操纵性和乘坐舒适性达到和谐，因此一般称传统悬架系统为被动悬架系统。

随着人们对汽车操纵性和舒适性要求的不断提高，以及电子技术的飞速发展，电子控制技术被有效应用于现代汽车悬架系统。电子控制悬架系统的最大优点就是它能使悬架随不同的路况和行驶状态做出不同的反应。既能使汽车的乘坐舒适性达到令人满意的状态，又能使汽车的操纵稳定性达到最佳的状态。

第11章 汽车悬架控制系统

11.1.1 电子控制悬架系统的功能

电子控制悬架系统的基本目的是通过控制调节悬架的刚度和阻尼力,突破传统被动悬架的局限性,使汽车的悬架特性与道路状况和行驶状态相适应,从而保证汽车行驶的平顺性和操纵的稳定性要求都能得到满足,其基本功能有以下3个方面。

1. 车高调整

无论车辆的负荷多少,都可以保持汽车高度一定,车身保持水平,从而使前大灯光束方向保持不变;当汽车在坏路面上行驶时,可以使车高升高,防止车桥与路面相碰;当汽车高速行驶时,又可以使车高降低,以便减少空气阻力,提高操纵稳定性。

2. 减振器阻尼力的控制

通过对减振器阻尼系数的调整,可以防止汽车急速起步或急加速时车尾下蹲;防止紧急制动时的车头下沉;防止汽车急转弯时车身横向摇动;防止汽车换挡时车身纵向摇动等,从而提高行驶平顺性和操纵稳定性。

3. 弹簧刚度的控制

与减振器一样,在各种工况下,通过对弹簧弹性系数的调整,来改善汽车的乘坐舒适性与操纵稳定性。

有些车型只具有其中的一个或两个功能,而有些车型同时具有以上3个功能。

11.1.2 电子控制悬架系统的种类

现代汽车装用的电子控制悬架系统种类很多,按传力介质的不同可分为气压式和油压式两种。

按控制理论不同,电子控制悬架系统可分为半主动式、主动式两大类。其中半主动式悬架又分为有级半主动式(阻尼力有级可调)和无级半主动式(阻尼力连续可调)两种;主动式悬架根据频带和能量消耗的不同,分为全主动式(频带宽大于15Hz)和慢全主动式(频带宽3~6Hz);而根据驱动机构和介质的不同,电子控制悬架可分为电磁阀驱动的油气主动式悬架和由步进电动机驱动的空气主动式悬架。

无级半主动式悬架可以根据路面的行驶状态和车身的响应对悬架阻尼力进行控制,并在几毫秒内由最小到最大,使车身的振动响应始终被控制在某个范围内,但在转向、起步、制动等工况时不能对阻尼力实施有效的控制。它比全主动式悬架优越的地方是不需要外加动力源,消耗的能量很小,成本较低。

主动式悬架是一种能供给和控制动力源(油压、空气压)的装置。根据各种传感器检测到的汽车载荷、路面状况、行驶速度、起动、制动、转向等状况的变化,自动调整悬架的刚度、阻尼力以及车身高度等。它能显著提高汽车的操纵稳定性和乘坐舒适性。

11.2 悬架控制系统的结构与工作原理

11.2.1 电子控制悬架系统的组成与工作原理

虽然现代汽车电控悬架系统由于控制功能和控制方法的不同，其结构形式多种多样，但它们的基本组成却是相同的，即由感应汽车运行状况的各种传感器、开关、电子控制单元及执行器等组成。传感器一般有车高传感器、车速传感器、加速度传感器、转向盘转角传感器、节气门位置传感器等。开关有模式选择开关、制动灯开关、停车开关和车门开关等。执行机构有电磁阀、步进电动机或泵气电动机等。

电控悬架系统的一般工作原理是利用传感器（包括开关）把汽车行驶时路面的状况和车身的状态进行检测，将检测信号输入计算机进行处理，计算机通过驱动电路控制悬架系统的执行器动作，完成悬架特性参数的调整。

11.2.2 传感器的结构与工作原理

1. 转向盘转角传感器

转向盘转角传感器用于检测转向盘的中间位置、转动方向、转动角度和转动速度。在电子控制悬架中，电子控制单元根据车速传感器信号和转向盘转角传感器信号，判断汽车转向时侧向力的大小和方向，以控制车身的侧倾。

现代汽车多采用光电式转向盘转角传感器，图11.1是丰田汽车 TEMS 上应用的光电式转向盘转角传感器的安装位置和结构图。在转向盘的转向轴上装有一个带窄缝的圆盘，传感器的光电元件（即发光二极管）和光敏接收元件（光敏晶体管）相对地装在遮光盘两侧形成遮光器。由于圆盘上的窄缝呈等距均匀分布，当转向盘的转轴带动圆盘偏转时，窄缝圆盘将扫过遮光器中间的空穴，从而在遮光器的输出端（即可进行 ON、OFF 转换）形成脉冲信号。光电式转向盘转角传感器的工作原理如图11.2所示，电路原理如图11.3所示。

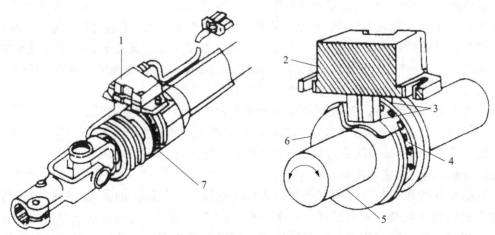

图11.1 光电式转向盘转角传感器的安装位置和结构

1、2—转向盘转角传感器；3—光电元件；4—遮光盘；5—转向轴；6、7—传感器圆盘

第11章 汽车悬架控制系统

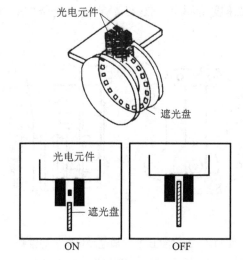

图11.2 光电式转向盘转角传感器的工作原理

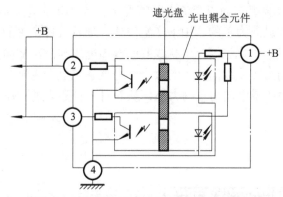

图11.3 光电式转向盘转角传感器的电路原理

当转动转向盘时，带窄缝的圆盘使遮光器之间的光束产生通/断变化，遮光器的这种反复开/关状态产生与转向轴转角成一定比例的一系列数字信号，系统控制装置可根据此信号的变化来判断转向盘的转角与转速。同时传感器在结构上采用两组光电耦合器，可根据检测到的脉冲信号的相位差来判断转向盘的偏转方向。这是因为两个遮光器在安装上使它们的 ON、OFF 变换的相位错开 90°，通过判断哪个遮光器首先转变为 ON 状态，即可检测出转向轴的偏转方向。例如向左转时，左侧遮光器总是先于右侧遮光器达到 ON 状态；而向右转时，右侧遮光器总是先于左侧遮光器达到 ON 状态。

2. 加速度传感器

在车轮打滑时，不能以转向角和汽车车速正确判断车身侧向力的大小。为了直接测出车身横向加速度和纵向加速度，可以利用加速度传感器。横向加速度传感器主要用于检测汽车转向时，汽车因离心力的作用而产生横向加速度，并将产生的电信号输送给电子控制单元（ECU），使电子控制单元能判断悬架系统的阻尼力改变的大小及空气弹簧中空气压力的调节情况，以维持车身的最佳姿势。

常用的加速度传感器有差动变压器式和钢球位移式两种。

（1）差动变压器式加速度传感器。图11.4是差动变压器式加速度传感器的结构图，图11.5是其工作原理图。

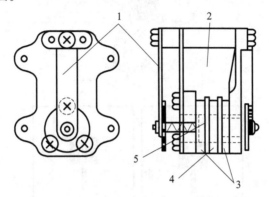

图11.4　差动变压器式加速度传感器的结构

1—弹簧；2—封入硅油；3—检测线圈；4—励磁线圈；5—心杆

在励磁线圈（一次绕组）通以交流电的情况下，当汽车转弯（或加、减速）行驶时，心杆在汽车横向力（或纵向力）的作用下产生位移，随着心杆位置的变化，检测线圈（二次绕组）的输出电压发生变化。因此检测线圈的输出电压与汽车横向力（或纵向力）一一对应，反映了汽车横向力（或纵向力）的大小。悬架系统电子控制装置根据此输入信号即可正确判断汽车横向力（或纵向力）的大小，从而对车身姿势进行控制。

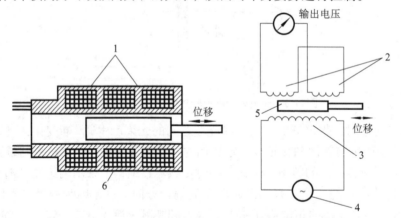

图11.5　差动变压器式加速度传感器的工作原理

1、2—二次绕组；3、6—一次绕组；4—电源；5—心杆

（2）钢球位移式加速度传感器。钢球位移式加速度传感器的结构如图11.6所示。

根据所检测的力（横向力、纵向力或垂直力）不同，加速度传感器的安装方向也不一样。如汽车转弯行驶时，钢球在汽车横向力的作用下产生位移，随着钢球位置的变化，造成线圈的输出电压发生变化。因此悬架系统电子控制装置根据加速度传感器输入的信号即可正确判断汽车横向力的大小，从而实现对汽车车身姿势的控制。

除此之外，还有半导体加速度传感器，如三菱GALANT汽车采用的G传感器是一小型半导体加速度计，它安装于汽车前端，用于确定汽车转向时的横向加速度。根据储气筒中空气压力的大小，通过低压开关和高压开关打开或关闭空气压缩机。后压力传感器中有一弹性膜片,当空气压力变化时,弹性膜片移动,弹性膜片的移动通过一电位计转化为电压信号输入 ECU。

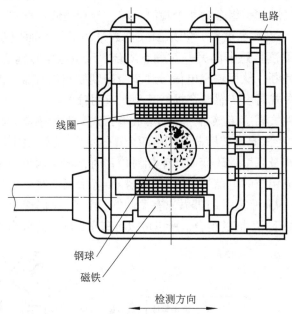

图11.6　钢球位移式加速度传感器的结构

3. 车身高度传感器

车身高度传感器的作用是检测汽车行驶时车身高度的变化情况(汽车悬架的位移量),并转换成电信号输入悬架系统的电子控制装置(ECU)。车身高度传感器常用的有片簧开关式高度传感器、霍尔集成电路式高度传感器、光电式高度传感器3种。

(1)片簧开关式高度传感器。片簧开关式高度传感器的结构和工作原理如图 11.7 所示。

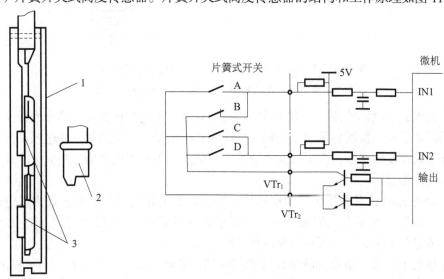

图11.7　片簧开关式高度传感器的结构和工作原理

1—高度传感器；2—磁体；3—片簧开关

片簧开关式高度传感器有 4 组触点式开关，它们分别与两个晶体管相连，构成 4 个检测回路。用两个端子作为输出信号与悬架 ECU 连接，两个晶体管均受 ECU "输出"端子的控制。该传感器将车身高度状态组合为 4 个检测区域，分别是低、正常、高、超高。

当车身高度调定为正常高度时，如果因乘员数量的增加，而使车身高度偏离正常高度，此时片簧开关式高度传感器的另一对触点闭合，产生电信号输送给 ECU，ECU 随即做出车身高度偏低的判断，从而输出电信号到车身高度控制执行器，促使车身高度恢复正常高度状态。片簧开关式高度传感器在福特车型上应用较多。

（2）霍尔集成电路式高度传感器。霍尔集成电路式高度传感器的结构和工作原理如图 11.8 所示。霍尔集成电路式高度传感器分别由两个霍尔集成电路、磁体等组成，其基本工作原理是当两个磁体因车身高度的改变而产生相对位移时，将在两个霍尔集成电路上产生不同的霍尔电效应，形成相应的电信号，悬架的电控装置根据这些电信号做出车身高度偏离调定高度的情况判别，从而驱动执行器做出有关调整。由于在两个霍尔集成电路和两个磁体安装时，它们的位置进行了不同的组合，所以可以将车身高度状态分为 3 个区域进行检测。

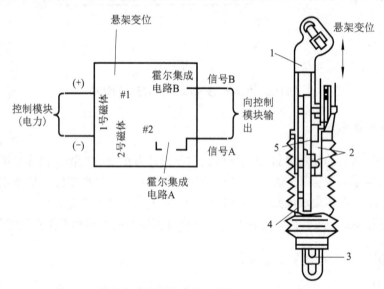

图11.8 霍尔集成电路式高度传感器的结构和工作原理
1—传感器体；2—霍尔集成电路；3—弹簧夹；4—滑轴；5—窗孔

（3）光电式高度传感器。以上介绍的均是接触式车身高度传感器，由于在使用过程中存在磨损而影响检测精度和灵敏度的弱点，所以其应用受到一定限制。光电式高度传感器属于非接触式高度传感器，它有效地克服了上述缺点，因此现代乘用车越来越多地采用了光电式高度传感器。

图 11.9 是光电式高度传感器的结构图。在主动悬架系统中，要对车身高度进行检测与调节，一般只需在悬架上安装 3 个车身高度传感器即可，位置在左、右前轮和后桥中部。如果传感器多于 3 个，则会出现调整干涉现象。

在传感器上，有一根靠连杆带动转动的转轴，转轴上固定一个开有许多窄槽的圆盘，圆盘两边是由发光二极管和光敏晶体管组成的光电耦合器。每一个光电耦合器共由 4 组发光二极管和光敏晶体管组成。一般情况下，传感器中有两个光电耦合器组件。

第11章 汽车悬架控制系统

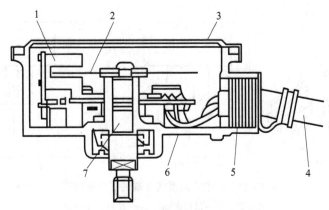

图11.9 光电式高度传感器的结构图

1—遮光器；2—圆盘；3—传感器盖；4—信号线；5—金属油封环；6—传感器壳；7—传感器轴

在传感器上，有一根靠连杆带动转动的转轴，转轴上固定一个开有许多窄槽的圆盘，圆盘两边是由发光二极管和光敏晶体管组成的光电耦合器。每一个光电耦合器共由4组发光二极管和光敏晶体管组成。一般情况下，传感器中有两个光电耦合器组件。实际结构中，光电式车身高度传感器固定在车架上，传感器轴的外端装有导杆，导杆的另一端通过一连杆与独立悬架的下摆臂连接，如图11.10所示。

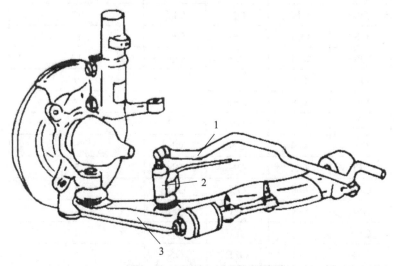

图11.10 高度传感器的安装

1—导杆；2—传感器；3—下摆臂

图11.11是光电式高度传感器的工作原理图。当车身高度发生变化时（如汽车载荷发生变化），导杆将随悬架摆臂的上下移动而摆动（图11.10），从而通过传感器转轴驱动圆盘转动，使光电耦合器组相对应的发光二极管和光敏晶体管上的光线产生ON/OFF的转换。光敏晶体管把接收到的光线ON/OFF转换成电信号，并通过导线输送给悬架电子控制单元（ECU）。ECU根据每一个光电耦合器上每组发光二极管和光敏晶体管ON/OFF转换的不同组合，判断圆盘转过的角度，从而计算出悬架高度的变化情况。

表11-1为具有4个光电耦合器组件的状态与车高的对照表。

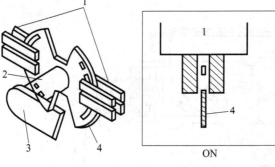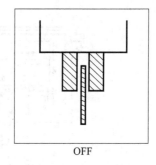

图11.11 光电式高度传感器的工作原理图

1—遮光器；2—传感器轴；3—导杆；4—圆盘

表 11-1 光电耦合器组件的状态与车高的对照表

车高	光电耦合器组件的状态				车高范围 /mm	计算结果
	1	2	3	4		
高 ↑ ↓ 低	OFF	OFF	ON	OFF	15	过高
	OFF	OFF	ON	ON	14	
	ON	OFF	ON	ON	13	
	ON	OFF	ON	OFF	12	高
	ON	OFF	OFF	OFF	11	
	ON	OFF	OFF	ON	10	
	ON	ON	OFF	ON	9	
	ON	ON	OFF	OFF	8	普通
	ON	ON	ON	OFF	7	
	ON	ON	ON	ON	6	
	OFF	ON	ON	ON	5	
	OFF	ON	ON	OFF	4	低
	OFF	ON	OFF	OFF	3	
	OFF	ON	OFF	ON	2	
	OFF	OFF	OFF	ON	1	过低
	OFF	OFF	OFF	OFF	0	

悬架系统进行车高调节时，如果只需判断出 4 个车高区域，则车身高度传感器中只需两个光电耦合器组件，此时，光电耦合器组件的状态与车高的对照见表 11-2。

表 11-2 两个光电耦合器组件的状态与车高的对照

车高检验区域	光电耦合器 A	光电耦合器 B	车高检验区域	光电耦合器 A	光电耦合器 B
过高	OFF	ON	偏低	ON	OFF
偏高	OFF	OFF	过低	ON	ON

如果只需判断 3 个车高区域，即过高、正常、过低，则只需将表 11-2 中偏高和偏低两种状态均作为"正常"状态即可。

4. 节气门位置传感器

悬架控制系统中利用节气门位置传感器信号来判断汽车是否在进行急加速。节气门位置传感器先将信号输入发动机电子控制装置，然后发动机电子控制装置再将此信号输入悬架电子控制装置。

5. 车速传感器

车速是汽车悬架系统常用的控制信号，汽车车身的侧倾程度取决于车速和汽车转向半径的大小。通过对车速的检测来调节电控悬架的阻尼力，从而改善汽车行驶的安全性。

常用的车速传感器的类型有舌簧开关式车速传感器、磁阻元件式车速传感器、磁脉冲式车速传感器和光电式车速传感器。一般情况下，舌簧开关式车速传感器和光电式车速传感器安装在汽车仪表板上，与车速表装在一起，并用软轴与变速器的输出轴相连；而磁阻元件式车速传感器和磁脉冲式车速传感器装在变速器上，通过蜗杆涡轮机构与变速器的输出轴相连。

6. 模式选择开关

模式选择开关位于变速器操纵手柄旁，如图 11.12 所示。驾驶人根据汽车的行驶状况和路面情况选择悬架的运行模式，从而决定减振器的阻尼力大小。

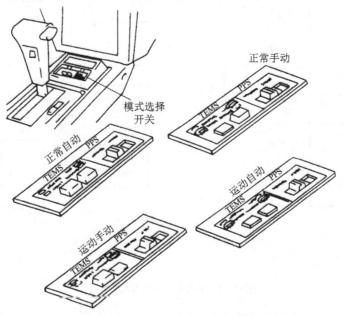

图11.12　模式选择开关的位置和操作方法

驾驶人通过操纵模式选择开关，可使悬架系统工作在 4 种运行模式：自动、标准（Auto、Normal）；自动、运动（Auto、Sport）；手动、标准（Manu、Normal）；手动、运动（Manu、Sport）。当选择自动挡时，悬架系统可以根据汽车行驶状态自动调节减振器的阻尼力，以保证汽车的乘坐舒适性和操纵稳定性。

11.2.3 悬架电子控制单元

悬架电子控制单元（悬架 ECU）是一台小型专用计算机，一般由输入电路、微处理器、输出电路和电源电路等组成，如图 11.13 所示。它是悬架控制系统的中枢，具有多种功能。

（1）提供稳压电源。控制装置内部所用电源和供各种传感器的电源均由稳压电源提供。

（2）传感器信号放大。用接口电路将输入信号（如各种传感器信号、开关信号）中的干扰信号除去，然后放大、变换极值、比较级值，变换为适合输入控制装置的信号。

（3）输入信号的计算。电子控制单元根据预先写入只读存储器（ROM）中的程序对各输入信号进行计算，并将计算结果与内存的数据进行比较后，向执行机构（如电动机、电磁阀、继电器等）发出控制信号。输入 ECU 的信号除了开 / 关信号外还有电压信号时，还应进行 A/D 转换。

（4）驱动执行机构。悬架 ECU 用输出驱动电路将输出驱动信号放大，然后输送到各执行机构（如电动机、电磁阀、继电器等）以实现对汽车悬架参数的控制。

（5）故障检测。悬架 ECU 用故障检测电路来检测传感器、执行器、线路等的故障，当发生故障时，将信号送入悬架 ECU，目的在于即使发生故障，也应使悬架系统安全工作，而且在修理故障时容易确定故障所在的位置。

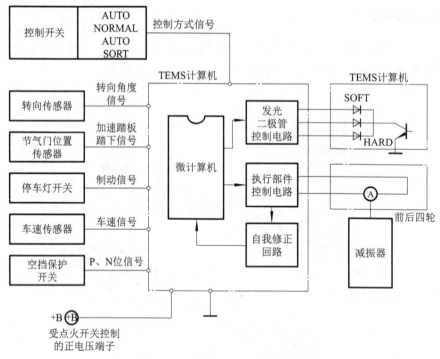

图 11.13 悬架电子控制单元电路

11.2.4 执行机构的结构与工作原理

悬架控制系统的执行机构可以是电磁阀、步进电动机或泵气电动机等，它们接受来自电子控制装置的控制信号，准确、快速和及时地做出动作反应，实现对弹簧刚度、减振器阻尼或车身高度的调节。

第11章 汽车悬架控制系统

图 11.14 是丰田汽车采用的直流电动机式执行器的结构和工作原理图。该执行器主要由直流电动机、小齿轮、扇形齿轮、电磁线圈、挡块、控制杆组成。每个执行器安装于悬架系统中减振器的顶部，并通过其上的控制杆与回转阀相连接，直流电动机和电磁线圈直接受电子控制单元的控制。

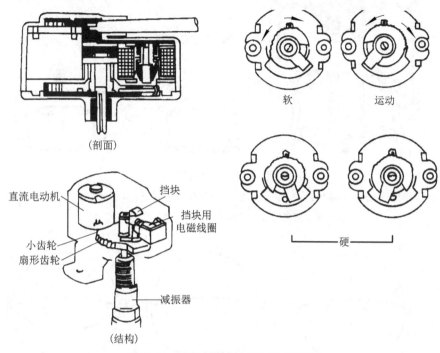

图11.14　执行器的结构和工作原理图

实现悬架自动调节控制的弹性元件是气体弹簧。气体弹簧的工作原理是在一个密闭的容器中充入经压缩的气体，利用气体的可压缩性来构成弹性元件（图 11.15）。随着作用在弹簧上载荷的增加，容器内气体受到压缩，压力升高，弹簧刚度增大；反之，随载荷减小，气压下降，刚度减小。这种弹簧刚度的变化是非线性的，即刚度是可变的，具有比较理想的弹性特性。

气体弹簧可分为空气弹簧和油气弹簧两种。前者一般由带帘线夹层的橡胶气囊和密闭在其内部的压缩空气构成，气囊内壁用气密性橡胶制成，外层则用耐油橡胶制成。后者一般以惰性气体（如氮气等）作为弹性介质，而用油液作为传力介质，为防止油液乳化，在结构上用橡胶油气隔离膜片 5 将工作腔分隔为工作油腔 4 和工作气室 6，这样的结构也有利于充气和保养，工作油腔内通常设有阻尼阀座 3，其上装有压缩阀和伸张阀，可以在活塞上下运动过程中对油流产生减震的节流作用。因此可以认为，这种结构是由起气体弹簧作用的气室与作用相当于液力减振器的液压缸组合而成［图 11.16（a）］。图 11.16（b）所示为两级压力式油气弹簧，其特点是在工作活塞 2 的上方设有两个并联的气室，分别称为主气室 7 和补偿气室 8，它们的工作压力不同，主气室内的气压与单气室油气弹簧的气室气压相近，而补偿气室内的气压借助补偿气室阻尼阀座上的阻尼阀的控制处于较高水平，因此弹簧工作时这两个气室分级参与工作：当主气室工作时，其中气体压力随着载荷的增加而升高，当该气压超过补偿气室内的气压时，补偿气室开始参与工作。这种结构使得弹簧刚度具有更大的变化范围,从而确保汽车在空载和满载时的悬架系统具备良好的振动特性。

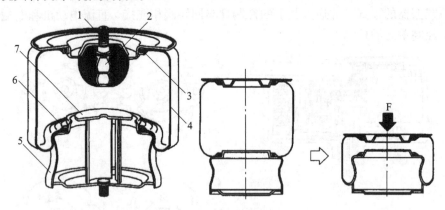

图11.15 气体弹簧

1—上部链接螺栓;2—控制气道;3—气囊上密封圈;4—橡胶制气囊;
5—下部气室;6—气囊下密封圈;7—支承托板

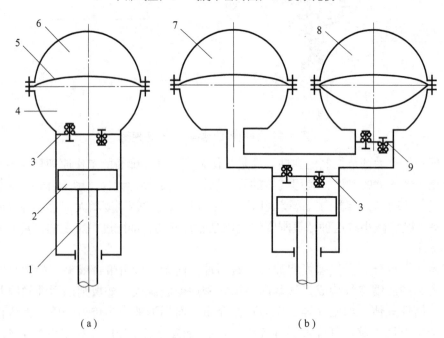

(a)　　　　　　　　　　　　(b)

图11.16 油气弹簧

1—活塞杆;2—工作活塞;3—阻尼阀座;4—工作油腔;5—橡胶油气隔离膜片;
6—工作气室;7—主气室;8—补偿气室;9—补偿气室阻尼阀座

为了扩大气体弹簧刚度变化的范围,可以对弹簧内的可压缩气体数量进行主动控制,如利用主副气室的办法,通过增加气囊内气体容量,改变弹簧整体的刚度,从而达到扩展弹簧刚度变化范围的目的;也可以通过对气囊内部实施自动充放气的办法,改变弹簧原始的刚度,从而有效扩大弹簧刚度的变化范围。两者比较而言,前一种办法控制所需能量消耗少,而后一种办法调节范围更大。

11.3 车身高度控制

车身高度控制系统可根据车内乘员人数或汽车装载情况自动调节车身高度,以保持车身具有稳定的行驶姿态,典型的车高控制可实现以下三项功能。

(1)停车水平控制。停车后,当车上载荷减少而车身上抬时,控制系统能自动地降低车身高度,以减少悬架系统负荷,改善汽车外观形象。

(2)特殊行驶工况高度控制。汽车高速行驶时,主动降低车身高度,以改善行车的操纵稳定性和气动特性。当汽车行驶于起伏不平度较大的路面时,主动升高车身,避免车身与地面或悬架的磕碰。

(3)自动水平控制。车身高度不受载荷影响,保持基本恒定,姿态水平,使乘坐更加平稳;前大灯光束方向保持不变,提高行车安全性。

现代车高控制系统有油压式和气压式之分。前者用于油气弹簧悬架,后者用于空气弹簧悬架。图11.17所示为汽车气压式车身高度调节系统,它由供能、检测、控制和执行等部分组成。较好的车身高度控制原理如图11.18所示,利用传递给悬架控制计算机(ECU)的车身高度传感器信号,控制空气压缩机向空气弹簧输送压缩空气,以抬高汽车车身。同时该信号还用来控制空气弹簧上的排气电磁阀,释放空气弹簧中已有的气体,达到维持弹簧内的压力和降低车身高度的目的。空气干燥器内的干燥剂在进气过程中吸收压缩空气中的水分,这些存储在干燥剂中的水分可以通过排气过程中流经空气干燥器的气体带走,从而使空气干燥剂得以重复使用。在空气压缩机与空气弹簧之间设置的高压储气筒,用来存储空气压缩机输出的高压气体,压力开关感受储气筒内的压力,最终通过ECU控制空气压缩机的运转。

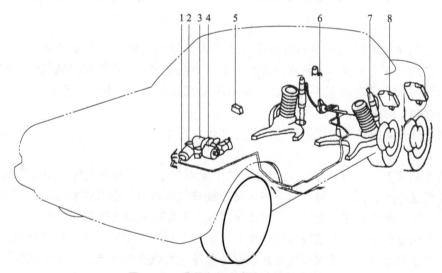

图11.17 乘用车的车身高度控制系统

1—空气干燥器;2—继电器;3—电动机;4—空气压缩机;5—指示灯;
6—高度传感器;7—减振器;8—电子控制装置

在控制系统中,高度传感器是检测部分,它装在车身与悬架之间(图11.19),用来检测某一车轮或车轴上方车身高度的变化,向电子控制装置提供车身高度信号。

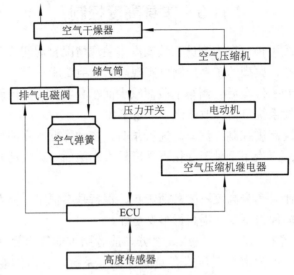

图11.18 车身高度控制原理

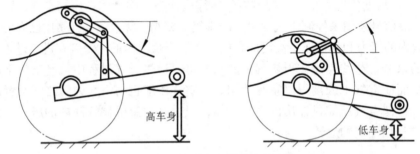

图11.19 车身高度传感器的位置

悬架控制系统的供能部分通常由空气压缩机、驱动电动机、压缩机继电器和储气筒等组成，它们与空气干燥器等装置一起安装于发动机室内。计算机根据储气筒上的压力开关（传感器）来控制电动机的运转，电动机驱动空气压缩机工作，向车高控制系统提供600～1 000kPa的压缩空气。

可调空气弹簧减振器总成是系统的执行部分，它可以是一个带有充气室的液压减振器（图11.20）。

若想抬高车身，空气压缩机会经过空气干燥器向空气弹簧内充气，使得空气弹簧伸张，车身高度升高；反之，则可将空气弹簧上的排气阀打开，空气弹簧内的压缩空气经过排气阀和空气干燥器被排向大气，空气弹簧缩短，车身高度随之降低。

电子控制装置（ECU）接收高度传感器传来的车身高度信号，经过判断处理，向空气压缩机继电器发出指令，控制空气压缩机运转和排气电磁阀的开启，从而实现有目的的车身高度控制。

在汽车行驶过程中，车身高度一方面受到路面起伏的影响，另一方面还受到汽车转向、制动和加速等因素的影响。高度传感器的输出信号是一个随时变化的量，加之感测到的信号在时间上具有滞后性，因此会给适时判定车高所处范围带来很大的困难。为了能够比较准确地控制车身高度，通常的做法是对高度传感器检测到的信号做平均化处理，即对数毫秒检测一次的高度信号在一定时间内进行区域划分，计算各检测值出现在各车高范围内的百分比，然后根据该百分比来决定是否需要对车高进行调节。

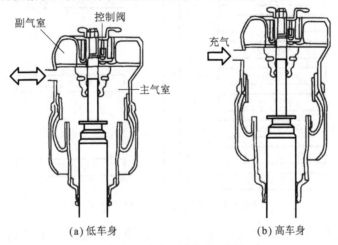

图11.20　可调空气弹簧减振器总成

控制系统一般可以通过检查车门是否上锁以及发动机的运转情况，综合判定车内有无乘员和汽车是否行驶，相应调节读取车身高度数据的时间间隔。

当汽车行驶时，为了最大限度地降低车身振动对判定车身高度带来的影响，读数时间间隔会延长。若在该段时间内所测得的车高信号处于"过高区"比例达75%～80%以上，控制装置将根据高度传感器的输入信号，向排气电磁阀发出控制信号，打开排气电磁阀，空气弹簧气室中的空气通过空气干燥器排向大气，达到降低车身高度的目的。此后通过检测，当发现车高信号处于"过低区"或"低车身区"所占比例达到10%以上时，终止放气，完成一次车高调节。与此相反，当控制装置根据传感器信号判定车身高度低于规定的标准值时，即刻向空气压缩机继电器发出控制信号，接通该继电器，使空气压缩机起动，空气压缩机产生的压缩空气经空气干燥器向空气弹簧气室充气，使车身高度增加。一旦车身高度达到标准值，控制装置通过空气压缩机继电器让空气压缩机停止工作，以维持车身高度。

ECU的输入与输出信号如图11.21所示。其中蓄电池向ECU提供12V电压，通过一个20s延时关闭继电器，ECU在点火开关关闭后执行一个关闭程序。发动机转速通过位于交流电动机上的相位开关测得。当转速低于500r/min时，ECU不允许空气压缩机工作。车速信号通过缓冲电路由仪表上获得，当车速超过某一规定值（如80km/h）后，ECU主动降低车身高度（如20mm），以降低空气阻力，改善行驶稳定性。制动踏板上的开关信号提供汽车的制动信号，当汽车以高于8km/h的速度制动时，ECU禁止汽车进行高度调节。通过门控灯开关信号ECU判断车门是否打开，依此选择控制方式。通过模式选择开关信号，ECU以不同方式调节车身高度。空气压力开关和高度传感器信号则是ECU控制空气压缩机和车身高度的依据。

ECU输出信号是压缩机继电器和高度控制电磁阀的动作信号，它向执行机构发出动作指令，此外它还可以通过指示灯在系统出现故障时向外发出警告，并可通过连接器与检测和校准装置相联系。

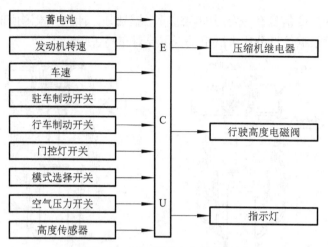

图11.21　ECU的输入和输出信号

图 11.22 是车身高度控制系统的气动工作原理图，空气压缩机 13 通过空气滤清器 14 将空气吸入，压缩后经空气干燥器 12 送入储气筒 6。4 个两位两通高度调节电磁阀 2 分别控制 4 个车轮空气弹簧 1 气流的通断，其中任意一个阀门与两位两通进气电磁阀 3 或排气电磁阀 4 的导通可以形成该车轮上空气弹簧的充放气，即提高或降低该处车身高度。排气电磁阀 8 用来控制膜片阀的开启，当该排气电磁阀处于图 11.22 所示位置时，膜片阀左端处在常压状态，而右端经干燥器 12、排气阀电磁阀 4 和高度调节阀 2 与高压气体导通，膜片阀将处于"导通"位置，气体经排气消声器 10 排入大气。当排气电磁阀 8 处于另一状态时，膜片阀在两端高压作用下"截止"，空气压缩机 13 排出的压缩空气可经干燥器 12 送入储气筒 6。过压保护阀 9 用来限制系统的最高压力，一旦系统压力超过规定值，过压保护阀 9 即与大气导通，通过放气来降低系统压力。

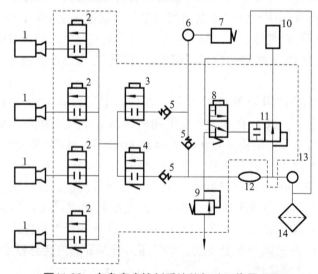

图11.22　车身高度控制系统的气动工作原理图

1—空气弹簧；2—高度电磁阀；3—进气电磁阀；4—排气电磁阀；5—单向阀；6—储气筒；7—压力开关；8—排气电磁阀；9—过压保护阀；10—排气消声器；11—膜片阀；12—干燥器；13—空气压缩机；14—空气滤清器

11.4 减振器阻尼控制

在汽车的行驶过程中,由于车轮受到地面的冲击,悬架弹簧以其吸收和释放能量的方式将这种冲击转变成车轮(车身)的往复振动。在此过程中,减振器通过吸收振动能量来大幅度衰减振动。从结构上看,汽车减振器是一个密闭的、充满油液的缸筒,内置的活塞将缸筒分为两个工作腔体,活塞上开有的轴向节流孔成为沟通两个工作腔的通道。车身的上下振动带动活塞在缸筒内往复运动,迫使筒内油液在两个工作腔之间往复流动,节流孔对油液的摩擦阻力构成了减振器阻尼,汽车振动的能量在此间转化为油液中生成的热能散失在大气中。

现代汽车悬架对减振器阻尼的控制一般都是根据汽车负荷、行车状态和路面条件控制调节减振器中节流孔的过流面积,实现改变减振器阻尼力的目的。通常情况下,高速行驶的汽车希望有较强的阻尼力,以利于控制车身姿态的变化。但是当行驶于城市街道时,减弱阻尼力更有利于改善乘坐舒适性。对悬架减振器阻尼力的控制,可以达到急加速时防止车身"后坐"、换挡过程中防止车身冲击,制动时防止车身"点头",以及转弯时防止车身侧倾等目的。

图 11.23 为一具有阻尼控制功能的悬架系统,它由模式选择开关、电控装置(ECU)可调阻尼式减振器和各种传感器组成。其中置于驾驶人座椅旁的模式选择开关 5 可供驾驶人根据汽车行驶状态选择悬架的工作模式,即有目的地选择减振器阻尼的大小。它以两个选择键提供自动与手动、标准与运动共两组 4 种模式。当驾驶人选择自动挡时,系统便可依汽车行驶状况自动调节减振器阻尼,完成表 11-3 的阻尼控制。

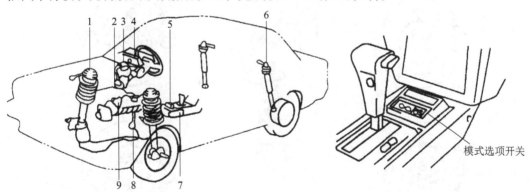

图11.23 具有阻尼控制功能的悬架系统

1—前执行器;2—转向传感器;3—制动灯开关;4—速度传感器和指示灯;5—模式选择开关;
6—后执行器;7—电子控制装置;8—空挡起动开关;9—节气门位置传感器

表 11-3 阻尼控制

控制模式 行驶状况	减振器阻尼	
	自动、标准挡	自动、运动挡
一般状况	软	中等
急加速、急转弯、急制动	硬	硬
高速行驶	中等	中等

可调阻尼式减振器由执行机构和减振器两部分组成。执行机构设在减振器支柱的顶部，由直流电动机、小齿轮、扇形齿轮、控制杆以及电磁线圈等组成（图11.24）。ECU根据汽车行驶状况给直流电动机和电磁线圈施加不同强度的电流，电动机依靠下部的小齿轮带动扇形齿轮转动；受电磁线圈控制的挡块下端伸入扇形齿轮的凹槽中，用以限制扇形齿轮的极限转角，从而确定与扇形齿轮相连的控制杆位置，控制杆驱动的减振器转阀可在减振器上获得不同的阻尼。如图11.25所示，阻尼可调式减振器的活塞杆为中空结构，控制杆置于其中，杆的上端和下端分别与执行机构和转阀相连，执行机构可通过控制杆带动转阀旋转，使转阀上的小孔与活塞杆上的小孔接通或切断，从而增加或减少减振器上下油室之间的过流面积，达到调节减振器阻尼的目的。这种减振器可提供软、中等和硬3种阻尼力。当转阀上的A、C断面油孔导通时，减振器为小阻尼；当转阀B油孔导通时，减振器为中等阻尼；而当转阀上3个油孔全部关闭时，仅有止回阀产生节流作用，此时减振器为大阻尼状态。

当电动机通过小齿轮带动扇形齿轮逆时针旋转，直至扇形齿轮的凹槽一端靠在挡块上，减振器转阀处产生较大的节流孔过流面积时，减振器处于小阻尼状态；当电动机反向通电，扇形齿轮顺时针转动，其凹槽的另一端靠在挡块上时，减振器转阀处于节流孔适中的过流面积，产生中等强度的阻尼；当控制装置同时向电动机和电磁线圈通电时，电动机将扇形齿轮转离小阻尼或中等阻尼位置，同时电磁线圈将挡块吸拢，使挡块进入扇形齿轮凹槽中间的凹坑内，此时减振器转阀将节流阀过流面积收至最小，产生大阻尼。

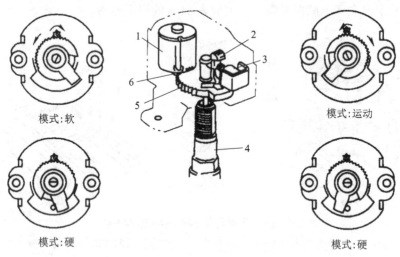

图11.24　执行机构的结构与工作原理

1—直流电动机；2—挡块；3—电磁线圈；4—减振器；5—扇形齿轮；6—驱动齿轮

另一种可变阻尼减振器是利用压电元件的特性制成的，压电元件是一种主要成分为铅、锆和钛组成的陶瓷元件。此种元件能呈现出压电效应现象，即当给压电元件施加外力时，压电元件上会出现电压，此现象称之为压电正效应；而当给压电元件施加电压时，压电元件又会产生一定的形变，此现象称之为压电负效应。

在压电式可变阻尼减振器工作时，在外力的作用下，其传感器部分的压电元件能在大约 $2\mu s$ 内产生压电信号（图11.26），并传给电子控制单元ECU，随后ECU将迅速对压电执行器施加工作电压，由近百个压电元件组成的压电执行器得到电压后，由于压电负效应的作用，压电元件在大约 15ms 内即会产生形变位移，此位移经由活塞和推杆组成的位移放大机构放大后使变阻尼调节阀动作，这种减振器具有很高的响应能力。

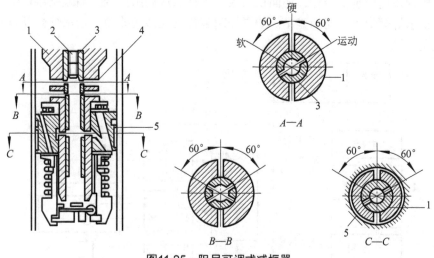

图11.25　阻尼可调式减振器

1—活塞杆；2—控制杆；3—转阀；4—油孔；5—活塞

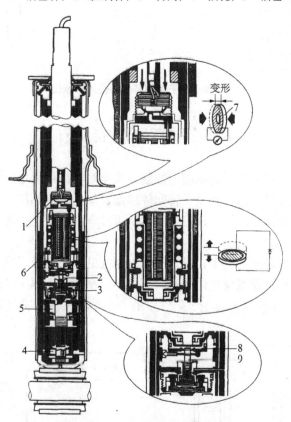

图11.26　压电式可变阻尼减振器

1—压电传感器；2—位移放大器；3—阻尼调节阀；4—压缩阀与补偿阀；5—减振器活塞；
6—压电执行器；7—压电元件；8—位移放大机构活塞；9—位移放大机构推杆

电子控制装置（ECU）的输入和输出如图 11.27 所示，通过模式选择开关，驾驶人可以选择不同的控制方式。各类传感器可向 ECU 提供汽车的行驶状态参数，电子控制装置除向执行机构发出控制信号外，还向仪表板上的指示灯输出信号。当减振器处于不同阻尼状态时，指示灯会给出不同的显示。如果控制装置发现系统故障，指示灯会以闪烁的方式提示驾驶人。

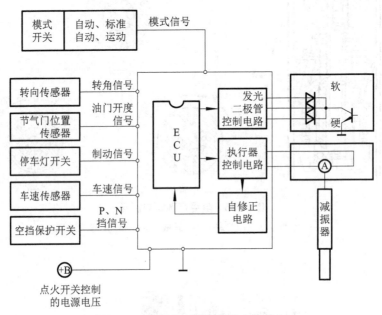

图11.27　电子控制装置的输入和输出

11.5　弹簧刚度的调节

从控制原理上讲，对悬架弹簧刚度的控制方式与对减振器阻尼力的控制及功能几乎相同。电子控制装置通过对车速传感器、转向传感器、加速度传感器、制动传感器和车身高度传感器等信号进行分析和计算，确定当前弹簧应具有的刚度，并通过执行机构改变弹簧的刚度。

在具有空气弹簧的悬架系统中，弹簧气囊中空气的压缩构成了弹簧刚度，改变弹簧刚度可依靠增大气囊容积，即增加气体的有效压缩容量来实现（图 11.28）。若将弹簧气室分为主、副气室，以 ECU 控制沟通主、副气室的开关阀，实现弹簧气室容积的改变，即可改变弹簧刚度。

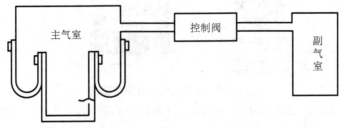

图11.28　空气弹簧变刚度原理

图 11.29 所示为汽车弹簧刚度调节系统，它由空气弹簧、后减振器、电子控制装置、高度传感器和空气压缩机等环节构成，在 ECU 的控制下，空气压缩机向系统提供压缩空气，并依据行驶状况改变空气弹簧的刚度。

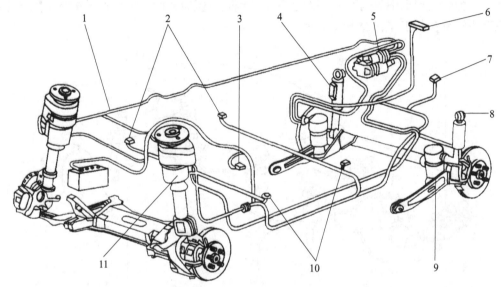

图11.29　汽车弹簧刚度调节系统

1—空气管路；2、10—车门开关；3—制动开关；4—高度传感器；5—空气压缩机；6—电子控制装置；7—行李箱开关；8—后减振器；9—空气弹簧；11—带高度传感器和电磁阀的前悬架总成

11.6　悬架综合控制系统

前已述及，汽车悬架系统特性的好坏不仅取决于各性能参数的好坏，更重要的是系统各参数的匹配，悬架综合控制系统是指具有车高控制功能、减振器阻尼控制功能和悬架刚度控制功能的悬架系统，它可以大大提高汽车的乘坐舒适性和行驶稳定性。

悬架综合控制系统主要有两种结构类型：一种是由步进电动机驱动的空气悬架系统；另一种是由电磁阀驱动的油气悬架系统。

图 11.30 和图 11.31 分别示出了乘用车电子控制空气悬架系统及其工作原理，图 11.30 的控制系统由空气压缩机、空气干燥器、排气电磁阀、高度控制阀、高度控制开关、电子控制装置、模式选择开关、高度传感器、转角传感器、节气门位置传感器、指示灯、执行器、空气弹簧和阻尼可调式减振器等组成。其中高度控制开关置于行李箱内，若将其放在 OFF 位，则汽车被举升或停在不平路面上时，不能对车身高度进行调节；直流电动机带动的空气压缩机将压缩空气经干燥器送到高度控制阀，由高度控制电磁阀来控制悬架空气弹簧的充气量，空气室的压力由调压阀根据汽车载荷进行控制。当排气阀打开时，空气弹簧内的压缩空气从排气阀排入大气，同时将干燥器中的水分带走。空气弹簧安装于可调减振器上方，由主气室和副气室组成（图 11.32）。主、副气室之间有大、小两个通道，执行器带动连通阀控制杆转动；使阀芯转过一个角度，改变主、副气室间的通道面积，即改变主、副气室间空气的流量，悬架刚度因空气弹簧有效工作容积的变化而改变。悬架刚度可以在

低、中、高 3 种状态之间转换，当阀芯开口处于图 11.32 所示软位置时，形成较大的气体通道，主气室经阀芯的中间孔、阀体侧面通道与副气室相通，参与工作的气体容积增多，弹簧处于软状态；当阀芯开口转到图 13.32 所示中间位置时，两气室间通道变小，空气流量减少，弹簧表现出中等刚度；当阀芯开口转到硬位置时，两气室间通道被完全隔绝，弹簧只有主气室参与工作，处于大刚度状态。

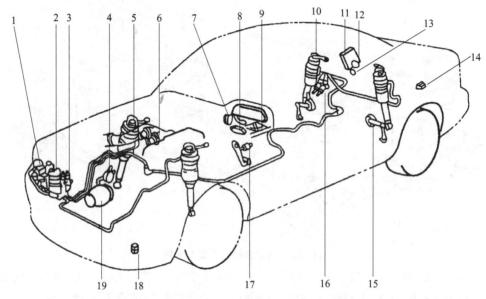

图11.30　电子控制空气悬架系统

1—空气干燥器和排气电磁阀；2—空气压缩机；3、16—前、后高度控制阀；4、15—前、后高度传感器；5—前悬架执行器；6—节气门位置传感器；7—门控灯开关；8—转角传感器；9—模式选择开关；10—后悬架执行器；11—电子控制装置；12、18—后、前高度控制继电器；13—高度控制连接器；14—高度控制开关；17—制动灯开关；19—IC 调节器

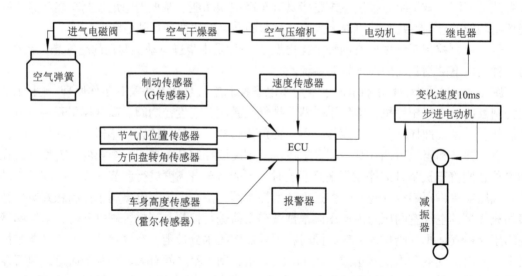

图11.31　电子控制空气悬架系统的工作原理

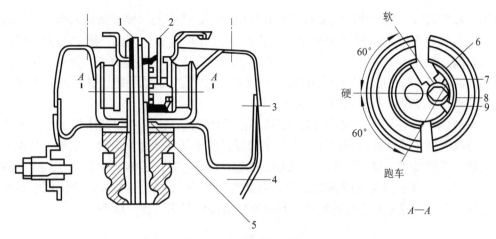

图11.32 空气弹簧的结构

1—转阀控制杆；2—连通阀控制杆；3—副气室；4—主气室；5—连通阀；
6—阀体；7—小通气道；8—连通阀；9—大通气道

图 11.33 是电子控制油气弹簧悬架系统，主要由电子控制装置、转角传感器、车速传感器、制动压力传感器、车身位移传感器、油气弹簧、悬架刚度调节器和电磁阀等组成。系统以油为介质压缩气室中的氮气，实现刚度调节。以管路中的小孔节流形成阻尼特性。

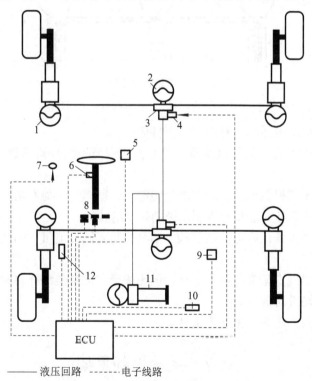

图11.33 电子控制油气弹簧悬架系统

1—油气弹簧；2—中间气体弹簧；3—悬架刚度调节器；4—电磁阀；
5—控制开关；6—转角传感器；7—指示灯；8—制动与油门踏板开度传感器；
9—制动压力传感器；10—车速传感器；11—油泵；12—车身位移传感器

当汽车正常行驶时，系统控制装置打开前、后电磁阀，将中间气体弹簧接入前、后轴液压回路，于是可将中间气体弹簧中可压缩气体的容积增加50%，刚度下降。与此同时，由于各电磁阀还打开了一个节流孔，使油液在各轴上所有3个氮气弹簧之间流动，降低了悬架阻尼。当ECU关闭前、后电磁阀时，使中间气体弹簧与系统隔绝，禁止左右弹簧之间的油液流动，悬架刚度和阻尼均得以增加。

该系统的执行器实际上是一个电磁阀，它置于前、后轴的中间气体弹簧上。不通电时，电磁阀因回位弹簧的作用而保持在关闭位置，使中间气体弹簧与前、后轴上其他两个弹簧隔绝，悬架处于"硬"状态；当ECU向电磁阀通电时，压缩回位弹簧，接通电磁阀后，中间气体弹簧参与左右弹簧的工作，悬架变软（图11.34）。当ECU检测到电磁阀线圈电阻值有误时，停止对电磁阀加电，悬架系统自动恢复到"硬"状态。

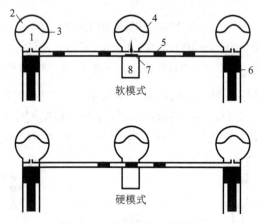

图11.34 电磁阀的工作原理

1—油室；2—氮气室；3—膜片；4—中间气体弹簧；5—节流孔；6—液压缸；7—控制柱塞阀；8—电磁阀

上述悬架控制系统概括起来有以下4个特征。

（1）它以闭环的形式，且通过逻辑的控制方式调节控制悬架参数（刚度、阻尼），具有"主动"性。

（2）由于系统不能提供能量，而仅能消耗能量，所以它只能在消耗能量的过程中体现主动悬架的特征，而在补充能量时表现出被动悬架的特征。

（3）该悬架控制系统仅有电控装置和驱动机构需要消耗能量，因而能耗少，系统结构简单，造价低廉。

（4）该系统可以减少车身的各种振动，但无法像主动悬架那样将它们消除，且系统控制在反应时间上有轻微的延迟。

因此，这种悬架称之为半主动控制悬架。

11.7 主动控制悬架

主动控制悬架是指系统能提供油压、气压能量，并根据检测到的行车环境和车况，依据某种控制理论（如最优控制和预见控制等），主动控制调节工作特性的悬架系统。它能更有效地改善汽车的操纵稳定性和行驶平顺性。

通常，主动控制悬架系统主要以高压液体为能量，其控制方式可分为两种：流量控制型和压力控制型。前者由3位四通流量控制阀和双作用油缸等构成（图11.35），具有响应速度快的优点，但能耗大、所用传感器数多。后者由压力控制阀和具有弹性元件和阻尼元件的单作用油气压缸组成（图11.36），其能耗较小，多为各种乘用车采用。

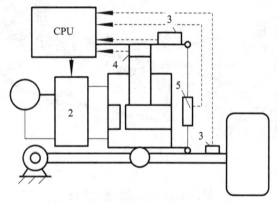

图11.35　流量控制型主动悬架控制类型

1—油泵；2—流量控制阀；3—加速度传感器；4—载荷传感器；5—行程传感器

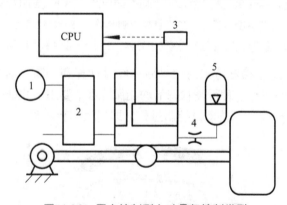

图11.36　压力控制型主动悬架控制类型

1—油泵；2—流量控制阀；3—加速度传感器；4—节流阀；5—气体弹簧室

图11.37所示是一种汽车的主动控制悬架系统，它主要由空气弹簧、普通螺旋弹簧、可调减振器、电子控制装置、车速传感器、加速度传感器、转角传感器、节气门位置传感器、变阻尼执行器、刚度传感器、流量控制电磁阀、空气压缩机和储气筒、继电器和管路等组成。控制回路是一个控制系统，由空气弹簧排出的空气进入低压储气室，可降低系统能耗。在各减振器顶端装有步进电机式阻尼变换执行器，减振器在电控装置控制下可实现从硬到软的4级转换。在自动模式下，ECU可将阻尼力控制在任意一个级别上，以体现汽车最佳的综合性能。选择运动模式时，由于侧重考虑汽车的操纵性，故减振器阻尼力只允许在中等和硬阻尼之间转换。

系统采用5个传感器检测汽车的行驶工况，即以转角传感器检测汽车的转向情况，以节气门位置传感器检测汽车的加速情况，以高度传感器检测行驶中汽车的高度和悬架的姿态，以加速度传感器检测转向时汽车的横向加速度，以压力传感器检测空气弹簧内的空气压力。

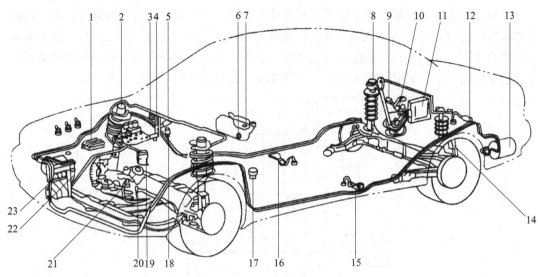

图11.37 主动控制悬架系统

1—电源继电器；2、8—前、后变阻尼执行器；3—加速度计开关；4—节气门位置传感器；5—制动灯开关；6—车速传感器；7—转角传感器；9、12、15、16—后、前车门开关；10—电磁阀总成；11—电子控制装置；13—储气筒；14、21—后、前高度传感器；17—悬架控制开关；18—加速度计；19—空气压缩机；20—加速度传感器；22—空气干燥器；23—流量控制电磁阀

当 ECU 接收到上述传感器传来的信号后，经过计算和判断，通过 9 个电磁阀控制弹簧的气压（油压），使汽车在各种行驶状态下均能保持水平姿态，并维持适当的行驶高度。

图 11.38 给出了主动悬架抵抗侧倾控制过程，即当汽车转向时，车身在离心力作用下发

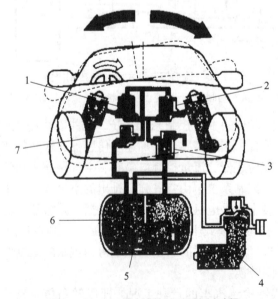

图11.38 主动悬架抵抗侧倾控制过程

1—右电磁阀；2—左电磁阀；3—排气电磁阀；4—空气压缩机；
5—回流泵；6—高低压储能器；7—进气电磁阀

生侧倾（虚线所示），这时系统电控装置根据各传感器信号，计算出汽车转向角速度和车身横向加速度等参数，经过分析判断，向前、后轮电磁阀总成发出控制指令，让外侧车轮空气弹簧充气，内侧车轮空气弹簧放气，以平衡车身的侧倾运动（实线所示）。

学习指导

（1）现代汽车为了获得更好的行驶平顺性和操纵稳定性而设置了悬架控制系统，它包括车高控制、弹簧刚度控制和减振器阻尼控制等内容。

（2）车高控制可以实现汽车高速时的车高调节、行车中的车身水平控制和停车时的车高调节等，以提高行车的舒适性、稳定性、安全性和系统工作寿命。

（3）悬架弹簧刚度的控制主要采用主、副气室的控制方式来扩大弹簧刚度变化范围，减振器阻尼调节则以改变减振器活塞上的阻尼节流孔开度来实现。

（4）悬架的主动控制系统一般包括决策和执行两大部分，决策部分是由传感器和电子控制单元等组成的闭环控制系统，用来检测汽车运行状况和条件，执行部分包含动力源和每一车轮上的电液执行机构。主动悬架可以通过反馈控制、预测控制和决策控制等控制方式对悬架参数实现适时调节，它引起了悬架控制理论和实践研究的重大变革，但是由于该控制系统需要复杂的传感器和电子控制装置，执行机构不仅需要选用高精度的液压伺服装置，而且需要消耗很大的外部能量输入，成本高、结构复杂和可靠性较低阻碍了它的发展。

（5）半主动悬架一般依靠电子控制单元调节控制阀来实现悬架参数的调节，所需功率小，可以对悬架刚度、减振器阻尼和车身高度进行控制，改善被动悬架的性能不足。

学习思考

1. 为什么要对汽车悬架进行控制？
2. 现代汽车悬架控制系统可实施哪些控制？这些控制的目的是什么？
3. 一般悬架控制系统有哪些输入信号？各有何作用？
4. 车高控制怎样实现？
5. 弹簧刚度怎样控制？
6. 通常是怎样对悬架减振器阻尼进行调节的？
7. 什么是被动悬架、半主动悬架和主动悬架？它们各有何特点？

第 12 章　汽车 CAN 总线控制

学习目标

1. 简述汽车电子控制单元的基本构成和各部分的基本作用、连接类型及主要特点。
2. 简述汽车单片机局域网的参考模型和各部分的主要功能。
3. 简述什么是现场总线。
4. 正确描述 CAN 总线的特点、组成和数据传输原理。
5. 正确描述与 CAN 总线系统相关的 ECU 的几种工作状态。
6. 学会分析一个简单的汽车单片机局域网系统各模块的相互关系。
7. 学会 CAN 双线式总线系统的检测方法。

考核标准

知识要求：CAN 总线的特点、组成和数据传输原理；汽车单片机局域网各部分的主要功能。

技能要求：能分析判断一个简单的汽车单片机局域网系统各模块的相互关系。

教学建议

教具：数据总线等。

建议：使用多媒体教学。

12.1　汽车单片机局域网基础

12.1.1　汽车电子控制基础

自动控制就是应用控制装置自动地、有目的地操纵机器设备的过程，使其具有一定的状态和性能。

1. 典型自动控制系统的组成

典型的电子自动控制系统一般由以下几部分组成，如图 12.1 所示。

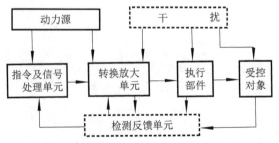

图12.1　电子自动控制系统框图

1）信息采集单元

该单元的功能在于检测受控参数或其他中间变量，经放大、转换后用以显示或作为反馈信号。

汽车电控系统中采用的是各种传感器。传感器是一种转换器，它把非电量变成电量，经放大整形等处理以后变成计算机等电子控制系统所能接受的电信号，作为汽车各种电子控制必不可少的信息。因此传感器又叫转换器。

传感器分为参量形和发电形两大类。参量形是指将非电量变为电阻、电容、电感等电参量的变化，常用的有电阻传感器、电容传感器、热敏传感器等；发电形则是通过非电量的作用产生电压或电流，常用的有压电式、热电式、电磁感应式、光电传感器和霍尔元件等。

2）指令及信号处理单元

该单元（又称电控单元）接受人—机对话随机指令或定值、程序指令，并接受反馈信号，一般具有信号比较、变换、运算、逻辑等处理功能，以及传统的指令及信号处理功能。传统的指令及信号处理处理单元多采用模拟电路。随着微电子和计算机技术的发展，该单元为工程控制系统提供了采用数字计算机指令和信号处理单元的可能性。汽车上所用的电控单元多为微处理机（单片机）。

3）执行部件

执行部件（又称执行器）是指直接驱动受控对象的部件，它可以是电磁元件（如电磁铁、电动机等），也可以是液压或气动元件（如液压或气压工作缸及马达等）。为了使驱动特性与受控对象的负荷特性相互匹配，还可附加变速机构（如液压马达和行星齿轮传动的组合等）。

4）动力源

动力源的作用是为各单元提供能源，它通常包括电气动力源和流体动力源两类。

5）转换放大单元

转换放大单元的作用是将指令信号按不同方式进行相互转换和线性放大，使放大后的功率足以控制执行部件并驱动受控对象。

6）检测反馈单元

若系统的输出量对系统的控制作用不产生影响，且系统对精度的要求不高时，则可以不需要该单元。但事实上，大多数情况下，尤其是在汽车控制系统中，环境的干扰因素诸多，因此需要检测反馈单元把系统的输出量返回来作用于控制部分，这样一来，如果有外界的干扰或系统内参数的变化引起了输出偏差将得到自动的纠正，可以组成一个较为精确和稳定控制系统。干扰不是工程控制系统的组成部分，而是系统外部环境对系统行为产生影响的各种物理因素的总称。

2. 汽车电子控制单元

汽车电子控制单元（ECU）是一种电子控制装置，其基本构成如图12.2所示。

由图12.2可知，它由输入信号处理电路、输出信号处理电路和微机系统构成。输入信号处理电路是把传感器输入的各种信号进行放大、滤波、整形、变换等一系列的处理，转换为计算机可以识别的标准信号。输出信号处理电路把计算机发出的控制指令信号，经过放大、变换等处理转换成可以驱动各执行器工作的电信号。微机系统是ECU的心脏，它由输入/输出接口（I/O）、各种存储器及中央处理单元 CPU 组成。I/O 接口是微机与外部输入/输出装置连接的纽带，通过输入口把汽车各部分的运行工作状况参数输送给 CPU，经过 CPU 运算处理后发出控制指令，再由输出口发往各执行机构。存储器负责各种数据的存储和计算运行程序的存储。CPU 是微机系统的"司令部"，它负责各部分的指挥、协调和各种数据的计算处理。CPU 从存储器中取出运行程序并运行，按照运行程序的指令对输入数据进行采集、计算，依据运行程序发出对相应控制参数的控制指令。

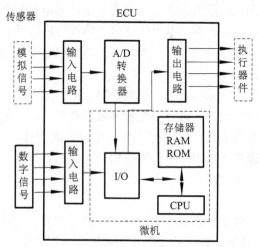

图12.2　汽车电子控制单元（ECU）的基本构成

　　汽车电子控制系统是由多个电子控制单元（ECU）构成的复杂系统。每个电子控制单元其功能各不相同，它们相互配合才能完成整个任务。典型的汽车控制单元框图如图 12.3 所示。需要说明的是，随着电子技术的发展和汽车电子控制技术的不断进步，很多电子控制单元的功能也在不断扩展，如汽油喷射控制单元的功能已经远远超出了对喷油量控制的范围，它除了对喷油量的控制精度不断提高外，还可对点火系统、急速等运行系统以及废气再循环系统等进行控制。

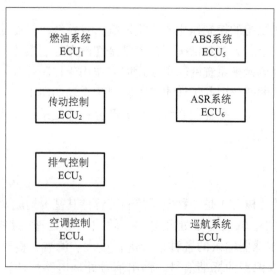

图12.3　典型的汽车控制单元框图

12.1.2 汽车电控单元的连接方式

在要求响应速度快、实时性强、控制量多的应用场合，单个单片机往往仅负责某一点或某一个子系统的控制，对整个系统的控制难以把握。在汽车电子控制系统中，单机与双机通信不能满足实际的需要。实际需要多个单片机甚至是多个电子控制单元（ECU）构成复杂系统，这些控制单元需要按一定的方式连接起来才能进行通信。常见的通信结构有主从式和总线传输式。

1. 主从式多机通信结构

例如日产公司的分级控制系统，它用 1 台中央控制计算机（主机）连接 4 台微机，分别控制防滑制动、优化点火、燃油喷射和数据传输等，系统设计为主、从式多机通信。主机和从机的连接方式如图 12.4 所示。

该控制系统用一个 89C2051 系统作为主机，用 4 个 89C2051 系统作为从机，以 TTL 电平通信。

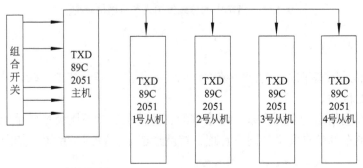

图12.4 主、从式多机通信结构

主机接收 4 组控制信号，每组控制信号有 8 位。每组的 8 位信号通过一个三态逻辑器件 74LS244（8 个缓冲器/驱动器/线接收器），送往主机的 P1 口（P1.0 ~ P1.7）。4 个三态逻辑器件 74LS244 各自的控制端分别与主机的端口 P3.3、P3.4、P3.5、P3.7 相连，以实现 4 组控制信号的按钮分时顺序读入，从而得到与 4 组共 32 个终端用电器一一对应的 32 路控制信号。每一位控制信号对应一个用电器或执行机构；每组控制信号对应一个从机；每个从机可控制 8 个用电器或执行机构。

2. 总线传输式多机通信结构

过去汽车通常采用点对点的通信方式，即将电子控制单元及负荷设备连接起来。随着电子设备的不断增加，势必造成导线数量的不断增多，从而使得在有限的汽车空间内布线越来越困难，限制了汽车功能的扩展。同时导线质量每增加 50kg，油耗会增加 0.2L/(100km)。此外电控单元并不是仅仅与负荷设备简单的连接，更多的是与外围设备及其他电控单元进行信息交换，并经过复杂的控制运算，发出控制指令。这些是不能通过简单的连接所能完成的。

一些汽车制造商设计了分布集中控制系统，即根据汽车的各大部分（如发动机、底盘、信息、显示和报警等几大控制系统）进行分块集中控制，如日本五十铃生产的汽车

I-TEC 系统，它对发动机的点火、燃油喷射、怠速及废气再循环进行集中控制，也有的汽车制造商设计了完全集中控制系统，如美国的通用汽车公司采用一个微机系统分别控制汽车防滑制动、牵引力控制、优化点火、超速报警、自动门锁和防盗等。目前流行的技术是将这些控制单元通过总线的形式连接在一起，如图 12.5 所示。

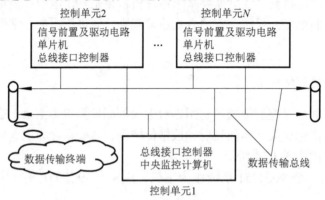

图12.5　汽车中的总线传输式多机通信结构

3. 总线传输式的特点

在汽车内部采用基于总线的网络结构可以达到信息共享、减少布线、降低成本以及提高总体可靠性的目的。

通常的汽车网络结构采用多条不同速率的总线分别连接不同类型的节点，并使用网关服务器来实现整车的信息共享和网络管理，这就形成了车载网络系统，如图 12.6 所示。

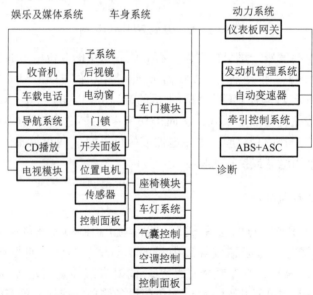

图12.6　汽车网络结构采用几条不同速率的总线

信息与车载媒体系统对于通信速率的要求更高，一般在 2Mb/s 以上，要采用新型的多媒体总线连接车载媒体。这些新型的多媒体总线往往是基于光纤通信的，从而可以保证充足的带宽。

第12章 汽车CAN总线控制

故障诊断系统是将车用诊断系统在通信网络上加以实现。网关是电动汽车内部通信的核心,通过它可以实现各条总线上信息的共享以及实现汽车内部的网络管理和故障诊断功能。

12.1.3 汽车单片机局域网的基本概念

1. 网络技术在汽车中的应用

一般比较高档的汽车都装有几十个微机控制器和上百个传感器,这就为网络技术应用到汽车上提供了条件,而且可以解决汽车一直存在的集中控制和分散控制的矛盾。

分散控制就是汽车上的一个部件(如点火或喷油等),用一个微机控制器进行控制,分散控制是微机在汽车上的最初应用。集中控制系统就是用一个微机控制器控制汽车上的多个部件。这两种类型的控制各有优缺点,一旦网络在汽车上得到应用,就可发挥各种控制的优点,克服其缺点。例如集中控制和分散控制存在的最大问题是可靠性问题,如完全采用集中控制,一旦微机出现故障则造成全车瘫痪。采用网络技术后,不但共用所有传感器,还可以共用其他设备,如采用环形网控制几十个微机,即使个别微机出现问题,整车还可以正常运行。因此网络的应用不但增加了许多功能,而且还大大增强了可靠性。为了适应汽车网络控制的需要,更好地在各控制系统之间完成交换信息、协调控制、共享资源及标准化与通用化,世界各国都在积极合作,推进汽车局域网的研究与开发。国外在网络标准的制定以及开发符合网络通信标准的微处理器、通信协议等方面都已经取得了一定的成果。汽车上网系统是一种无线的网络结构,通过它,人们可以在行驶的汽车上进行上网、发 E-mail 等所有网上操作。目前不少公司在从事这方面的研究,如 IBM 公司和 Motorola 公司已合作开发车用无线 Intenet 技术。这项技术将使驾驶人和乘客能够在车上发送电子邮件以及从事网上各种活动,如电子商务和网上购物、查看股市行情和天气预报等。随着网络技术在汽车中的应用,对车用传感器的要求也越来越高,汽车电子化、自动化程度越高,对传感器的依赖性就越大,因此,多功能集成传感器是传感器发展的一个重要方向,即在一个芯片上集成多种功能敏感组件和同一功能的多个敏感组件。

2. 汽车网络系统重要概念

1)多路传输

总线式的网络结构是使用一条线路对多个信号进行传输,多路传输即在同一通道或线路上同时传输多条信息。

事实上数据是依次传输的,但传输速度非常之快,似乎就是同时传输的。日常生活中 1/10s 算是非常快了,但对一台运算速度相对慢的计算机来说,这 1/10s 也太长了。如果将 1/10s 分成许多时间间隔,每个时间间隔叫作一个时间片,每个时间片由其中的一个信号占用,这样利用每个信号在时间上的交叉,便可在同一物理通信线路上传输多个数字信号。这实际上是多个信号分时使用同一物理传输介质(总线),这就是分时多路传输。

由于常规线路系统各单元或传感器之间每项信息通过独立的数据线进行交换,而多路传输系统 ECU 之间所有信息都通过两根数据线进行交换,所以所用导线比常规线路系统所用导线少得多,并且 ECU 可以触发仪表板上的警告灯或灯光故障等指示灯,又由于多路传输系统可以通过两（或一）根数据总线执行多个指令，所以可以增加许多功能。正如可以把无线电广播和移动电话的电波分为不同的频率一样，同样也可以同时传输不同频率的信号。随着越来越多的汽车装备无线多路传输装置，基于频率、幅值或其他方法的同时数据传输已成为可能，目前汽车上采用的是单线或双线分时多路传输系统。

2）模块

模块是一种电子装置，在这里可以理解成电子控制单元（ECU）。简单的模块如温度和压力传感器，复杂的模块如计算机（微处理器）。传感器是一个模块装置，根据温度和压力的不同产生不同的电压信号，电压信号在计算机的输入接口被模/数（A/D）转换器转变成数字信号。在计算机多路传输系统中一些简单的模块常常被称为节点。

3）数据总线

数据总线（BUS）是模块间运行数据的通道，即所谓的信息"高速公路"。如果一个模块可以通过总线发送数据，又可以从总线接收数据，则这样的数据总线就称之为双向数据总线。汽车上的数据总线实际是一条导线或两条导线。为了抗电子干扰，双线制数据总线的两条线是绞在一起的（双绞线）。各汽车制造商一直在设计各自的数据总线，如果与国际标准不兼容就称为专用数据总线。如果是按照某种国际标准设计的就是非专用数据总线。但事实上，大部分数据总线都是专用数据总线。

4）网络

网络是为了实现信息共享而把多条数据总线或者把数据总线和模块当作一个系统连在一起。如新型的雷克萨斯LS430乘用车的几条数据总线间共有29个相互交换信息的模块，如图12.7所示。几条数据总线连接29个模块，总线又连接成网络。其中，3个作为接线盒计算机，2个作为前端模块，1个作为后端模块，其作用是提供诊断支持（包括接插方便的接头及测试点）。因为汽车上许多模块和数据总线距离很近，所以被称之为局域网（LAN）。

5）通信协议

通信协议是指通信双方控制信息交换规则的标准、约定的集合。要实现车内各ECU之间的通信，必须制定规则，即通信方法、通信时间、通信内容，保证通信双方能相互配合，使通信双方能共同遵守、可接受的一组规定和规则，就好像现实生活中的交通规则一样。通信协议采用优先权的处理机制，如当模块A检测到发动机已接近过热时，相对于其他不太重要的信息（如模块B发送的最新的大气压力变化数据）有优先权。

6）总线速度

总线速度是数据总线的速度，不是以英里表示的，通常用比特率表示数据总线的速度。比特率是每秒传输的二进制的位数，其单位是位每秒（b/s）。传输速率快并不能说明一切，高速数据总线及网络容易产生电噪声（电磁干扰），这种电噪声会导致数据传输出错。

数据总线有多种检错方法，如检测一段特定数据的长度，如果出错，数据将重新传输，但会导致各系统的运行速度减慢。解决的方法有使用价格高、功能更强大、结构更复杂的模块；使用带屏蔽的双绞线。但这将使价格升高，为了使价格适中，数据总线及网络应避免无谓的高速和复杂。一般设计总线的传输速度有3种基本形式：低速型、中速型和高速型。

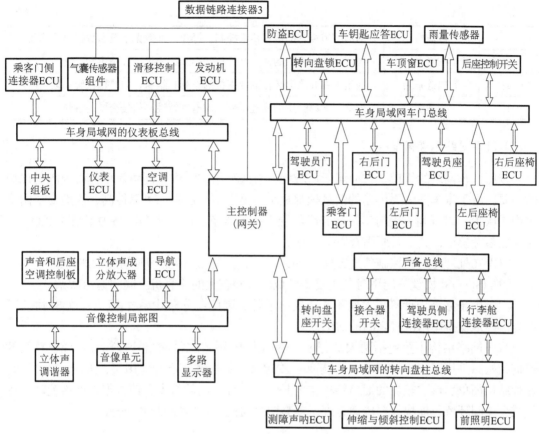

图12.7 雷克萨斯LS430乘用车的多路传输系统

12.1.4 汽车网络参考模型

1. ISO/OSI 参考模型

在网络发展的初期,许多研究机构、计算机厂商和公司都大力发展计算机网络,这些自行发展的网络,在体系结构上差异很大,以至于它们之间互不相容,难以相互连接成更大的网络系统。为此国际标准化组织(ISO)在1979年提出了"开放系统互连"模型,简称 ISO/OSI 参考模型。ISO 提出 7 层网络系统结构参考模型的目的,就是要在各种终端设备、微机、操作系统进程之间以及人们互相交换信息的过程中,能够逐步实现标准化。ISO/OSI 参考模型从第 1～7 层依次为物理层、数据链路层、网络层、传输层、会话层、表示层和应用层。

表 12-1 中简单地说明了 ISO/OSI 开放式互连模型各层的功能。

表 12-1 ISO/OSI 开放式互连模型

7	应用层	最高层。用户、软件、网络终端等之间用来进行信息交换
6	表示层	将两个应用不同数据格式的系统信息化转化为能共同理解的格式
5	会话层	依靠低层的通信功能来进行数据的有效传递

4	传输层	两通信节点之间数据传输控制、操作,如数据重发和数据错误修复
3	网络层	规定了网络连接的建立、维持和拆除的协议,如路由和寻址
2	数据链路层	规定了在介质上传输的数据位的排列和组织,如数据校验和帧结构
1	物理层	规定了通信介质的物理特性,如电气特性和信号交换的解释

2. 汽车网络参考模型

按照汽车网络的规模,它应属于局域网、总线型结构。汽车网络简单但必须满足现场的需要。由于汽车网络要传输的信息帧都短小,要求实时性强、可靠性高,因而要求网络结构层次少,以有利于提高实时性和降低受干扰的概率,所以汽车网络中不采用 ISO/OSI 这 7 层参考模型,其主要原因有以下几点。

(1)在处理时间和控制信息方面,ISO/OSI 各层的位、数据和时间的附加开销过大。

(2)ISO/OSI 协议的应用对象主要是广域网络和较大的计算机之间的通信联系。

(3)由于办公用计算机之间不需要实时通信,因此在分布式系统中,ISO/OSI 协议不可能准确地支持车内微机之间的通信。

汽车网络结构主要包括两大部分:一是通信部分;二是网络管理部分。现场总线的通信结构只采用了 ISO/OSI 的 3 层模型:物理层、数据链路层和应用层,如图 12.8 所示。这种结构简单、层次较少的通信结构主要是针对过程控制的特点,使数据在网络流动中尽量减少中间环节,加快数据传递速度,提高网络通信及数据处理的实时性。

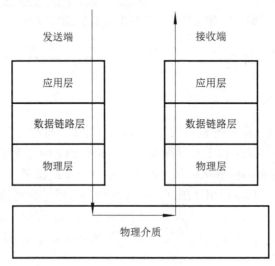

图12.8 汽车局域网的参考模型

3. 汽车网络参考模型各层的功能

1)应用层

在汽车工业领域,许多制造商都应用他们自己的标准,其主要功能是为相应的应用软件提供服务和接口。

2）物理层

物理层能够使用很多物理介质（如双绞线、光纤等），最常用的是双绞线，其作用是在物理传输媒体上传输各种数据的比特流。

物理层协议所涉及的典型问题如下。

（1）机械特性。物理接口（插头和插座）有多少针以及各针的用途是什么？

（2）电气特性。使用什么样的物理信号来表示数据"1"和"0"？一位持续的时间多长？

（3）功能特性。数据传输是否可同时在两个方向上进行？最初的连接如何建立和完成通信后连接如何终止？

（4）规程特性。就是物理层的协议。物理层除了规定机械、电气、功能、规程等特征外，还考虑了网络中的其他问题，现举例如下。

数据的传输速率。每秒传输的二进制位数。

信道容量。信道能支持的最大数据传输速率，它是由信道的带宽和信噪比决定的。

数据的编码与（或）译码。当处于数据发送状态时，物理层接收数据链路层下发的数据，并将其以某种电气信号进行编码并发送；当处于数据接收状态时，将相应的电气信号编码为二进制，并送到数据链路层。

由于采用单一信道作为传输介质，所有节点通过相应硬件接口接至总线上，任何一个节点发送的信息，其他的节点都能接收，这种现象称为广播，因而总线上的所有节点属于同一广播域。又由于多个节点共享同一公共信道，故当多点同时发送信号时，信号会相互碰撞而造成传输失败，这种现象称为冲突，因而总线上的所有节点处在同一冲突域中。为了避免冲突，每次只能有一个节点发送信号，因此必须有一个仲裁机制来决定每次由哪个节点使用信道，这就是数据链路层的任务。

3）数据链路层

在物理线路上，由于噪声干扰、信号衰减等多种原因，数据传输过程中常常出现差错，而物理层只负责透明地传输无结构的原始比特流，不可能进行任何差错控制。因此当需要在一条线路上传送数据时，除了必须有一条物理线路（链路）外，还必须有一些必要的规程来控制这些数据的传输。把实现这些规程的硬件和软件加到链路上，就构成了数据链路层。数据链路层最重要的作用就是通过一些数据链路层的协议，在不可靠的物理链路上实现可靠的数据传输。为此通常将原始数据分割成一定长度的数据单元（帧），一帧内应包含同步信号（如帧的开始与结束）、差错控制（各类检错码或纠错码大多数采用检错重发的方式）、流量控制（协调发送方和接收方的速率）、控制信息、数据信息和地址信息（在信道共享的情况下，保证每一帧都能到达正确的目的节点，收方也能知道信息来自何处）等。

12.2 汽车局域网中的现场总线

12.2.1 现场总线的基本概念

1. 现场总线简介

现场总线是应用在生产最底层的一种总线型拓扑网络，进一步讲，这种总线是用作现场控制系统的,直接与所有受控(设备)节点进行相连的通信网络。由于许多受控设备和网络所处环境可能很特殊,对信号的干扰往往是多方面的,因而要求控制必须实时性很强。现场总线控制系统既是一个开放的通信网络,又是一种全分布控制系统。它作为智能设备的联系纽带,把挂接在总线上、作为网络节点的智能设备连接为网络系统,并进一步构成自动化控制系统,使系统成为具有测量、控制、执行和过程诊断等综合能力的网络。它是一项集控制、计算机、数字通信和网络为一体的综合技术。也可以说,现场总线是控制技术与计算机网络两者的边缘产物。从理论的角度看,它应属于网络范畴。但是现有的网络技术不能完全适应现场控制系统的要求,无论是从网络的结构、协议,还是实时性、灵活性、可靠性乃至成本等方面,控制系统的底层都有它的特殊性。现场总线的规模应属于局域网、总线型结构,它简单但能满足现场的需要。它要传输的信息帧都短小,要求实时性强、可靠性高(网络结构层次少,信息帧短小有利于提高实时性和降低受干扰的概率),然而现场的环境干扰因素众多,有些很强烈且带有突发性,这就决定了现场总线有别于一般网络,是一个具有自己特色的新型领域。

2. 现场总线的发展

早期的控制系统是基于模拟信号的,它需要一对一的物理连接,而且系统的运算速度和精度低,信号传输的抗干扰能力也差。后来有了数字信号和数字控制技术,并且随着计算机可靠性的提高,价格的大幅度下降,自动控制系统领域的发展也越来越多地依靠计算机技术的发展。计算机的微型化,为测控仪表的智能化提供了必要的条件。带微处理器的受控终端设备具备复杂的数字计算功能和良好的数字通信功能。这样一来就解决了传统的控制系统难以实现设备之间以及系统与外界之间信息交换的问题。也就是说,现场设备不仅可以与控制中心、系统的其他设备相互通信,而且本身还可以实现基本分析判断和直接调控终端设备的功能。这一切再加上数字化的网络通信技术为现场总线的发展奠定了基础。自20世纪80年代末以来,几种现场总线技术已经逐渐发展成熟,并在一些特定的应用领域显示出其影响和优势,如可寻址远程变换器数据链路HART、控制器局域网(Controller Area Network,CAN)、局域网互联(Local Inter Connect Network,LIN)、过程现场总线PROFIBUS(Process Fieldbus)和基金会现场总线FF(Foundation Fieldbus)。这些现场总线各具特色,对于现场总线技术的发展必将继续发挥各自的重要作用。

其中,CAN总线和LIN总线是汽车电子系统控制中应用最广泛的两种总线。

3.CAN总线的发展

CAN总线是国际上应用最广泛的现场总线之一。CAN总线最初出现在20世纪80年代末的汽车工业中,由德国BOSCH公司最先提出。当时由于消费者对于汽车功能的要求越来越多,而这些功能的实现大多是基于电子操作的,这就使得电子装置之间的通信越来越复杂,同时意味着需要更多的连接信号线。这样会导致电控单元引脚数增加、线路复杂、故障率增多及维修困难。提出CAN总线的最初动机就是为了解决现代汽车中庞大的电子控制装置之间的通信,减少不断增加的信号线。CAN总线被用来作为汽车环境中微控制器之间的通信,在车载各电子控制装置(ECU)之间交换信息,形成汽车电子控制网络。现代汽车典型的控制单元有电控燃油系统、电控传动系统、防抱死制动系统(ABS)、

第12章 汽车CAN总线控制

防滑控制系统（ARS）、废气再循环控制系统、巡航系统和空调系统。这些系统均采用单片机作为直接控制单元，用于对传感器和执行部件的直接控制。每个单片机都是控制网络上的一个节点。一辆汽车不管有多少块电控单元，不管信息容量有多大，每块电控单元都只需引出两条线共同接在节点上，这两条导线就称作数据总线（BUS），数据总线也称BUS线。因此就设计了这个单一的网络总线，让所有的外围器件挂接在该总线上，即各节点直接挂接在CAN总线上。一个由CAN总线构成的单一网络中，理论上可以挂接无数个节点。但在实际应用中，所挂节点数目受网络硬件的电气特性和延迟时间的限制。计算机网络使用"电子语言"来"说话"，各电控单元必须使用和解读相同的"电子语言"，这种语言称为"协议"。汽车计算机网络常见的传输协议有数种。为了使不同厂家生产的零部件能在同一辆汽车中进行有效、协调的工作，并实现众多的控制与测试仪器之间的数据交换，就必须制定标准的通信协议。随着CAN在各种领域的应用和推广，1991年9月，PHIHPS Sem-iconductors制定并发布了CAN技术规范（2.0版）。该技术包括A和B两部分。2.0A给出了CAN报文标准格式，2.0B给出了标准的和扩展的两种格式。1993年11月ISO颁布了道路交通运输工具——数据信息交换——高速通信局域网（CAN）ISO11898，为控制器局域网的标准化和规范化铺平了道路。美国汽车工程学会（SAE）2000年提出的J1939，成为货车和客车中控制器局域网的通用标准。

在国外，尤其是欧洲，CAN网络被广泛地应用在汽车上，如BENZ、BMW等。一汽大众汽车有限公司生产的宝来（BORA）乘用车已于2001年12月9日上市，该车融合了许多高新技术，在动力传动系统和舒适系统中装备了两套CAN数据传输系统。正像汽车电子技术在20世纪70年代引入集成电路、20世纪80年代引入微处理器一样，20世纪90年代直到21世纪初，总线技术在汽车电子技术中的应用将是一个重要的里程碑。

12.2.2 CAN总线的特点及组成

1.CAN总线的特点

CAN总线将各个控制单元组合成一个整体，使所有信息都沿总线传输，与所连接的控制单元数及所涉及的信息量的大小无关，这样就解决了随着新增信息量的加大，线路及控制单元上插头的数目不断增加的问题，并且使不同信息需要不同线路的问题也得以解决。由于采用了许多新技术及独特的设计，CAN总线与一般的总线相比，具有突出的可靠性、实时性和灵活性，其主要特点可归纳如下。

（1）CAN总线是到目前为止唯一具有国际标准且成本较低的现场总线。

（2）CAN总线为多主方式工作。网络上任一节点均可在任意时刻主动地向网络上其他节点发送信息，而不分主从，有极高的总线利用率。

（3）在报文标识符上，CAN总线上的节点分成不同的优先级，可满足不同的实时要求，优先级高的数据最多可在$134\mu s$内得到传输。

（4）CAN总线采用非破坏总线仲裁技术。当多个节点同时向总线发送信息出现冲突时，优先级低的节点会主动退出发送，而最高优先级的节点可不受影响地继续传输数据，从而大大节省了总线冲突仲裁时间。即使是在网络负荷很重的情况下，也不会出现网络瘫痪的情况。

（5）CAN总线节点只需通过报文的标识符滤波即可实现点对点、一点对多点及全局广播等几种方式传送/接收数据。

（6）CAN总线的直接通信距离最远可达10km（速率5kb/s以下）；通信速率最高可达1Mb/s（此时通信距离最长为40m）。

（7）CAN总线上的节点数主要取决于总线驱动电路，目前可达110个。在CAN 2.0A标准帧报文中标识符有11位，而在CAN 2.0B扩展帧报文中标识符有29位，使节点的个数几乎不受限制。

（8）报文采用短帧结构，传输时间短，受干扰概率低，使数据的出错率降低。

（9）CAN总线的每帧信息都有CRC校验及其他检错措施，具有极好的检错效果。

（10）CAN总线的通信介质可选择双绞线、同轴电缆或光纤，选择十分灵活。

（11）CAN总线节点在错误严重的情况下，具有自动关闭输出的功能，以使总线上其他节点的操作不受影响。而且发送的信息遭到破坏后，可以自动重发。

如前所述，各节点直接挂接在总线上，从而构成了多主机结构，即每一个节点都是一个主机，因而CAN总线是一种多主方式的串行通信总线。CAN总线能够使用多种物理介质，如差分驱动平衡双绞线、单线（加地线）、光纤等，最常用的就是双绞线。总线上的数据可具有两种互补的逻辑值之一：显性（主控）和隐性。显性表示为逻辑"0"，隐性表示为逻辑"1"。如果总线上的两个控制器同时向总线上发送显性电平（主控电平）和隐性电平，则总线上始终是显性电平（线"与"操作）。

在CAN总线中，以报文为单位进行信息传递且各节点使用相同的位速率。CAN总线上任意两个节点之间的最大通信距离与位速率有关，这里的最大通信距离指的是同一总线上两节点间的距离。

2.CAN总线的组成

CAN总线由一个控制器、一个收发器、两个数据传输终端以及两条数据传输线组成。除数据传输线外，其他元件都置于控制单元内部，控制单元功能不变，如图12.9所示。

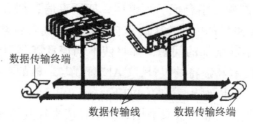

图12.9　CAN总线的组成

1）CAN控制器

CAN控制器是用来接收控制单元中微计算机传来的数据，对这些数据进行处理并将其传往CAN收发器。同样，CAN控制器也接收由CAN收发器传来的数据，对这些数据进行处理并将其传往控制单元中的微计算机。

2）CAN收发器

CAN收发器将CAN控制器传来的数据转化为电信号并将其送入数据传输线，它也为CAN控制器接收和转发数据。

3）数据传输终端

数据传输终端是一个电阻器，其作用是防止数据在线端被反射，并以回声的形式返回。数据在线端被反射会影响数据的传输。

4）数据传输线

数据传输线是双向对数据进行传输的。两条传输线分别被称为 CAN 高线和 CAN 低线。为了防止外界电磁波的干扰和向外辐射，CAN 总线将两条线缠绕在一起（双绞线），如图 12.10 所示。这两条线的电位相反，如果一条是 5V，另一条就是 0V，始终保持电压总和为一常数。通过这种方法，CAN 总线得到了保护，使其免受外界的电磁场干扰，同时 CAN 总线向外辐射也保持中性，即无辐射。

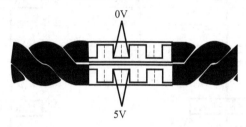

图12.10　CAN总线的传输线（双绞线）

12.2.3　CAN 总线的传输原理与过程

1.CAN 总线的传输原理

图 12.11 为电动汽车 CAN 总线系统原理框图。该 CAN 总线系统由中央控制器、电池管理系统、电动机控制系统、制动控制系统及仪表控制系统组成。各个控制器之间通过 CAN 总线进行通信，以实现传感器测量数据的共享以及控制指令的发送和接收等，并使各控制器的控制性能都有所提高，从而提高系统的控制性能。通信的信息类型为信息类和命令类。信息类主要是发送一些信息，如传感器信号、诊断信息、系统的状态。命令类则主要是发送给其他执行器的命令。通信主要有以下内容。

（1）车辆起动时的自检。中央控制器负责向各个模块发送自检命令，并收集各个模块的返回信息。通过分析处理，及时地发现问题、解决问题。

（2）加速过程通信。加速操作时，中央控制器采集加速踏板信号，根据控制策略，通过 CAN 总线设置电动机转速、电池管理系统等参数。

（3）制动过程通信。在制动过程中，制动踏板信号直接下传到 ABS 控制器，同时通过 CAN 总线上传到中央控制器。中央控制器根据控制规划，通过 CAN 总线设置电动机转速、电池管理系统等参数。

（4）周期性数据刷新通信。电动机控制器采集电动机的电枢电流、电动机的转速等信息，判断是否缺相，接收设定转速；电池管理控制器采集电池温度、荷电状态等信息，接收是否充电指令及充电门限系数；制动控制器采集车轮转速信息，接收执行制动指令；仪表控制器采集并显示电动机的转速、车速、电池的荷电状态值等信息。

（5）运行过程中监控。在车辆运行过程中，检测总线上数据帧的收发情况，及时发现总线异常，自动做出紧急处理，甚至向驾驶人发出警报。

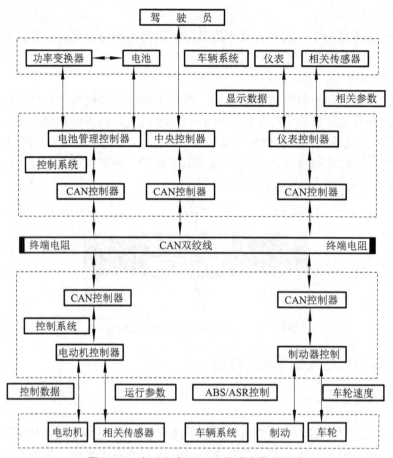

图12.11　电动汽车CAN总线系统原理框图

2.CAN 总线的具体传输过程

CAN 总线的具体传输过程如图 12.12 所示，其具体传输过程叙述如下。

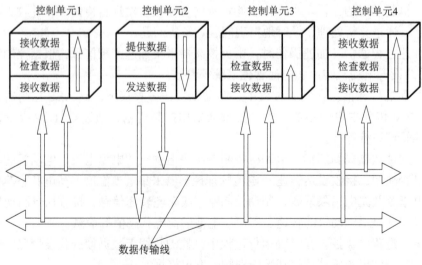

图12.12　CAN总线的具体传输过程

1)提供数据

控制单元向 CAN 控制器提供数据用于传输。

2)发出数据

CAN 收发器从 CAN 控制器处接收数据,将其转化为电信号发出。这些数据以数据列的形式进行传输,数据列是由一长串二进制(高电平与低电平)数字组成(如 0110100100111011)。

数据列包括开始区、状态区、检验区、数据区、安全区、确认区和结束区,各个区的作用如下。

(1)开始区。标志数据列的开始。

(2)状态区。确认数据列的优先级别。如果两个或多个控制单元想在同时发出其数据列,则存在一个优先权的问题,如图 12.13 所示。为了保证重点,优先级较高的数据列先传输(由控制单元的程序设置好的)。例如 CAN 驱动装置数据总线系统优先级依次为 ABS/EDL 控制单元、发动机控制单元、自动变速器控制单元。

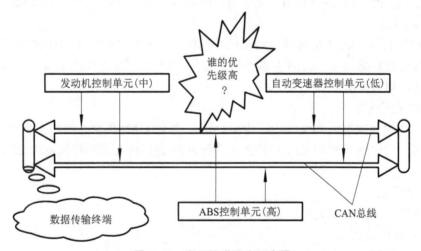

图12.13　数据传递优先示意图

(3)检验区。显示数据区中包含的数据数目,该区可以让接收者检验其是否收到传输来的全部信息。

(4)数据区。传给其他控制单元的信息,其大小由总线的宽度决定。

(5)安全区。检验传输错误。

(6)确认区。是接收者发给发送者的信息,用来告知已正确地收到数据列;若有错误被检验到,则接收者迅速通知发送者,这样发送者将再次发送该数据列。

(7)结束区。标志数据列的结束。这是显示错误以得到重新发送的最后可能区域。

3)接收数据

所有与 CAN 数据总线一起构成网络的控制单元称为接收器。

4)检验数据

控制单元对接收到的数据进行检测,看是否是其功能所需。

5)认可数据

如果所接收的数据是重要的,它将被认可及处理,反之将其忽略。

3. 与CAN总线系统相关的ECU的工作状态描述

连接在CAN总线上的ECU的工作状态很大程度上决定了CAN总线的使用情况，并且ECU工作状态之间的切换涉及信息列表中各信息的优先级设置、总线的唤醒策略和故障排除与自修复等问题。该系统中ECU的工作状态分为上电诊断状态、正常工作状态、休眠状态、总线关闭状态、掉电状态、调试及编程状态6类。

1）上电诊断状态

ECU上电后，应有一个初始化过程。在完成本模块的初始化后，应发送网络初始化信息，同时监听其他节点的网络初始化信息。通过网络初始化信息的交换，ECU判断整个网络是否完成初始化过程，是否能够进入正常工作状态。

2）正常工作状态

在正常工作状态下，ECU之间通过CAN总线进行通信，以实现传感器测量数据的共享、控制指令的发送和接收等。当休眠条件满足时，ECU从正常工作状态转入休眠状态；当CAN模块故障计数器的计数值为255时，ECU从正常工作状态转入总线关闭状态。

3）休眠状态

在休眠状态下，ECU及其模块处于低功耗模式。一旦接收到本地唤醒信号（本地触发信号）或远程唤醒信号（CAN总线激活信号），就从休眠状态转入正常工作状态，其间需要使用网络初始化信息。

4）总线关闭状态

处于总线关闭状态的ECU延迟一段时间后，复位CAN模块，然后重新建立与CAN总线的连接。若连续几次都无法正常通信，则ECU尝试将通信转移到备用总线上。若转移成功，则发送主总线故障信息。

5）掉电状态

关闭电源时，ECU所处的状态。

6）调试及编程状态

调试及编程状态用于调试及系统软件升级。

12.2.4 汽车网络可用的传输介质

1．双绞线

双绞线是由两根各自封装在彩色塑料套内的铜线扭绞而成的，如图12.14所示。扭绞在一起的目的是降低它们之间的干扰。多对双绞线之外再套上一层保护套就构成了双绞线电缆。双绞线分为屏蔽型（STP）和非屏蔽型（UTP）两类。STP是在UTP外面加上一层由金属丝纺织而成的屏蔽层构成的，以提高其抗电磁干扰能力。因此STP抗外界干扰的性能优于UTP，但价格要比UTP贵。相互扭绞的一对双绞线可作为一条信息通路。

在汽车网络中，许多汽车制造商都使用专用的双绞线。如图12.15所示是一汽大众ColfA4不同系统中所使用的CAN总线。

第12章 汽车CAN总线控制

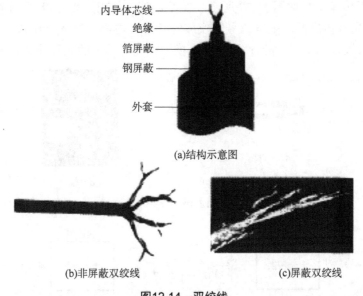

(a)结构示意图

(b)非屏蔽双绞线　　　　　(c)屏蔽双绞线

图12.14　双绞线

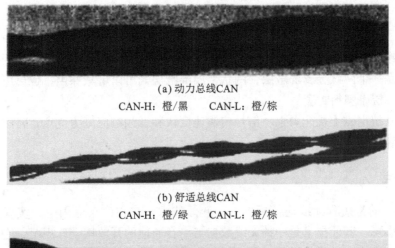

(a) 动力总线CAN
CAN-H：橙/黑　　CAN-L：橙/棕

(b) 舒适总线CAN
CAN-H：橙/绿　　CAN-L：橙/棕

(c) 信息总线CAN
CAN-H：橙/紫　　CAN-L：橙/棕

图12.15　一汽大众Golf A4不同系统中所使用的CAN总线

2．光纤

光纤是有线传输介质中性能最好的一类，如图12.16所示。它是一种直径为50～100μm柔软的专导光波的介质，一般由玻璃纤维和塑料构成。在折射率较高的纤芯外面，再用折射率较低的包层包住，就构成了一条光波通道，再在包层外面加上一层保护套，就构成了一根单芯光缆。光纤传输数字信号是利用光脉冲的有无来代表"1"和"0"

341

的。典型的光纤传输系统如图12.17所示。在发送端，可用发光二极管（LED）或激光二极管（LD）等光电转换器件把电信号转换成光信号，再耦合到光纤中进行传输。在接收端，通过光电二极管（UN）等器件进行逆变换，把光纤传来的光脉冲转换成电信号输出。

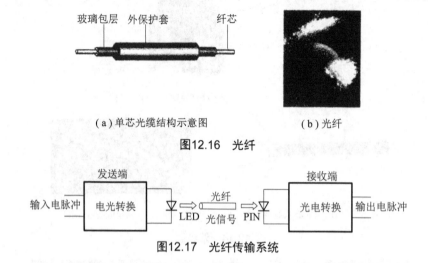

图12.16　光纤

图12.17　光纤传输系统

3．同轴电缆

同轴电缆的中央是一条单根的铜导线，其外部被一层绝缘材料包围着，在这种绝缘材料的外部是一个网状金属屏蔽层，网状金属屏蔽层既可以屏蔽噪声，也可以做信号的地线，最外面一层是塑料封套。

光纤以其抗电磁干扰能力强、信号传输速度快和音频响应好等优点，将逐渐取代传统的同轴电缆和双绞线。

4．无线电

值得一提的是短程无线通信标准——蓝牙技术，它在汽车应用中的实现，使汽车网络更加丰富多彩。蓝牙技术是一种无线数据与语音通信的开放性全球规范，它将取代目前多种电缆连接方式，以低成本的近距离无线连接为基础，使各种电子装置在无线状态下相互连接传递数据。应用蓝牙技术，可以通过嵌入在电子装置上的一个写有程序的微电子芯片，使所有相关设备在有效范围内完成相互交换信息、传递数据的工作，从而省去了那些将移动电话、个人信息处理系统及其他一些电子设备相互连接的电缆装置。

12.2.5　CAN双线式总线系统的检测方法

CAN双线式总线系统是一个由两条数据线组成的总线系统，通过这两条数据线，数据便可按顺序传到与系统相连的控制单元。这些控制单元就是通过CAN总线彼此相通的（即通过CAN总线传递数据）。国产的一汽宝来（BORA）、一汽奥迪A6、上海帕萨特B5和波罗（POLO）乘用车上均不同程度地采用了CAN双线式总线系统。2001年12月9日上市的一汽宝来乘用车融合了许多高新技术，在动力传动系统和舒适系统中装备了两套CAN双线式总线系统。因此掌握CAN双线式总线系统的故障检测方法已经成为当务

第12章　汽车CAN总线控制

之急。在检查数据总线系统前，须保证所有与数据总线相连的控制单元无功能故障。功能故障指不会直接影响数据总线系统，但会影响某一系统的功能流程的故障。例如传感器损坏，其结果就是传感器信号不能通过数据总线传递，这种功能故障对数据总线系统有间接的影响。这种故障也会影响需要该传感器信号的控制单元的通信。如果存在功能故障，应先排除该故障，记录下该故障并消除所有控制单元的故障代码。排除所有功能故障后，如果控制单元间数据传递仍不正常，则应检查数据总线系统。检查数据总线系统故障时，须区分采用以下两种可能的方法。

1. 两个控制单元组成的双线式数据总线系统的检测

检测时，关闭点火开关，断开两个控制单元，检查数据总线是否断路、短路或对正极/搭铁短路。如果数据总线无故障，拆下较易更换（或较便宜）的一个控制单元试一下；如果数据总线系统仍不能正常工作，则更换另一个控制单元。

2. 3个以上控制单元组成的双线式总线系统的检测

检测时，先读出控制单元内的故障代码。如果控制单元1与控制单元2和控制单元3之间无法通信，如图12.18所示，则关闭点火开关，断开与总线相连的控制单元，检查数据总线是否断路。如果总线无故障，则更换控制单元1；如果所有控制单元均不能发送和接收信号（故障存储器存储"硬件故障"），则关闭点火开关，断开与数据总线相连的控制单元，检测数据总线是否短路，是否对正极/搭铁短路。如果从数据总线上查不出引起硬件损坏的原因，则检查是否是由某一控制单元引起的故障。断开所有通过CAN数据总线传递数据的控制单元，关闭点火开关，接上其中一个控制单元，连接V.A.G1551或V.A.G1552，打开点火开关，清除刚接上的控制单元的故障代码。用功能06来结束输出，关闭并再打开点火开关。打开点火开关10s后用故障诊断仪读出刚接上的控制单元故障存储器内的内容。如果显示"硬件损坏"，则更换刚接上的控制单元；如果未显示"硬件损坏"，则接上下一个控制单元，连接蓄电池接线柱后，输入收音机防盗密码，进行玻璃升降器单触功能的基本设定及时钟的调整。对于使用汽油发动机的汽车，还应进行节气门控制单元的自适应。

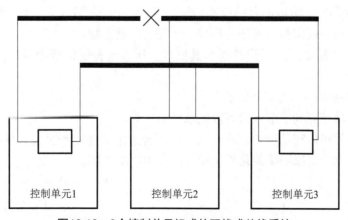

图12.18　3个控制单元组成的双线式总线系统

12.2.6　LIN-BUS 介绍

1. 概述

　　LIN（Local Interconnect Network）是一种低成本的串行通信网络，适用于汽车中的分布式电子系统控制。LIN 的目标是为现有汽车网络（如 CAN 总线）提供辅助功能。因此 LIN 总线是一种辅助的串行通信总线网络。在不需要 CAN 总线的带宽和多功能的场合，如智能传感器和制动装置之间的通信，使用 LIN 总线可大大节省成本。

　　LIN 技术规范中，除定义了基本协议和物理层外，还定义了开发工具和应用软件接口。LIN 通信是基于 SCI（UART）数据格式，采用单主控制器/多从设备的模式，仅使用一根 12V 信号总线和一个无固定时间基准的节点同步时钟线。这种低成本的串行通信模式和相应的开发环境已经由 LIN 协会制定成标准。LIN 的标准化将使汽车制造商以及供应商降低成本。

2. 主要特性

（1）低成本，基于通用 UART 接口，几乎所有微控制器都具备 LIN 必需的硬件。
（2）极少的信号线即可实现国际标准 ISO 9141 的规定。
（3）传输速率最高可达 20Kb/s。
（4）采用单主机/多从机模式，无须总线仲裁机制。
（5）从节点不需晶振或陶瓷振荡器就能实现自同步，节省了从设备的硬件成本。
（6）保证信号传输的延迟时间。
（7）不需要改变 LIN 从节点的硬件和软件就可以在网络上增加节点。
（8）通常一个 LIN 网络上节点数目小于 12 个，共用一个标识符。

3. LIN 的通信规则

　　一个 LIN 网络由一个主节点、一个或多个从节点组成。所有从节点都有一个从通信任务，该通信任务分为发送任务和接收任务。主节点则有一个主发送任务。一个 LIN 网络上的通信总是由主节点的主发送任务所发起的，主控制器发送一个起始报文，该起始报文由同步断点、同步字节、消息标识符所组成。相应的在接受并且滤除消息标识符后，一个从任务被激活并且开始本消息的应答传输。该应答由 2（或 4 和 8）个数据字节和 1 个校验码所组成。起始报文和应答部分构成一个完整的报文帧。

　　由于 LIN 报文帧由报文标识符指示其组成，所以这种通信规则可以采用多种方式进行数据交换如下。

（1）由主节点到一个或多个从节点。
（2）由一个从节点到主节点或其他的从节点。
（3）通信信号可以在从节点之间传播，而不经过主节点或者通过主节点广播消息到网络中所有的从节点。需要明确的是报文帧的时序由主机控制。

4. 应用场合

　　典型的 LIN 总线主要应用在汽车中的联合装配单元，如车门、转向器、座椅、空调、

第12章 汽车CAN总线控制

照明灯、湿度传感器和交流发电机等。这些对成本比较敏感的单元，LIN 可以使那些机械元件，如智能传感器、制动器或光敏器件得到较广泛的使用。这些元件可以很容易地连接到汽车网络中，并且维护和服务十分方便。用 LIN 实现的系统中，通常用数字信号量替换模拟信号量，这将使总线性能得以优化。

以下是汽车电子控制系统成功使用 LIN 的实例。

（1）车顶。湿度传感器、光敏传感器、信号灯控制及汽车顶篷。

（2）车门。车窗玻璃、中枢锁、车窗玻璃开关及吊窗提手。

（3）车头。传感器和小电动机。

（4）转向器。方向控制开关、挡风玻璃刮水器、转向灯、收音机、空调、座椅、座椅控制电动机及转速传感器。

学习指导

本章在了解了汽车电子控制基础的基本知识后，讲述了电子控制单元的连接方式，常见的有主从式和总线传输式两种。本章重点讲解汽车内部采用基于总线的网络结构，这种网络化结构的特点是可以达到信息共享、减少布线、降低成本以及提高总体可靠性的目的。在汽车单片机组成的局域网中，讲述了多路传输、模块、数据总线、网络和通信协议等基本概念，这些概念在后续学习中经常用到，应重点掌握。本章还讲述了汽车单片机局域网中通用的参考模型：应用层、数据链路层、物理层及它们的功能。

现场总线是应用在生产最底层的一种总线型拓扑网络，直接与所有受控（设备）节点串行相连。无论是从网络的结构、协议，还是实时性、灵活性、可靠性乃至成本等，控制系统的底层都有它的特殊性，它要传输的信息帧都很短小，实时性强、可靠性高。其中 CAN 总线和 UN 总线是汽车电子系统控制中应用最广泛的两种总线，本章着重介绍了这两种现场总线。

本章对 CAN 总线的发展、特点和组成做了重点介绍。CAN 总线由 CAN 控制器、收发器、数据传输终端和数据传输总线组成。汽车中各控制单元通过 CAN 总线进行通信。学习本章应重点掌握 CAN 总线进行数据传输的原理和过程以及各控制单元的工作状态。本章还简要介绍了汽车网络中的传输介质：双绞线、光纤、同轴电缆和无线传输介质，并讲述了 CAN 双线式总线系统的检测方法，同时对 LIN 总线的特点、通信规则和应用场合做了介绍。

学习思考

1. 为什么在通常的汽车网络结构中，有些模块要采用不同速率的总线？试说明在通常的汽车网络结构中，各主要模块分别使用了什么速率的总线。

2. 试分析雷克萨斯 LS430 的 29 个模块之间的连接关系。

3. 试说明 CAN 总线的数据传输原理。

4. 试说明 CAN 总线的数据传输过程。

5. 在 CAN 总线系统中，各电子控制单元都有哪几种相关的状态？该状态的含义是什么？

第 13 章 汽车其他控制装置

学习目标

1. 了解安全气囊的作用、特点和组成。
2. 了解巡航控制系统的组成、使用方法。
3. 了解安全防盗系统的种类、组成。
4. 掌握安全气囊系统的基本工作原理、机构种类和使用特点。
5. 掌握巡航控制系统的基本工作原理和结构特点。

考核标准

知识要求：汽车安全气囊、巡航控制系统、防盗报警系统的组成和结构。
技能要求：能够对汽车安全气囊、巡航控制系统、防盗报警系统进行操作和维护检修。

教学建议

教具：安全气囊实验台、汽车巡航系统教学模板、防盗报警系统模拟实验台。
建议：汽车巡航控制系统建议安排在实验室进行教学；汽车安全气囊建议使用多媒体教学。

13.1 汽车安全气囊

安全气囊（英文名称缩写 SRS）是一种被动安全系统，是美国机械工程师约翰·赫缀克于 1953 年发明的。从 20 世纪 70 年代开始采用驾驶人正面气囊以来，已经挽救成千上万人的生命。

13.1.1 安全气囊系统功用与类型

1. 安全气囊系统的功用

SRS 的功用是当汽车遭受碰撞导致减速度急剧变化时，气囊迅速膨胀，在驾驶人、乘员与车内构件之间迅速铺垫一个气垫，利用气囊排气节流的阻尼作用来吸收人体惯性力产生的动能，从而减轻人体遭受伤害的程度。正面气囊的主要功用是保护驾驶人和乘员的面部和胸部，侧面气囊的主要功用是保护驾驶人和乘员的头部与腰部。

2. 安全气囊系统的类型

按其总体结构可分为机械式 SRS 和电子式 SRS 两大类。
机械式 SRS 不需要使用电源，没有电子电路和电路配线，全部零件组装在转向盘装饰盖板下面。检测碰撞动作和引爆点火剂都是利用机械装置动作来完成的。最早采用机械式 SRS 的是日本丰田汽车公司。电子式 SRS 是机械式 SRS 和电子技术发展的产物。电子式 SRS 按功用可分为正面 SRS 和侧面 SRS 两大类。

按气囊数量可分为单 SRS、双 SRS 和多 SRS。单 SRS 只装备驾驶席气囊。20 世纪 90 年代以前生产的汽车基本上都装备单 SRS。双 SRS 装备有驾驶席和前排乘员席两个气囊，20 世纪 90 年代后生产的大多数乘用车都装备了双 SRS，如本田雅阁（ACCORD）、市民（CIVIC）、丰田佳美（CAMRY）、马自达（MAZDA）626、929 以及美国福特公司生产的林肯城市（Lincoln City）乘用车等。装备 3 个或 3 个以上气囊的 SRS 称为多 SRS，如瑞典沃尔沃（VOLVO）850、960 型乘用车和美国通用别克分部研制的概念 XP2000 型乘用车等。无论气囊数量多少，均可采用一个 ECU 控制。

13.1.2 安全气囊的组成结构和工作原理

1. 安全气囊的组成

安全气囊系统主要由传感器、电控单元（ECU）、气囊组件及安全气囊警告灯等组成，其主要部件在车上的位置如图 13.1 所示。

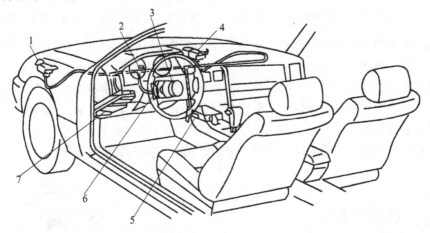

图13.1 安全气囊系统的组成和布置
1—左前碰撞传感器；2—安全气囊警告灯；3—安全气囊组件；4—右前碰撞传感器；
5—安全气囊 ECU；6—螺旋电缆；7—接线盒

1）传感器

传感器是安全气囊系统主要的控制信号输入装置，其作用是检测、判断汽车发生事故时的碰撞强度信号，并将此信号输入电控单元，电控单元根据传感器的输入信号来判断是否引爆充气元件使气囊充气。

安全气囊传感器按功能的不同，可分为碰撞传感器和安全传感器两种。碰撞传感器主要用来检测碰撞强度，如果汽车以 40km/h 的速度与一辆正在停放的同样大小的汽车相碰撞，或以不低于 22km/h 的车速迎面撞到一个不可变形的固定障碍物时，碰撞传感器便会动作，接通搭铁回路。安全传感器具有保护作用，用来防止因碰撞传感器短路而造成的气囊误打开。

传感器按结构形式不同,又可分为机械式、机电式和电子式3种,其具体结构和原理如下。

(1)机械式传感器。

机械式传感器又称为偏心式传感器,其结构如图13.2所示,主要由壳体、偏心转子、偏心重块、固定触点、旋转触点和螺旋弹簧等组成。在机械式传感器外还固定有一个电阻R,对系统进行自检时,检测SRS ECU与中央传感器总成之间的线路是否断路或短路。

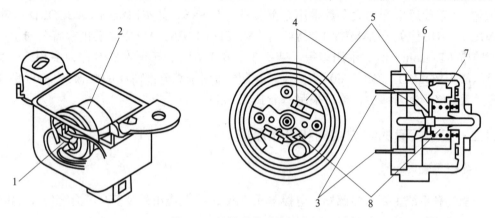

图13.2 机械式传感器的结构

1—电阻;2—传感器;3—固定触点;4—旋转触点;5—偏心转子;6—外壳;7—偏心重块;8—螺旋弹簧

机械式传感器(偏心式传感器)的工作原理如图13.3所示。在汽车正常行驶情况下,偏心转子和偏心重块在螺旋弹簧弹力的作用下,顶靠在与外壳相连的止动器上。此时旋转触点与固定触点不接触,开关OFF。当汽车发生碰撞时,偏心重块由于惯性力作用将带动偏心转子克服弹簧弹力产生偏转。当碰撞强度达到设定值时,偏心转子偏转角度将使旋转触点与固定触点接触而闭合,此时碰撞传感器向SRS ECU输入一个ON信号。SRS ECU只有收到碰撞传感器输入的ON信号时,电路接通,才能引爆充气元件。

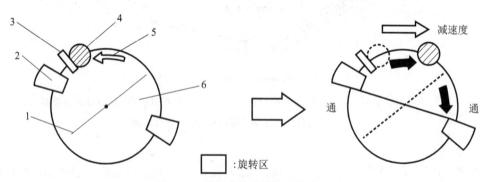

图13.3 偏心式传感器的工作原理

1—旋转触点;2—固定触点;3—止动器;4—偏心重块;5—螺旋弹簧力;6—偏心转子

(2)机电式传感器。

机电式传感器的结构如图13.4所示,主要由钢球、磁铁、触点和壳体等组成。当传感器处于静止状态时,在磁铁磁吸力的作用下,钢球被吸向磁铁,触点与钢球分离,传感器电路处于断开状态。当汽车发生碰撞且减速度达到设定值时,钢球所产生的惯性力将大于磁铁的磁吸力,在圆柱形钢套内小钢球就向前运动。一旦接触到前面的触点,则将局部电路接通,此时传感器将碰撞信号传送给安全气囊 ECU。这种传感器的灵敏度由 3 个参数确定,即磁场大小、小钢球和圆柱形钢套之间的间隙以及小钢球与触点间距离。机电式传感器目前应用很广,可以检测各种撞击信号。

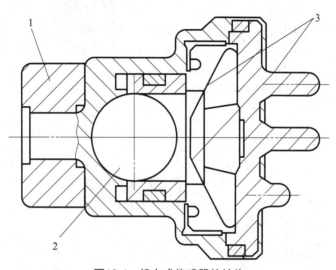

图13.4 机电式传感器的结构

1—磁铁;2—小钢球;3—触点

(3)电子式传感器。

电子式中央气囊传感器是一种智能传感器。它将传感元件、信号适配器和滤波器等集成在一块 IC 上,具有可靠性高、功能强等优点。电子式传感器原理如图 13.5 所示。传感器有一悬臂梁,悬臂梁的质量就是惯性质量,当传感器承受冲击时,悬臂梁会发生弯曲。这一弯曲变形可由其上的变形计测出,并转换成电信号,经前置放大、高通滤波、主放大器信号处理后,送出的减速度信号随减速率线性变化。阻抗电桥、前置放大、高通滤波及主放大器信号处理电路整体组装在双极集成电路上。这套电路还具有自我检查功能。在发动机起动前,点火开关接通后,ECU 故障诊断电路发出检验信号(一系列矩形波)。矩形波电压加于阻抗桥上,如一切正常,则主放大器输出微分波形如图 13.5(c)所示。此外车辆正常运行中,传感器内悬臂梁发生断裂时,电桥电路变异,主放大器输出停留在高电平"Hi"或低电平"Lo"上。所以,可预先发现异常情况,引起驾驶人注意。

电子式传感器将测量结果输送给安全气囊 ECU,安全气囊 ECU 内有一套复杂的碰撞信号处理程序,能够确定气囊是否需要充气膨胀。若需要气囊充气膨胀,ECU 便会接通点火电路,同时安全传感器也闭合,则充气剂受热分解,气囊充气膨胀。

(4)安全传感器。

安全传感器的功用是保证碰撞传感器的工作可靠。安全传感器结构如图 13.6 所示,主要由电极、水银、盖和外壳等组成。安全传感器为水银常开式开关,它是为防止碰撞传感器因短路故障而引爆点火器而设置的。当汽车发生碰撞时,足够大的减速度力将水银抛上,使两极接通,接通电爆管电路。反之当碰撞以外的原因,即使前安全气囊传感器或中央安全气囊传感器有信号输出,由于安全传感器无信号输出则可判定车辆没有发生正面碰撞,不输出点火信号。这样可防止在不必要的情况下打开安全气囊。

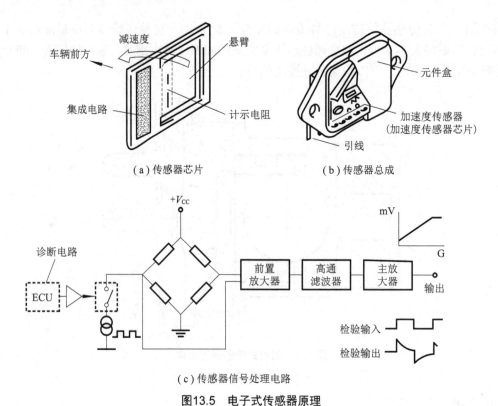

图13.5 电子式传感器原理

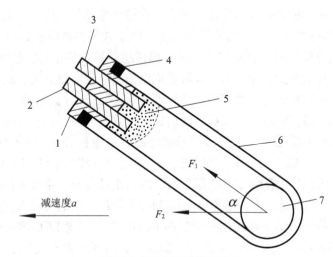

图13.6 安全传感器的结构

1—盖；2—电极（接电源）；3—电极（接点火器）；4—O形圈；5—水银（碰撞时位置）；6—外壳；7—水银（正常位置）

安全传感器一般比碰撞传感器所示的减速度力小，以保证碰撞传感器的工作可靠。

2）电控单元（ECU）

安全气囊ECU是安全气囊系统的核心部件，其内部结构如图13.7所示，主要由安全气囊逻辑模块、能量储存装置（电容）和连接器等组成。安全传感器一般与安全气囊ECU一起被制作在安全气囊控制组件中，通常安装在驾驶室变速杆前、后的装饰板下面。

第13章 汽车其他控制装置

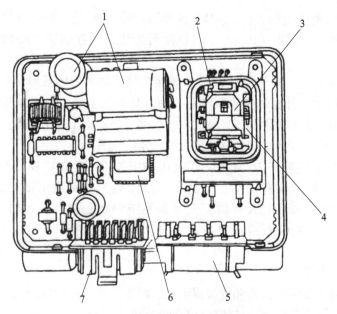

图13.7 安全气囊ECU内部结构

1—能量储存装置（电容）；2—安全传感器总成；3—传感器触点；4—传感器平衡块；
5—四路插接器；6—逻辑模块；7—十三路插接器

安全气囊ECU的电路图如图13.8所示，主要由安全气囊逻辑模块、信号处理电路、备用电源电路、保护电路和稳压电路等组成。

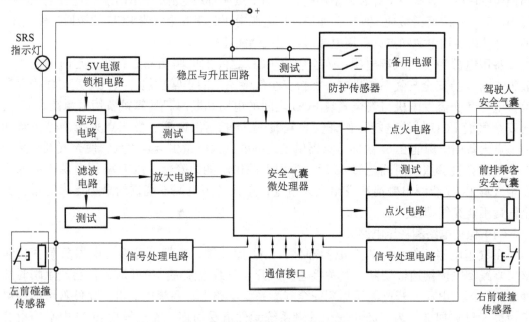

图13.8 安全气囊ECU的电路图

（1）安全气囊逻辑模块（微处理器）。

安全气囊逻辑模块主要用于监测汽车纵向减速度或惯性力是否达到设定值，控制气囊组件中的点火器引爆点火剂。

安全气囊逻辑模块由模/数（A/D）转换器、串行输入/输出（I/O）接口、只读存储器（ROM）、随机存储器（RAM）、可擦除可编程只读存储器（EEPROM）和定时器等组成。

在汽车行驶过程中，安全气囊ECU不断接到前碰撞传感器和安全传感器传来的车速变化信号，经过数学计算和逻辑判断后，确定是否发生碰撞。当判断结果为发生碰撞时，立即运行控制点火的软件程序，并向点火电路发出点火指令引爆点火剂。点火剂引爆时产生大量热量，使充气剂受热分解释放大量气体给气囊充气。

除此之外，安全气囊ECU还要对控制组件中关键部件的电路不断进行诊断测试，并通过安全气囊指示灯和存储在存储器中的故障码来显示测试结果。仪表板上的安全气囊指示灯可直接向驾驶人提供安全气囊系统的状态信息。逻辑存储器中的状态信息和故障码可用专用仪器或通过特定方式从串行通信接口调出，以供装配检查与设计参考。

（2）信号处理电路。

信号处理电路主要由放大器和滤波器组成，用于对传感器检测的信号进行整形、放大和滤波，以便安全气囊ECU能够接收、识别和处理。

（3）备用电源电路。

安全气囊系统有两个电源，一个是汽车电源，另一个是备用电源。备用电源又称为后备电源或紧急备用电源。备用电源电路由电源控制电路和若干个电容器组成。在单安全气囊系统的控制组件中，设有一个计算机备用电源和一个点火备用电源。在双安全气囊系统的控制模块中，设有一个计算机备用电源和两个点火备用电源，即两条点火电路各设一个备用电源。点火开关接通10s后，如果汽车电源电压高于安全气囊ECU的最低工作电压，那么计算机备用电源和点火备用电源即可完成储能任务。

备用电源用于当汽车电源与安全气囊ECU之间的电路切断后，在一定时间内（一般为6s）维持安全气囊系统供电，保持安全气囊系统的正常功能。当汽车遭受碰撞而导致蓄电池和交流发电机与安全气囊ECU之间的电路切断时，计算机备用电源能在6s内向安全气囊ECU供给电能，保证安全气囊ECU能测出碰撞、发出点火指令等正常功能。点火备用电源能在6s内向点火器供给足够的点火能量引爆点火剂，使充气剂受热分解，气囊充气膨胀。时间超过6s后，备用电源供电能力降低，ECU备用电源不能保证安全气囊ECU能测出碰撞和发出点火指令，点火备用电源不能供给最小点火能量，安全气囊不能充气膨胀。

（4）保护电路和稳压电路。

在汽车电器系统中，许多电器部件带有电感线圈，电器开关多，电器负载变化频繁。当线圈电流接通或切断、开关接通或断开、负载电流突然变化时，都会产生瞬时脉冲电压，即过电压。若过电压加到安全气囊系统电路上，系统中的电子元件就可能因电压过高而导致损坏。为了防止安全气囊系统元件遭受损害，安全气囊ECU中必须设置保护电路。同时为了保证汽车电源电压变化时，安全气囊系统能够正常工作，还必须设置稳压电路。

3）气囊组件

气囊组件主要由气体发生器、点火器和气囊等组成。其中驾驶人侧气囊组件位于转向盘中心处，前排乘员侧气囊组件位于仪表板右侧、杂物箱的上方。侧面气囊组件位于前排座椅的靠背里。

（1）气体发生器。

气体发生器又称充气器，用于在点火器引爆点火剂时，产生气体向气囊充气，使气囊膨开。气体发生器用专用螺栓和专用螺母固定在气囊支架上，装配时只能用专用工具进行装配。

驾驶人侧气囊气体发生器结构如图13.9所示，主要由上盖、下盖、充气剂（片状氮化钠）和金属滤网等组成。上盖上有若干个充气孔，充气孔有长方孔和圆孔两种。下盖上有安装孔，以便将气体发生器安装到气囊支架上。上盖与下盖用冷压工艺压装成一体，壳体内装充气剂、滤网和点火器。金属滤网安放在气体发生器的内表面，用以过滤充气剂和点火剂燃烧后的渣粒。

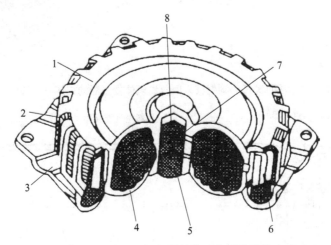

图13.9　驾驶人侧气囊气体发生器的结构

1—上盖；2—充气孔；3—下盖；4—充气剂；5—点火器药筒；6—金属滤网；7—电热丝；8—引爆炸药

目前大多数气体发生器都是利用热效反应产生氮气而充入气囊。在点火器引爆点火剂的瞬间，点火剂会产生大量热量，充气剂叠氮化钠受热立即分解释放氮气，并从充气孔充入气囊，使气囊膨胀。

副驾驶人侧气囊气体发生器结构如图13.10所示，主要由密封端塞、自点火火药、震荡管、主气发生器、辅气发生器、过滤器、成型通风过滤器、金属箔、起爆药总成、充气器外壳、密封垫及排气喷嘴等组成。乘员侧安全气囊的气体发生器为长筒形，气体发生器用药质量一般为500g左右。主要由于乘员侧安全气囊距离乘员比驾驶席侧安全气囊距离驾驶人的距离大，因此乘员侧气囊的体积比驾驶席侧气囊体积要大。

混合型气体发生器结构如图13.11所示，主要由充气器壳体、端塞、点火器、检查球、密封焊塞、点火火药、点火弹头、爆炸片和出气口等组成。点火器与内装氩气的容器合为一体。当汽车碰撞信号由碰撞传感器传到安全气囊计算机时，计算机立即向点火器发出点火指令，点火器迅速引爆。点火器引爆点火剂后，一方面使冲击销击破爆炸片，使低温氩气冲出压缩筒；另一方面引燃加热燃料对低温氩气进行加热，加热的氩气从出气口冲入安全气囊，气囊迅速膨胀展开。

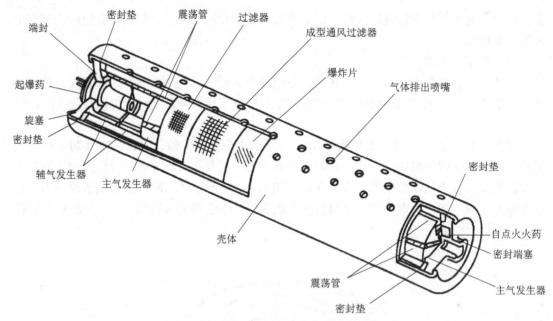

图13.10 副驾驶人侧气囊气体发生器的结构

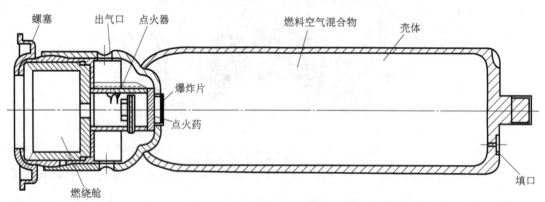

图13.11 混合型气体发生器的结构

点火后爆炸片炸开,气体从出气口排出。气体膨胀要吸收大量热量,需用燃料对气体加热,以避免气体温度过低造成结霜现象,同时还可避免气体压力过低造成气压不足现象。该种发生器尺寸与其他型发生器相比变化不大,但质量小,点火后无固体残留物,对环境无污染,回收性好,正在得到越来越广泛的采用。

(2)点火器。

点火器外包铝箔,安装在气体发生器内部中央位置,其作用是在气囊电路接通时,引爆点火剂,产生热量使充气剂分解。点火后炸药爆炸,产生大量气体从出气口排出。气体膨胀要吸收大量热量,需用燃料对气体加热,以避免气体温度过低造成结霜现象,同时还可避免气体压力过低造成气压不足现象。点火器结构如图13.12所示。点火剂包括引爆炸药和引药。引出导线与气囊插接器插头连接,插接器中有短路片。当插接器插头拔下或插头与插接器未完全结合时,短路片将两根引线短接,防止静电或误导电将电热丝电路接通而造成气囊误膨胀展开。

第13章 汽车其他控制装置

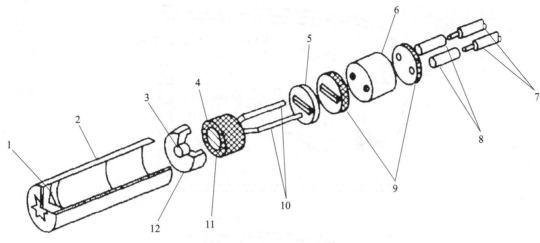

图13.12 点火器的结构

1—引爆炸药；2—药筒；3—引药；4—电热丝；5—陶瓷片；6—永久磁铁；7—引出导线；
8—绝缘套管；9—绝缘垫片；10—电极；11—电热头；12—药托

当安全气囊ECU接收到传感器输入的碰撞信号，经过处理而发出点火指令时，电热丝电路接通，电热丝迅速加热引爆引药，引爆炸药瞬间产生热量，使药筒内的温度和压力急剧升高并冲破药筒，充气剂受热分解释放氮气充入气囊。

（3）气囊。

气囊一般由尼龙布制成，采用机器缝制，有些在缝制的同时还采用粘接技术。气囊充气膨胀展开后，能吸收冲击能量，保护驾驶人和乘员的头部和胸部，减少受伤率及受伤程度，而气囊上的小孔，在充气后就进行排气，使气囊逐渐变软，加强缓冲作用和不致影响车内人员适当活动。此种气囊一般采用密封性涂层。涂层材料主要有两种，一种是广泛采用的氯丁橡胶涂层，另一种主要用于载货汽车的硅酮涂层，其耐用性高。气囊也有采用具有一定透气性的不涂覆织物，来控制其缓冲性，但对其透气性有严格的要求，要解决对人体的灼伤问题。德国奔驰汽车公司开发的不带涂层的气囊由两部分组成，即密封的外壳织物和具有确定空气流量的两个侧向织物袋，后者起泄漏和滤清作用。

4）安全气囊指示灯

安全气囊指示灯又称安全气囊警告灯或安全气囊警示灯。丰田汽车安全气囊指示灯的位置处于驾驶室仪表板上，如图13.13所示。

安全气囊指示灯的功用是指示安全气囊系统功能是否处于正常状态。当点火开关接通ON或ACC位置后，如果安全气囊指示灯点亮或闪亮6s后自动熄灭，表示安全气囊系统功能正常。如果安全气囊指示灯不亮、一直点亮或在汽车行驶中突然点亮或闪亮，表示自诊断系统发现安全气囊系统有故障，应及时排除。自诊断系统在控制安全气囊指示灯点亮或闪亮的同时，还会将所发现的故障编成代码存储在存储器中。

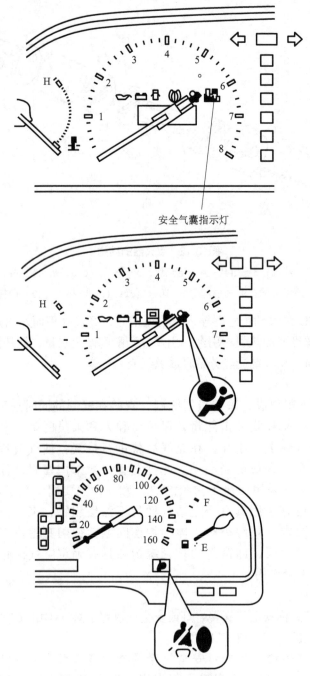

图13.13 丰田汽车安全气囊指示灯

5）螺旋电缆

螺旋电缆是连接车身与转向盘的电器接线，其结构如图13.14所示，主要由转子、壳体、电缆和解除凸轮组成。转子与解除凸轮之间有连接凸缘与凹槽，转向盘转动时，两者相互触动，形成一个整体一起随转向盘转动。电缆很薄很宽，大约4.8m，螺旋状盘在壳体内。电缆的一端固定在壳体上，另一端固定在转子上。当转向盘向左或向右转动时，电缆在其裕量内转动而不会被拖曳。

第13章 汽车其他控制装置

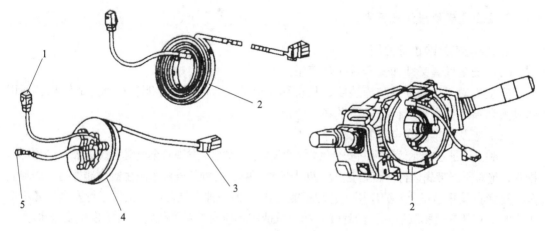

图13.14　螺旋电缆的结构

1、3—线束插头；2—螺旋弹簧；3—弹簧壳体；5—搭铁插头

如果点火开关转到 ACC 或 ON 位置时，螺旋电缆线盘断开，安全气囊 ECU 将判断为故障，并记入故障码。

2. 安全气囊系统的工作原理

安全气囊系统的工作原理如图 13.15 所示。当汽车受到前方一定角度范围内的高速碰撞时，安装在汽车前端的碰撞传感器和与安全气囊 ECU 安装在一起的安全传感器就会检测到汽车突然减速的信号，使传感器触点闭合，将减速信号传送到安全气囊 ECU；安全气囊 ECU 根据设定的程序对传感器所检测的信号进行数学计算和逻辑判断，当检测到的信号强度超过其设定值时，安全气囊 ECU 立即向气囊组件内的电爆管发出点火指令，引爆电爆管，点火剂受热爆炸，迅速产生大量热量，充气剂受热分解释放大量氮气充入气囊，气囊便冲开组件的装饰盖板鼓向驾驶人和乘员，使驾驶人和乘员的头部和胸部压在充满气体的气囊上，将人体与车内构件（转向盘、仪表板和风窗玻璃等）之间的碰撞变为弹性碰撞，并通过气囊产生变形吸收人体碰撞时所产生的动能，达到保护人体的目的。

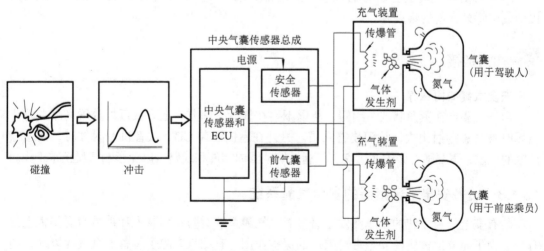

图13.15　安全气囊系统的工作原理

3. 安全气囊使用注意事项

1）安全气囊的正确使用

（1）安全气囊必须和安全带配合使用。

安全气囊属于辅助性防撞装置，只有和安全带配合使用，才能获得满意的结果，所以驾驶人和乘客在汽车运行时必须系好安全带。

（2）应及时排除安全气囊的故障。

驾驶人可通过指示灯来判断安全气囊系统是否有故障。发现安全气囊系统故障，必须即时排除，绝对不能带病运行，否则会产生两种严重后果：一种是若汽车发生重度碰撞时，需要安全气囊膨胀展开起安全保护作用，它却不能工作；另一种则是在汽车正常运行安全气囊不应工作时，它却突然膨胀展开，给驾驶人和乘员造成不应有的意外伤害，甚至发生安全事故。

（3）不要人为碰撞安全气囊传感器。

安全气囊传感器对碰撞冲击很敏感，所以在对汽车进行维修作业，若有可能对传感器造成碰撞冲击时，应先将传感器拆下，以免安全气囊不必要地突然展开，待维修竣工后，再装好传感器。

（4）按规范保管好安全气囊系统元器件。

因安全气囊系统中有火药、传爆管等易燃易爆物品，所以其运输保管必须严格按规范进行，否则将会造成严重后果。

2）安全操作规范

（1）安全气囊系统元器件要保证原厂包装，单独、恰当地运输，妥善保管。

（2）非安全气囊专业维修人员不得进行安全气囊的检查、维修工作。

（3）不能使安全气囊的元器件受85℃以上的高温。

（4）不能任意改动安全气囊系统的线路和元器件结构。

（5）不能在装有安全气囊的部位粘贴饰物、胶条及摆放任何物品。

（6）未成年儿童和身材短小乘员，乘坐有安全气囊的车辆时要坐后排，因气囊对他们的保护效果不如成年人。

（7）对安全气囊进行所有的维修作业时都必须在断开蓄电池电源线3min后再进行，以免发生意外，使气囊展开。

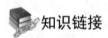
知识链接

安全气囊如何保养

由于气囊会在紧急状况下引爆，所以不要在气囊的前方、上方或近处放置物品，防止引爆时被气囊抛射出去，从而伤害乘员。另外在室内安装CD、收音机等附件时，要遵守厂家的规定，不要随意修改属于安全气囊系统范围内零件和线路，以免影响气囊正常工作。

13.1.3　装备安全带预紧器的安全气囊系统

装有安全气囊系统的汽车在发生碰撞时，气囊系统对防止驾驶人和乘员遭受伤害十分有效。为了充分发挥座椅安全带对乘员的保护作用，有的汽车除了装备安全气囊以外，还装有座椅安全带预紧器。座椅安全带预紧器的功用是当汽车遭受碰撞时，在气囊膨开之前迅速收紧安全带,限制驾驶人和前排乘员身体向前移动的距离,减轻碰撞对人体造成的伤害。

1. 系统的组成

带安全带预紧器的安全气囊系统是在安全气囊系统的基础上,增加了前排左、右两个座椅安全带预紧器,丰田雷克萨斯 LS400 型乘用车装备了带安全带预紧器的安全气囊系统,系统零部件在车上的布置如图 13.16 所示。

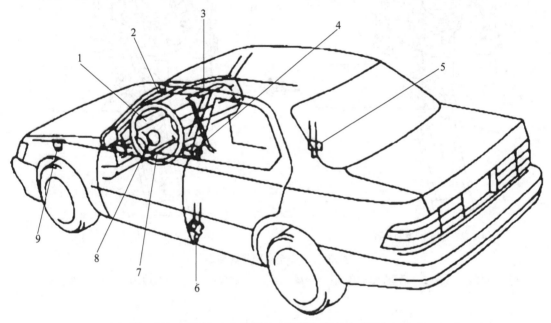

图13.16　装备安全带预紧器的安全气囊系统的零部件位置

1—SRS 提示灯;2—右前碰撞传感器;3—乘员席 SRS 气囊组件;4—SRS ECU;5—右座椅安全带预紧器;6—左座椅安全带预紧器;7—驾驶席 SRS 气囊组件;8—螺旋电缆;9—左前碰撞传感器

该系统的座椅安全带预紧器安装在前排座椅左、右两侧或左前、右前车门立柱旁边。这一装置与安全气囊系统联动。

2. 安全带预紧器的结构原理

活塞式安全带预紧器如图 13.17 所示,由气体发生器、气缸、活塞、离合器以及卷筒和缆绳等组成。缆绳的一端与活塞连接,另一端盘绕在卷筒上。当给气体发生器中的点火器通电时,气体发生器产生高压气体,推动活塞向下移动,与活塞连接的缆绳被拉紧,同时拖动卷筒旋转,通过离合器迫使安全带快速拉紧。

3. 系统的工作原理

1）预紧器工作原理

装备座椅安全带预紧器的安全气囊系统的电路如图 13.18 所示。两个前碰撞传感器与安装在 SRS ECU 中的中央碰撞传感器相互并联,驾驶席气囊点火器与乘员席气囊点火器并联,左、右安全带预紧器点火器并联。

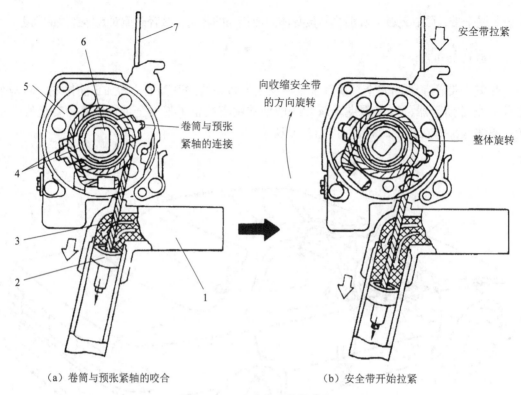

(a) 卷筒与预张紧轴的咬合　　　　　　　　(b) 安全带开始拉紧

图13.17　安全带预紧器装置

1—气体发生器；2—活塞；3—缆绳；4—离合器；5—卷筒；6—安全带收缩主轴；7—安全带

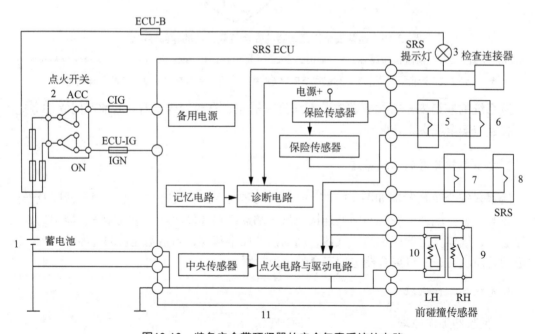

图13.18　装备安全带预紧器的安全气囊系统的电路

1—蓄电池；2—点火开关；3—SRS 提示灯；4—检查连接器；5、6—安全带预紧器；
7、8—气囊点火器；9、10—前碰撞传感器；11—SRS ECU

第13章 汽车其他控制装置

在 SRS ECU 中，设有两只相互并联的保险传感器，其中一只与安全带预紧器和 SRS ECU 中的驱动电路构成回路，预紧器的点火器受控于 SRS ECU。另一只保险传感器与气囊点火器和前碰撞传感器构成回路，气囊点火器也受控于 SRS ECU。

座椅安全带预紧器气体发生器的工作原理与安全气囊气体发生器的工作原理相似。当安全带预紧器点火器电路接通电源时，点火器引爆点火剂，充气剂受热分解产生气体，活塞在膨胀气体的作用下迅速移动，并推动预紧器的收紧装置将安全带迅速收紧 15～20cm，约束驾驶人和乘员向前移动的距离，从而防止其面部、胸部与转向盘、风窗玻璃或仪表板发生碰撞。

2）系统工作原理

在汽车行驶过程中，SRS ECU 持续监测保险传感器、中央碰撞传感器和前碰撞传感器的信号，当接收到碰撞信号时 SRS ECU 按照预先编制的程序经过数学计算和逻辑判断后，再向安全带预紧器或安全气囊点火器发出点火指令，使安全带预紧器起作用或安全带预紧器与安全气囊同时起作用。

当汽车行驶速度低于 30km/h 时，碰撞产生的减速度和惯性力较小，保险传感器和中央碰撞传感器将此信号送到 SRS ECU，ECU 判断结果为不引爆安全气囊，仅引爆座椅安全带预紧器的点火器；与此同时，向左、右安全带预紧器点火器发出点火指令使安全带收紧，约束驾驶人和乘员的身体运动。

当汽车行驶速度高于 30km/h 时，碰撞产生的减速度和惯性力较大，保险传感器、中央碰撞传感器和前碰撞传感器将此信号送到 SRS ECU，ECU 判断结果为需要安全气囊和预紧器共同起作用来保护驾驶人和乘员。与此同时，向预紧器点火器和气囊点火器发出点火指令，引爆所有点火器，在座椅安全带收紧的同时，驾驶席气囊与乘员席气囊同时膨开，吸收碰撞产生的动能，达到保护驾驶人和乘员的目的。

13.2 汽车巡航控制系统

汽车巡航控制系统一般又称为巡航行驶装置、速度控制系统、自动驾驶系统和恒速行驶系统等。汽车巡航控制系统就是为减轻驾驶人的劳动强度，提高行驶舒适性，使汽车工作在发动机有利转速范围内的汽车自动行驶装置。

13.2.1 汽车巡航控制系统的功能

1. 车速设定功能

当在高速公路上行驶，路面质量好，没有人流，分道行车，无逆向车流，适宜较长时间的稳定行驶时，可按下"设定"开关，设定一个稳定行驶的车速，使驾驶人不用再踩节气门和换挡，汽车可一直以这一车速稳定运行。

2. 消除功能

当驾驶人根据运行情况需要踩下制动踏板时，则上述的车速设定功能立即消失，驾驶人要用常规方法操作驾驶，直到再按另外的功能开关为止，但其行驶速度大于 40km/h 时，所设定的车速值仍然储存在系统中,供随时通过开关调用。

3. 恢复功能

当驾驶人处理好情况后,根据路面车流情况又可稳定运行时,可按"恢复"功能开关,这样汽车又自动按上述设定的车速稳定均匀运行。若不按"恢复"功能开关,也可在驾驶人认为最有利车速时按"设定"开关,汽车就又自动按新选择的设定车速稳定运行。

4. 滑行功能

滑行功能也称为减速功能。当按下"滑行"开关时,则汽车在原设定车速基础上减速行驶,开关一直按下不放,则车速一直在减低。当一放松"滑行"开关,则汽车就自动以放松"滑行"开关瞬间的车速稳定行驶。

5. 加速功能

当按下"加速"开关时,则汽车在原设定的车速基础上加速行驶,开关一直按下不放,则车速一直在增加。当一放松"加速"开关时,车就自动以放松"加速"开关瞬间的车速稳定行驶。

6. 低速自动消除功能

当车速低于已输入的低速极限时(一般为 40km/h),巡航控制不起作用,也不能存储低于这一速度的信息。

7. 制动踏板消除功能

在制动踏板上装有两种开关,一个用于对巡航控制 ECU 的信号消除;另一个是直接使执行元件工作停止。

8. 有关开关消除功能

除了踩制动踏板有低速的消除功能外,当按驻车制动开关、离合器控制开关、变速器挡位开关时,都有自动消除巡航控制的功能。

13.2.2 汽车巡航控制系统的基本组成和基本控制原理

1. 汽车巡航控制系统的基本组成

汽车巡航控制系统基本组成主要有车速传感器、节气门执行器、电子控制器、真空控制装置(或电动机控制装置)、伺服机构及其电气连接线路等。

2. 汽车巡航控制系统的基本控制原理

汽车巡航控制系统的基本控制原理如图 13.19 所示。

第13章 汽车其他控制装置

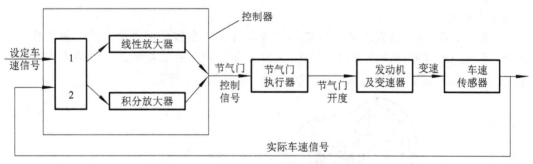

图13.19 汽车巡航控制系统的基本控制原理

当巡航控制系统开始工作时，控制器 ECU 可接收两个信号：一个是驾驶人所选定的设定车速信号1；另一个是汽车的实际车速传感器车速信号2。控制器计算分析两个信号的误差后，再经放大、处理后成为节气门控制信号，送至节气门执行器，节气门执行器根据指令调节节气门开度，使实际车速和设定车速的误差减少，从而使实际车速很快恢复到驾驶人设定的车速，并保持车速恒定行驶。

13.2.3 巡航控制系统的结构和工作原理

汽车巡航控制系统结构组成如图 13.20 所示，主要由开关、传感器、巡航控制 ECU 和执行器等组成。车速传感器产生脉冲信号，巡航控制 ECU 利用这些脉冲的频率检测车速。巡航控制 ECU 接收来自车速传感器和开关的信号，据以控制巡航控制系统的所有功能。执行器根据来自巡航控制 ECU 的信号，增减节气门开度。传感器和开关将信号送入巡航控制 ECU，ECU 根据这些信号计算节气门应有的开度，并给执行器发出信号，自动调节节气门开度。

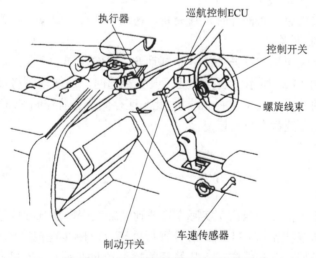

图13.20 汽车巡航控制系统的结构组成

1. 操作开关

操作开关主要用于设置巡航车速或将其重新设置为另一车速，以及取消巡航控制等，主要包括主开关、控制开关和退出巡航开关。

1)主开关

主开关（MAIN）是巡航控制系统的主电源开关，多数采用按键方式，每次将其推入，该系统的电源就接通或关闭，如图13.21所示。在主开关接通时，如将点火开关关闭，主开关也将关闭。即使点火开关再次接通，主开关仍保持关闭。

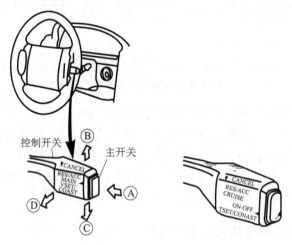

(a) 丰田LS400乘用车操作开关　　(b) 丰田佳美乘用车操作开关

图13.21　巡航控制系统开关

2)控制开关

控制开关结构如图13.21所示，当汽车以巡航控制模式行驶时，手柄式控制开关有5种控制功能：SET（设置）、COAST（减速）、RES（恢复）、ACC（加速）和CANCEL（取消）。其中SET和COAST模式共用一个开关，RES和ACC模式共用另一个开关。当沿箭头方向操作开关时，开关接通；而松开时，则关断。这是一个自动回位型开关。

3)退出巡航控制开关

退出巡航控制开关包括取消开关、驻车制动开关、空位起动开关、离合器开关和停车灯开关，其电路如图13.22所示。当其中任一开关接通时，巡航控制将被自动取消。但当巡航控制取消瞬间的车速不低于40km/h时，此车速存储于巡航控制ECU中。当接通RES开关时，最后存储的车速就会自动恢复。

2．传感器

1)车速传感器

车速传感器用于提供一个与汽车实际车速成比例的交变振荡脉冲信号，并将此信号送入巡航控制ECU。巡航控制ECU将此信号进行处理，以便实现控制汽车恒速行驶功能。车速传感器的主要类型有电磁感应式、片簧开关式、光电式和可变磁阻式等。车速传感器安装在速度里程表内或变速器内，与发动机电控系统共用。

2)节气门位置传感器

节气门位置传感器提供一个与节气门位置成正比的电信号，将此信号输入给巡航控制ECU。该传感器与发动机电控系统共用。

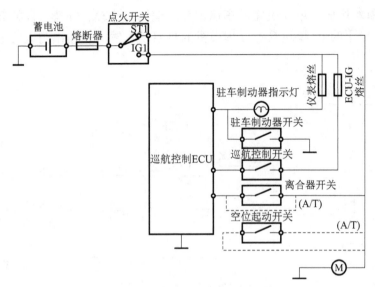

图13.22　退出巡航控制开关电路

3）控制臂位置传感器

控制臂位置传感器用来检测调速伺服电动机控制节气门的位置（控制臂的旋转角度），即动态反映了节气门的开度情况，随时将反馈信号输入巡航控制 ECU。控制臂位置传感器是一个与控制臂联动的电位计，在巡航控制系统状态下，电位计的滑动端随之移动，将控制臂的移动信号转变成了电信号，并将电信号输给巡航控制 ECU。

3. 巡航控制 ECU

巡航控制 ECU 是巡航控制系统的核心，接受来自车速传感器和各种开关的信号，按照存储的程序进行处理。当车速偏离设定的巡航车速时，巡航控制 ECU 通过控制执行器的动作，使实际车速与设定车速相一致。巡航控制装置有模拟式电子控制器和数字式电子控制器两种形式。

1）模拟式电子控制器

在早期的巡航控制系统中，控制器大多采用模拟电子技术，其控制原理如图 13.23 所示。

2）数字式电子控制器

随着数字电子技术的不断发展，特别是大规模集成电路及微机技术的推广，采用数字技术代替模拟技术已成为一种发展方向。20 世纪 90 年代以来，新车装用的巡航控制系统已全部采用数字式电子巡航控制系统。图 13.24 所示为某种采用数字式电子控制器的电子巡航控制系统方框图。

数字式电子控制器的特点是所有的输入指令都以数字信号直接存储和处理，带可擦只读存储器的八位微处理器根据设定车速、实际车速以及其他输入信号，按存储程序完成所有的数据处理之后，产生一个输出信号驱动步进电动机，并改变节气门开度达到控制发动机转速（车速）的目的。

记忆车速和实际车速都输入到计算机的比较电路中，比较电路的输出信号经过补偿电路、执行部件、发动机和变速器后就可以变换驱动力。巡航控制系统中由专用的单片机和专用的IC等模块构成，单片机完成车速运算、记忆、比较、补偿、保持和异常诊断等信号的处理，专用的IC模块具有处理微机的再启动、输入、输出与电源通断和自诊断等功能。

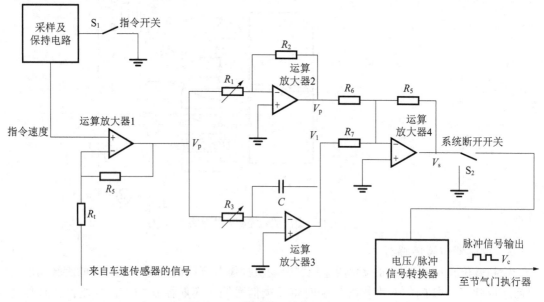

图13.23 模拟式巡航电子控制器

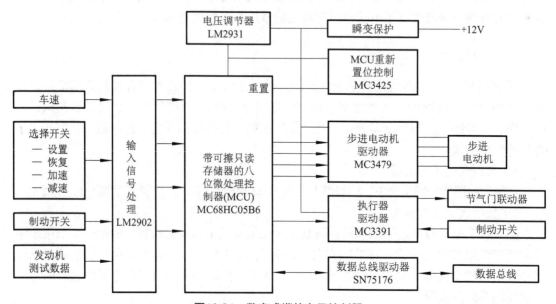

图13.24 数字式巡航电子控制器

数字式电子巡航控制系统的突出优点是系统中的信号以数字量表示，不受工作温度和湿度的影响，因此工作稳定，可靠性高。另外，数字式电子控制器可采用先进的大规模的集成电路技术做成专用集成块，也可在微机上实现编程。特别是对发动机、变速器已采用微机控制的汽车，只需在已有的微机上修改一下程序就可以将此功能附加上去。这也是巡航控制系统在电喷汽车上很快发展普及的有利条件。

4. 执行器

执行器在 CCS 中起重要的作用，它们按照来自巡航控制 ECU 的指令调节节气门开度。执行器有两种类型：一种是真空驱动型，其根据巡航控制 ECU 的指令，利用负压操纵节气门；另一种是电动机驱动型，其采用步进电动机操纵节气门。为了便于进一步提高巡航控制能力，现在大多采用电动机驱动型执行器。

1）真空驱动型执行器

真空驱动型执行器依靠真空力驱动节气门。真空源有两种取得方式，一是仅从发动机进气歧管取得；二是从发动机进气歧管和真空泵两个真空源取得，如图 13.25 所示。当进气歧管真空度较低时，真空泵参与工作，提高真空度。真空驱动型执行器主要由控制阀、释放阀、膜片、拉杆、回位弹簧等组成。

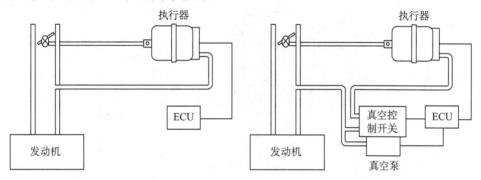

（a）从进气歧管取得真空源　　　　　（b）从进气歧管和真空泵取得真空源

图13.25　真驱动型执行器的控制方法

（1）控制阀。

控制阀用来控制膜片后方的真空度，以改变膜片的位置，从而控制节气门的开度，如图 13.26 所示。当 ECU 给控制阀电磁线圈通电时，与大气相通的空气通道关闭，与进气歧管相通的真空通道打开，执行器内的真空度增大，膜片左移将弹簧压缩，与膜片相连的拉杆将节气门开大。当控制阀电磁线圈断电时，与进气歧管相通的真空通道关闭，与大气相通的空气通道打开，空气进入执行器，膜片右移，节气门关小。ECU 通过占空比信号控制电磁线圈的通电与断电，通过改变占空比控制执行器内的真空度，从而控制节气门的开度。

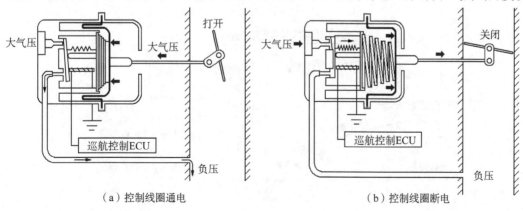

（a）控制线圈通电　　　　　　　　　（b）控制线圈断电

图13.26　控制阀

（2）释放阀。

释放阀的作用是取消巡航控制时，使空气迅速进入执行器将巡航控制立即取消。释放阀的工作原理如图13.27所示。巡航系统工作时，释放阀电磁线圈中有电流通过，与大气相通的空气通道关闭，由控制阀控制执行器内的真空度，从而控制节气门的开度，保持汽车等速行驶。取消巡航控制时，巡航控制ECU使控制阀电磁线圈断电，控制阀与大气相通的空气通道打开，释放阀电磁线圈也断电，与大气相通的空气通道也打开，让空气迅速进入执行器，使巡航控制立即取消。如果是因为制动而使巡航控制取消，除了上述的取消巡航行驶的控制过程外，还由于串联于释放阀电磁线圈电路中的制动灯开关的断开，直接切断了释放阀电磁线圈电流，确保在制动时可靠地取消巡航系统的工作。

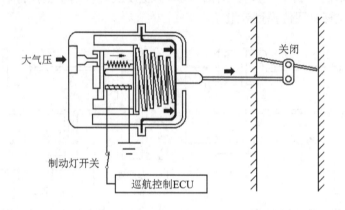

图13.27 释放阀

2）电动机驱动型执行器

电动机驱动型执行器的传动原理如图13.28所示。电动机由巡航控制ECU控制转动，然后通过减速机构、电磁离合器、控制臂和传动索缆传至节气门摇臂，实现对节气门的控制。另外通过加速踏板也可以控制节气门的开度。巡航控制执行器与驾驶人通过加速踏板都可以单独控制节气门的工作，互不干涉。

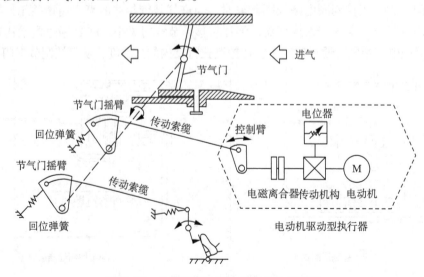

图13.28 电动机驱动型执行器的传动原理

电动机驱动型执行器装于发动机室右侧，安装高度与节气门体接近，它与节气门阀之间有钢绳联系。其结构如图 13.29 所示，主要由电动机、限位开关、电磁离合器和电位计等组成。

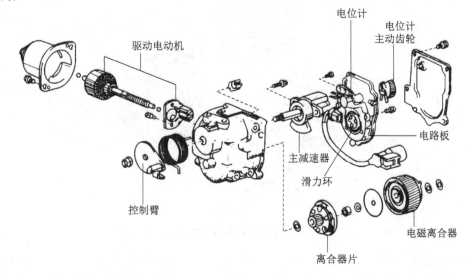

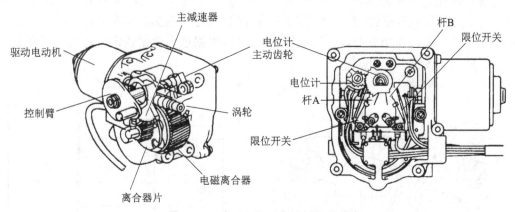

图13.29　电动机驱动型执行器的结构

（1）电动机和限位开关。

电动机根据来自巡航控制 ECU 的信号，顺时针或逆时针方向转动，从而改变节气门的开度。节气门已完全打开或关闭后，如电动机继续运转，就会损坏。为了防止这种情况发生，在电动机上安装了两个限位开关。在节气门完全打开或关闭的时间内，这些开关的触点闭合。当节气门收到来自巡航控制 ECU 的加速信号后，将节气门完全打开时，全开限位开关断路，将电动机关断；当节气门完全关闭时，全闭限位开关断路，将电动机关断。

（2）电磁离合器。

电磁离合器结构如图 13.30 所示，电磁离合器使电动机与节气门拉索接合和分离。不论什么时候，只要巡航控制系统在工作，来自巡航控制 ECU 的信号就使之接合，电动机就通过拉索转动节气门。在巡航控制系统工作时，如果驾驶人按动任意一个取消开关，巡航控制 ECU 收到这个信号，立即做出反应，将电磁离合器分离，阻止电动机转动节气门，于是节气门回至怠速位置，取消巡航控制系统的工作。

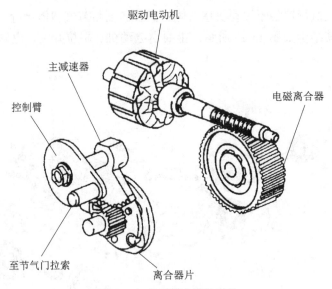

图13.30 电磁离合器的结构

（3）电位计。

电位计的结构和电路如图13.31所示，当CCS设定时，电位计即将节气门开度转换为电信号，并传送至巡航控制ECU。巡航控制ECU将这个数据存储在其存储器中。如果以后设定车速与实际车速有差异，巡航控制ECU就根据这个数据确定应将节气门开度改变多少，使其与设定车速相匹配。

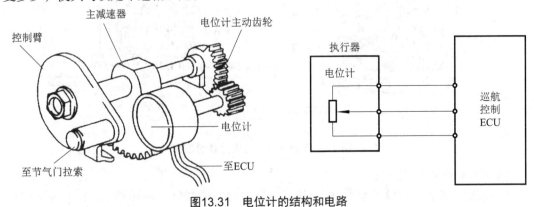

图13.31 电位计的结构和电路

13.2.4 汽车巡航控制系统的使用和注意事项

1. 汽车巡航控制系统的使用

现以电子巡航控制系统的使用为例，来说明巡航控制系统的使用方法。一般电子巡航控制系统操纵手柄有四挡开关的位置，手柄的端部有按钮，这个按钮是巡航控制系统的总开关"CRUISE ON-OFF"，按下按钮时，仪表板上的巡航控制"CRUISE ON-OFF"指示灯亮，表示巡航控制系统转入运行状态。如再按一下，则按钮弹起，指示灯熄灭，表示巡航控制系统处于关闭状态。操纵手柄向下扳动是巡航速度的设定开关"SET/COAST"，

第13章　汽车其他控制装置

向上推则是巡航速度的取消开关"CANCEL"，朝转向盘方向扳起是恢复加速开关"RES/ACC"。巡航控制系统的使用方法如下。

1）设定巡航速度

为确保行车安全，巡航控制系统的低速控制点一般为40km/h，也就是说车速低于40km/h巡航系统不工作。设定巡航速度的方法如下。

（1）开启巡航控制系统即按下"CRUISE ON-OFF"按钮，踩下节气门踏板，使车辆加速到40km/h以上。

（2）当车速达到人为设定值时，将巡航控制操纵手柄向下扳动，即巡航速度的设定开关"SET/COAST"接通，驾驶人可将节气门踏板松开，则车辆进入了自动行驶状态。巡航控制系统根据汽车行驶阻力的变化，自动调节节气门的开度，使车速保持在设定的范围内。若驾驶人想加速超越前方的车辆时，则只要踩下节气门踏板即可。超车完毕后再释放节气门踏板，汽车便恢复到原来设定的巡航速度行驶。

2）加速设定

若需再加速，则可将巡航控制操纵手柄置于"RES/ACC"位置并保持手柄不动，此时车速将逐渐加快，当车速升到要重新设定的巡航速度时释放手柄，此时汽车将以重新设定的巡航速度行驶。

3）减速设定

若需减速，则可将巡航控制操纵手柄置于"RES/COAST"位置并保持手柄不动，此时车速将逐渐减慢，当车速降到所要求的设定速度时释放操纵手柄，此时汽车将以重新设定的巡航速度行驶。

4）取消巡航控制功能

如果以下任何一种情况发生，巡航控制就会自动取消。

（1）将操纵杆拉向驾驶人至CANCEL位置。

（2）踩下制动踏板使汽车减速。

（3）手动变速器车型，踩下离合器踏板；自动变速器车型，将变速杆设置在N位。

（4）将驻车制动器操纵杆拉起少许。

（5）关断主开关，电源指示灯熄灭。

（6）当车速降至40km/h以下时，则设定的巡航控制速度将自动取消；当车速降至比预设车速低16km/h，巡航控制系统也将自动停止工作。

5）恢复预设车速

如果按上述4）中（1）、（2）、（3）、（4）所述暂时取消巡航设置，只要车速没有降至40km/h以下，接通RESUME/ACCEL开关，就会恢复预设巡航车速。但要注意，如果是按上述（5）、（6）中所述取消，会将预设车速持久取消。如果驾驶人希望恢复巡航控制系统的工作，就必须重复上述的设置操作，重新将所想要的车速设置在存储器内。

2.汽车巡航控制系统使用注意事项

巡航控制系统使用中应注意以下几点。

（1）为了使汽车行驶中的车速获得最佳控制，凡遇交通拥堵的场合，或在雨、冰、雪等湿滑路面上行驶及遇上大风天气时，不要使用巡航控制系统。

（2）在不使用巡航控制系统时，务必使巡航控制主开关处于关闭状态，以免巡航控制系统误动作而被损坏。

（3）汽车在陡坡路面上行驶时，最好不要使用巡航控制系统，以免引起发动机转速波动太大。如果汽车下长坡行驶，汽车的实际行驶速度比设定的行驶速度高出太多，则可停止使用巡航控制系统，然后将变速器换入低挡位，以便利用发动机反拖制动功能控制车速。

（4）对装用手动变速器（M/F）的汽车，在使用巡航控制系统时，切记不能在未踩下离合器踏板的前提下就将变速杆移置空位，从而导致发动机转速骤然升高。

（5）在汽车以某一巡航速度行驶时，巡航控制系统自动跳出巡航状态。仪表板上巡航控制系统的指示灯闪烁，则表明巡航控制系统已出现故障，应立即停止使用，进行检修。

13.3 汽车安全防盗装置

伴随着汽车销售量的逐年增加和乘用车档次提高及车主的大众化，汽车被盗现象越来越引起人们的关注。国内外各大汽车生产厂都设法利用现代科学电子技术，加紧制定防范措施，研制更新汽车防盗装置。如日本研制的汽车报警遥控装置，当汽车被盗时，车内的报警器会立即通知驾驶人随身携带的报警器。通知的内容包括："汽车被盗后正在逃走""盗贼正在毁车行窃赶快报警"等同时还闪动呼救信号，使盗贼无法得逞。电子密码技术的应用给汽车车主提供了一定的安全感。

但是任何汽车防盗装置的有效期都是有限的，因为车辆维修时，防盗装置的结构将会逐渐公开，所以要求防盗装置必须不断地变化和发展，不断地开发出高功能化的新装置。

13.3.1 汽车防盗系统的分类

汽车防盗器可分为机械式和电子式两种。机械式防盗器是用机械的方法对油路、变速杆、转向盘和制动器等进行控制，如变速杆锁（锁住变速杆使其不能移动）、转向盘锁（也称拐杖锁，挂在转向盘与离合器踏板之间）和轮胎锁（固定住轮胎）等。这种方法虽然费用低，但使用不便，安全性差，正在逐渐被淘汰。

目前流行的是电子式防盗锁。当电子式防盗系统启动（激活）之后，如有非法移动汽车、划破玻璃、破坏点火开关锁芯、拆卸轮胎和音响、打开车门、打开燃油箱加注口盖、打开行李厢门和接通点火开关等，防盗器立即报警。报警的方式有灯光闪烁、警笛长鸣、发射电波报警，有些车型在报警的同时再切断起动机电路、切断燃油供给、切断点火系统、切断喷油控制电路、切断发动机 ECU 搭铁电路，甚至切断变速器控制电路，从而使汽车发动机不能起动和运转，变速器不能换挡，使汽车处于完全瘫痪的状态。

电子式防盗器按功能可分为 3 类。

1. 防止非法进入汽车的防盗系统

计算机控制的中央门锁系统即属于这种防盗系统。红外监视系统也属于这种系统，在红外监视系统中，布置在车辆内部周围的一组红外传感器构成了一道无形帘幕，在防盗系统启动后，监视是否有移动物体进入车内。安全性高，可靠性强，但由于需要布置多个红外发射接收装置，成本较高。

2. 防止破坏或非法搬运汽车的防盗系统

主要通过布置在车内的超声波传感器、振动传感器或倾斜传感器等监测是否有人企图破坏或非法搬运汽车。该系统需增加相应的遥控系统和报警系统，因此成本高，使用不便，而且由于传感器灵敏度难于准确设定，易误报警和漏报警，安全性差，报警信号对环境也构成污染。

3. 防止汽车被非法开走的防盗系统

此类防盗系统多数采用带密码锁的遥控系统，通过确定是否允许接通起动机、点火电路等，来防止汽车被非法开走。其安全性较差、成本高、使用不便。新型的防盗点火锁止系统（上海桑塔纳 2000 乘用车采用）采用电子应答的方法来判断使用的钥匙是否合法，并以此确定是否允许发动机 ECU 工作，这是目前高级乘用车普遍采用的电子防盗技术。

13.3.2 防盗系统的工作原理

汽车防盗系统的组成包括 3 个部分：开关和传感器（探测是否发生非法进入汽车或非法搬运汽车的情况）、防盗 ECU 与执行机构（报警装置和使汽车失去运动能力的系统）。

1. 防盗系统的基本原理

简单的防盗系统如图 13.32 所示。当用钥匙锁好所有车门（开关 4 向上接通）时，系统进行 30s 自检，防盗指示灯点亮。30s 过后，防盗指示灯（通常为 LED）开始闪烁，表明系统启动进入警戒状态。

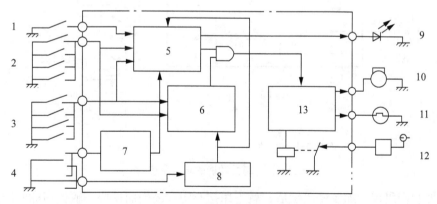

图13.32　防盗系统的基本组成

1—钥匙开锁警告开关；2—开门开关（门锁开关，车门微开开关）；3—锁门开关（位置开关）；4—钥匙操纵开关；5—报警状态设置电路；6—检测是否被盗的电路；7—30s 定时器；8—解除警报电路；9—指示灯；10—报警器；11—报警灯；12—起动继电器；13—报警控制电路

如果非法开启车门，即车门锁在处于上锁状态（开关 3 断开）的情况下，而车门被打开，开关 2 由断开变为接通，电路 6 则判定为非法进入，通过报警控制电路 13 进行报警，报警喇叭响起，报警灯闪烁，起动电路被切断。当用钥匙开门，开关 4 向下接通，解除报警。

这种防盗系统的功能较简单，它只能报警和震慑窃车贼，或再简单地切断启动继电器电路，难以阻止汽车被开走或被搬走。所以汽车制造商又设法增强防盗系统的功能，并从两个方面入手：一是加强中央门锁的安全功能，二是加强汽车的锁止功能。

2. 加强中央门锁的安全功能

（1）测量门锁钥匙电阻。如图13.33所示，车辆的每一把钥匙均有一设定的电阻，并存储在防盗ECU中。当启动防盗系统后，所有车门被锁住，此时若用齿形相同但阻值不同的钥匙开启车门或起动发动机，防盗ECU则将此判定为非法进入，并进行防盗报警，同时切断起动继电器控制线圈的搭铁电路，使起动机不能工作；或与发动机电脑进行通信，使喷油器不喷油。该方法防盗效果很好，但当拆过蓄电池后，需向防盗电脑重新输入钥匙中设定的电阻值，因此需要维修人员了解重新设定技术，也给防盗系统留下了一个漏洞。

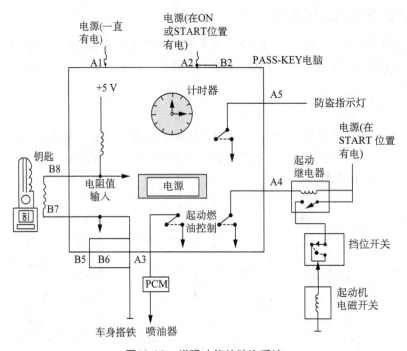

图13.33　增强功能的防盗系统

（2）加装密码锁。加装密码锁后，就不用担心钥匙丢失而造成车辆失窃的问题。车用密码锁与普通按键式电子密码锁相同，密码锁的键盘上有10个数字的按键，而密码则一般采用5位数，也就是说，密码共有10万种组合。已设定的密码也可以由车主任意改变，因此车主也不必担心被别人窃去密码。

（3）遥控器（转发器）增加保险功能。无论何种开门锁方法，与遥控器都处于同一级别，也就是说即使别人复制不了钥匙，破译不了密码，只要复制了遥控器，同样可以轻松打开车门锁。普通遥控器的复制对于专业人员来说并不是难事，只要用一台示波器测出遥控器发出的无线电信号的频率即可。

为防止遥控器被复制，宝马（BMW）公司自1995年起采用了新型遥控器，该遥控器与防盗电脑配合，由固化程序设定频率，即每次车主重新锁门后，遥控器与接收器均按事先设定的程序同时改变为另一频率，以达到阻止他人复制遥控器的目的。

以上就是目前世界上流行的几种中央控制门锁的增强方式。当然仅靠增强门锁还不够，还要使窃贼即使强行打开车门也无法将车开走，这就需要加强汽车锁止功能。

3. 加强汽车锁止功能

（1）使起动机无法工作。通过防盗电脑来控制起动继电器电路是否搭铁，从而控制继电器触点是否闭合，这样就达到控制起动机能否正常工作的目的。若通过正常途径解除防盗警戒，则起动机与喇叭、灯光等都处于正常工作状态；若未解除防盗警戒而发动汽车，即使短接点火钥匙锁芯后面的起动导线，也无法将发动机起动，从而起到防盗功能。

（2）使发动机无法工作。防盗电脑不仅控制着起动机线路，同时亦可切断汽油泵断电器控制线路，使发动机处于无油供给的状态，同时亦控制自动变速器电磁阀继电器控制线路，使自动变速器液压油路控制阀体总成中的电磁阀无法打开，以达到即使能发动发动机，也无法使自动变速器运转的目的。也有某些车型同时可以切断发动机电脑板中的某些搭铁线路，使点火系统不工作，喷油器电磁线圈处于切断状态，从而使发动机无法工作。

（3）使发动机电脑处于非工作状态。防盗警戒解除后，防盗 ECU 将某一特定频率的信号送至发动机 ECU，这样才能使发动机 ECU 正常工作；若未解除防盗警戒或直接切断防盗 ECU 电源，则该信号不存在，发动机 ECU 停止工作，发动机不能运转。

（4）采用电子式转向锁。如奔驰乘用车采用的电子控制转向柱锁，只有在使用合法钥匙时，转向柱锁方可打开。这样即使窃贼进入汽车，也无法将汽车开走。

4. 振动报警装置

防盗系统启动后，若汽车受到意外移动、碰撞，安装在汽车内部的一个震动传感器边将车辆震动的信号送给防盗 ECU，如果震动传感器输出信号大于标准值时，有阻吓功能的灯光、喇叭一起工作，并提醒车主注意。

13.3.3 桑塔纳乘用车防盗系统

1. 组成

上海大众桑塔纳 2000 GSi-AT 乘用车防盗系统由脉冲转发器、识读线圈和防盗控制单元（ECU）等部分组成，如图 13.34 所示。

1）带转发器的钥匙

每把钥匙中都有一只棒状转发器，其长为 13.3mm，直径为 3.1mm，在其玻璃壳内含有运算芯片和一个细小电磁线圈。在系统工作期间，该电磁线圈与点火锁中的识读线圈以感应的方式进行通信，以便在转发器运算芯片与防盗 ECU 之间传递信号并传递能量。

当点火开关接通后，受防盗 ECU 的驱动，识读线圈在转发器电磁线圈周围建立起电磁声；受该电磁声的激励，转发器中的电磁线圈即可提供转发器中运算芯片工作所需的能量，还可提供时钟同步信号，并在运算芯片与防盗 ECU 之间传递各种信息。

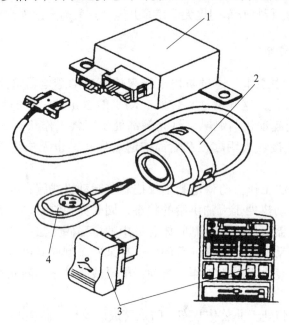

图13.34　桑塔纳2000GSi-AT乘用车防盗系统的组成
1—防盗控制单元；2—识读线圈；3—防盗报警灯；4—带转发器的钥匙

2）识读线圈

识读线圈安装在点火锁芯上，通过导线与防盗 ECU 相连。作为防盗 ECU 的负载，担负防盗 ECU 与转发器之间信号及能量的传递任务。

3）防盗 ECU

防盗 ECU 是一个包含微处理器的电子控制器。在点火开关接通时，ECU 用于系统密码运算和比较，并控制整个系统的通信，包括与转发器、发动机 ECU 的通信，同时还可与诊断仪进行通信。

2. 基本工作原理

汽车出厂匹配后，防盗 ECU 便存储了该车发动机 ECU 的识别密码以及 3 把钥匙中转发器的识别密码，同时每个转发器中也存储了相应的防盗 ECU 的有关信息。将钥匙插入点火锁芯并接通点火开关时，防盗 ECU 首先通过锁芯上的识读线圈将随机数据传递给钥匙中的转发器，经过特定运算后，转发器将结果反馈回来，防盗 ECU 控制器将其与经过运算的结果相比较，若密码吻合，系统即认定该钥匙为合法钥匙。防盗 ECU 还要对发动机 ECU 进行识别。只有钥匙（转发器）、发动机 ECU 的密码都吻合时，防盗 ECU 才允许发动机 ECU 工作。

防盗 ECU 通过一根串行通信线（W 线）将经过编码的工作指令传到发动机 ECU，发动机 ECU 根据防盗 ECU 的数据来确定是否发动汽车。同时诊断仪可通过串行通信接口

（K 线）对系统进行故障诊断、编码等操作。识别密码的过程（大约 2s）中，防盗指示灯会保持点亮状态。如果有任何错误发生，发动机 ECU 将停止工作，同时指示灯也会以一定频率闪烁，防盗系统控制原理如图 13.35 所示。

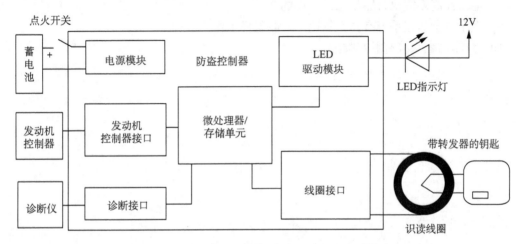

图13.35　上海桑塔纳乘用车防盗系统控制原理

学习指导

（1）汽车安全气囊作为一个电子控制的系统，能够在汽车发生正面或侧面碰撞事故时根据所检测到的汽车冲击力（减速度）强度，由 ECU 判定，在极短的时间内接通引爆管电路，点燃气体发生剂，以大量气体瞬间填充气囊，在乘员与车身之间形成保护屏障，避免人与车之间发生剧烈的二次碰撞。

（2）汽车的安全气囊系统主要由若干加速度传感器、电子控制装置（ECU）、点火充气元件和气囊等组成。其中通过传感器感受车辆各个方向上的加速度，以逻辑方法可靠判别气囊打开的时机是安全气囊正常工作的前提条件。

（3）汽车巡航控制系统是能够对高速行驶车辆进行恒速调节的自动控制系统，它以减轻驾驶人驾车疲劳、提高行驶质量为目的。系统具有恒速设定、自动解除与恢复、人为调节或取消等功能。

（4）汽车巡航控制系统以车速信号为输入，根据事先设定的控制目标车速，通过闭环的反馈控制方法对发动机节气门开度进行自动的调节，实现车辆的恒速行驶。

（5）汽车防盗装置是以防止车辆设施的丢失、防止陌生人的非法进入、防止车辆非法行驶和协助对丢失车辆的监视和查找为目的的现代车辆装置。它可以采用电子控制器对各类电子锁具进行密码识别和对发动机电控单元的控制实现防盗。

学习思考

1．安全气囊系统由哪些部分组成？
2．请解释安全气囊的触发条件。
3．螺旋电缆的作用是什么？
4．安全气囊系统使用中应注意哪些问题？

5. 什么是巡航控制系统？它有哪些主要控制功能？
6. 如何操纵使用巡航控制系统？
7. 哪些情况下巡航控制系统会解除恒速控制？
8. 巡航控制系统执行器是怎样工作的？
9. 汽车电子防盗系统有什么作用？一般怎样工作？
10. 汽车防盗系统有哪些类型？

参考文献

[1] 于京诺. 汽车底盘及车身电控系统维修 [M]. 北京：机械工业出版社，2015.
[2] 刘春晖. 汽车发动机电控系统结构与检修维修 [M]. 北京：机械工业出版社，2014.
[3] 陈志恒，胡宁. 汽车电控技术 [M]. 北京：高等教育出版社，2003.
[4] 冯渊. 汽车电子控制技术 [M]. 北京：机械工业出版社，2005.
[5] 冯崇毅. 汽车电子控制技术 [M]. 北京：机械工业出版社，2002.
[6] 王遂双. 汽车电子控制系统的原理与检修 [M]. 北京：北京理工大学出版社，2005.
[7] 崔心存. 现代汽车新技术 [M]. 北京：人民交通出版社，2004.
[8] 邹长庚，赵琳. 现代汽车电子控制系统构造原理与故障诊断 [M]. 北京：北京理工大学出版社，1995.
[9] 赵琢. 汽车电控燃油喷射系统的运用与检修 [M]. 北京：人民交通出版社，1996.
[10] 鲁植雄，刘奕贯. 汽车电控柴油机故障诊断 [M]. 南京：江苏科学技术出版社，2007.
[11] 李传志. 汽车车身电子控制系统 [M]. 北京：机械工业出版社，2006.
[12] 毛峰. 汽车车身电控技术 [M]. 北京：机械工业出版社，2005.
[13] 李春明. 现代汽车底盘技术 [M]. 北京：北京理工大学出版社，2007.
[14] 舒华，姚国平. 汽车电控系统结构与维修 [M]. 北京：北京理工大学出版社，2005.
[15] 王秀红，田有为. 汽车发动机电控技术 [M]. 大连：大连理工大学出版社，2007.
[16] 秦海滨. 汽车底盘电控技术 [M]. 大连：大连理工大学出版社，2007.
[17] 麻友良. 电控自动变速器的结构与检修 [M]. 北京：机械工业出版社，2000.
[18] 张西振. 汽车发动机电控技术 [M]. 北京：机械工业出版社，2005.
[19] 李春明. 汽车底盘电控技术 [M]. 北京：机械工业出版社，2004.
[20] 赵良红. 汽车底盘电控技术 [M]. 北京：机械工业出版社，2002.
[21] 李东江. 现代汽车电子控制系统结构与检修 [M]. 南京：江苏科学技术出版社，2001.